铁路信号基础设备

王运明　主　编
钱振明　王勇杰　副主编

清华大学出版社
北京

内 容 简 介

本书全面系统地阐述了铁路信号基础设备的基本知识和基本原理。全书共分9章,包括绪论、信号机和信号表示器、信号继电器、道岔转换与锁闭设备、轨道电路、计轴设备、应答器、信号电源屏、防雷和接地装置。本书内容与现场实际密切结合,并纳入了最新的行业规范和科技成果编写而成。

本书主要作为高等学校轨道交通信号与控制及其相关专业学生使用的教材和参考书,还可作为铁路技术培训用书。同时,也可供现场信号工程技术人员和信号维修人员学习参考。

版权所有,侵权必究。举报: 010-62782989, beiqinquan@tup.tsinghua.edu.cn。

图书在版编目(CIP)数据

铁路信号基础设备 / 王运明主编. -- 北京:清华大学出版社,2025.5.
ISBN 978-7-302-69184-6

Ⅰ. U284

中国国家版本馆CIP数据核字第2025L797J3号

责任编辑:王向珍　王　华
封面设计:陈国熙
责任校对:赵丽敏
责任印制:沈　露

出版发行:清华大学出版社
　　　网　　址:https://www.tup.com.cn,https://www.wqxuetang.com
　　　地　　址:北京清华大学学研大厦A座　　邮　编:100084
　　　社 总 机:010-83470000　　邮　购:010-62786544
　　　投稿与读者服务:010-62776969,c-service@tup.tsinghua.edu.cn
　　　质量反馈:010-62772015,zhiliang@tup.tsinghua.edu.cn
印 装 者:涿州汇美亿浓印刷有限公司
经　　销:全国新华书店
开　　本:185mm×260mm　　印　张:21　　字　数:507千字
版　　次:2025年6月第1版　　　　　　　印　次:2025年6月第1次印刷
定　　价:65.00元

产品编号:108493-01

前言

铁路信号技术是为保证运输安全而诞生和发展的。铁路信号(信息与控制系统)、铁路固定设备(线路、桥、隧)和移动设备(机车、车辆)共同构成了铁路运输系统不可分割的三个技术基础,在铁路运输中占据非常重要的地位。

铁路信号系统逐步发展成为有别于其他控制系统的行业,具有特殊的设计原则,如"故障-安全"原则,为了贯彻这一原则,在铁路信号系统中采用了各种各样的信号专用基础设备。铁路信号设备是组织指挥列车运行,保证行车安全,提高运输效率,传递行车信息,改善行车人员劳动条件的重要基础设备。

为适应铁路信号技术的发展,满足高等学校轨道交通信号与控制及其相关专业的学生和铁路信号专业人员对信号基础设备知识的学习需求,作者编写了本书。

根据现代铁路的发展需求,本书主要介绍铁路信号相关基础设备的基本知识和工作原理。本书介绍的铁路信号基础设备包括:信号机和信号表示器、信号继电器、道岔转换与锁闭设备、轨道电路、计轴设备、应答器、信号电源屏、防雷和接地装置等。

本书共分为9章,第1章介绍铁路信号的作用、组成与发展概况;第2章介绍信号机和信号表示器的显示制度、显示方法与各种信号机的用途;第3章介绍信号继电器的基本知识与继电器电路的设计、分析方法;第4章介绍道岔转换的基本知识、几种广泛应用的转辙机的结构与基本原理,道岔锁闭的基本方法,密贴检查器的工作原理;第5章介绍轨道电路基本知识、几种典型轨道电路的原理与应用,轨道电路的分析及调整方法;第6章介绍计轴设备的基本原理,几种计轴系统的组成及原理;第7章介绍应答器系统的组成与工作原理及设计和应用方法;第8章介绍铁路信号系统的供电概况,几种典型智能电源屏和UPS的组成及工作原理;第9章介绍信号设备防雷和接地装置的结构和基本原理,铁路信号综合防雷的工程应用。

本书由大连交通大学王运明任主编,大连交通大学钱振明、中车青岛四方机车车辆股份有限公司王勇杰任副主编。大连交通大学刘新、中国铁路沈阳局集团有限公司沈阳铁道科学技术研究所有限公司贾舒然、中国铁路郑州局集团有限公司郑州电务段翟路恒、大连科技学院刘畅参与编写工作。具体编写分工如下:第1~3章、第7章由王运明、刘新编写;第4章、第8章由钱振明、贾舒然编写;第5章、第9章由王勇杰、翟路恒编写;第6章由刘畅编写。王运明策划并对全书进行统稿。

本书编写过程中得到了清华大学出版社的大力支持,在此一并表示感谢。

由于时间仓促、作者水平有限,书中难免有疏漏与不足之处,恳请读者批评指正。

作　者

2025 年 3 月

目 录

第 1 章　绪 论 ··· 1

　1.1　铁路信号的作用 ·· 1
　　　1.1.1　保障铁路列车运行安全 ··· 1
　　　1.1.2　提高运输效率与生产效率 ·· 2
　　　1.1.3　统一调度指挥列车运行 ··· 3
　1.2　铁路信号的组成 ·· 3
　　　1.2.1　铁路信号基础设备 ·· 3
　　　1.2.2　铁路信号系统 ··· 5
　　　1.2.3　信号系统与信号设备的关系 ··· 14
　1.3　铁路信号的产生与发展 ·· 15
　　　1.3.1　铁路信号发展历程 ·· 15
　　　1.3.2　铁路信号发展趋势 ·· 16
　　　1.3.3　铁路信号相关技术 ·· 18
　习题 ·· 20

第 2 章　信号机和信号表示器 ·· 21

　2.1　信号机概述 ··· 21
　　　2.1.1　基本技术要求 ··· 21
　　　2.1.2　信号机的设置原则 ·· 21
　2.2　铁路信号分类 ·· 23
　　　2.2.1　视觉信号和听觉信号 ··· 23
　　　2.2.2　禁止信号和进行信号 ··· 23
　　　2.2.3　固定信号分类 ··· 24
　2.3　色灯信号机 ··· 26
　　　2.3.1　透镜式色灯信号机 ·· 26
　　　2.3.2　LED 铁路色灯信号机 ·· 28
　　　2.3.3　信号机的显示制度与方法 ·· 31
　　　2.3.4　信号显示常用图形符号 ··· 34
　2.4　机车信号 ·· 36
　　　2.4.1　机车信号概述 ··· 36

2.4.2　机车信号分类 ··· 36
　　2.4.3　机车信号显示 ··· 37
2.5　地面信号机 ·· 38
　　2.5.1　信号显示距离 ··· 38
　　2.5.2　各种用途的地面信号机 ·· 39
　　2.5.3　信号机定位 ·· 53
　　2.5.4　信号机关闭时机 ·· 53
2.6　高速铁路信号机 ·· 54
　　2.6.1　信号机及标志牌的设置 ·· 54
　　2.6.2　信号显示 ··· 55
2.7　信号表示器 ·· 58
习题 ··· 61

第3章　信号继电器 ·· 63

3.1　信号继电器概述 ·· 63
　　3.1.1　继电器的基本工作原理 ·· 63
　　3.1.2　继电器的继电特性 ··· 64
　　3.1.3　继电器的作用 ··· 64
　　3.1.4　铁路信号对继电器的要求 ·· 65
　　3.1.5　信号继电器分类 ·· 65
3.2　安全型继电器 ··· 67
　　3.2.1　安全型继电器概述 ··· 67
　　3.2.2　安全型继电器的结构和动作原理 ·· 72
　　3.2.3　安全型继电器的特性 ·· 81
　　3.2.4　安全型继电器的接点 ·· 91
3.3　时间继电器 ·· 95
　　3.3.1　JSBXC-850型半导体时间继电器 ·· 96
　　3.3.2　JSBXC$_1$-850型时间继电器 ·· 98
3.4　交流二元继电器 ·· 99
　　3.4.1　交流二元继电器的结构 ·· 100
　　3.4.2　交流二元继电器的工作原理 ·· 101
3.5　继电器的应用 ·· 102
　　3.5.1　电路中选择继电器的一般原则 ··· 102
　　3.5.2　继电器的表述 ·· 103
　　3.5.3　继电器线圈的使用 ·· 105
　　3.5.4　继电器的基本电路 ·· 105
　　3.5.5　继电器电路的分析方法 ·· 107
　　3.5.6　继电器电路的安全措施 ·· 108
习题 ·· 111

第4章　道岔转换与锁闭设备 ··· 112

4.1 道岔 ·· 112
4.1.1 道岔组成 ··· 112
4.1.2 道岔号码 ··· 113
4.1.3 股道和道岔编号 ··· 114
4.1.4 道岔的位置和状态 ·· 116
4.1.5 对向道岔和顺向道岔 ··· 117
4.1.6 单动道岔和双动道岔 ··· 117

4.2 转辙机概述 ··· 118
4.2.1 转辙机作用 ·· 118
4.2.2 转辙机基本要求 ··· 119
4.2.3 转辙机技术要求 ··· 119
4.2.4 转辙机分类 ·· 120
4.2.5 转辙机设置 ·· 121

4.3 ZD6 系列电动转辙机 ··· 123
4.3.1 ZD6-A 型电动转辙机的基本结构 ··························· 123
4.3.2 ZD6-A 型电动转辙机的主要部件及作用 ·················· 124
4.3.3 ZD6-A 型电动转辙机的整体动作过程 ····················· 134
4.3.4 ZD6 型电动转辙机的安装方式 ······························ 134
4.3.5 ZD6 型电动转辙机的密贴和缺口调整方式 ················ 135

4.4 外锁闭装置 ·· 136
4.4.1 道岔的锁闭方式 ··· 136
4.4.2 钩式外锁闭装置 ··· 137

4.5 S700K 型电动转辙机 ··· 140
4.5.1 S700K 型电动转辙机的特点 ································· 141
4.5.2 S700K 型电动转辙机的分类 ································· 141
4.5.3 S700K 型电动转辙机的结构 ································· 142
4.5.4 S700K 型电动转辙机的动作原理 ··························· 147

4.6 ZD(J)9 系列电动转辙机 ··· 149
4.6.1 ZD(J)9 系列电动转辙机的特点 ····························· 149
4.6.2 ZD(J)9 系列电动转辙机的结构 ····························· 149
4.6.3 ZD(J)9 系列电动转辙机的动作原理 ······················· 150

4.7 ZY 系列电液转辙机 ··· 151
4.7.1 ZY 系列电液转辙机概述 ······································ 152
4.7.2 ZY(J)7 型电液转辙机 ··· 154

4.8 ZK 系列电空转辙机 ··· 158
4.8.1 ZK4-170 型电空转辙机的主要技术特点 ··················· 159
4.8.2 ZK4-170 型电空转辙机的结构 ······························· 159

    4.8.3　ZK4-170 型电空转辙机的主要部件 ·········· 159
    4.8.4　ZK4-170 型电空转辙机的工作原理 ·········· 160
  4.9　密贴检查器 ·········· 161
    4.9.1　JM-A 型密贴检查器 ·········· 161
    4.9.2　JM-B 型密贴检查器 ·········· 163
  习题 ·········· 164

第 5 章　轨道电路 ·········· 165

  5.1　轨道电路概述 ·········· 165
    5.1.1　轨道电路的基本原理 ·········· 165
    5.1.2　轨道电路的作用 ·········· 166
    5.1.3　轨道电路的分类 ·········· 167
    5.1.4　轨道电路的应用 ·········· 169
  5.2　轨道电路的基本工作状态和基本参数 ·········· 170
    5.2.1　轨道电路的基本工作状态 ·········· 170
    5.2.2　轨道电路分路的几个术语 ·········· 171
    5.2.3　轨道电路的基本参数 ·········· 171
  5.3　轨道电路区段的划分和极性交叉 ·········· 174
    5.3.1　站内轨道电路的划分和命名 ·········· 174
    5.3.2　道岔区段轨道电路 ·········· 176
    5.3.3　轨道电路的极性交叉 ·········· 179
    5.3.4　钢轨绝缘的设置 ·········· 182
  5.4　工频交流连续式轨道电路 ·········· 184
    5.4.1　工频交流连续式轨道电路组成 ·········· 185
    5.4.2　工频交流连续式轨道电路工作原理 ·········· 186
  5.5　25 Hz 相敏轨道电路 ·········· 187
    5.5.1　电气化牵引区段轨道电路 ·········· 187
    5.5.2　扼流变压器 ·········· 188
    5.5.3　25 Hz 相敏轨道电路原理 ·········· 190
    5.5.4　97 型 25 Hz 相敏轨道电路 ·········· 193
  5.6　移频轨道电路 ·········· 202
    5.6.1　移频轨道电路概述 ·········· 202
    5.6.2　无绝缘轨道电路 ·········· 203
  5.7　驼峰轨道电路 ·········· 211
    5.7.1　对驼峰轨道电路的特殊要求及其特点 ·········· 211
    5.7.2　驼峰交、直流轨道电路 ·········· 211
    5.7.3　驼峰双区段轨道电路 ·········· 212
    5.7.4　驼峰高灵敏轨道电路 ·········· 213
  5.8　轨道电路的调整 ·········· 214

  5.8.1 调整表 …………………………………………………………………… 214
  5.8.2 调整方法 ………………………………………………………………… 215
习题 ………………………………………………………………………………………… 216

第 6 章 计轴设备 ……………………………………………………………………… 217

 6.1 计轴设备的基本原理及组成 ……………………………………………………… 217
  6.1.1 计轴设备概述 …………………………………………………………… 217
  6.1.2 计轴设备的基本组成 …………………………………………………… 218
  6.1.3 计轴设备的主要技术条件 ……………………………………………… 220
 6.2 计轴设备的应用 …………………………………………………………………… 221
  6.2.1 半自动闭塞区间检查 …………………………………………………… 221
  6.2.2 计轴自动站间闭塞 ……………………………………………………… 222
  6.2.3 站内多点计轴技术 ……………………………………………………… 223
  6.2.4 计轴设备复零 …………………………………………………………… 225
 6.3 ZP30CA 计轴器 …………………………………………………………………… 225
  6.3.1 SK30 磁头和 EAK30CA 电子盒 ……………………………………… 227
  6.3.2 检测盒(JJ) ……………………………………………………………… 227
  6.3.3 UPS ……………………………………………………………………… 227
  6.3.4 计轴设备与 64D 结合电路 ……………………………………………… 227
 6.4 AzS(M)350 型计轴设备 …………………………………………………………… 228
  6.4.1 ZP43V 型计轴点设备 …………………………………………………… 228
  6.4.2 AzS(M)350 型运算单元 ………………………………………………… 230
  6.4.3 ZP43V 型计轴点的复用方式 …………………………………………… 231
 6.5 JZ1-H 型和 JZ·GD-1 型微机计轴系统 ………………………………………… 232
  6.5.1 JZ1-H 型微机计轴系统 ………………………………………………… 232
  6.5.2 JZ·GD-1 型微机计轴系统 …………………………………………… 237
 6.6 JWJ-C2 型微机计轴设备 ………………………………………………………… 240
  6.6.1 JWJ-C2 型微机计轴设备的特点 ……………………………………… 240
  6.6.2 计轴主要单元设备的构成 ……………………………………………… 240
 习题 ……………………………………………………………………………………… 242

第 7 章 应答器 …………………………………………………………………………… 243

 7.1 应答器概述 ………………………………………………………………………… 243
  7.1.1 应答器的功能 …………………………………………………………… 243
  7.1.2 应答器的分类 …………………………………………………………… 244
  7.1.3 应答器的编号和名称 …………………………………………………… 246
  7.1.4 应答器的安装 …………………………………………………………… 247
 7.2 应答器系统的组成及工作原理 …………………………………………………… 248
  7.2.1 应答器系统的组成 ……………………………………………………… 248

    7.2.2 应答器的工作原理 ·· 250
    7.2.3 应答器系统的数据传输接口 ······································· 251
    7.2.4 应答器的用户报文结构及数据包分析 ·························· 252
  7.3 应答器的设计和应用 ··· 258
    7.3.1 我国 CTCS 列控系统应答器的设置原则 ······················ 258
    7.3.2 既有线 CTCS-2 提速区段应答器的设置 ······················ 258
    7.3.3 客运专线应答器的布置 ·· 260
  7.4 轨道感应环线 ··· 261
    7.4.1 轨道感应环线的基本概念 ··· 261
    7.4.2 轨道感应环线的基本工作原理 ··································· 261
    7.4.3 轨道感应环线的应用 ··· 262
  习题 ··· 267

第 8 章 信号电源屏 ··· 268

  8.1 电源屏概述 ·· 268
    8.1.1 信号设备对供电的基本要求 ······································ 268
    8.1.2 铁路信号设备的供电概况 ··· 269
    8.1.3 信号电源屏的分类 ·· 272
    8.1.4 信号电源屏的技术标准 ·· 273
    8.1.5 信号电源屏的发展概况 ·· 276
  8.2 智能型铁路信号电源屏 ··· 277
    8.2.1 智能型铁路信号电源屏技术特征 ······························· 277
    8.2.2 智能型铁路信号电源屏分类 ······································ 279
    8.2.3 PNX 系列智能型信号电源屏 ···································· 281
    8.2.4 PDZ 系列、DS 系列铁路信号智能电源屏 ··················· 289
  8.3 UPS ·· 295
    8.3.1 UPS 基本概念 ·· 295
    8.3.2 UPS 功能 ··· 296
    8.3.3 UPS 分类 ··· 296
    8.3.4 后备式 UPS ·· 296
    8.3.5 在线式 UPS ·· 298
  习题 ··· 302

第 9 章 防雷和接地装置 ·· 303

  9.1 信号设备防雷 ··· 303
    9.1.1 雷害及防雷 ·· 303
    9.1.2 信号设备综合防雷 ·· 307
    9.1.3 防雷元器件 ·· 308
    9.1.4 信号设备浪涌保护器 ··· 312

  9.2 信号设备接地装置 ………………………………………………………… 315
    9.2.1 地线 ………………………………………………………………… 315
    9.2.2 地网 ………………………………………………………………… 316
    9.2.3 贯通地线 …………………………………………………………… 317
    9.2.4 接地汇集线 ………………………………………………………… 318
    9.2.5 ZPW-2000 系列自动闭塞的接地 ………………………………… 319
  习题 ……………………………………………………………………………… 320

参考文献 ……………………………………………………………………………… 322

第1章 绪 论

现代化交通运输主要包括铁路运输、水路运输、公路运输、航空运输和管道运输五种方式,它们各自有不同的经济技术特征和适用范围。与其他运输方式相比,铁路运输具有运量大、成本低、速度快、安全可靠、能全天候运输等优势,是我国交通系统中的骨干力量。铁路客货运输的特征和优势决定了铁路运输在国民经济中的重要地位。

铁路信号肩负着指挥列车运行和调车作业,指示有关人员行车运行条件,控制行车运行方向、运行间隔、运行进路以及运行速度等重要任务。

1.1 铁路信号的作用

铁路是国民经济的大动脉,在提高人民生活水平和加强国防建设中发挥着重要作用。在现代铁路运输系统中,铁路信号(信息与控制系统)、铁路固定设备(线路、桥、隧)和移动设备(机车、车辆)构成了铁路运输系统不可分割的三个技术基础。

铁路信号有广义和狭义两种含义。广义的铁路信号是在铁路运输系统中,为保证行车安全、提高区间和车站通过能力以及解编能力的手动控制、自动控制及远程控制技术的总称,它包括车站信号、区间信号、道口信号、驼峰信号等。狭义的铁路信号是在行车、调车工作中,用特定物体(包括信号灯、仪表、音响设备)的颜色、形状、位置和声音等向铁路司机传达有关前方路况、机车车辆运行条件、行车设备状态以及行车命令等信息的装置或设备。

随着信息技术和网络技术的发展,铁路信号的传统理念正在改变,信号的功能逐步扩大,铁路信号已由过去的铁路运输的"眼睛"变成了铁路运输的"中枢神经"。铁路信号作为铁路运输信息化运营管理的一种不可或缺的手段,在铁路运输中占据非常重要的地位,它的发展水平已成为铁路现代化程度的重要标志之一。现代铁路信号技术已成为向运输组织人员提供实时信息,实现列车有效控制,提高铁路区间通过能力,提高编组能力的重要手段,也是铁路列车提速与发展高速铁路的关键技术之一。在铁路运输系统中,铁路信号发挥着保证行车安全,提高运输效率,降低行车工作人员劳动强度等重要作用。

1.1.1 保障铁路列车运行安全

铁路运输的基本任务是运送旅客及各种货物,保证旅客和货物平安完整地运送到目的地。运输的安全性是运输业的永恒主题。在实际运行中,为保证安全、避免事故,把铁路线路划分成若干段,每一段为一个空间,在一个空间内只允许一列列车按规定速度运行。在划定的空间入口处设置信号机,指挥列车能否驶入该空间。信号机是否开放,必须根据检查线路是否空闲、道岔位置是否正确和敌对信号是否关闭而定,以防止人为错误操作等。

在车站,列车在站内行驶或进行调车作业时,其走行的路径称为进路,而进路是由道岔的位置来决定的。道岔开通不同的位置,可以排出不同的进路,有可能使列车、车列进入异线或发生脱轨的危险。因此,需要采用信号设备使道岔、进路、信号机三者之间产生一种相互制约的联锁关系,保证车站内的行车及调车作业安全并提高运输效率。

在区间,高速运行的列车具有巨大的惯性,遇到险情时不能立即停住,并且从实施制动到完全停住要走一段相当长的"制动距离",有可能造成列车正面冲突或追尾事故。因此,需要采用信号设备,保证列车在区间按一定的空间间隔运行,以确保区间行车安全并提高运输效率。

随着铁路运输产业的不断发展,铁路信号设备的研发与生产逐步发展成为有别于其他控制设备的特殊行业,具有特殊的设计原则,即"故障-安全"原则,也叫"故障导向安全"原则。故障导向安全原则,是铁路信号设备和系统设计最根本的安全原则,指当信号设备发生故障时,应以特殊的方式做出反应并导向安全,具体指铁路行车要求铁路信号设备在发生障碍、错误、失效的情况下,应具有导向减轻甚至避免损失的功能,以确保行车安全。例如,前方闭塞分区有车占用,后方信号依次显示为红灯、黄灯、绿黄灯、绿灯。当机车信号接收到前方信号为红灯时,列车会限速,如果列车超过速度限值就会自动制动。假如信号设备被雷击造成故障会自动切换到备用设备或备用系统继续正常工作。若备用系统也同时出现问题,会使信号显示红灯或者灭灯(灭灯等同于红灯,都是禁止越过),这时列车运行控制系统就会自动制动。

实现故障-安全原则的具体措施主要有:
(1) 防止人的错误操作而出现的各种联锁及闭塞技术等;
(2) 故障后使功能软化或降级使用技术,如自动闭塞中绿灯烧坏改亮黄灯的技术;
(3) 应急顶替技术,如电源故障时利用蓄电池供电的技术;
(4) 检测、报警和预防性养护技术;
(5) 冗余技术,如多重设备;
(6) 器件的降额使用技术,如信号灯泡的降压使用等。

1.1.2 提高运输效率与生产效率

铁路信号技术的发展对提高列车行车密度和运输能力发挥了重要作用。例如,自动闭塞的应用使得组织追踪运行成为可能,增加了列车行车密度。双线自动闭塞明显提高通过能力,按 8 min、7 min、6 min 行车间隔计算,每昼夜平均运行能力可由半自动闭塞的 40 对分别提高到 180 对、205 对、240 对。中国列车控制系统 3 级(CTCS-3 级)可以使追踪间隔缩短至 3 min,提高车站电气集中的装备率,增加车站的通过能力。电气集中联锁与非集中联锁比较,咽喉通过能力可提高 50%~80%,到发线通过能力可提高 15%~20%。自动化驼峰编组场编解能力可提高 15% 左右,使点线能力得到协调。

铁路信号技术的发展提高了行车部门劳动生产率,节省了大量行车人员。例如,采用集中联锁,减少了现场道岔操作人员;采用调度集中,减少了车站值班员。同时,铁路信号技术的发展也大大减轻了行车人员的劳动强度与安全风险,降低了作业人员伤亡事故率。

1.1.3 统一调度指挥列车运行

以前,调度员依靠一台电话、一张图、一支笔的传统手工方式,编制运行计划并组织行车,调度效率很低,限制了铁路运输效率,影响了铁路运输能力。铁路信号系统能够快速、准确地采集和传输各种行车设备状况、列车运行状态等信息,能保证安全运输和最大限度地发挥各种行车设备的能力,为实现铁路信息化奠定基础,有助于提高运营效率和服务质量。铁路调度指挥系统为统一调度指挥列车运行提供了平台,该装置使调度中心(调度员)能够实时掌握管辖区段范围内的列车动态并对信号设备进行集中控制,按照列车运行计划集中统一指挥管辖区段内的列车运行。

1.2 铁路信号的组成

铁路信号包括信号基础设备(信号设备、器材)和信号系统两个层次。

铁路信号基础设备包括信号机、继电器、转辙机、轨道电路、控制台、电源屏和防雷装置等。铁路信号基础设备的质量、安全性和可靠性直接影响信号系统发挥效能、保证安全、提高可靠性的能力。

信号系统包括车站联锁、区间闭塞、列车运行控制、列车调度指挥、编组站自动化、道口信号、信号集中监测等系统。铁路信号系统包含当代许多重要的科技成果,正在迅速发展,在铁路现代化中发挥着不可替代的作用。

1.2.1 铁路信号基础设备

铁路信号基础设备是铁路主要技术装备之一,是组织指挥列车运行,保证行车安全,提高铁路运输效率,传递行车信息,改善行车人员劳动条件的关键设施。铁路信号的装备水平和技术水准是铁路现代化的重要标志。

1. 信号机

为指示列车运行及发出调车作业命令,保证所防护区段内列车的运行安全,铁路根据需要设置了各种信号机和信号表示器,它们是信号系统中不可缺少的组成部分。信号机以信号显示的形式向司机提供指示列车和调车车列的运行条件及命令。

在铁路发展初期,利用手信号指挥行车,随着科技发展,出现了信号机。我国铁路主要采用透镜式色灯信号机。在满足设置原则的基础上,根据需要设置各种用途的信号机及信号表示器,完成各自功能。信号显示是行车和调车的命令,必须严格按照《铁路技术管理规程》的要求,显示正确,且满足显示距离的要求。

2．继电器

继电器是自动控制中常用的电磁开关。信号继电器是用于铁路信号中的各类继电器的统称，是各类信号控制系统不可缺少的重要器件。信号继电器广泛用于接通或断开电路，构成信号逻辑电路，控制信号机、转辙机等现场设备。继电器无论是作为继电式信号系统的核心部件，还是作为电子式或计算机式信号系统的接口部件，都发挥着重要作用。铁路信号对继电器有许多严格的要求，如安全可靠、动作准确、使用寿命长，具有足够的断开与闭合电路能力、稳定的电气与时间特性、良好的电气绝缘特性及故障导向安全性能等。

3．转辙机

转辙机是道岔转换与锁闭设备的核心和主体，是重要的信号基础设备，对于保证行车安全具有非常重要的作用。道岔转换与锁闭设备是将道岔的可动部分从一个位置改变到另一个位置并可靠锁住的设备。以前，通过人力进行道岔转换，现在，通过各种动力转辙机完成道岔的转换和锁闭，并正确反映道岔位置和尖轨的密贴程度。例如，ZD6系列电动转辙机采用直流电动机作为动力源，利用行星传动式减速器减速，是内锁闭装置。除转辙机本身外，道岔转换与锁闭设备还包括外锁闭装置和各类杆件安装装置，它们共同完成道岔的转换，改变道岔开通方向，锁闭道岔尖轨（和可动心轨），反映道岔位置。

4．轨道电路

轨道电路是以钢轨作为导体、两端加以机械绝缘（或电气绝缘）、配以发送和接收设备构成的电路，是重要的信号基础设施。轨道电路用于监督线路的占用情况和向列车传递行车信息。当有列车占用时，电流被分路，接收设备（一般是继电器）不工作，即可反映轨道电路被占用。它的性能直接影响行车安全和运输效率。

除了轨道电路，计轴设备利用记录进入、出清指定线路的轮对数量，也能实现自动检查线路空闲的功能。另外，查询应答器、轨道感应环线也都由于具有列车定位与向列车传输信息的能力，在现代铁路信号系统中得到广泛应用。

5．控制台

控制台是车站值班员指挥列车运行和调车作业的设备，用于控制道岔的转换和信号的开放，并监督进路、信号显示、道岔位置。

6．电源屏

电源屏是信号系统的供电装置，用于向各种信号设备及系统供给稳定、可靠、符合使用条件的各种交流、直流电源。电源装置必须安全、可靠供电，不受电网电压波动和负载变化的影响。目前均采用信号智能电源屏，其技术特征是：具有自动监测功能，实现了模块化，广泛采用电力电子技术。

7．防雷装置

铁路信号控制设备易遭雷击，造成设备损坏或误动，严重影响运输生产，因此对信号设备必须采取必要的防雷措施。雷电主要从交流电源线、轨道电路、电缆等处侵入信号设备，与外线连接的信号设备必须设防雷装置。为保证安全，各种信号设备需要根据具体情况选用不同的防雷组合单元，根据需要设防雷地线、安全地线和屏蔽地线。

1.2.2 铁路信号系统

1. 车站联锁系统

1) 车站线路

车站是交通运输生产的基地。旅客乘降、货物承运、列车到发及解编、机车和乘务组的整备和换乘、列检和货物检查,都在车站办理。车站集中了与行车有关的技术设备。

车站线路可分为正线、站线及特别用途线三类。

(1) 正线是指连接车站并贯穿或直股深入车站的线路。双线铁路车站分上行正线和下行正线。按左侧行车制向首都开行方向的线路为上行正线;反之为下行正线。

(2) 站线是指到发线、调车线、牵出线、货物线及站内指定用途的其他线路。

① 到发线是指用于接发旅客列车和货物列车的线路。

② 调车线和牵出线主要用于调车作业和停放车辆。

③ 货物线主要用于货物装卸车辆调动及存放。

④ 站内指定用途的其他线是指机车行走线、轨道衡线、加水线、整倒装货物线、车辆洗刷线、驼峰迂回线、禁止溜放车辆停留线、车辆站修线、机待线、机车整备线、站内救援列车停留线和大型养路机械停留线。

(3) 特别用途线是指为保证行车安全而设置的安全线和避难线。

2) 联锁

(1) 联锁定义。

车站内有许多线路,它们用道岔连接。列车和调车车列在站内运行所经过的路径,称为进路。按各道岔的不同开通方向可以构成不同的进路,进路要求其包括的道岔必须处在规定位置。列车和调车车列必须依据信号的开放而通过进路,即每条进路必须由相应的信号机来防护。如进路上的道岔位置不正确,或已有车占用,有关的信号机就不能开放;如信号开放,其所防护的进路就不能变动,即此时该进路上的道岔不能再转换。信号、道岔、进路之间的这种相互制约的关系,称为联锁关系,简称联锁。

(2) 联锁基本内容。

联锁的基本内容包括:防止建立会导致机车车辆相冲突的进路;必须使列车或调车车列经过的所有道岔均锁闭在与进路开通方向相符合的位置;必须使信号机的显示与所建立的进路相符。

(3) 联锁的技术条件。

① 进路上各区段空闲时才能开放信号。如果进路上有车占用,却能开放信号,则会引起列车、调车车列与原停留车冲突。

② 进路上有关道岔在规定位置且被锁闭才能开放信号。如果进路上有关道岔开通位置不对却能开放信号,则会引起列车、调车车列进入异线或挤坏道岔。信号开放后,其防护的进路上的有关道岔必须被锁闭在规定位置,而不能转换。

③ 敌对进路已建立时,防护该进路的信号机不能开放。否则列车或调车车列可能造成正面冲突。信号开放后,敌对进路必须被锁闭,防护敌对进路的信号不能开放。

3）联锁系统

铁路部门为保证列车在通过或停靠车站时的运行安全并提高运输效率，需要在每个车站安装车站联锁系统，建立互相制约的联锁关系，保证在车站行驶或停靠的列车（或车列）不致正面或侧面相撞、追尾或"挤岔"。目前，车站联锁系统主要有继电集中联锁和计算机联锁。

（1）继电集中联锁是指铁路车站集中地在信号楼对信号机和道岔进行控制，现场信号设备状态、列车和车列运行情况亦在控制台上给出表示。信号机、道岔和进路之间的联锁由继电器逻辑电路实现。室外信号设备采用色灯信号机、转辙机和轨道电路。车站值班员通过控制台办理进路，自动转换道岔、锁闭进路、开放信号。系统中使用继电器数量多、故障率高，难以实现网络化，所以逐步被计算机联锁取代。

（2）计算机联锁是一种由计算机及其他一些电子、电磁器件组成的具有故障-安全性能的实时控制系统。计算机联锁利用计算机对车站作业人员的操作命令及现场设备状态表示的信息进行逻辑运算，从而实现对信号机及道岔、进路等进行集中控制，使其相互制约，以保证行车安全。计算机联锁系统的全部联锁关系都是通过计算机程序实现的。它与继电集中联锁相比，具有十分明显的技术经济优势和更高的可靠性，是车站联锁设备的发展方向。

2. 区间闭塞系统

1）闭塞基本概念

区间是指两个车站（或线路所）之间的铁路线路，如图 1-1 所示。在单线铁路，以两个车站的进站信号机柱的中心线为车站与区间的分界线；在双线或多线铁路，分别以各线路的进站信号机柱或站界标的中心线为车站与区间的分界线。

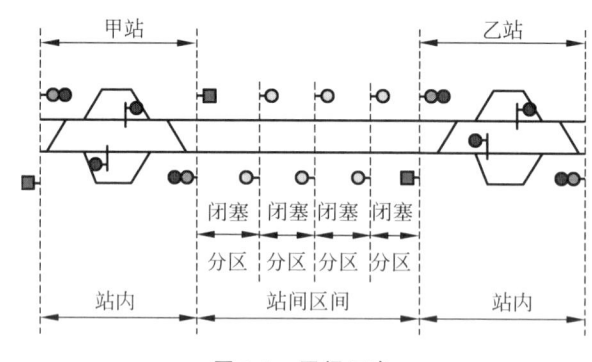

图 1-1 区间示意

区间根据分界线的不同分为站间区间、所间区间及闭塞分区三类，如图 1-2 所示。相邻两站之间的区间称为站间区间。车站和线路所之间的区间称为所间区间。所间区间是在非自动闭塞区段上为提高铁路线路的通行能力而设置的。在线路所设有通过信号机，用以划分区间，并由专人办理接发列车的工作。为保证行车安全和铁路线路必要的通行能力，把铁路线路分成若干长度不等的段落，每段线路叫作一个闭塞分区（区间）。

列车由车站向区间发车时，必须确认闭塞分区（区间）内没有列车，并需遵循一定的规

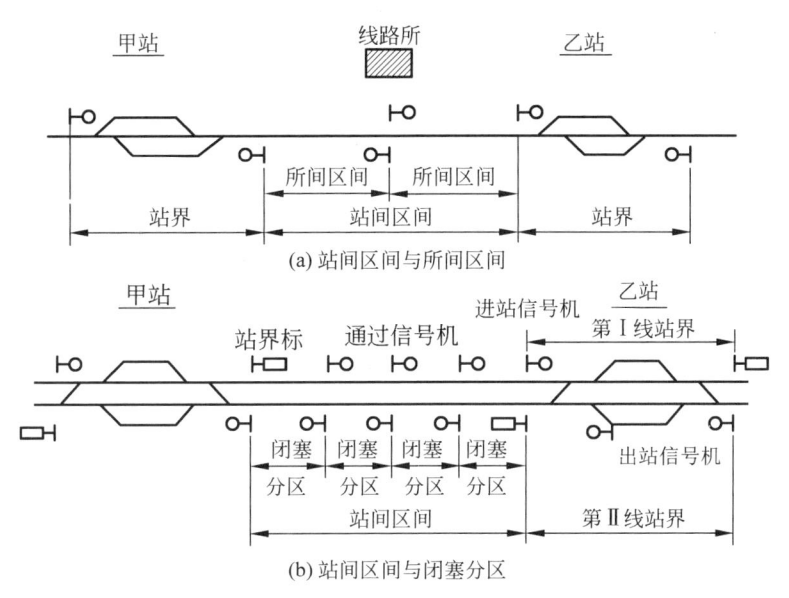

图 1-2　站间区间、所间区间及闭塞分区

律组织行车,以免发生列车正面冲突或追尾事故。这种按照一定规律组织列车在区间内行车的方法,叫作行车闭塞法,简称闭塞。实现闭塞方式的设备称为闭塞设备。以闭塞技术设备为基础构建的信号系统,称为闭塞系统。

2) 实现闭塞的基本方法

实现闭塞的基本方法有两种：时间间隔法和空间间隔法。

(1) 时间间隔法。

时间间隔法是列车按照事先规定好的时间由车站发车,使前行列车和追踪列车之间必须保持一定时间间隔的行车方法。这种行车方法因追踪列车不能确切地获知前行列车的运行状况,所以不能确保列车在区间内的运行安全。我国已不再使用此行车方法。

(2) 空间间隔法。

空间间隔法是把铁路线路划分为若干区段(区间或闭塞分区),在每个区段内同时只准许一列列车运行,使前行列车和追踪列车之间必须保持一定距离间隔的行车方法。这种行车方法能严格地把列车分隔在两个空间,可以有效防止列车追尾和正面冲突事故的发生,确保列车运行安全。这种行车方法是我国目前采用的闭塞方法。

空间间隔法要求列车在进入闭塞分区前,须通过履行"闭塞"手续,取得占用该闭塞分区的"行车许可凭证"(或称"移动")授权,才能够占用该闭塞分区。一旦列车进入某闭塞分区,该闭塞分区的防护信号机关闭,防止其他列车进入该闭塞分区(迎面或尾追),从而达到控制列车运行间隔的目的,保障了列车在闭塞分区中的行车安全。

3) 闭塞分类

行车闭塞制式大致经历了电报或电话闭塞→路签或路牌闭塞→半自动闭塞→自动闭塞的发展过程。

目前我国铁路,单线多为半自动闭塞,双线多采用自动闭塞。

(1) 半自动闭塞。

半自动闭塞是人工办理闭塞，由出发列车实现闭塞的闭塞方式。区间两端车站各装设一台具有相互电气锁闭关系的半自动闭塞机，以出站信号机开放显示为行车凭证。在车站进站信号机内侧设有一小段专用轨道电路，它和闭塞机、出站信号机间也具有电气锁闭关系。其特点是：出站信号机不能任意开放，它受闭塞机控制，只有区间空闲时，双方办理闭塞手续后才能开放。列车出发离开车站时，出站信号机自动关闭，并使双方闭塞机处于"区间闭塞"状态，直到列车到达接车站办理到达复原时止。半自动闭塞法办理手续简单，效率高，可提高区段通过能力，改善劳动条件。但到达列车是否完整，仍须通过人工检查才能确定，故称"半自动闭塞"。

(2) 自动站间闭塞。

自动站间闭塞就是在有区间占用检查设备的条件下，自动办理闭塞手续，列车凭出站信号机开放显示为行车凭证。发车后，出站信号机自动关闭。列车到达接车站，自动确认列车到达和自动复原。

其特征为：有区间占用检查设备；站间或所间闭塞只准走行一列列车；办理发车进路时自动办理闭塞手续；自动确认列车到达和自动恢复闭塞。

(3) 自动闭塞。

自动闭塞是在列车运行中自动完成闭塞的，它将一个区间划分为若干闭塞分区，每个闭塞分区的起点装设通过信号机，列车运行借助车轮与轨道电路接触发生作用，自动控制通过信号机的显示。自动闭塞由于划分成闭塞分区，可用最小运行间隔时间开行追踪列车，从而提高区间通过能力。

其特征为：每个闭塞分区有占用检查设备，可以凭通过信号机的显示行车，也可凭车载信号行车；能实现列车追踪；无须办理闭塞手续，自动变换信号显示。

自动闭塞按照传输信息的数量可分为：三显示自动闭塞、四显示自动闭塞和多显示自动闭塞。

① 三显示自动闭塞。

三显示自动闭塞的特征：通过信号机具有三种显示；能预告列车运行前方两个闭塞分区的状态；分两个速度等级，一个闭塞分区的长度满足从规定速度到零的制动距离。图1-3为三显示自动闭塞。当通过信号机所防护的闭塞分区被列车占用时，通过信号机显示红灯；当列车运行前方只有一个闭塞分区空闲时，通过信号机显示黄灯；当列车运行前方有两个及以上的闭塞分区空闲时，通过信号机显示绿灯。

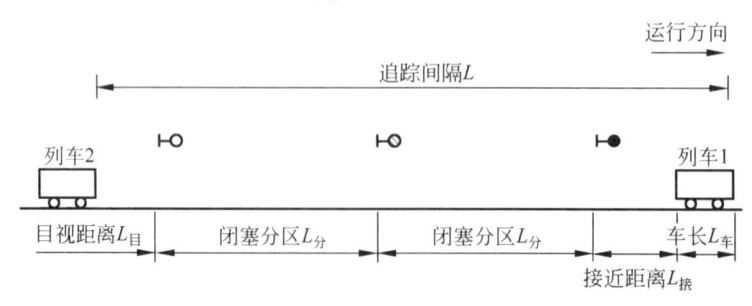

图1-3 三显示自动闭塞

三显示自动闭塞情况下，一般使列车按规定速度在绿灯下平稳运行。列车运行在三显示自动闭塞区间，越过显示黄灯的通过信号机时开始减速，至次一架显示红灯的通过信号机前停车，因此要求每个闭塞分区的长度绝对不能小于列车的制动距离，这样既能满足运行要求，又能保证行车安全，因此得到广泛应用。

② 四显示自动闭塞。

随着列车速度和密度的不断提高，在一些繁忙的客货混运区段，各种列车的运行速度和制动距离相差很大，客车的制动距离远大于货车的制动距离。若闭塞分区的长度按客车制动距离设置，则影响了货车的通过能力；若按货车制动距离设置，则不能适应客车的安全需要。一种妥善的解决方法是任何闭塞分区的长度大于或等于货车制动距离，任何两相邻闭塞分区长度应大于或等于一个客车的制动距离，于是形成了四显示自动闭塞。

四显示自动闭塞是在三显示自动闭塞的基础上增加一种绿黄显示，如图 1-4 所示。当一个分区的防护信号机显示红灯时，其前方信号机的显示顺序为黄、绿黄和绿。它能预告列车运行前方三个闭塞分区的状态，规定列车以规定的速度越过绿黄显示后必须减速，以使列车在抵达黄灯显示下运行时不大于规定的黄灯允许速度，保证在显示红灯的通过信号机前停车。它分三个速度等级，两个闭塞分区的长度满足从规定速度到零的制动距离；对于低速、制动距离短的列车越过绿黄显示后可不减速。由于增加了绿黄显示，便解决了上述矛盾。

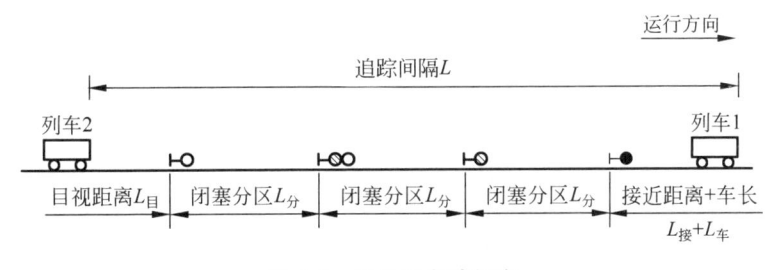

图 1-4 四显示自动闭塞

我国铁路规定，行车速度在 160 km/h 以上的区段必须采用四显示自动闭塞。

③ 多显示自动闭塞。

多显示自动闭塞也称多信息自动闭塞，是对四显示及以上自动闭塞的统称。多于四显示时，往往地面通过信号机不具备多显示的条件，而以机车信号显示为主。

3. 列车运行控制系统

列车运行控制系统(简称列控)是保证列车安全、快速运行的系统。列车运行控制系统的主要作用是完成列车的间隔控制和速度控制。中国列车运行控制系统(Chinese train control system, CTCS)分为 5 个等级，分别为 CTCS-0 级、CTCS-1 级、CTCS-2 级、CTCS-3 级、CTCS-4 级。目前，我国 CTCS-0 级用于普速铁路，CTCS-2 级用于高速铁路和城际铁路，CTCS-3 级用于高速铁路。本书重点介绍这三个等级的 CTCS。

我国铁路列车运行控制系统主要分为列车运行监控装置(LKJ)和列车自动保护系统(automatic train protection, ATP)(也称列车超速防护系统)两大类。列车运行监控装置的功能是监控列车速度,在司机处置不及时或出现处置失误的情况下,可对列车实施紧急制动,并且可记录列车运行情况,了解机车运行质量和司机操作水平的设备。列车超速防护系统是实现对列车间隔和速度的自动控制,提高运输效率,保证行车安全的系统。它能够根据从地面获取的信息,计算列车的安全运行速度,并进行持续不断的监控,当列车超过安全运行速度,ATP 将自动控制列车降速,确保列车安全运行。

1) CTCS-0 级列车运行控制系统

CTCS-0 级列车运行控制系统由机车信号、站内轨道电路电码化、列车运行监控装置组成。

(1) 机车信号是用设在机车司机室的机车信号机指示司机运行的信号显示制度。机车信号能复示地面信号机的显示,改善司机的瞭望条件。当风、雪、雨、雾等气候条件不良或隧道、弯道等地形条件不良时,司机往往不能在规定距离内确认信号显示,存在冒进信号的危险。尤其是在行车密度大、列车速度快及载重量大的区段,要求增大制动距离,发生冒进信号的可能性更大。当机车上采用机车信号后,就能较好地避免自然条件的干扰,提高司机接收信号的可靠性。随着机车信号可靠性的不断提高,其逐渐作为行车凭证。

(2) 站内轨道电路不能发送移频信息,当列车在站内运行时机车信号将中断工作。为了保证行车安全和提高运输效率,使机车信号在站内也能连续显示,需在站内原轨道电路的基础上进行电码化。站内轨道电路电码化,指的是非电码的轨道电路能根据运行前方信号机的显示发送各种电码。站内轨道电路电码化是 CTCS-0 级列车运行控制系统不可或缺的地面发送设备。

(3) 列车运行监控装置具有监控、记录、显示及报警等功能,对了解机车运用质量和司机操作水平,保证列车运行安全,改善对司机、机车的管理发挥了积极作用。但是运算器从机车信号中提取信息,其本身硬件、软件达不到故障-安全要求,所需地面数据不是由地面实时传递,而是储存在机车上,按列车坐标提取,一旦发生差错将危及行车安全,其监控部分不符合超速防护所要求的故障-安全原则。

2) CTCS-2 级列车运行控制系统

CTCS-2 级列车运行控制系统是基于轨道电路加应答器传输列车运行信息的点连式系统,是采用目标-距离模式监控列车安全运行的列车运行控制系统。CTCS-2 级列车运行控制系统由地面设备和车载设备构成。

(1) 地面设备主要由 ZPW-2000A 型轨道电路、应答器和列控中心(train control center,TCC)、临时限速服务器等组成。轨道电路提供的信息有行车许可、空闲闭塞分区数量、道岔限速等。应答器提供的信息包括线路长度(以闭塞分区为单位提供)、线路坡度、线路固定限速、临时限速、列车定位等信息。列控中心设于各车站及区间中继站,与计算机联锁、调度集中(centralized traffic control,CTC)接口,根据调度命令、进路状态、线路参数等产生进路及临时限速等相关控车信息,通过轨道电路及有源应答器传送给列车。列控中心还完成轨道电路编码、改变运行方向控制、区间通过信号机点灯控制。临时限速服务器宜集中设置于靠近调度所的沿线车站,向 TCC 传递临时限速信息。

(2) 车载设备由主机、人机界面、速度传感器、应答器信息接收天线、轨道电路信息接收天线等组成。列控车载设备的功能是:接收与处理轨道电路信息、应答器信息,测速测距、超速防护、与 LKJ 接口、防溜、与动车组接口、与司机进行信息交互。动车组同时装备列控车载设备与列车运行监控装置。后者作为前者的后备模式。

3) CTCS-3 级列车运行控制系统

CTCS-3 级列车运行控制系统是基于铁路全球移动通信系统(GSM-R)实现车-地信息双向传输、无线闭塞中心(radio block center,RBC)生成行车许可的列控系统,以目标距离连续速度控制模式、设备制动优先的方式监控列车安全运行。CTCS-3 级兼容 CTCS-2 级列控系统。CTCS-3 级列控系统为车速在 300 km/h 及以上高速动车组的主用列控系统,CTCS-2 级列控系统为备用列控系统。

CTCS-3 级地面设备与车载设备间的信息应采用 GSM-R 无线传输方式和轨道电路加应答器的传输方式。轨道电路按照 CTCS-2 级列控系统的要求传输信息;应答器除传输 CTCS-2 级列控系统的有关信息外,还应传输 CTCS-3 级列控系统所需的列车定位、与无线闭塞中心链接等信息。

RBC 根据轨道电路、联锁进路等信息生成行车许可,并通过 GSM-R 将行车许可、线路参数、临时限速传输给 CTCS-3 级车载设备,同时通过 GSM-R 接收车载设备发送的位置和列车数据等信息。

4. 列车调度指挥系统

列车调度指挥系统(train dispatching command system,TDCS),是实现铁路各级运输调度对列车运行透明指挥、实时调整、集中控制的现代化信息系统。该系统是在运输调度管理信息系统(dispatch management information system,DMIS)基础上,利用信息技术、网络技术、控制技术等现代化手段取代了传统落后的行车指挥手段,采用并结合先进的铁路通信、信号、计算机网络、数据传输、多媒体等现代信息技术,在保证网络安全的前提下,与相关系统紧密结合、互联互通、信息共享,实现了铁路运输组织的科学化、现代化,增加了运能,提高了效率,减轻了调度人员的劳动强度,改善了调度指挥的工作环境。

TDCS 的功能主要包括编制列车运行计划、自动采集列车运行时刻、自动绘制列车实际运行图、自动采集和跟踪列车车次号、自动或人工调整阶段计划、向车站和机车自动下达阶段计划和调度命令、自动生成行车日志等。

调度集中系统是一种集遥控、遥信于一体的铁路列车调度指挥系统,由铁路局和车站两级构成。这种系统在列车调度指挥系统的基础上发展而来,不仅实现了列车调度指挥的全部功能,还增加了列车编组信息管理、调车作业管理、综合维修管理和列调等功能,实现了铁路运行网络的中心调度集中指挥和车站分散自律控制,提高了铁路运行效率和确保运行安全。调度集中系统的核心是调度中心机械室的调度集中总机和设于各车站的调度集中分机,它们通过数据传输系统相互连接,实现车站信号设备的集中控制和监视,以及列车的统一调度和指挥。随着计算机技术、通信技术和控制技术的融合,调度集中系统已经成为铁路运输的重要组成部分,为铁路运输的高效、安全和便捷提供了有力支持。

当前铁路主要使用的新一代分散自律调度集中系统吸取传统 CTC 的经验,充分考虑中国铁路客货混跑、调车作业多的实际情况,采用"分散自律"理论,将调车控制纳入调度集中,系统无须切换控制模式即可实现行车和调车作业的协调办理,并且能够进行无人值守车站的调车作业。

随着大数据、人工智能的发展,我国科研团队正在研发智能调度集中(iCTC)系统。智能调度集中系统是在我国高速铁路广泛使用的分散自律调度集中系统的基础上,结合我国行车调度智能化的实际业务需求,综合采用铁路运输学、铁路信号学、智能控制、计算机辅助决策、多信息融合、大数据挖掘、云计算和物联网等先进技术,研制的新型高速铁路调度指挥系统。

5. 编组站自动化系统

编组站自动化系统是提高编组站解编能力的最有效手段。编组站自动化系统主要包括驼峰推峰机车速度自动控制、溜放车辆进路自动控制和溜放车辆速度自动控制等系统。这些系统的主要作用是提高货物列车在编组站的解体、编组作业能力,从而缩短货物运输时间。

1) 驼峰推峰机车速度自动控制

驼峰推峰机车推送速度低会降低作业效率,推送速度过高会造成"追钩"增多,也降低作业效率,所以最佳推送速度应随溜放车组的组合不同而变化,使得各溜放车组间始终保持必要的间隔。起初采用驼峰机车信号来改善推峰机车司机的瞭望条件,使司机根据驼峰信号显示来控制推送速度。驼峰机车信号仅作为驼峰信号机的复示信号,效果不显著。为提高推峰机车速度控制的自动化程度,研发了驼峰推峰机车遥控系统。在装设编组站自动化系统的驼峰,可与溜放速度计算机控制系统联网,实现自动变速推送。

2) 溜放车辆进路自动控制

溜放车辆进路自动控制主要是按照溜放作业要求对分路道岔进行控制,将溜放进路通向目的编组线。它还包括对驼峰信号机和调车信号机的控制。为提高驼峰解编作业效率,驼峰溜放进路不能像车站集中联锁那样"一次排出",而应在各车组保持适当间隔的条件下,自峰顶向编组线连续溜放。为此,各车组的溜放进路应"分段排出",即将溜放进路按分路道岔分成数段,每段只包含一组分路道岔,随着车组的下溜,各分路道岔按进路要求"分段转换"。准确掌握分路道岔的转换时机,是实现连续溜放的关键。如用人工操纵,难以掌握,且劳动强度大,效率低。因此,普遍采用驼峰道岔自动集中。驼峰道岔自动集中是预先储存各车组的溜放进路命令,溜放时再依次输出和传递进路命令,自动控制分路道岔的转换,为各溜放车组排列溜放进路。

3) 溜放车辆速度自动控制

为保证溜放车组的必要间隔,保证与停留车连挂,要控制溜放车组的速度;需设置驼峰溜放车辆速度自动控制系统。溜放车辆速度自动控制是对车辆减速器等调速工具进行控制,以保证溜放车组适当的间隔,以及以安全速度与停留车连挂。对溜放车组的速度自动控制设备为计算机系统,它采集并处理各种实时测量信息,包括车组的轴数、轴距、长度、重量、速度、加速度、阻力、受风面积、前后车间隔、编组线空闲长度及风向风速,据此计算出保证溜放间隔和安全连挂的车组离开减速器时的速度设定值,并与雷达测得的实际速度相比自动控制车辆减速器。

6. 道口信号

道口信号是指示道路上的车辆、行人通过或禁止通过道口的听觉和视觉信号。道口信号是保证道口安全的重要设备。在无人看守道口,它向道路方向显示能否通过道口的信号。在有人看守的道口,它自动通知看守员列车的接近。

1) 道口信号设备类型

道口信号设备有四种类型:道口自动通知、道口自动信号、道口自动通知及道口自动信号、自动栏木。根据需要选用相应类型的道口信号设备。

(1) 道口自动通知是在列车接近道口时,用指示灯光和音响自动通知道口看守员,由道口看守员操纵栏木进行防护。它适用于有人看守的道口。

(2) 道口自动信号是当列车接近和离开道口时,自动地向道路方向显示禁止或准许通行的信号,它适用于无人看守道口。

(3) 道口自动通知及道口自动信号是在列车接近时,同时向道口看守员和道路上的车辆、行人发出列车接近道口的警报。它适用于有人看守的道口。

(4) 自动栏木是根据列车接近或离去道口的信息而自动动作的。

2) 道口信号设备组成

道口信号设备一般由道口信号机、道口音响器、道口闪光器、道口控制器、道口控制盘等组成。

(1) 道口信号机用于向道路上的车辆、行人显示道口的开放或关闭情况。平时无列车接近道口时,道口信号机显示稳定的月白色灯光,表示设备正常,无列车接近。列车接近时,道口信号机的两个红灯交替闪光,同时道口信号机柱顶端的扬声器发出模拟钟声音响,禁止车辆行人通过道口。当列车出清道口后,红闪灯光和钟声音响停止,道口开放。

(2) 道口音响器分为室内音响器和室外音响器。室内音响器在道口看守房内,列车接近时给看守员发出连续音响信号。设备故障时发出断续音响的报警信号。由振荡器产生连续或断续音响信号。室外音响器即设在道口信号机柱顶端的扬声器。列车接近时向道路上的车辆、行人发出强弱相间的模拟钟声的音响信号。由间歇振荡器产生的 2 Hz 脉冲信号去调制 750 Hz 的正弦信号产生模拟钟声信号。

(3) 道口闪光器在列车接近时使道口信号机向道路显示禁止通行的闪光信号。一般采用张弛振荡器控制晶闸管开关电路形成闪光。

(4) 道口控制器用来检查列车的接近或离去。道口控制器采用工作频率大于 10 kHz 的高频无绝缘轨道电路。

(5) 道口控制盘用于有人看守的道口,便于从室内监视列车接近或出清道口以及控制道口信号设备。

在交通繁忙或瞭望困难的有看守道口的一端或两端还应设遮断信号机。当道口发生危及行车安全而又无法立即排除的故障时,道口看守员按压遮断信号按钮,向列车显示红灯。

7. 信号集中监测

信号集中监测系统是保证行车安全、加强信号设备结合部管理、监测并记录信号设备运行状态的重要行车设备,为维修维护人员掌握设备的运用质量和进行设备故障分析的计算机系统。

信号集中监测的模拟量在线监测包括：电源屏监测、电源对地漏泄电流监测、转辙机监测、轨道电路监测、电缆绝缘监测、区间自动闭塞监测、站内电码化监测。数字量在线监测包括：监测按钮、控制台表示、功能型继电器等数字量的实时状态变化。当监测到异常情况时进行故障报警。

信号集中监测系统由车站系统、车间机、电务段管理系统、上层网络终端，以及广域网数据传输系统组成。

车站系统由站机和采集机组成，其中站机实现集中管理，采集机实现集中管理下的分散采集信息。站机由工控机、显示器、键盘、鼠标、不间断电源（UPS）、打印机等设备组成。站机作为一个车站的集中管理设备，集中处理各采集机采集的实时信息，并进行显示和存储，同时又为操作人员提供人机界面。根据对信号设备监测的结果，人机界面实现车站作业状态及设备运用状态的实时显示和各种数据的查询功能。站机可将本站监测信息传送到服务器，为实现远程监测和管理提供基础。为便于使用人员操作管理，站机一般设在工区值班室或信号机械室。采集机用于在线采集各种信号设备的模拟量或开关量数据，对各种数据进行预处理，并传送给站机。采集机按功能划分为综合采集机、道岔采集机、轨道采集机、开关量采集机、区间采集机和其他专用采集机。

电务段管理系统是信号集中监测网络系统的中枢部分，是电务段管内各站的监测数据和网络通信的管理中心。它包括一台服务器和若干台终端、打印机等外部设备以及一些通信设备。根据管理、维修和监测的需要及电务段所辖各站的地理位置，电务段管理系统分为三个层次，即电务段层、车间层和车站层。

1.2.3　信号系统与信号设备的关系

列车运行控制和列车调度指挥是关系铁路现代化最重要、最关键的技术，前者直接控制列车的运行速度，后者直接进行列车的调度指挥。车站联锁和区间闭塞是列车运行控制和列车调度指挥的基础。车站联锁提供列车运行的许可，区间闭塞提供列车运行的信息。列车调度指挥系统和调度集中通过车站联锁和区间闭塞采集行车信息，调度集中通过车站联锁完成遥控功能。

车站联锁系统的基础设备包括继电器、信号机、轨道电路、转辙机、控制台、电源屏等。它们和车站联锁主机（继电器电路或者计算机）共同构成车站联锁系统，完成联锁功能。

区间闭塞的基础设备包括继电器、信号机、轨道电路、电源屏等，它们和区间闭塞主机（继电器电路或者计算机）共同构成区间闭塞系统，完成闭塞功能。

车站联锁和区间闭塞必须相互结合，共同完成保证行车安全的任务。

编组站自动化系统的基础设备包括继电器、信号机、轨道电路、转辙机、控制台、电源屏以及车辆减速器、各种测量设备等，完成驼峰推峰机车速度自动控制、溜放车辆进路自动控制和溜放车辆速度自动控制的功能。

道口信号的基础设备包括继电器、信号机、轨道电路、电源等，它们和道口信号电路共同构成道口信号系统，完成防护道口的功能。

信号集中监测对各种信号设备进行监测，保证设备的良好运行。

铁路信号的相互关系如图1-5所示。

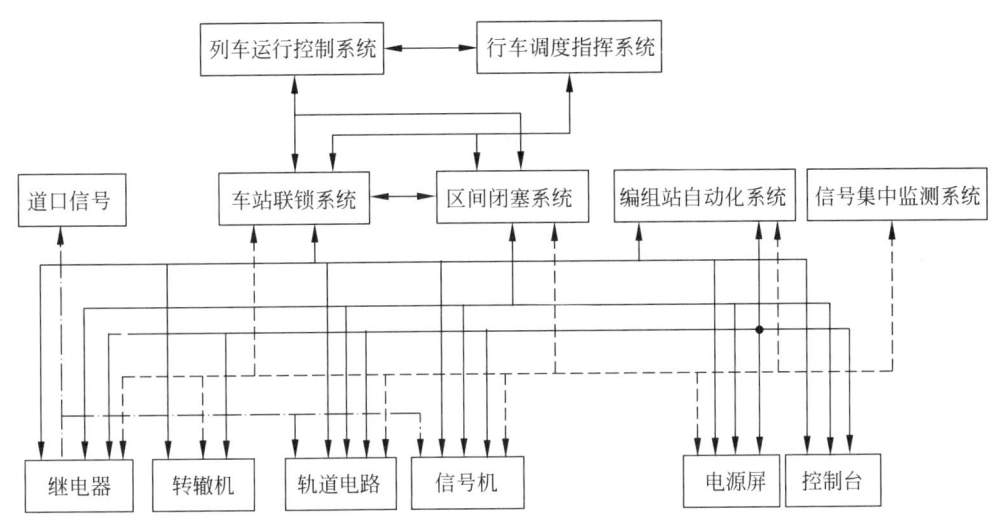

图 1-5　铁路信号的相互关系

注：————为道口信号与基础设备的关系；-----为信号集中监测与各系统、设备的关系。

1.3　铁路信号的产生与发展

1.3.1　铁路信号发展历程

　　1825 年，铁路在英国诞生，由于火车只能在固定的轨道上跑，如果在列车行驶的路径中出现"第二者"，则后果不堪设想。因此，最早的列车运行时，由一人持信号旗骑马前行，引导列车前进。随着列车速度的提高，这种方式很快被淘汰。1832 年，美国在纽卡斯尔—法兰西堂铁路线上开始使用球形固定信号装置，这种信号机每隔 5 公里安装一架。铁路员工用望远镜瞭望沿线信号机，以传达列车运行的消息。1841 年英国人古利高里发明了安装在一个高柱上的长方形臂板式信号机，臂板放水平位表示停车，向下倾斜 45°表示行进。后来由于夜间行车需要，又出现了色灯信号机。1872 年美国人鲁滨逊发明了轨道电路，开启了列车自动控制信号的新时代。

　　以前的铁路信号主要解决基本的"视力"问题。地面信号向司机提供视觉信号，但由于地形和气候条件的影响，司机往往不能在规定的距离上及时瞭望到前方信号机显示的信号，因而有产生冒进信号的危险，于是发明了机车信号设备，将地面的视觉信号引入司机室，改善了司机的瞭望条件。但是，机车信号无法防止由于司机失去警惕而发生危及列车运行安全的情况，于是研制了列车自动停车（automatic train stop，ATS）设备，其功能是当地面信号的"禁止命令"未被司机接受时就强迫列车自动停车。

　　随着列车速度提高，特别是高速铁路的发展，为克服由于列车超速而产生的列车颠覆事故，列车超速防护设备得到发展，并被广泛使用。随着自动控制技术及其他技术的发展，列车运行自动控制系统已经应用于轨道交通系统。因此，铁路信号已经从最初阶段提供"视力"的传统信号逐步演变为一个列车闭环自动控制系统。

　　为了提高运输能力，行车密度逐步增加，提出了安全行车间隔问题，产生了闭塞技术及相关区间信号技术。1851年英国铁路用电报机实行闭塞制度,区间信号技术经历了电话、电气路签、电气路牌闭塞,到后来的半自动闭塞、自动闭塞的发展历程,正在向移动闭塞技术发展。

列车安全运行不仅在区间需要控制速度、间隔,还需在车站进行控制。车站是列车交会和避让的场所,在车站内有许多线路,这些线路的两端,都以道岔连接着。根据道岔的不同位置而组成不同的进路,列车或调车车列是否能进入进路,是用信号机来指挥的。为了保证安全,就必须使信号机、进路和道岔三者之间有一定相互制约的关系,这种关系称为联锁。从1856年,萨克斯贝发明机械联锁机开始,这种联锁技术经历了机械技术、机电技术、继电技术时代,当前计算机联锁正在逐渐取代继电联锁。

铁路运输效率的提高不仅需要良好的联锁、闭塞、列车控制设备,还需要良好的调度指挥系统。1927年,美国铁路首先采用了调度集中控制装置,该装置使调度中心(调度员)能够实时掌握管辖区段范围内的列车动态并能够对信号设备进行集中控制,对列车运行直接指挥。经过几十年的努力,列车调度系统经历了调度监督、传统CTC技术的发展阶段,现在调度指挥系统已经集成了计算机、通信、自动控制等先进信息技术,成为铁路现代化运输组织和运营管理的核心系统。

20世纪90年代中期,在广泛汲取国外先进经验的基础上,我国提出了建设集信号技术、计算机技术、网络技术、通信技术为一体的列车调度指挥系统,构成部、局、车站三级网络结构,其核心是将铁路列车、车站和区间的实时运营情况汇总到铁路局等各级调度指挥中枢,使各级调度人员能够准确地制订运输调度计划,科学有序地指挥列车的安全运行。2003年11月26日青藏铁路公司在西哈段(西宁至哈尔盖)建成了先进的分散自律调度集中系统,目前我国铁路已广泛使用调度集中系统,对提高我国铁路调度指挥效率,提高铁路管理现代化水平具有积极的作用。

1.3.2　铁路信号发展趋势

随着信息技术的发展及高速铁路信号技术的应用,当前铁路信号技术正在经历由传统的继电逻辑、模拟电路、分散孤立的控制模式向数字化、网络化、智能化、综合化发展的重大变革时期。信号系统的功能,已由原来单一化走向系统化和信息化,从单纯保障行车安全,扩展到提高运输效率、改善管理和改进服务及业务综合管理方向发展,从而充分发挥信号系统的整体综合效能,使其成为行车控制、调度指挥、信息管理和设备监测的综合自动化系统。

信息技术在铁路信号领域的广泛应用使得铁路信号的功能进一步扩展,铁路信号的任务从最初的保障行车安全发展到满足安全可靠、高效节能、快捷舒适和优质服务,信号的作用从指示司机安全行车,控制现场行车设备发展到满足车、机、工、电、辆各部门间高效协作,实现各种行车信息的采集、传输、处理和管理等,并进一步发展为高度集成的铁路行车管理的信息化系统。联锁、闭塞、调度集中等信号设备由完成单一功能向以铁路运输业务为主体的多功能综合系统发展。随着列控系统及调度指挥系统的发展,铁路信号制式与运行模式也发生变化,铁路信号从以车站联锁为中心向以列车运行控制系统为中心转化,列车运行调度指挥从调度员-车站值班员-司机三级管理向由调度员直接控制列车转化。

以计算机为核心的信号设备使得自动化、数字化与智能化成为可能，信号显示由无特定速度含义的颜色信息向允许速度、目标距离的数字化转化，列车运行由以人为主确认信号和操作向车载设备的自动化控制转化。

由于现代铁路信号系统强调将各种分散的信号设备连成一个整体，因此铁路信号系统已逐步形成一个网络化结构。信号系统网络可以分成三层：第一层是现场网络层，主要用于控制和监测转辙机、轨道电路、信号机等现场设备；第二层是安全控制设备网络层，主要用于实现车站联锁、列控系统、道口等各种信号安全控制系统的联网控制；第三层是调度中心网络层，主要实现调度指挥的优化管理与决策支持。除此以外，以监测各种信号设备、系统为目的的铁路信号监测网络也正逐步形成，该网络将与铁路电务生产调度管理网络逐步融合，为铁路信号设备的远程监测、故障诊断、维修维护管理提供有力支撑。

铁路的发展需求决定了铁路信号的发展方向。铁路的大发展给铁路信号提出了挑战，同时也为铁路信号提供了非常良好的发展机遇。随着高速铁路的兴起，对铁路通信信号在安全上和功能上提出了更高的要求。要求铁路信号广泛运用 3C（计算机、通信、控制）技术，迅速实现 5 个转变，即由地面固定信号控制到列车车载设备控制的转变；由开环控制到闭环控制的转变；由分散孤立的控制到成区段集中控制的转变；由信联闭（信号、联锁、闭塞）系统简单控制到速度综合控制的转变；由广播式简单通信到点对点和点对多点的多功能移动通信转变。

铁路信号的发展方向主要包括以下几个方面。

(1) 列车运行控制系统方面。

中国铁路列控系统技术体系的宏观目标要求，一是适应中国既有信号装备现状；二是实现路网之间互连互通；三是满足最高速度 160～350 km/h 列控要求。CTCS 分为五级，面向 ATP 技术层次分为三级：面向既有线提速即 160～200 km/h 和客货共线新建铁路即 200～250 km/h 的 CTCS-2 级，面向高速铁路即 300～350 km/h 的 CTCS-3 级，面向移动闭塞的 CTCS-4 级。其主要设备分为地面、车载设备两大部分：

① 地面设备在 ZPW-2000 自闭的基础上，通过增设车站列控中心、RBC 以及点式应答器（含 LEU），满足车载设备所需要的移动授权和线路数据信息，实现目标距离控制模式。

② 车载设备由安全计算机、轨道信息接收单元（STM/TCR）、应答器信息接收单元（BTM）、人机界面（DMI）、速度传感器、信息接收天线等组成，通过接收轨道电路和应答器信息，生成速度和目标距离模式曲线，控制列车安全运行。临时限速是 CTCS 的重要内容，规定了限制速度的速度档和长度档，可在调度中心由调度员设置。为实现路网互联互通，在不同 CTCS 级别转换处设置具有预告、执行功能的级间转换应答器，实现级间自动转换。CTCS 列控技术体系，技术标准、功能需求、技术平台基本统一，满足动车组在任何线路的跨线运行。

(2) 调度指挥方面。

TDCS 要实现全路全覆盖；繁忙干线、煤运通道基本实现 CTC；全路行车调度指挥基本实现自动化。TDCS 方面，已初步形成了覆盖全路部分干线的调度指挥网，为调度指挥的现代化奠定了重要基础。今后主要是解决剩余支线的 TDCS 建设任务，以实现全路全覆盖。

(3) 闭塞与机车信号方面。

一是伴随中东部电气化、提速与扩能改造、设备大修等工程，逐步淘汰落后制式闭塞设备;二是对 ZPW-2000 进行高可靠性和可维护性再设计,并以其为基本制式,逐步统一我国铁路自动闭塞制式,新上自动闭塞,干线通过能力不得低于 6 min;三是实现中国机车信号车载设备 JT-C(2000)型的全部升级换代,机车信号实现全路通用;四是半自动闭塞在加装区间检查的基础上实现自动站间闭塞。

(4) 联锁设备方面。

一是计算机联锁实现操控界面,互联接口协议,机柜尺寸,外观形式的全路统一;二是进一步开发计算机联锁在故障容错、安全保证、系统维护方面的智能化功能,在可用度上达到国际水平;三是今后新上计算机联锁,车速在 120 km/h 以上主要干线以 2×2 取 2 或 3 取 2 等为主,限制双机热备型计算机联锁和 6502 继电联锁的发展;四是结合运输情况,逐点试验推广区域联锁和全电子联锁。

(5) 驼峰编解控制方面。

一是路网和区域性编组站,以发展信息化驼峰综合自动化设备为主;二是地区和中小能力驼峰,有条件时也应发展信息化驼峰自动化设备;三是研究制造高精度的测速、测长、测重设备。

(6) 基础设备方面。

一是新开发电子设备和器材必须具备智能诊断、运行日志功能,具备信息联网功能,配置实现冗余化;二是室外通用器材在标准化的基础上具备防盗防破坏功能,高质量高可靠性,寿命周期内做到少维修或无维修;三是新建、改造工程统筹考虑雷电和电磁兼容综合防护,实现分区分级综合防护;四是电缆径路实现结构化设计;五是信号电源统一标准,进一步提高可靠性和可用度,试验和推广远动技术。

1.3.3 铁路信号相关技术

铁路信号技术的发展,从一开始就与相关科学技术的发展密切联系,如机械信号系统是建立在物理学与机械学发展基础上的。进入电气信号发展阶段,则进一步利用了电机、继电控制等技术成果。如今的铁路信号系统,则又涉及诸多信息科学技术。

1. 现代通信技术

通信技术为铁路信号系统高效交换信息提供了有力支持。通信交换、传输、网络等现代通信技术已被广泛应用到铁路信号系统中,为铁路信号系统高效交换信息提供了有力支持。如列车运行控制系统、列车调度指挥系统、车站计算机联锁系统、信号监测系统等均离不开通信系统的支持,现代通信技术已成为铁路信号系统网络化发展的重要基础。

无线通信是地面与移动设备、移动设备相互间交换信息的重要手段,在铁路信号系统中急需解决列车与地面系统之间,列车与列车之间信息传输的问题。随着无线通信技术的发展,铁路信号系统中利用无线通信技术,解决列车控制问题已成为发展趋势,例如:城市轨道交通 CBTC 系统,北美的 ATCS、ARES,欧洲的 ETCS-2 级列控系统,德国的 FZB,日本的 CARAT 系统及我国的 CTCS-3 系统等。

2. 计算机技术

计算机技术在铁路信号的各个领域得到广泛应用,促进了铁路信号技术的快速发展。没有计算机技术和信号控制技术的融合,就没有铁路信号的现代化。

计算机技术在铁路信号技术中的优势包括以下几个方面。

(1) 计算机参与控制可以最大限度地减少人为出错的概率。计算机逻辑处理能力强、计算速度高。采用计算机代替人进行逻辑处理工作可以得到更准确可靠的结果。

(2) 计算机易于实现对信号设备运行状态的不间断检测。采用计算机技术能够对系统故障进行有效的诊断定位、信息储存、状态回放，容易实现智能维护和远程诊断。

(3) 有利于提高铁路信号系统的智能化功能。可以将人类生产中的经验程序化，实现生产过程智能化控制，使生产过程达到优化。

(4) 有利于信号系统实现网络化和信息化。易于组网、联网，实现多层次数据共用、信息共享。

(5) 有利于提高整个系统的可靠性和可用性。利用计算机日益成熟的容错计算技术和冗余技术，可以方便地组成热备冗余系统，实现系统不间断工作，确保设备运用状态良好。

(6) 有利于进一步提高信号系统的安全性。随着计算机系统故障-安全技术的不断提高，其强大的逻辑运算功能完全可以实现过去靠继电器布线逻辑电路难以实现的一些系统安全功能，安全性能可进一步提高。

(7) 有利于提高信号系统的技术经济指标。计算机技术易于做到系统的模块化、积木化，系统可大可小，灵活组合易于功能扩展，使得系统的技术经济指标明显提高。

(8) 有利于协调系统人-机关系。计算机系统可以使得显示方式和输入方式多样化，显示内容动态、丰富。

3. 安全性与可靠性技术

1) 可靠性与安全性

可靠性与安全性是两个既有联系又有区别的独立概念。

可靠性是指设备或系统在规定的条件下，在规定的时间内，完成规定功能的能力。可靠性是以维护系统的功能正常执行为目的的。

安全性是指设备或系统在规定的条件下，在规定的时间内，不发生导致人身伤亡和财产损失危险状态的能力。安全性是以防止人身伤亡和财产损失为目的的。

一般来说，可靠性是为了解决系统不出故障或少出故障，使系统不影响或少影响运输效率问题。铁路信号的安全性是为了保障行车安全，因此，特别要解决系统失效后如何保证行车安全问题，两者对于铁路信号都是非常重要的。

2) 故障导向安全原则

对于一般的控制系统，由于元器件失效、失去电源、软件缺陷、人为操作错误，出现系统故障是不可避免的。铁路信号不同于一般控制系统，虽然承认系统故障是不可避免的，但是铁路信号从诞生以来就始终遵循故障导向安全基本设计原则，即：系统所属任何元器件、设备、子系统发生故障，系统均应导向避免列车发生危险的安全输出状态。

对于信号机控制电路，当信号设备发生故障时，应立即给出最大限制信号，例如：给出禁止信号，禁止列车驶入信号机防护的空间。对于列车位置检查电路，当设备发生故障，不能区分列车是否占用本区域时，为了避免列车发生碰撞，应立即给出列车占用信息，禁止其他列车驶入相应空间。故障导向安全原则是铁路信号技术的首要原则，在系统设计的各个环节均必须得到严格的执行。

3）安全理论的建立与推广

在"故障-安全"理论发展的基础上,安全理论的建立与推广为铁路信号系统的可靠性和安全性提供了重要手段。20世纪90年代初,国际电工委员会(International Electrician Committee,IEC)将故障-安全的概念进行了量化,制定了安全相关系统的设计和评估标准IEC 61508。该标准提出了安全相关系统的"安全完善度等级"(safety integrity level,SIL)的概念,它是一个对系统安全的综合评估指标。

随后欧洲和日本以IEC 61508标准为基础,制定了相关的信号系统的设计评估标准以及安全认证体系。欧洲电工标准化委员会(CENELEC)基于IEC 61508标准为基础,附加列车安全控制系统的技术条件制定了一些安全相关系统开发和评估的参考标准。这些标准包括:

（1）EN 50126 铁路应用:可靠性、可用性、可维护性和安全性(RAMS)规范和说明;

（2）EN 50129 铁路应用:通信、信号、处理系统——信号安全相关电子系统;

（3）EN 50128:2011 铁路应用:通信、信号、处理系统——铁路控制和防护系统的软件;

（4）EN 50159-1 铁路应用:通信、信号、处理系统——在封闭传输系统中的安全通信;

（5）EN 50159-2 铁路应用:通信、信号、处理系统——在开放传输系统中的安全通信。

1996年3月,日本铁道综合技术研究所颁布了《列车安全控制系统的安全性技术指南》,该标准也是以IEC 61508为基础,并汲取了日本计算机控制的铁道信号系统的经验而制订的。

习题

1. 铁路信号由哪些部分组成?它们之间有什么关系?
2. 铁路信号有哪些作用?
3. 简述铁路信号的发展史。
4. 哪些技术与铁路信号技术密切相关?
5. 现代铁路信号有哪些特征?
6. 简述铁路信号的可靠性与安全性。
7. 简述故障-安全原则。
8. 简述车站联锁系统。
9. 简述区间闭塞系统。

第2章

信号机和信号表示器

在铁路系统中,为完成指示列车运行及调车作业的命令,必须根据需要设置各种信号机和信号表示器。它们是各种信号系统中不可缺少的组成部分,用来形成信号显示,指示运行条件。信号显示方式及其使用,必须严格按照《铁路技术管理规程》[简称《技规》(分为普速铁路部分和高速铁路部分)]的规定执行。

2.1 信号机概述

2.1.1 基本技术要求

信号机是铁路及城市轨道交通的轨旁基础设备,在以地面信号为主体信号的铁路信号系统中,司机必须按照信号机的显示运行。信号显示直接关系到行车安全和运输效率,因此应满足以下基本技术要求。

(1) 信号显示应简单明了,易于辨认。
(2) 信号显示需要有足够的显示数目,能反映各种不同运行条件。
(3) 信号显示应有足够的显示距离,便于司乘人员确认。
(4) 信号机应具有较高的可靠性,保证不间断使用。
(5) 信号设备应符合"故障-安全"原则,当信号设备发生故障时,能自动给出最大限制的信号显示。

2.1.2 信号机的设置原则

1. 一般设于行车方向线路左侧

我国铁路实行左侧行车制,机车上司机的座位统一设置在机车左侧。为便于瞭望,规定所有信号机应装设在行车方向线路的左侧。如果两线路之间距离不足以装设信号机,则可采用信号托架或信号桥。装在信号托架和信号桥上的信号机,可设于线路左侧,也可设于所属线路中心线的上方。

在特殊情况下,如线路左侧没有装设信号机的条件,或因曲线、隧道、桥梁等影响,装在右侧比装在左侧显示距离较远,在保证不致使司机误认的条件下,经铁路局集团公司批准,也可设于右侧。如双线双向自动闭塞区段的反方向进站信号机有不少是装设于右侧的。

信号机设置的地点,由电务部门会同运输、机务及工务等有关部门共同研究确定。

在确定信号机地点时,除满足信号显示距离的要求外,还应考虑到该信号机不致被误认为邻线的信号机,如图 2-1 所示,图 2-1(a)易被误认为是邻线的信号机,图 2-1(b)不易被误认为是邻线的信号机。

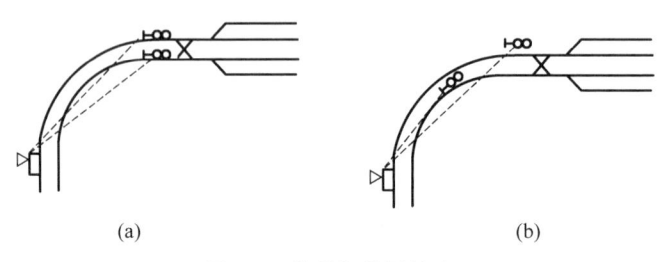

图 2-1 信号机设置地点

2. 信号机柱的选择

按信号机的架设方式,信号机分为高柱和矮型两种类型,两者的高度和结构存在明显的差异。

高柱信号机具有显示距离远、观察位置明确等优点,因此色灯信号机应尽量选用高柱信号机,尤其是《技规》(普速铁路部分)规定的显示距离较远的信号机,更应选用高柱信号机。

为了提高通过能力,进而提高运输效率,进站、接车进路、正线出站、通过、预告信号机,应尽量采用高柱信号机,进站、预告、通过信号机采用矮型信号机时必须经有关部门批准。带容许信号的通过信号机、四显示自动闭塞区段的两方向出站信号机(及带调车信号)、两方向出站兼发车进路信号机、带调车信号的接车进路信号机、带调车信号的两方向出站信号机兼接车进路信号机、进站复示信号机、遮断信号机及其预告信号机必须采用高柱信号机。设在牵出线上的、岔线入口处的调车信号机,也应采用高柱信号机。

在应设置高柱信号机的位置,受到建筑限界的影响,并且考虑到不影响发车线的有效长度等因素,允许无通过进路的到发线的出站信号机、发车进路信号机、道岔区内的调车信号机设置矮型信号机。出站、调车复示信号机可设矮型信号机。

各种高柱信号机机柱类型(长度)、埋深及机构安装尺寸,各种矮型信号机的混凝土基础、埋深及机构安装尺寸,应符合《铁路信号设计规范》(TB 10007—2017)的有关规定。

3. 信号机建筑限界

任何信号机不得侵入铁路建筑限界。《技规》(普速铁路部分)规定:对于正线信号机和通行超限货物列车的站线信号机,限界所属轨道中心至信号机突出边缘的距离为 2440 mm,站线信号机为 2150 mm。在曲线线路上,应按有关规定进行加宽。

各种高柱信号机,其机柱、梯子、机构的安装,均不得侵入建筑限界。

4. 交流电力牵引区段的信号机设置

进站、预告、通过信号机与接触网支柱同侧设置时,信号显示距离不应受接触网设备影响。如影响显示时,信号机安装方式可作适当调整。

在站内相邻两到发线(只有一条线路通行超限货物列车)的线间,设置高柱出站信号机时,两线间距离不得小于 5300 mm。在相邻两条线路(均通行超限货物列车)的线间,设置高柱信号机时,两线间距离不得小于 5530 mm。

高柱信号机安装限界达不到要求时,在满足建筑限界的条件下,需采取措施。装设在直线部分的高柱色灯信号机,可与接触网施工单位进行密切配合调整来解决安全距离问题;装设在曲线部分的高柱色灯信号机,可加装防护网或机构背板缩小 100 mm 来解决安全距离问题。

信号机的金属体外缘部分(主要是背板)与接触网带电部分的距离不得小于 2 m;与回流线距离在 1 m 以内时,应加绝缘防护,但不得小于 0.7 m。

2.2　铁路信号分类

列车在铁路线路上行驶,需要及时了解前方信息,根据铁路信号控制行驶速度。向司机传达驾驶信息的方法有许多种,铁路信号可从各种角度进行分类。

2.2.1　视觉信号和听觉信号

按接收信号的感官分类,铁路信号可分为听觉信号和视觉信号。

(1) 听觉信号又称音响信号,是利用不同器具发出的音响的强度、频率和长短等特征表达的信号,如用号角、口笛、机车鸣笛、响墩等发出的信号。

(2) 视觉信号是用物体或灯光的颜色、形状、位置、显示数目及闪光灯特征表达的信号,如用信号旗、信号灯、信号牌、信号机、信号表示器、信号标志等显示的信号。视觉信号按信号机具是否移动分为手信号、移动信号和固定信号。

① 手持信号旗或信号灯发出的信号,叫作手信号。

② 在地面上临时设置的、可以移动的信号牌,叫作移动信号。如为防护线路施工地点临时设置的方形红牌、圆形黄牌等。

③ 为防护一定目标,常设于固定地点的信号,叫作固定信号。如设置于地面的信号机和信号表示器等都是固定信号。在机车司机室内设置指示列车运行前方条件的信号,称为机车信号,它对于机车是固定的,也属于固定信号。

铁路电务部门负责维护固定信号,包括地面固定信号和机车信号,其他各种信号机则由使用部门负责使用和维护。平时所说的信号一般专指固定信号。

2.2.2　禁止信号和进行信号

固定信号是铁路信号设备的重要组成部分。在我国,铁路系统按照运营要求,固定信号采用以下基本信号:

(1) 要求停车的信号。

(2) 要求注意或减速运行的信号。

(3) 准许按规定速度运行的信号。

要求停车的信号叫作禁止信号或停车信号,要求注意或减速运行的信号及准许按规定速度运行的信号叫作进行信号或允许信号。

我国铁路视觉信号的基本颜色及其意义如下：

红色表示停车。

黄色表示注意或减低速度。

绿色表示按规定速度运行。

另有：月白色、蓝色、白色、紫色作为铁路信号的辅助颜色。

月白色表示准许调车，或与红灯组合作为引导信号。

蓝色表示禁止调车，或作为容许信号。

白色用于信号表示器，紫色目前仅用于道岔表示器。

信号机上同时点亮的基本灯光，原则上不超过两个（附加灯光除外，如进路表示器）。

2.2.3 固定信号分类

1. 按设置部位分类，固定信号可分为地面信号和机车信号

（1）地面信号是装设于车站或区间固定地点的信号机和信号表示器，用于防护站内进路或区间闭塞分区及道口。

（2）机车信号装设于机车驾驶室内，用于复示地面信号显示，逐步作为行车凭证使用。

2. 按信号机构造分类，地面信号机可分为色灯信号机和臂板信号机

1）色灯信号机

色灯信号机是用灯光的颜色、数目及亮灯状态表示信号含义的信号机。它具有昼夜显示一致、占用空间小等特点，但需可靠的交流电源。色灯信号机按信号机构的构造又分为探照式、透镜式、组合式以及发光二极管（LED）式。

（1）探照式色灯信号机是以反射镜为集光器的色灯信号机，其特点是一个灯位的信号机构可显示多种（一般为三种）灯光颜色，故又称为单灯信号机，其缺点是易发生卡阻，引起信号显示升级，这是绝对不允许的。探照式色灯信号机早已停止使用。

（2）透镜式色灯信号机是以凸透镜组为集光器的色灯信号机。透镜组由无色的外透镜和有色的内透镜组成，显示的颜色取决于内透镜的颜色。它的每个灯位固定一种颜色，多种颜色由多个灯位完成显示，故又称多灯信号机，其主要优点是结构简单、维修容易，因而使用很广泛。但其光系统存在一定的缺点，光通量不能充分利用，在曲线线段上不能连续显示。

（3）组合式色灯信号机是为克服透镜式信号机的缺点而研制的新型信号机构。信号机构采用组合形式，一个灯位为一个独立单元，配一种颜色，使用时根据需要进行组合，故称为组合式色灯信号机。它是信号机比较理想的更新换代产品。

（4）LED式信号机用发光二极管取代白炽灯泡和透镜组，采用铝合金机构组合而成，其显示距离远，寿命长，安全可靠，是节能、免维护的新型信号机。

2）臂板信号机

臂板信号机是以臂板的形状、颜色、数目、位置表达信号含义的信号机。我国铁路规定臂板呈水平位置为关闭，与水平位置向下夹45°为开放，夜间则以臂板信号机上的灯光颜色与数目来显示。臂板信号机须通过机械装置由人工开放，也有通过电动机开放的，后者称为电动臂板信号机。臂板信号机存在较多缺点,难以自动化,不能构成现代化信号系统,已与所从属的臂板电锁器联锁设备一起淘汰。

目前我国铁路信号普遍采用色灯信号机,包括广泛使用的组合式色灯信号机及LED式信号机,其他类型的信号机已淘汰。

3. 按用途分类,固定信号可分为信号机和信号表示器两大类

1)信号机

信号机是表达固定信号显示所用的机具,具有严格的防护意义,用于防护站内进路、防护区间、防护危险地点等。信号机按不同防护用途又可分为进站、出站、进路、调车、驼峰、遮断、预告、复示等信号机。另有装设于铁路平交道口的道口信号机。

2)信号表示器

信号表示器是对行车人员传达行车或调车意图,或对信号进行某些补充说明所用的器具,没有防护意义。信号表示器按用途又分为发车表示器、调车表示器、进路表示器、发车线路表示器、道岔表示器、脱轨表示器等。

4. 按地位分类,信号机可分为主体信号机和从属信号机

1)主体信号机

主体信号机是指能独立地显示信号,指示列车或调车车列运行条件的信号机,如进站、出站、进路、通过、驼峰、调车等信号机。

2)从属信号机

从属信号机是本身不能独立存在,只能附属于某种主体信号机的信号机,包括预告信号机和复示信号机,如预告信号机从属于进站信号机、所间区间的通过信号机、遮断信号机;复示信号机从属于进站、进路、出站、驼峰、调车等信号机。

5. 按停车信号的显示意义分类,可分为绝对信号和非绝对信号(亦称容许信号)

1)绝对信号

绝对信号是指当显示停止运行的信号时,列车、调车车列必须无条件遵守的信号显示。当显示禁止信号时,在没有引导信号的情况下,绝对禁止列车越过它。所有站内信号机的禁止信号显示均为绝对信号(但调车信号禁止信号对列车来说不作为停车信号)。

2)非绝对信号(容许信号)

非绝对信号是指在信号机显示红灯、显示不明或灯光熄灭时,允许列车限速通过,并随时准备停车的信号。如自动闭塞区间的通过信号机显示停车信号(包括显示不明或灯光熄灭)时,列车必须在该信号机前停车,司机应使用列车无线调度通信设备通知车辆乘务员(随车机械师)。停车等候 2 min,该信号机仍未显示允许运行信号时,即以遇到阻碍能随时停车的速度继续运行,最高速度不超过 20 km/h,运行到次一架通过信号机(进站信号机),按其显示的要求运行。

6. 按安装方式分类,信号机可分为高柱信号机、矮型信号机、信号托架和信号桥

1)高柱信号机

高柱信号机的信号机构安装在信号机柱上,一般用于距离要求较远的信号机。高柱信号机具有显示距离远、观察位置明确等优点。因此,为保证安全,提高效率,进站、正线出站、接车进路、通过、预告、驼峰等信号机必须采用高柱信号机。

2）矮型信号机

矮型信号机装设于建筑限界下部外侧的信号机基础上，一般用于显示距离要求不远的信号机。因高柱信号机的设置受建筑限界的限制，并且考虑信号机的设置不影响发线有效长度，站线出站、发车进路信号机和一般情况下的调车信号机等采用矮型信号机。装设于特殊地形和特殊条件下的信号机，其中包括进站信号机，经铁路局集团公司批准，亦可采用矮型信号机。装设于桥隧的进站信号机、预告信号机、通过信号机、双线双向自动闭塞区段的反方向进站信号机可采用矮型信号机。

3）信号托架和信号桥

因受限界限制，不能安装信号机柱时，则以信号托架和信号桥代替。信号托架为托臂形结构建筑物，信号桥为桥形结构建筑物，如图 2-2 所示。

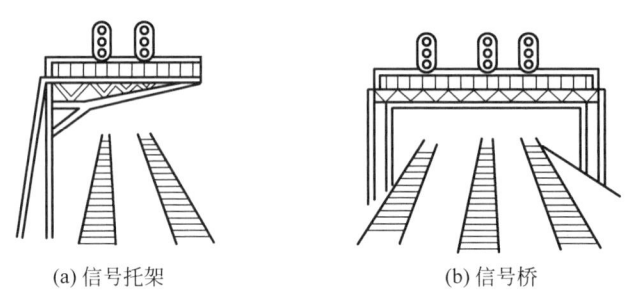

(a) 信号托架　　(b) 信号桥

图 2-2　信号托架和信号桥

2.3　色灯信号机

色灯信号机以其灯光的颜色、数目和亮灯状态来表示信号。

2.3.1　透镜式色灯信号机

透镜式色灯信号机采用透镜组将光源发出的光束聚成平行光束。虽然其光源利用率和显示距离不如探照式信号机，但结构简单，安装方便，控制电路使用电缆芯线少，所以得到广泛应用。

1. 透镜式色灯信号机的类型

透镜式色灯信号机有高柱和矮型两种类型，高柱信号机的机构安装在钢筋混凝土信号机柱上，如图 2-3 所示，矮型信号机的机构安装在信号机水泥基础上，如图 2-4 所示。

（1）高柱透镜式色灯信号机。它由机柱、信号机构、梯子等部分组成。机柱用于安装机构和梯子。机构的每个灯位配备有相应的透镜组和单独点亮的灯泡，给出信号显示。托架用于将机构固定在机柱上，每一机构需上、下托架各一个。梯子用于信号维修人员攀登及作业。

（2）矮型透镜式色灯信号机。利用螺栓固定在信号机基础上，没有托架，更不需要梯子。

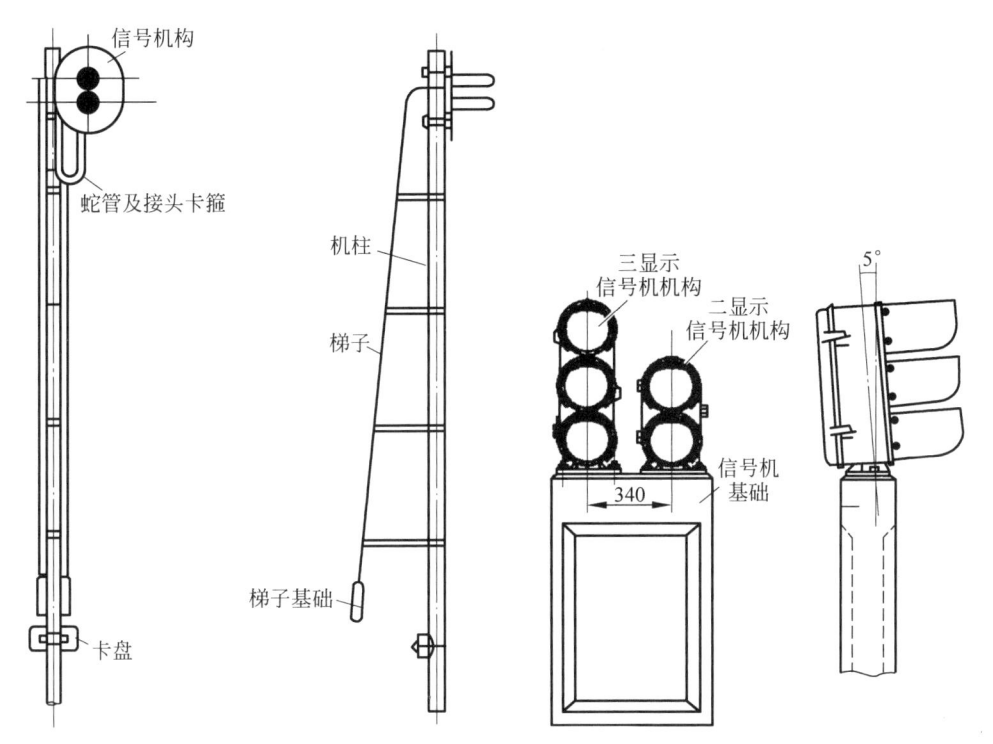

图 2-3 高柱透镜式色灯信号机的机构安装

图 2-4 矮型透镜式色灯信号机的机构安装

（单位：mm）

2. 透镜式色灯信号机的机构

透镜式色灯信号机的每个灯位由灯泡、灯座、透镜组、遮檐和背板等组成，如图 2-5 所示。

（1）灯泡。

灯泡是色灯信号机的光源，采用直丝双丝铁路信号灯泡。

（2）灯座。

灯座用于安放灯泡，采用定焦盘式灯座，在调整好透镜组焦点后固定灯座，更换灯泡时无须再调整。

（3）透镜组。

透镜组安装在镜架框上，由两块带棱的凸透镜组成，里面是有色带棱外凸透镜（可有红色、黄色、绿色、蓝色、月白色、无色 6 种），外面是无色带棱内凸透镜。两块透镜组

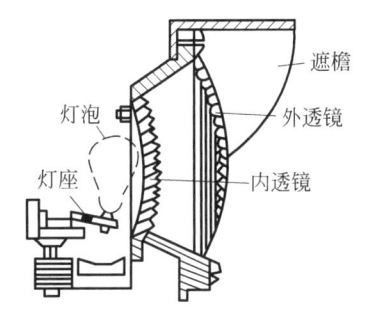

图 2-5 透镜式色灯信号机的结构

成的光学系统利用了光的折射和反射原理，将光源发出的光线集中射向所需要的方向，即增强该方向的光强，满足信号显示距离远和方向性强的要求。信号机构的颜色取决于有色透镜，可根据需要选用。

（4）遮檐。

遮檐用于防止阳光等光线直射时产生错误的幻影显示。

(5) 背板。

背板是黑色的,构成较暗的背景,可衬托信号灯光的亮度,改善瞭望条件。只有高柱信号机才有背板。一般信号机采用圆形背板。各种复示信号机、遮断信号机及其预告信号机、容许信号机则采用方形背板,以示区别。

3. 透镜式色灯信号机构的分类

透镜式色灯信号机构分为高柱、矮型两大类。高柱和矮型透镜式色灯信号机又分为单机构和双机构两种。单机构色灯信号机只有一个显示机构,可构成单显示、二显示和三显示信号机,如图2-3中的高柱信号机为单机构二显示信号机。双机构色灯信号机有两个显示机构,可构成四显示、五显示信号机,图2-4中的矮型信号机为双机构五显示信号机。各种信号机根据需要还可以分别带引导信号机构、容许信号机构或进路表示器。

单显示机构有一个灯室,二显示机构有两个灯室,三显示机构有三个灯室。每个灯室内有一组透镜、一副灯座、一个灯泡和遮檐。灯座间用隔板分开,防止相互串光,保证信号正确显示。一个显示机构共用一个背板。各种信号机可根据信号显示的需要选用机构,再按灯光配列对信号灯位颜色的规定安装各灯位的有色内透镜。

2.3.2 LED铁路色灯信号机

LED铁路色灯信号机构大小同透镜式色灯信号机,机构采用合金材料,信号点灯单元由LED构成。LED铁路色灯信号机构及控制系统,从机械结构到电路的安全可靠性以及现场安装、操作、更换等方面,经过不断完善、改进已形成系列产品。LED铁路信号显示系统作为一种节能、免维护的新型光源被成功运用。

1. 组成和工作原理

LED铁路色灯信号机一般由铝合金信号机机构、LED发光盘和发光盘专用点灯装置组成。

1) 铝合金信号机机构

铝合金信号机机构分为高柱机构和矮型机构。

(1) 高柱机构。

高柱机构由背板总成、箱体总成、遮檐和悬挂装置四部分组成。

① 背板总成。

背板总成带有背板,并用来安装箱体总成。背板总成分为二灯位背板总成(设有2个灯位安装孔)和三灯位背板总成(设有3个灯位安装孔)两种。两种背板总成的高度不同。

② 箱体总成。

每个灯位组装成一个整体称为高柱箱体总成。箱体总成也分为二灯位箱体总成和三灯位箱体总成两种。两种机构除背板总成不同外,其余均相同。

用2个箱体总成分别固定在二灯位背板总成上,即构成二灯位高柱信号机构。用3个箱体总成分别固定在三灯位背板总成上,即构成三灯位高柱信号机构。

③ 遮檐。

遮檐用螺钉装在机构箱体上的玻璃卡圈上。

④ 悬挂装置。

悬挂装置将背板总成固定在信号机水泥机柱上。悬挂装置采用现有的上部托架、下部托架等设备并经特殊的喷涂表面处理，以增强其抗锈蚀能力。

机柱上的机柱管接头用蛇管接出并引至背板总成下方的配线盒内，并用两个U形螺栓固定。然后，由配线盒底板上的蛇管接头分两路或三路经蛇管引至高柱箱体总成侧面的蛇管接头上，电线穿在蛇管内。

（2）矮型机构。

矮型机构安装方法与透镜式信号机机构相同，即厂家已按二灯位（或三灯位）组装成一个整体。

另有遮断及复示信号铝合金机构、灯列式进站复示信号铝合金机构。

2）LED发光盘

LED发光盘是采用发光二极管制成的铁路信号灯的新光源。

（1）发光盘的分类。

发光盘分为高柱发光盘、矮型发光盘和表示器发光盘。

① 高柱发光盘。

高柱发光盘适用于高柱透镜式色灯信号机构、遮断信号机构和高柱复示信号机构。

② 矮型发光盘。

矮型发光盘适用于矮型透镜式色灯信号机构、引导信号机构、容许信号机构、矮型复示信号机构和发车线路表示器机构。

③ 表示器发光盘。

表示器发光盘适用于表示器机构、高柱进路表示器机构、矮型进路表示器机构和棚下发车表示器机构。

（2）发光盘的结构。

发光盘的结构与多种传统信号机机构兼容。发光盘为圆形盘状结构，其上安装众多发光二极管，如图2-6所示。

发光盘前罩上有鉴别销，以确认该灯位的颜色。只有发光盘的灯光颜色与该灯位灯箱玻璃卡圈上的鉴别槽相吻合，才能安装。

发光盘前罩上有3个突出的卡销，用来在安装时对准灯箱玻璃卡圈上的3个卡槽，以安装牢固。

（3）电气参数。

额定电压：DC12 V。

额定电流：DC700 mA。

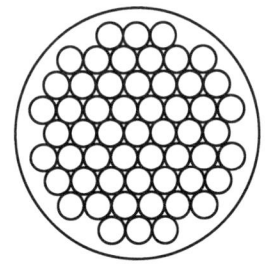

图2-6　发光盘

3）发光盘专用点灯装置

发光盘专用点灯装置是为配合LED发光盘而研发的信号点灯装置，它与发光盘配套使用。该装置输出稳定的12V直流电压，不仅性能稳定可靠，能适用于电压波动较大的区段，而且使用方便，不需要现场调整。

2. LED 铁路信号机构的优点

LED 铁路信号机构采用轻便、耐腐蚀的单灯铝合金机构,组合灵活、安装简单。显示距离超过 1.5 km 且清晰可辨,使用寿命可达 10^5 h,安全可靠。通过监测控制系统的电流,可监督信号显示系统的工作状态,预警异常情况有助于准确判断故障点,便于及时处理。LED 铁路信号机构重量大大减少,便于施工安装,密封条件好,使用寿命长。LED 取代传统的双丝信号灯泡和透镜组,消除灯泡断丝造成的信号故障,可以做到免维护,结束了定期更换信号灯泡的维修方式,减少维修工作量,节省维修费用。

发光盘取代信号灯泡有以下显著优点。

(1) 可靠性高

发光盘是用上百只发光二极管和数十条支路并联工作的,在使用中即使个别发光二极管或支路发生故障也不会影响信号的正常显示,提高了信号显示的可靠性。

(2) 寿命长

发光二极管的使用寿命为信号灯泡的 100 倍,改用发光盘后可免除经常更换灯泡的麻烦,有利于实现免维修。

(3) 节省能源

传统信号灯泡耗电为 25 W,发光盘的耗电量不到信号灯泡的一半。

(4) 聚焦稳定

发光盘的聚焦状态在产品设计与生产中已经确定,不需现场调整,给安装与使用带来方便,并能始终保持良好的聚焦状态。

(5) 光度性好

发光盘除有轴向主光束外,还有多条副光束,有利于增强主光束散角及近光显示效果。

(6) 无冲击电流

点灯时没有类似信号灯泡冷丝状态的冲击电流,有利于延长供电装置的使用寿命,并减少对环境的电磁污染。

3. 技术要求

(1) LED 机构不能改变现有信号点灯电路和相关电路。

(2) 机构发光二极管损坏数量达到 30% 时,不能影响信号显示的规定距离,并及时报警。

(3) 遇强光、雷电、电磁干扰,不应导致信号错误显示和发光盘损坏,发光盘及点灯电路短路、点灯装置损坏等造成信号机灭灯时,灯丝继电器应可靠落下。

(4) 机构灯光之间不串光,机构门盖开启灵活。

(5) 机构的正常绝缘电阻应不小于 50 MΩ。

(6) 灯光颜色在寿命周期内符合《铁路信号灯光颜色》(TB/T 2081—2016)的规定。

(7) 机构光轴方向的发光强度应满足下列要求。

① 机构光轴方向的发光强度应不低于表 2-1 所列数据的 90%。

② 机构水平方向光束散角应不小于 2°12′,垂直方向光束散角应不小于 1°10′。

③ 带有偏散功能的机构光强度应不低于表 2-2 所列数据的 90%。

表 2-1　LED 铁路色灯信号机构光轴方向的发光强度

灯光颜色	光强度/cd	
	高柱信号机	矮型,引导,容许信号机,表示器
红	2100	1600
黄	3900	3200
绿	2800	2200
蓝	400	250
月白	3200	2800

表 2-2　带有偏散功能的机构光强度

灯光颜色	光强度/cd		
	10°偏散	20°偏散	±15°偏散
红	800	450	300
黄	2100	1200	800
绿	1200	700	400
蓝	200	120	100
月白	2000	1000	600

（8）高柱信号机构的发光面直径为 180 mm,灯间距为 300 mm;矮型信号机构的发光面直径为 125 mm,灯间距为 215 mm。

（9）高柱信号机构安装后,应能在左右各 90°和前俯 5°范围内任意调整;矮型机构的仰角应为 3°～5°。

2.3.3　信号机的显示制度与方法

1. 信号显示颜色的选择

1）基本色和辅助色的选择

铁路信号颜色的选择,应能达到显示明确、辨认容易、便于记忆和具有足够的显示距离等基本要求。经过理论分析和长期实践,铁路信号的基本色为红色、黄色、绿色三种,再辅以蓝色、月白色和紫色（仅作道岔表示器用）,构成铁路信号的基本显示系统。

铁路信号的光源为白炽灯产生的白色光。白光是一种复合光,由红、橙、黄、绿、青、蓝、紫 7 种颜色的光混合而成。其中,红光波长最长,紫光波长最短,一般来说,波长越长,穿透周围介质（如空气、水汽等）的能力越强,显示距离越远。

同样强度的光,红光最诱目,因为人眼对红色辨认最敏感,红色比其他颜色的光更能引人注意,使人产生不安全感,所以规定红色灯光为停车信号是最理想的。黄色（实际上是橙黄色,简称黄）玻璃透过光线的能力较强,显示距离较远,又具有较高的分辨力,辨认正确率接近 100%,故采用黄色灯光作为注意和减速信号。绿色和红色的反差最大,容易分辨,绿色灯光显示距离也较远,能满足信号显示的要求,故采用绿色灯光作为按规定速度运行的信号。

调车信号机的关闭不能影响列车运行,所以它不能采用红色灯光。蓝色灯光具有较高的诱目性和较大的辨认率,选用蓝色灯光作为禁止调车信号较合适。调车信号机的允许信号采用月白色灯光,主要目的是可与一般普通照明电源相区分。蓝色、白色灯光虽显示距离较近,但因为调车车列速度较低,所以可满足调车作业的需要。

紫色灯光具有较高的区别性,作为道岔表示器表示道岔在直向开通的灯光,基本上能满足需要。

2) 灯光组合

随着列车运行速度的不断提高,要求信号显示的信息量也不断地增加,采用单一灯光显示早已不能满足列车运行的需要。

为此采用现有的灯光组合成多种显示,如采用2个或3个相同颜色或不同颜色的灯光进行组合。进站信号机的两个黄灯、一个绿灯和一个黄灯、一个红灯和一个月白灯的引导信号,通过信号机的一个红灯和一个蓝灯的允许信号,出站信号机的两个绿灯,出站信号机的一个绿灯或一个黄灯和进路表示器白灯,四显示自动闭塞区段通过、进站、出站信号机的一个绿灯和一个黄灯,都是灯光组合的实例。

采用光带或灯组的不同形式构成多种显示时,其分辨能力将有较大的提高,在我国仅有进站复示信号机和进路表示器采用局部灯组显示。

3) 闪光信号

闪光信号具有易于辨认、易于区别、有较强的抗干扰作用、节省电源和电缆等优点,并且有利于旧设备改造。采用闪光信号的方式增加信号显示数目,是一个较易实现且有效的手段。

经大量的试验及统计分析,我国铁路确定信号点灯的闪光频率为50~70次/min。

闪光信号的通断比,即亮黑比,也是闪光的另一个基本参数,与闪光频率同样重要,经静态和动态的辨认试验,确定为1:1。

2. 信号显示制度

1) 信号显示制度

信号显示制度是表达信号显示意义的基本体系。铁路信号显示制度通常可分为进路式和速差式两大类。进路式信号显示制度表达的是进路意义;速差式信号显示制度表达的是速度意义。铁路上所采用的信号显示制度,各个国家虽不相同,但总的来看,是由进路制向速差制发展。

(1) 进路制。

进路制是以指示列车进入不同进路为原则的信号显示制度。传统铁路信号系统一般采用进路制。

在进路制信号显示制度中,信号机所指示的进路方向明确,这是它的突出优点。但进路制的信号没有明确的速度限制的含义。因此,它只适用于低速运行,对高速列车来说,由于没有明确的限速含义,列车只能按照限制速度通过或进入车站,会降低运输效率。

(2) 速差制。

根据需要限制的速度等级来规定显示数目和显示方法的制度,叫作速差制。速差制的信号显示含有一定的限制速度的含义。

速差制信号显示能采用较简单统一的显示方式,指示列车通过本信号机的运行速度,或能指示列车通过下一架信号机的运行速度，或者既能指示列车通过本信号机的运行速度，又能指示列车通过下一架信号机的运行速度。速差制的速度等级可概括为三级：一是禁止通行；二是减速运行；三是准许按规定速度运行。这是常用的三个速度等级，可用 v_0、$v_中$ 和 $v_规$ 表示。v_0、$v_中$ 和 $v_规$ 都是指列车通过该信号机的速度，亦即进入所防护的进路或区间始端的速度，因此叫作始端速度。

当列车速度较高时，信号机只反映始端速度，而不反映终端速度是不行的。例如，通过列车按 $v_规$ 进站（进站信号机指示 $v_规$），在司机思想没有准备的情况下，当越过进站信号机后才发现运行前方的出站信号机指示 v_0，有可能停不住车，冒进出站信号机。因此当始端速度为 $v_规$ 时，还需要把进路的终端速度反映出来。终端速度等级也是三个，即 v_0、$v_中$ 和 $v_规$。将始、终端两种速度和三个速度级组合起来，用信号机表示，特别在三显示制度下是困难的。虽然四显示自动闭塞区段的信号显示速差含义更强一些，但如果要明确表达速差意义，应在机车上用机车信号或速度表来显示。

2) 信号显示的速度含义

信号显示的意义在《技规》中用指示运行条件来表达，这些运行条件包括两方面的内容：本信号机防护进路上的道岔开通直向或侧向，下一架信号机的关闭及开放状态，速度含义包含其中。随着列车速度的提高，对信号显示表达速度含义的要求更加迫切。

列车运行速度在 120 km/h 及以下时，一般采用三显示自动闭塞，速度等级只有两级，按规定速度和禁止通行。列车运行速度在 120~160 km/h 时，采用四显示自动闭塞，信号显示有了较明确的速度含义，绿、绿黄、黄、红灯 4 种显示明确表达了始端速度和终端速度。其速度等级一般分为三级，为 $v_规$、$v_中$ 和 v_0，例如 160 km/h、115 km/h 和 0 km/h。

进站信号机和接车进路信号机也能表达速度意义，除绿、绿黄、黄、红灯外，两个黄灯和黄闪黄分别表达了限速的意义，两个黄灯限速为 50 km/h（非提速 12 号道岔的限速为 45 km/h，9 号道岔的限速为 30 km/h），黄闪/黄限速为 80 km/h。

3. 色灯信号机的显示方式

我国铁路的色灯信号机主要采用颜色特征和数目特征（部分采用闪光特征，如驼峰信号机），将始、终端两种速度和三个速度级组合起来，得到色灯信号机的显示方式。表 2-3 中的速度级是 3 个，速度种类是 2 个，而显示数目却是 5 个。显示数目之所以不是 $3^2=9$，是因为仅仅在始端速度为 $v_规$ 的情况下反映终端速度，在 $v_中$ 和 v_0 时没有反映也没有必要反映终端速度。表中的两个黄灯为减速信号（根据道岔曲线大小决定）；至于绿灯和黄灯以及一个黄灯可以规定为注意运行（$v_规/v_中$、$v_规/v_0$），也可以规定为减速运行（根据最高允许速度和防护区段的长度决定）。前者在最高允许速度较低的条件下，可以让司机根据列车和线路的具体情况做出判断，从什么地方开始制动合适，而不一定必须在通过黄色灯光时把速度降下来。后者是在最高允许速度较高的条件下，能让列车平稳地停在红灯的前面所必需的。这里必须指出：黄色灯光作为注意信号而不作减速信号时，必须有很重要的一个前提，即所防护区段的长度比列车制动距离大得多。如果列车用 $v_规$ 的速度越过一个黄色灯光后，立即采用正常制动措施，而列车在运行前方的 v_0 信号显示前面停不住车是不行的。当列车速度逐渐提高后，一个防护区段的长度满足不了列车制动距离的要求时，一绿一黄和一黄都要作为减速信号。

表 2-3 速差制信号用色灯信号机的显示方式与方法

显示数目		1	2	3	4	5
显示意义	$\dfrac{\text{始速}}{\text{终速}}$	$\dfrac{v_{规}}{v_{规}}$	$\dfrac{v_{规}}{v_{中}}$	$\dfrac{v_{规}}{v_0}$	$\dfrac{v_{中}}{x}$	$\dfrac{v_0}{x}$
显示方式与方法		✕	✕✕	⊗	⊗⊗	●

注：✕—绿灯灭灯；⊗—黄灯点灯；●—红灯点灯。

进站信号机和接车进路信号机也能表达速度意义，除绿、绿黄、黄、红灯外，两个黄灯和黄闪黄分别表达了限速的意义。

2.3.4 信号显示常用图形符号

信号的基本灯光颜色如表 2-4 所示。

表 2-4 信号的基本灯光颜色

序号	符号	名称	说明	序号	符号	名称	说明
1	○	绿灯		7	⊗	空位灯	
2	⊖	黄灯		8	✕	亮稳定灯光	
3	●	红灯		9	✕	亮闪光	
4	⊙	蓝灯		10	⊖	双半黄灯	机车信号
5	◎	月白灯		11	⊖	半红半黄灯	机车信号
6	◐	白灯					

色灯信号机的分类如表 2-5 所示。

表 2-5 色灯信号机

序 号	符 号		名 称	说 明
	高柱	矮型		
1			信号机一般符号	
2			二灯位信号机	
3			三灯位信号机	
4			进站信号机前方第一架通过信号机	
5			带容许信号的通过信号机	

续表

序　号	符　号		名　称	说　明
6			四灯位信号机	
7			五灯位信号机	
8			五灯位信号机	
9			七灯位信号机	
10			反面兼调车的信号机	调度集中区段反面兼调车的进站信号机
11			八灯位信号机	
12			道口信号机	
13			道口信号机附自动栏木	
14			遮断及其预告信号机出站、调车复示信号机	
15			出站、调车复示信号机	
16			进站复示信号机	
17			驼峰复示信号机	

续表

序　号	符　号	名　称	说　明
18		信号托架	安装臂板信号机时应改用臂板信号机的图形符号
19		信号桥	安装臂板信号机时应改用臂板信号机的图形符号

2.4　机车信号

2.4.1　机车信号概述

地面信号机由于装在地面上，受曲线、隧道等地形限制，为司机瞭望带来一定的困难。特别是在雨雪、风沙、大雾弥漫等恶劣气候条件下，司机很难看清地面信号。此外，随着列车速度的不断提高，特别是高速列车的出现，司机距离地面信号机 1 km 的情况下，很难从容采取措施。比如列车以 200 km/h 的速度行驶，当司机发现地面显示红色停车信号时，即使立即使用紧急制动，列车在巨大惯性的推动下，也要越过信号机 1 km。因此，高速列车单纯依赖地面信号机显然是极其危险的。为了解决这个问题，研制出了机车信号机，它装在机车司机室内，能显示和地面信号机同样的信号，保证了行车安全，提高了运行效率，也改善了司机的工作条件。

机车信号是指在司机室内指示列车前方运行条件的信号。在地面信号为主体信号的前提下，机车信号为辅助信号。机车信号能自动反映列车运行前方地面信号机的显示状态和运行条件，指示列车运行，并与列车自动停车装置结合，确保列车的运行安全。

2.4.2　机车信号分类

中国铁路采用的机车信号分为接近连续式、连续式和点式三种。

1. 接近连续式

接近连续式多用于非自动闭塞区段。在进站信号机外方制动距离附近的固定地点设置发送设备，并从固定地点到进站信号机之间加装一段轨道电路。从列车最前面的车轮压在轨道电路上时起，发送装置就连续不断地向机车上传送地面信号的信息，使机车信号机连续复示进站信号机的显示。

2. 连续式

连续式机车信号没有距离限制，只要列车在轨道上行驶，被机车第一轮对短路的轨道信号电流就会在钢轨周围产生磁场。装在机车上的感应器接收到信号，经过解码使机车信号机不断地显示与前方地面信号机相同的信号。

3. 点式

点式主要用于缺少可靠交流电源的非自动闭塞区段，在车站进站信号机接近区段铁路线路的固定地点安装地面设备,使机车信号机能复示进站信号机的显示状态。

2.4.3 机车信号显示

1. 机车信号显示制度

机车信号的显示方式有色灯式和数字式。我国铁路多采用色灯式,正在向数字式发展。机车信号显示制度分预告式、复示式和预告复示式。

预告式显示制度是机车信号复示列车运行前方信号机显示含义的机车信号显示制度。我国现有机车信号采用这种显示制度。如果信号机显示包含速度含义,则指示列车运行前方信号机防护区段的始端速度和终端速度。

2. 机车信号作为行车凭证的概念

当列车运行速度达到 160 km/h 以上时,由于列车制动距离的延长,仅凭司机确认地面信号行车已无法保证行车安全。从确认信号到采取制动措施的时间内,如果列车的走行距离大于制动距离,则会危及行车安全。在这种情况下,机车信号就应成为行车凭证,而不再是地面信号的辅助信号。车载信号和地面信号设备共同构成的机车信号系统必须具有高可靠、高安全性,符合"故障-安全"原则。机车信号作为行车凭证后,可逐步取消地面信号机。

3. 机车信号的显示意义

机车信号的显示意义如表 2-6 所示。

表 2-6 机车信号的显示意义

机车信号显示	显示意义	
	四显示自动闭塞区段	三显示自动闭塞区段
绿灯	准许列车按规定速度运行	
半绿半黄灯	准许列车按规定速度注意运行	准许列车按规定速度注意运行(仅适用于进站越场接车)
黄灯	要求列车减速到规定的速度等级	要求列车注意运行
双半黄灯	要求列车限速运行,表示列车接近的地面信号机开放道岔侧向的进路	
带"2"字的黄灯	要求列车减速到规定的速度等级越过接近的地面信号机,接近的地面信号显示一个黄灯,并预告次架地面信号机显示两个黄灯	要求列车注意运行,接近的地面信号显示一个黄灯,预告次架地面信号机显示两个黄灯
双半黄色闪光	要求列车限速运行,表示列车接近的地面信号机开放经 18 号及以上道岔侧向位置进路,且次架信号机开放经道岔的直向或 18 号以上道岔侧向位置进路;或表示列车接近设有分歧道岔线路所的地面信号机开放经 18 号及以上侧向位置进路	
带"2"字的黄色闪光	要求列车减速到规定的速度等级越过接近的地面信号机,并预告次架地面信号机显示一个黄色闪光和一个黄色灯光	要求列车注意运行,预告次架地面信号机显示一个黄色闪光和一个黄色灯光
半红半黄	要求及时采取停车措施	
半红半黄闪光	表示列车接近的进站或接车进路信号机开放引导信号或通过信号机显示容许信号	

续表

机车信号显示	显示意义	
	四显示自动闭塞区段	三显示自动闭塞区段
红灯	表示列车已越过显示红灯的信号机	
白灯	不复示地面信号机显示,机车乘务人员应按地面信号机显示运行;双线双向自动闭塞反向按站间闭塞运行	
无显示	机车信号停止工作	

2.5 地面信号机

2.5.1 信号显示距离

列车从开始制动到完全停住这一段时间内所走行的距离,叫作制动距离。我国铁路部门规定的制动距离为 800 m。这就是说,信号的显示距离一般应大于 800 m。在《技规》(普速铁路部分)中规定:各种信号机及表示器,在正常情况下的显示距离如下。

(1) 进站、通过、遮断、防护信号机,不得小于 1000 m。

(2) 高柱出站、高柱进路信号机,不得小于 800 m。

(3) 出站、进路、预告、驼峰信号机,不得小于 400 m。

(4) 调车、矮型出站、矮型进路、复示信号机,容许和引导信号以及各种表示器,均不得小于 200 m。

(5) 因地形、地物影响信号显示的地方,进站、通过、预告、遮断、防护信号机的显示距离,在最坏条件下不得小于 200 m。

进站、通过、遮断、防护信号机的信号显示距离规定为不得小于 1000 m,这是因为列车制动距离规定为 800 m,其余 200 m 是作为司机确认信号和制动开始起作用时所预留的距离。实际上,《技规》中还规定在正线上信号机防护区段的长度,即闭塞分区的长度,应不小于 800 m+400 m=1200 m。这就是说,信号显示距离要求达到 1000 m 以上,为了行车安全,防护区段的长度不小于 1200 m。

出站和进路信号机都设在站内,由于站内地形、地质的影响,妨碍信号瞭望的视线,所以规定其显示距离要近一些,但不得小于 400 m。驼峰信号机也设在站内,而且设有驼峰复示信号机。预告信号机仅仅起预告其主体信号机显示的作用,所以驼峰、预告信号机的显示距离要求可以近些,但规定不小于 400 m。

调车信号机因调车速度低,复示信号机因是重复主体信号的显示,引导信号和容许信号在司机未看到它们显示之前,已经看到主体信号机的显示,所以调车、复示、引导、容许信号的显示距离规定不得小于 200 m。

各种表示器和标志,由于都不是绝对信号,且受机体本身的限制,规定它们的显示距离不得小于 200 m。

对进站、通过、防护、遮断信号机的信号显示距离应当严格要求。在装设此类信号机时应选好地点,尽可能使其显示距离达到标准。因线路条件的具体情况难以达到标准时,显示距离允许降低,但最低不得小于 200 m。

2.5.2 各种用途的地面信号机

1. 进站信号机

1) 进站信号机的作用

为了防护车站,指示列车能否由区间进入车站,在车站入口处(车站和区间的分界点)设置的信号机叫作进站信号机,也叫作接车信号机。

进站信号机主要用于防护车站,指示列车的运行条件,完成联锁任务,保证接车进路的正确和安全可靠。在车站的入口处必须装设进站信号机。可以用一架进站信号机防护多条接车进路。例如图 2-7 中的下行进站信号机 X,就防护两条接车进路(自进站信号机起,至同方向的出站信号机止)。

当列车接近车站时,根据进站信号机的显示,司机能清楚地知道是站外停车,还是通过车站,是进正线停车,还是进站线停车。信号开放前检查进路上的道岔位置正确、进路上无车、没有建立敌对进路,信号开放后能锁住进路上的道岔和敌对进路,保证进路安全。

2) 进站信号机的设置

进站信号机应设置在距列车进站时遇到的第一个道岔尖轨尖端(顺向时为警冲标)大于 50 m 的地点(图 2-7);若因调车作业或制动距离的需要,可以增大设置距离,但不得超过 400 m,若因信号显示不良而外移时,则最大不宜超过 600 m。进站信号机应尽量避免设在停车后启动困难的上坡道上,地势险峻地点、隧道内、桥梁上,以及在停车后不能全部出清桥梁和隧道的停车地点。

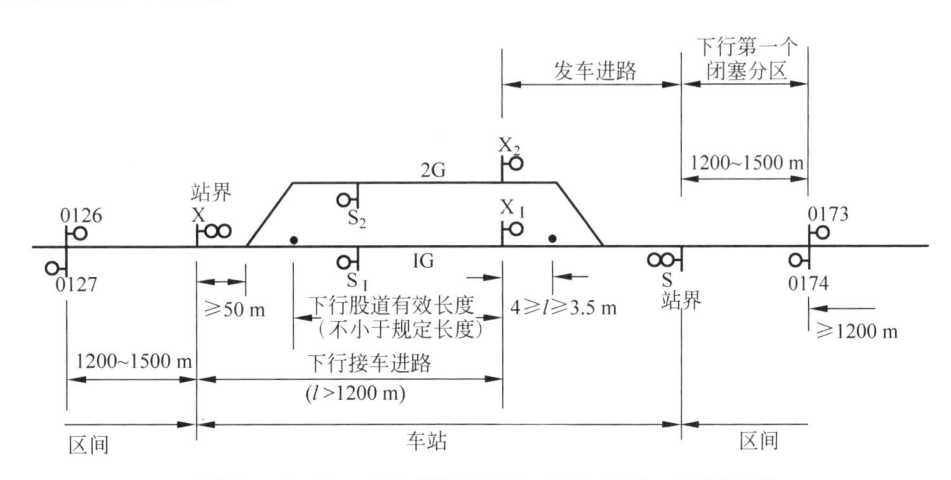

图 2-7 进站、出站、通过信号机举例

上述的 50 m 距离是考虑能满足一台机车挂一、二辆货车由一股道转向另一股道时,不至于越过站界(进站信号机的位置即车站与区间的分界点),因为越出站界,将要求办理越出站界调车的手续。经常利用正线进行调车作业的车站,可适当延长进站信号机距第一组进站道岔或进站道岔警冲标之间的距离,以便进行调车作业时,车列不致越出进站信号机,减少办理越出站界调车的手续。但此项距离的延长,会影响车站咽喉区的通过能力和车站的会车间隔时间,而且会增加工程费用,给管理上也带来不便,所以延长的距离不宜太长。因调车要求外移的或因满足不了规定的制动距离而要求外移的,原则上不得超过 400 m。山区曲线多、隧道多以及经常有降雾的区段,为了延长进站信号机的显示距离,提高信号显示的连续性而将进站信号机外移的,也不宜超过 600 m。

在设有轨道电路的车站上,进站信号机应与轨道电路绝缘节设在同一坐标处,如因轨缝移动或因线路改建等原因,不能设在同一坐标处时,允许钢轨绝缘节设在信号机前方或后方 1 m 的范围内。

在电气化区段,进站信号机的设置还要考虑接触网的锚段关节等因素。

3) 进站信号机的命名

进站信号机按列车运行方向命名,上行用 S 表示、下行用 X 表示。若在车站一端有多个方向的线路接入,则在 S 或 X 的右下角加上该信号机所属区间线路名称的汉语拼音字头。若在同一方向有并置的进站信号机时,应加区间线路名称(单方向可不加)和顺序编号,如 S_{H_2}、S_{H_4}、X_{B_1}、X_{B_3} 等(上行取双数,下行取单数)。

4) 进站信号机的显示意义

进站信号机一般采用高柱双机构(两个显示机构),带引导信号机构,自上而下灯位为黄、绿、红、黄、月白。当采用矮型信号机时,如双线双向自动闭塞区段的反方向进站信号机,采用一个三显示机构和一个二显示机构,三显示灯位为黄、绿、黄,二显示为红、月白,二显示靠近线路但当该信号机有黄绿显示时,该进站信号机不能用矮型。

进站信号机的显示意义如表 2-7 所示。

表 2-7 进站信号机的显示意义

闭塞分区	信号机	信号显示	信号显示意义
半自动闭塞、三显示自动闭塞、自动站间闭塞	(信号机图示)	⊗	准许列车按规定速度经正线通过车站,表示出站及进路信号机在开放状态,进路上的道岔均开通直向位置
		⊗	准许列车经道岔直向位置,进入站内正线准备停车
		⊗⊗	准许列车经道岔侧向位置,进入站内准备停车
		⊗⊗	准许列车经过 18 号及其以上道岔侧向位置,进入站内越过次一架已经开放的信号机,且该信号机所防护的进路,经道岔的直向位置或 18 号及其以上道岔的侧向位置
		●	不准列车越过该信号机
		⊗⊗	准许列车经道岔直向位置,进入站内越过次一架已经开放的信号机准备停车
		●⊗	准许列车在该信号机前方不停车,以不超过 20 km/h 速度进站或通过接车进路,并须随时准备停车

续表

闭塞分区	信号机	信号显示	信号显示意义
四显示自动闭塞		⊗	准许列车按规定速度经道岔直向位置进入或通过车站,表示运行前方至少有三个闭塞分区空闲
		⊗	准许列车按限速要求越过该信号机,经道岔直向位置进入站内正线准备停车
		⊘	准许列车按限速要求越过该信号机,经道岔侧向位置进入站内准备停车
		⊗⊘	准许列车经过 18 号及其以上道岔侧向位置,进入站内越过次一架已经开放的信号机,且该信号机所防护的进路,经道岔的直向位置或 18 号及其以上道岔的侧向位置
		●	不准列车越过该信号机
		⊘	准许列车按规定速度越过该信号机,经道岔直向位置进入站内,表示次一架信号机经道岔直向位置开放一个黄灯
		●⊗	准许列车在该信号机前方不停车,以不超过 20 km/h 速度进站或通过接车进路,并须随时准备停车

2. 出站信号机

1）出站信号机的作用

为了指示列车能否由车站进入区间,在车站的发车股道列车停车地点前方设置的信号机叫作出站信号机,也叫发车信号机。显示禁止信号时,指示进站列车在站内的停车位置。

出站信号机的作用是:防护区间,作为列车占用区间的凭证,指示列车能否进入区间;与发车进路及敌对进路相联锁,信号开放后保证发车进路安全;指示列车在站内的停车位置。车站发车线(含救援列车停留线)端部必须装设出站信号机。出站信号机的具体作用如下。

(1)在半自动闭塞区间,指示列车可否占用区间(包括发车进路)检查进路和区间无车、进路上的道岔位置正确、没有建立敌对进路、进路已经锁好。

(2)在自动闭塞区间,指示列车可否占用站外的第一个闭塞分区(包括发车进路),检查进路和第一个闭塞分区空闲、进路上道岔位置正确、没有建立敌对进路、进路已经锁好。

2）出站信号机的设置

每条发车线均应单独装设出站信号机(线群出站信号机除外)。出站信号机应设在每条发车线的警冲标内方(对向道岔为尖轨尖端)适当地点。设置出站信号机时,除应保证该线所规定的股道有效长度外,还应考虑下列情况。

(1)在无轨道电路的车站上,出站信号机在不侵入建筑接近界限的条件下,应尽量缩小与警冲标的距离,增加股道的有效长度。

(2)在装有轨道电路的车站上,出站信号机宜与轨道绝缘设在同一坐标处。轨道绝缘距离警冲标应不小于 3.5 m 且不大于 4 m(图 2-7)。轨道距警冲标不小于 3.5 m 的原因是车辆的最外方车轮距车辆端部有一段不大于 3.5 m 长度,当警冲标与钢轨绝缘对齐时,车轮虽在钢轨绝缘的内方,但车辆端部已越出警冲标外方,不能保证邻线的行车安全。轨道距警冲标不应大于 4 m,是为了防止列车已进入警冲标内方停车时,其尾部留在道岔区段,影响邻线作业。由于轨缝等影响,必须大于 4 m 时,需要移设警冲标,满足不大于 4 m 的要求。信号机处的钢轨绝缘原则上与信号机设在同一坐标处,为了尽量避免在安装信号机时造成串轨、换轨和锯轨等情况,轨道绝缘允许设置在出站信号机前方 1 m 或后方 6.5 m 的范围内。

出站信号机绝对禁止侵入建筑接近界限。为此,准许站线的出站信号机使用矮型的,必要时也可使用信号桥或信号托架。

(3) 在装有水鹤的股道上,出站信号机的设置位置距水鹤应不小于 50 m,保证机车上水时,不越出出站信号机。

3) 出站信号机的命名

出站信号机按列车运行方向命名,上行用 S 表示,下行用 X 表示。在名称的右下角加股道号,如 S_I、X_{II} 等。线群出站信号机应加所属线群的股道号,如 $X_{5\sim8}$。当有多个车场时,应先加车场号,再在右下角加股道号,如 S_{I_3}。

4) 出站信号机的显示意义

半自动闭塞区段的出站信号机采用一个三显示机构,灯位自上而下分别为绿、红、月白,若有两方向发车时,增加一绿灯,高柱采用两个二显示机构,灯位自上而下为绿、红、绿、月白;矮型采用一个三显示机构和一个二显示机构(设于右侧靠近线路),三显示机构上下两个均为绿灯,中间间隔一个空灯位,二显示机构灯位自上而下是月白、红,靠近线路。

三显示自动闭塞区段的出站信号机高柱、矮型均采用两个二显示机构。高柱信号机自上而下是黄、绿、红、月白;矮型信号机的月白、红二显示机构靠近线路,另一个二显示机构为黄、绿。三显示自动闭塞区段的双方向出站信号机,当次要方向是半自动闭塞时,在上述信号机上增加一个绿灯,高柱信号机由一个三显示(在上面)和一个二显示机构组成,自上而下为黄、绿、红、绿、月白;矮型信号机将三显示机构置于左侧,自上而下为绿、黄、绿。当两个方向均为自动闭塞时,必须装设进路表示器。

四显示自动闭塞区段的出站信号机,高柱机构同三显示自动闭塞区段,但灯位自上而下是绿、红、黄、月白。矮型信号机将三显示机构置于左侧,上面为绿灯,下面为黄灯,中间间隔一个空灯位,二显示机构为月白、红,靠近线路。四显示自动闭塞区段的双方向出站信号机,当次要方向是半自动闭塞时,高柱的增加一个绿灯,上面为三显示机构,依次是:绿红、黄、绿、白;矮型以及两方向都是自动闭塞时,只能装进路表示器。

出站信号机的显示意义如表 2-8 所示。

表 2-8　出站信号机的显示意义

闭塞分区	信号机	信号显示	信号显示意义
三显示自动闭塞		✲	准许列车由车站出发,表示运行前方至少有两个闭塞分区空闲
		✲	准许列车由车站出发,表示运行前方有一个闭塞分区空闲
		●	不准列车越过该信号机
		✲	准许列车由车站出发,开往半自动闭塞区间或自动站间闭塞区间
		✲	兼作调车信号机时,准许越过该信号机调车

续表

闭塞分区	信号机	信号显示	信号显示意义
四显示自动闭塞		绿	准许列车由车站出发,表示运行前方至少有三个闭塞分区空闲
		绿黄	准许列车由车站出发,表示运行前方有两个闭塞分区空闲
		黄	准许列车由车站出发,表示运行前方有一个闭塞分区空闲
		红	不准列车越过该信号机
		黄黄	准许列车由车站出发,开往半自动闭塞区间或自动站间闭塞区间
		月白	兼作调车信号机时,准许越过该信号机调车
半自动闭塞或自动站间闭塞分区		绿	准许列车由车站出发
		红	不准列车越过该信号机
		黄黄	准许列车由车站出发,开往次要线路
		月白	兼作调车信号机时,准许越过该信号机调车

3. 进路信号机

1) 进路信号机的作用

在有几个车场的车站,为指示列车由一个车场开往另一个车场,应设进路信号机。进路信号机是指示列车能否在站内从一个车场到另一个车场运行的信号机。进路信号机只有在几个车场纵列布置的大型编组站和区段站上才有条件设置。

为使列车由一个车场驶向另一个车场,靠进路信号机的显示,给出列车运行条件的指示,从而提高列车在站内的运行速度,缩短列车占用进路的时间,提高运输效率。

进路信号机按照在列车进路上设置的位置和所起作用,可分为接车进路信号机、发车进路信号机和接发车进路信号机3种。接车进路信号机用于指示到达列车的运行条件;发车进路信号机用于指示出发列车的运行条件;接发车进路信号机用于指示到达列车及出发列车的运行条件。正线上的进路信号机和进站信号机(指向正线接车)一样,其防护区段的长度应大于或等于1200 m(图2-8(a)和(b))。

转场进路始于进路信号机,止于出站信号机。只有在进路上的道岔位置正确、进路内无车和没有建立敌对进路,并且把进路锁好的条件下,才能开放防护转场进路的进路信号机,保证转场作业的安全。

2) 进路信号机的设置

接车进路信号机的设置方法与进站信号机相同,发车进路和接发车进路信号机的设置方法与出站信号机相同。

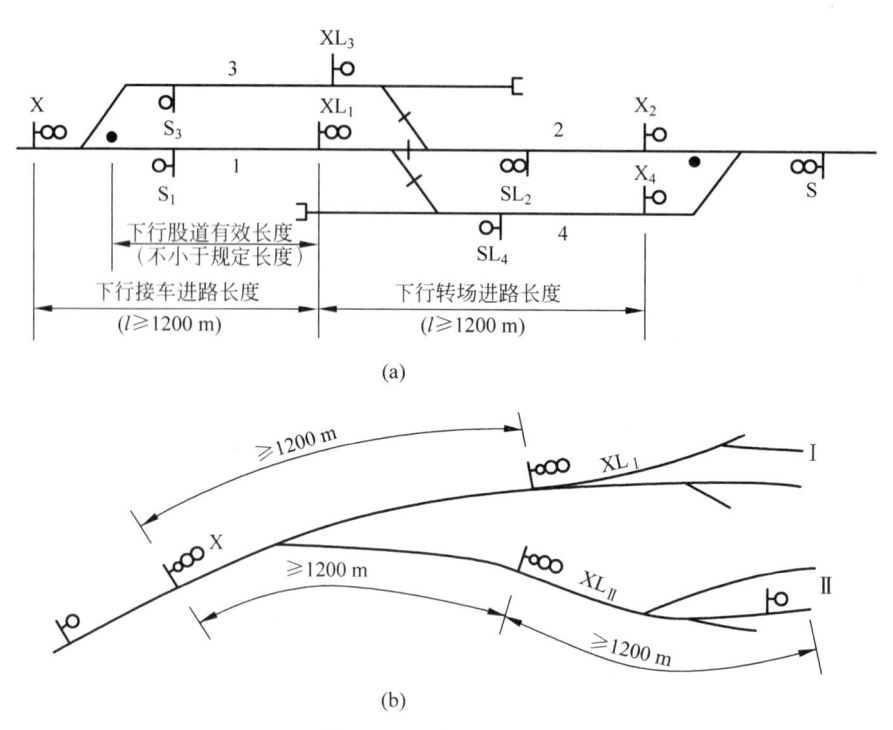

图 2-8　进路信号机举例

在车场前或引向不同车场的道岔前的信号机为接车进路信号机。当为纵列式车场时，一个车场的前方衔接另一车场或线路，则该车场正线上的信号机为接发车进路信号机，在到发线上的信号机均为发车进路信号机。

当两个车场间线路紧密衔接，在车场入口处不能装设接车进路信号机时，可在相邻车场出口处的正线上装设接发车进路信号机。

当两个车场线路较长，为了提高站内通过能力，除在车场入口处的正线上装设接车进路信号机外，还应在相邻车场出口处正线上装设接发车进路信号机。

3）进路信号机的命名

接车进路信号机按列车运行方向命名，上行用 SL 表示，下行用 XL 表示。当有并置或连续布置的接车进路信号机时，在其右下角缀以顺序号，如 SL_2、SL_4、XL_1、XL_3 等（上行取双数，下行取单数）。

发车进路信号机编号方法与出站信号机相同，也按列车运行方向命名，上行用 S 表示，下行用 X 表示，并在 S 或 X 右下角先加车场号，再加股道号。如：Ⅰ场上行 3 股道发车进路信号机为 S_{I_3}；Ⅱ场下行 2 股道发车进路信号机为 $X_{Ⅱ_2}$。当设有发车进路信号机，且出站信号机未设置在车场内时，出站信号机以 SZ、XZ 表示。

站内正线上具有通过性质的信号机也应按接发车进路信号机设置和命名。

当同一信号机具有多种意义兼有多种作用时，应称其全名，如"出站兼接发车进路信号机"。接车进路信号机的灯光配列基本上与进站信号机相同，均应装设引导信号。接车进路信号机一般兼作调车信号机，与进站信号机不同。

4) 进路信号机的显示意义

(1) 接车进路信号机显示。

接车进路信号机的显示方式与方法和进站信号机相同。当接车进路信号机兼作调车信号机时,白灯点亮,准许越过该调车信号机进行调车作业。

(2) 发车进路信号机显示。

① 四显示自动闭塞区段除外的发车进路信号机显示。

一个绿色灯光表示准许列车由车站经正线出发,表示出站和进路信号机均在开放状态。

一个黄色灯光表示准许列车运行到次一架信号机之前准备停车。

一个绿色灯光和一个黄色灯光表示准许列车按规定速度越过该信号机,表示该信号机列车运行前方至少有一架进路信号机在开放状态。

一个红色灯光表示不准列车越过该信号机。

② 四显示自动闭塞区段的发车进路信号机显示。

一个绿色灯光表示该信号机列车运行前方至少有两架信号机经道岔直向位置在开放状态。

一个绿色灯光和一个黄色灯光表示该信号机列车运行前方至少有一架信号机经道岔直向位置在开放状态。

一个黄色灯光表示准许列车运行到次一架色灯信号机之前准备停车。

一个红色灯光表示不准列车越过该信号机。

接车或发车进路信号机兼作调车信号机时,一个月白色灯光表示准许越过该信号机调车。

(3) 同时具有接车和发车功能的接发车进路信号机的显示。

显示方式与方法和接车、发车进路信号机相同。

4. 通过信号机

1) 通过信号机的作用

自动闭塞区段的通过信号机的作用是指示列车能否进入运行前方的闭塞分区(自动闭塞区段两架通过信号机之间的区间称为闭塞分区)。

非自动闭塞区段线路所的通过信号机,用于防护所间区间(两线路所之间或线路所与车站之间的区间称为所间区间),指示列车能否占用运行前方的所间区间。非自动闭塞区段增加线路所和增设通过信号机,可加大列车密度。但线路所无配线,不能办理列车越行。

2) 通过信号机的设置

通过信号机应设在闭塞分区或所间区间的分界处。

(1) 自动闭塞区段的通过信号机。

自动闭塞区段的通过信号机设于各闭塞分区入口处(第一离去闭塞分区除外,因其邻近车站,由出站信号机防护,不设通过信号机),如图 2-9 所示。

在自动闭塞区段,通过信号机的设置位置是根据机车牵引重量、列车运行速度、列车运行间隔时间、线路条件,并考虑列车制动距离等多种因素,由牵引计算确定。四显示自动闭塞,两列列车间隔四架通过信号机运行。

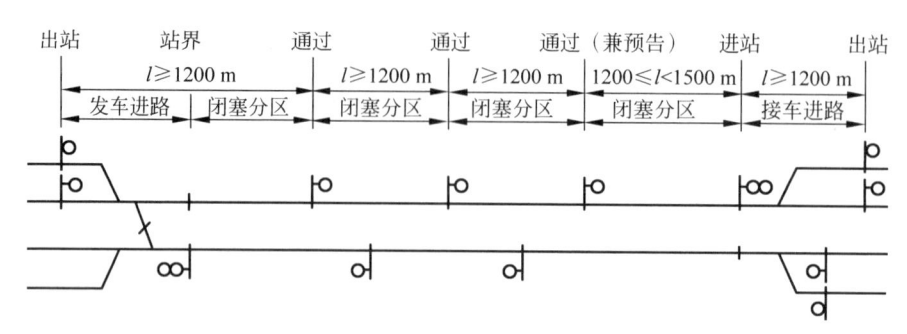

图 2-9 防护闭塞分区的通过信号机

自动闭塞区段的通过信号机,应尽量设在直线上或便于司机瞭望(如曲线起点的前方)的地点,不宜设在大型桥梁上或隧道内。必须设于桥梁上或隧道内时,可采用矮型,但须经批准。

为了节约投资和方便维修,上、下行方向的通过信号机在不影响行车效率和司机瞭望信号的条件下,应尽可能并列设置。

从线路变坡点的纵断面上看,当列车在变坡点处,由于相邻车辆的相对倾斜,会使相邻车钩的中心线上下错动,若超过限定的数值时,就易引起脱钩。自动闭塞区段的通过信号机若设在该处,则列车停车后有可能造成脱钩的危险。因此规定:自动闭塞区段的通过信号机,不应该设在停车后可能脱钩的处所。

为了保证行车安全和提高运输效率,自动闭塞区段的通过信号机,不宜设置在铁路规定的货物列车在上坡道上停车后启动困难的地点。但遇有特殊情况,通过信号机必须设在上坡道货物列车停车后启动困难的地点时,则该通过信号机上应装设容许信号。

进站信号机前方第一架通过信号机,因已接近车站,列车在进站信号机外停车的机会较多,如允许后续列车通过该信号机,则容易发生追尾事故。因此规定:在进站信号机前方的第一架通过信号机上不得装设容许信号。

在不运行非动车组列车的高速铁路,不设通过信号机。

(2) 非自动闭塞区段线路所的通过信号机。

在非自动闭塞区段,也可将较长的区间划分成两个区段,在其中间增设一个线路所(无配线的分界点称为线路所)。线路所与两邻站间构成两个所间区间,在线路所处,分别设置两架信号机,叫作通过信号机,如图 2-10 所示。

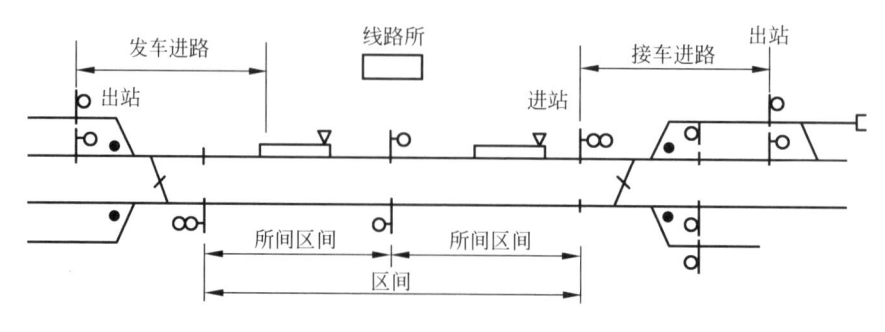

图 2-10 防护所间区间的通过信号机

线路所只有正线,没有侧线,不办理客货运业务。线路所一般无管辖地段,只办理列车的通过,所以应设通过信号机。个别设有管辖地段的线路所,应设进站和出站信号机。线路所设有线路所值班员,与邻站办理行车工作。

设于有道岔线路所的通过信号机,具有进站和出站信号机的双重性质,即兼起指示接车和发车双重作用,其应采用进站信号机的结构形式(设于自动闭塞区段区间岔线处的通过信号机也同样处理)。

3) 通过信号机的命名

自动闭塞区段的通过信号机名称以该信号机所在地点坐标公里数和百米数组成,下行编奇数,上行编偶数。例如:下行通过信号机的位置坐标在 405 km+266 m 处,则该信号机命名为 4053;上行通过信号机的位置坐标在 505 km+577 m 处,则该信号机命名为 5056。

区间正线有分歧道岔前的通过信号机(包括自动闭塞或其他闭塞方式),以 T 字命名,并在其右下角标以运行方向,如 T_S、T_X;当有数架并存时,则再加缀顺号,如 T_{S_2}、T_{S_4}、T_{X_1}、T_{X_2}。

4) 通过信号机的显示意义

三显示自动闭塞区段和四显示自动闭塞区段的通过信号机均采用三显示机构,只是灯光排列不同。三显示自上而下是黄、绿、红;四显示自上而下是绿、红、黄,因为四显示有绿黄显示,中间必须间隔一个灯位。

非自动闭塞区段的线路所的通过信号机,无分歧道岔时为二显示,自上而下是绿、红。防护分歧道岔的通过信号机采用与进站信号机相同的机构和灯光,但月白灯必须封闭,因不允许办理引导接车。

通过信号机的显示意义如表 2-9 所示。

表 2-9 通过信号机的显示意义

闭塞分区	信号机	信号显示	信号显示意义
三显示自动闭塞		☼	准许列车按规定速度运行,表示运行前方至少有两个闭塞分区空闲
		✹	要求列车注意运行,表示运行前方一个闭塞分区空闲
		●	列车应在该信号机前停车
		●☼	容许信号显示一个蓝灯,准许列车在通过信号机显示红灯的情况下不停车,以不超过 20 km/h 的速度通过,运行到次一架通过信号机,并随时准备停车
四显示自动闭塞		☼	准许列车按规定速度运行,表示运行前方至少有三个闭塞分区空闲
		✹	准许列车按规定速度运行,要求注意准备减速,表示运行前方有两个闭塞分区空闲
		☼	要求列车减速运行,按规定限速要求越过该信号机,表示运行前方有一个闭塞分区空闲
		●	列车应在该信号机前停车
		●☼	容许信号显示一个蓝灯,准许列车在通过信号机显示红灯的情况下不停车,以不超过 20 km/h 的速度通过,运行到次一架通过信号机,并随时准备停车

续表

闭塞分区	信号机	信号显示	信号显示意义
半自动闭塞及自动站间闭塞区段		⊗	准许列车按规定速度运行
		●	不准列车越过该信号机

5．遮断信号机

1）遮断信号机的作用

为防护道口、桥梁、隧道以及塌方落石等危险地点而设置的信号机，叫作遮断信号机。为避免和其他信号机混淆，遮断信号机采用方形背板，并在机柱上涂以黑白相间的斜线。

由于遮断信号机的设置位置较复杂，与其他信号机间的关系和距离多变，所以遮断信号机应成为一个独立的系统，与其他信号机间没有联锁关系。

遮断信号机仅防护本线路，当有多条线路时均应单独设置，而且线路的两个方向也必须分别设置。

在繁忙的道口，若汽车等机动车因故障停留在道口，或者在道口上散落有货物，一时又移不开时，为了能立即指示列车在道口外方停车，应设立遮断信号机。在较大的桥隧建筑物和可能危及行车安全的塌方落石地点，一般都设有固定值班的看守人员昼夜巡视。为了在发生危及行车安全的情况时，能及时地向列车发出停车信号，要求列车在障碍地点前方停车，所以也规定设置遮断信号机。

2）遮断信号机的设置

遮断信号机的设置位置距其防护地点不得小于 50 m。

在自动闭塞区段，遮断信号机应与通过信号机有联系。当遮断信号机与前方相邻的通过信号机之间小于 800 m 时，则通过信号机应重复遮断信号机显示红色灯光，当遮断信号机与前方相邻的通过信号机之间大于 800 m 时，则通过信号机应为该遮断信号机的预告信号。自动闭塞区段，遮断信号机不应设在停车后起动困难的地点。

3）遮断信号机的命名

遮断信号机的命名以字母"Z"表示，如果需要进一步区分，以字母"Z"后缀以"字母"或"字母+数字"等辅助信息表示。如指示下行方向列车运行为 Z_X，指示上行方向列车运行有多架时为 Z_{S2}、Z_{S4}。

4）遮断信号机的显示意义

遮断信号机显示一个红色灯光时，表示不准列车越过该信号机；不亮灯时，不起信号作用。

6．预告信号机

1）预告信号机的作用

预告信号机的作用是预告进站信号机等主体信号机的显示状态，将主体信号机(进站信号机、非自动闭塞区段通过信号机、遮断信号机)的信号显示状态提前告诉司机。地面信号经常受到当地条件和气象条件的影响，造成信号显示距离有时难以满足运营要求。应根据实际需要,对进站、通过(指防护所间区间的)、遮断等绝对信号机,装设预告信号机,防止冒进绝对信号。

在非自动闭塞区段,进站信号机应设预告信号机。当列车接近进站信号机时,只有预先了解其显示状态,才能安全高速地行车。在列车最高运行速度 160 km/h 及其以下的半自动闭塞提速区段,该预告信号机称为接近信号机。

进站信号机也可认为是正线出站信号机的预告信号机。

自动闭塞区段的通过信号机也可以认为是前一架通过信号机的预告信号机。

2) 预告信号机的设置

在自动闭塞区段,进站信号机前方的通过信号机起预告信号机的作用,在进站信号机前方第一架通过信号机机柱上涂三道黑斜线,四显示自动闭塞区段第二架通过信号机涂一道黑斜线。在非自动闭塞区段必须安装预告信号机。在半自动闭塞提速区段,该预告信号机称为接近信号机。遮断信号机和半自动闭塞线路所的通过信号机,均应装设预告信号机。遮断信号机的预告信号机的外形同遮断信号机。

为满足列车制动距离的要求,预告信号机距其主体信号机的距离规定不得小于 800 m。当预告或其主体信号机的显示距离不足 400 m 时,为了让司机预先有足够的时间确认信号,规定预告信号机距其主体信号机不得小于 1000 m。

3) 预告信号机的命名

预告信号机以 Y 表示,加在主体信号机名称前,如 YS 为上行进站信号机的预告信号机。

4) 预告信号机的显示意义

预告信号机的显示方式依主体信号而定。主体信号开放时,预告信号机显示正常运行信号;主体信号关闭时,预告信号机显示减速注意信号。

预告色灯信号机有两种主要显示方法:

一个绿色灯光表示主体信号机在开放状态。

一个黄色灯光表示主体信号机在关闭状态。(预告信号机的定位显示)

接近信号机显示绿灯,表示进站信号机开放绿灯;显示绿、黄灯,表示进站信号机开放黄灯或黄闪和黄灯;显示黄灯,表示进站信号机关闭或显示两个黄灯。

遮断信号机的预告信号机显示一个黄色灯光时,表示遮断信号机显示红色灯光;无灯光显示时,不起信号作用。

7. 调车信号机

1) 调车信号机的作用

调车信号机是指在装有电气集中联锁的车站内,为保证行车调车安全,在每个调车进路入口处设置的信号机。调车信号是调车作业的命令和要求,是机车乘务人员及其他调车人员行动的依据。

调车信号机用于指示站内各种调车作业。调车作业一般是利用牵出线与到发线、咽喉区与到发线之间的线路进行的。调车作业主要包括车辆的摘挂、取送、转线、机车出入库和平面溜放的整编作业等。这些作业须在有机车连挂的情况下进行推送,不允许平面溜放作业。另外,在设有编组线的区段站或大型编组站上,有大量的列车解体、编组作业,需将到达的列车从到发线送到非集中区编组线上进行编组,编完后还要拉回到到发线发车。

调车信号机按用途分为以下几种。

(1) 调车色灯信号机,凡集中联锁的车站(车场),均应装设调车色灯信号机,以适应调车作业的需要。

(2) 驼峰色灯信号机,有驼峰调车设备的车站,均应在峰顶适当处装设驼峰色灯信号机,以指示驼峰机车推峰作业及下峰作业等。

(3) 驼峰色灯辅助信号机,是指示调车机车可否预先向驼峰推送的信号机。到达场的驼峰辅助信号机设在每条接车线靠驼峰端的警冲标内方;双推单溜的驼峰调车场,设在两推峰线分歧道岔前适当位置。

(4) 驼峰色灯复示信号机,是机车司机瞭望驼峰色灯信号机有困难时,根据需要设置的完全复示驼峰色灯信号机显示的信号机。

2) 调车信号机的设置

为保证列车在站内的行车安全,凡影响列车作业的调车进路,均应设置调车信号机。调车信号机应根据车站的调车作业的实际需要设置,即应根据车站的调车作业过程和繁忙程度,并考虑站内必要的平行作业和较短的机车走行距离来确定。

(1) 出站及接发车进路信号机均兼作调车信号机用,以满足调车作业的需要。

(2) 尽头型调车信号机。由非联锁区向联锁区的入口处,由牵出线、场间联络线以及站内各种用途的尽头线,向联锁区的入口处装设的调车信号机,叫作尽头型调车信号机。在股道头部装设的调车信号机叫作出站兼调车信号机或进路兼调车信号机。在图 2-11 中,D_1 是尽头型调车信号机,而 $S_{II}D$ 和 S_4D 是出站兼调车信号机。

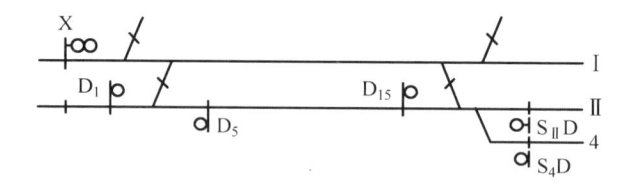

图 2-11 调车信号机举例

(3) 咽喉调车信号机。设于咽喉区中间的调车信号机,叫作咽喉调车信号机。设置咽喉调车信号机,可增加调车作业的灵活性,提高调车作业效率和车站咽喉区的通过能力。如图 2-11 所示,由Ⅱ道转线到 4 道,有了 D_{15} 就可以牵出后越过 D_{15} 折返,所以 D_{15} 又叫作折返调车信号机。如不设 D_{15},则需要牵出至站界,越过 D_1,才能折返,显然将增加调车行程。当车列由Ⅱ道牵出时,D_5 起阻拦作用,所以 D_5 又叫作阻拦调车信号机。有了 D_5,在上述转线作业的同时,还可利用道岔 1/3 反位发车或调车,即有了阻拦调车信号机,使平行作业有了可能。

按设置情况,咽喉区调车信号机分为单置、并置、差置三种。在线路一侧单独设置的称为单置调车信号机。在线路两侧并列设置的称为并置调车信号机。两架背向调车信号机之间可构成不小于 50 m 的无岔区段时,称为差置调车信号机。差置调车信号机之间构成的无岔区段,可用来进行增减轴、机车待避等调车作业。

3) 调车信号机的命名

调车信号机以 D 表示,再在其右下角加以顺序号。调车信号机编号从列车到达方向顺序编号,上行为双号,下行为单号,设在股道上的调车信号机按股道的顺序进行编号。若有多个车场时,则每个车场所属的调车信号机均用百位数字表示,以百位数表示车场号,如Ⅰ场的为 D_{101}、D_{103},Ⅱ场的为 D_{202}、D_{204}。如同一咽喉区调车信号机超过 50 架时,则超出的调车信号机以 D_{1101}、D_{1103} 顺序进行编号,此时千位数表示车场号。

4) 调车信号机的显示意义

为避免调车信号的显示影响列车运行。调车信号灯光与列车信号的灯光颜色应有所区别。因红、黄、绿三种颜色已作为列车信号灯光使用,所以调车信号机的显示采用月白和蓝色灯光,以区别列车信号灯光。

一个月白色灯光表示准许越过该信号机调车。

一个月白色闪光灯光表示装有平面溜放调车区集中联锁设备时,准许溜放调车。

一个蓝色灯光表示不准越过该信号机调车。

对于出站兼调车信号机或进路兼调车信号机,用红灯代替蓝灯。

不办理闭塞的站内岔线,在岔线入口处设置的调车信号机,可用红色灯光代替蓝色灯光。

在尽头式车站的接车线终端处,不能再继续发车,没有必要设出站信号机,设置的调车信号起阻挡列车的作用,为引起司机注意,保证行车安全,该信号机的停车信号显示也采用红色灯光代替蓝色灯光,但又要区别于一般的调车信号机,故采用矮型三显示的出站信号机构,将绿灯灯位封闭。当发生故障,如红色灯光熄灭、显示不明或不正确时,从信号机外形上应视为列车的停车信号。

8. 驼峰信号机

1) 驼峰信号机的作用

驼峰主体信号机是指编组站驼峰调车场用于指挥调车机车进行推送车列解体的色灯信号机。

驼峰信号机设于驼峰调车场最高点,即驼峰峰顶处,是用于指示调车车列能否向峰顶推送和用多大速度推送而设置的信号机。

2) 驼峰信号机的设置

对于简易、非机械化、机械化、半自动化、自动化驼峰,为了进一步提高编组作业的效率和保证安全以及改善调车人员的劳动条件,在峰顶均应设置驼峰信号机,在到达场接车股道头部均应设置驼峰辅助信号机,它一般兼作到达列车的停车信号和非推送作业的调车信号用,在一定条件下还可兼作出站及进路信号机使用,如图 2-12 所示。

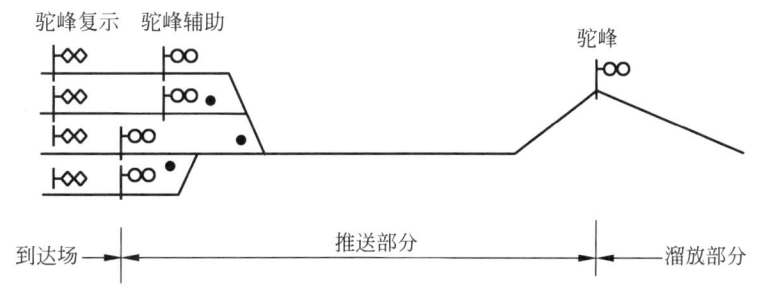

图 2-12 驼峰、驼峰辅助及驼峰复示信号机

3）驼峰信号机的命名

驼峰信号机以 T 表示，在右下角加推送线的顺序号，如 T_1、T_2。驼峰辅助信号机以 TF 表示，并在前面加推送线的顺序号，如 1TF、2TF。到达场股道上的驼峰复示信号机，在 TF 的右下角加股道号表示，如 TF_2、TF_3。

4）驼峰信号机的显示意义

驼峰信号机具有四灯八显示。

一个绿色灯光，表示准许机车车辆按规定速度向驼峰推进。

一个绿色闪光灯光，表示机车车辆加速向驼峰推进。

一个黄色闪光灯光，表示机车车辆减速向驼峰推进。

一个红色灯光，停车信号，表示不准机车车辆越过该信号机或表示机车车辆停止作业。

一个红色闪光灯光，表示机车车辆自驼峰退回。

一个月白色灯光，表示机车到峰下。

一个月白色闪光灯光，表示机车车辆去禁溜线。

一个黄色灯光，表示预先推送，准许机车将车列推进到信号机前方的固定地点停车。

驼峰辅助信号机的显示方式为：一个黄色灯光，指示机车车辆向驼峰预先推送。当办理驼峰推送进路后，其灯光显示与驼峰色灯信号机显示相同。

到达场的驼峰辅助信号机平时显示红色灯光，对到达列车起停车信号作用。

9. 复示信号机

1）复示信号机的作用

复示信号机是指当信号机受条件限制达不到要求的显示距离时，在其前方的适当地点设置复示该信号机显示的信号机。限制显示距离的因素有地形、弯道、建筑物等。

复示信号机的作用是复示主体信号机的显示。

为了与被复示的主体信号机相区分，色灯复示信号机采用方形背板。按复示对象分为进站、出站、进路、调车等复示信号机。

2）复示信号机的设置

车站岔线，一般以调车方式进行。在车站入口处，通常设架高柱调车信号机，指示调车车列能否进入站内。当其显示达不到规定距离时，根据需要可装设调车复示信号机。

在驼峰上调车时，主要是推送车列运行，不利于调车司机瞭望信号，所以规定驼峰信号机均应装设复示信号机。在到达场上设置的驼峰复示信号机还指示到达列车的停车位置，有的还兼作出站和进路信号机使用。

在有峰前到达场的编组站，当驼峰辅助信号机的显示距离不能满足推峰作业要求时，根据需要可在到达场每股道上再装设驼峰复示信号机。在有峰前到达场的编组站，当到达场的驼峰辅助信号机与驼峰信号机之间距离较长，驼峰信号机显示距离不能满足要求时，可加装驼峰复示信号机。

在无峰前到达场的编组站，牵出线上可设驼峰复示信号机。在牵出线弯度较大，不能满足连续显示的要求时可再增设一架复示信号机。

3）复示信号机的命名

复示信号机以 F 表示，加在主体信号机名称后，如 FX$_3$ 为下行 3 股道出站信号机的复示信号机。

4）复示信号机的显示意义

（1）进站复示信号机由 3 个月白色灯组成灯列式结构，用 2 个月白色灯光的不同位置，分别表示进站信号机显示的接车信号：2 个月白色灯光与水平线构成 60°显示，表示进站信号机显示列车经道岔直向位置向正线接车信号；2 个月白色灯光水平位置显示，表示进站信号机显示列车经道岔侧向位置接车信号；无显示表示进站信号机在关闭状态。

（2）出站及进路信号机用 1 个绿灯表示其主体信号机在开放状态，无显示表示主体信号机在关闭状态。

（3）调车复示信号机用 1 个月白色灯光表示调车信号机在开放状态，无显示表示调车信号机在关闭状态。

（4）驼峰复示信号机平时无显示，当办理驼峰推送或预先推送进路后，其显示方式与驼峰辅助信号机相同。

2.5.3　信号机定位

将信号机经常保持的显示状态作为信号机的定位。信号机定位的确定，一般是考虑保证行车安全，提高运输效率或信号显示自动化等因素。

进站、进路、出站信号机对行车安全起着极其重要的作用，故规定以显示停车信号（红灯）为定位。双线单方向运行自动闭塞区段的车站（线路所）当将进站及正线出站信号机转为自动动作时，则显示进行信号为定位。

调车信号机以显示禁止调车信号（蓝灯）为定位。

自动闭塞的每架通过信号机，都是其运行前方信号机的预告信号机，为提高区间通过能力，保证列车经常在绿灯下运行，规定通过信号机以显示进行信号为定位，即一般通过信号机显示绿灯为定位，进站信号机前方第一架通过信号机兼有预告信号机的作用，故以显示黄灯为定位，四显示自动闭塞的进站信号机前方第三架通过信号机则以显示绿、黄灯为定位。在单线自动闭塞的情况下，当一个方向的通过信号机开放时，另一个方向的通过信号机灭灯。

线路所的通过信号机，兼有防护接车、发车的作用，故以显示红灯为定位。

预告信号机是附属于主体信号机的，仅能表示主体信号机的显示状态，故以显示注意信号（黄灯）为定位。

遮断信号机和各种复示信号机均以无显示为定位。

2.5.4　信号机关闭时机

集中联锁车站的进站、进路、出站信号机，线路所通过信号机及自动闭塞区段的通过信号机，当机车或车辆第一轮对越过该信号机后自动关闭。

调车信号机在调车车列全部越过调车信号机后自动关闭；当调车信号机外方不设或

虽设轨道电路但被占用时,应在调车车列全部出清该调车信号机内方第一轨道区段后自动关闭;根据需要也可在调车车列第一轮对进入调车信号机内方第一个轨道区段后自动关闭。

引导信号应在列车头部越过信号机后及时关闭。

2.6 高速铁路信号机

2.6.1 信号机及标志牌的设置

1. 车站信号机的设置

车站(含区间无配线站)设进站、出站信号机。根据需要,作业量较大的车站可设进路信号机、调车信号机和复示信号机。作业较为单一的中间站、越行站列车进路上可不设调车信号机。

进站信号机的设置位置应符合现行《技规》的相关规定。进站信号机及接车进路信号机应采用现行的进站信号机机构。桥、隧地段信号机以及高柱信号机构外缘与接触网带电部分不符合安全距离要求时可采用七灯位矮型信号机。进站信号机不应设置在电分相区及附近一定范围内,因为电分相区一般设置在区间,为无电区,当采用无电过分相方案时,信号机的设置地点需要适合列车停车后启动以及启动后能够以惯性渡过无电区。

高速铁路的出站信号机应设在距警冲标不小于 55 m(含过走防护距离 50 m)的地点,或距最近的对向道岔尖轨尖端不小于 50 m 的地点。尽头线车站不存在接车进路安全防护距离的要求,可按普速铁路出站信号机的位置设置。有时受地形地貌、施工条件等限制,出现个别车站股道有效长不足及站台严重偏置等情况时,经报铁路总公司批准后,可采取按客货共线标准将出站信号机设在距警冲标 5 m 的地点,优化出站信号机外方应答器布置及在相应股道中部增加校核列车位置的无源应答器组等措施。

2. 动车段(所)信号机的设置

动车段(所)与相关车站较远时,动车组按照列车方式进出动车段(所),动车段(所)需要设置进出站信号机。但遇到动车运用所与相关车站较近且采用调车方式能满足能力需要时,动车运用所不设置进出站信号机,全部设置调车信号机。动车组运行径路上的调车信号机应设在距警冲标不小于 5 m 处。其他经路上的调车信号机应设在距警冲标不小于 3.5 m 处。设有调车危险应答器的调车信号机应尽量远离警冲标或防护道岔。调车信号机应采用现行规定的矮型调车信号机。

3. 线路所信号机的设置

线路所设通过信号机,其信号机构与进站信号机相同。高速铁路线路所通过信号机较传统铁路增加了引导信号,在因发车进路轨道电路故障或通过信号机允许灯光断丝情况下,以引导方式将列车发至区间。点亮引导灯光必须在要求地面信号机点灯的情况下进行,开放引导信号时,点亮红色灯光和月白色灯光。

4. 停车标志牌的设置

在无货运列车的高速铁路区间不设地面信号机,在区间闭塞分区的分界点的线路左侧设停车标志牌。为安装方便,停车标志牌首选安装在接触网支柱上,根据现场情况也可安装在路基或防护墙上。停车标志牌不应设置在电分相区及附近一定范围内。

5. 预告标志牌的设置

车站进站信号机及防护区间道岔的通过信号机不设预告信号机,但设置预告标志牌。由于启用地面信号机时是按照站间闭塞行车的,所以无论正向还是反向运行都要设置预告标志牌。按照《技规》规定预告标志牌成组设置在进站信号机及防护区间道岔的通过信号机外方 900 m、1000 m、1100 m 处。对于距离较短无法成组设置预告标志牌的区间,不设置预告标志牌。预告标志牌宜就近安装在接触网支柱上。

2.6.2 信号显示

在兼顾货运的 200~250 km/h 高速铁路,其信号机的设置和显示与既有线相同。在不兼顾货运的 200~250 km/h 高速铁路和 300~350 km/h 高速铁路,区间不设通过信号机,车站的进、出站信号机平时灭灯。

1. 常态灭灯与常态点灯

普速铁路和运行非动车组的高速铁路,地面信号机常态点灯。在仅运行动车组的高速铁路,其地面信号机常态灭灯。

ATP车载设备正常工作时,司机以车载信号行车,地面信号机开放已无意义。所以车站及线路所列车信号机应常态灭灯不显示,仅起停车位置作用。对以隔离模式运行的动车组列车和施工路用列车,信号机点亮,灭灯视为红灯。这些信号机平时可以不显示,一方面节能,另一方面也可避免因地面信号与车载信号出现不一致时(如灯丝断丝)导致的混乱。遇列车未装设列控设备(可能包括维修车、轨道车等)或列控设备停用时,相应的列车信号机应经人工确认后转为点灯状态。

常态灭灯的车站(含无配线车站)出站信号机和防护区间道岔的通过信号机开放允许信号时应检查站间空闲条件。

调车信号机及动车段(所)列车信号机应常态点灯。

2. 地面信号机显示

地面信号机显示允许信号时,仅表示允许列车或车列越过该信号机,出站信号不区分进路方向。

1) 进站、进路信号机显示含义

一个黄色闪光和一个黄色灯光表示准许列车按限速要求越过该信号机,经道岔侧向位置进入站内准备停车。

一个红色灯光和一个月白色灯光表示准许列车在该信号机前方不停车,以不超过 40 km/h 的速度进站或通过接车进路,并须准备随时停车。

其他信号显示符合《技规》的规定。

2）出站信号机显示含义

一个绿色灯光表示准许列车由车站以站间闭塞方式出发,前方站间空闲。

一个红色灯光和一个月白色灯光表示准许列车由车站以站间闭塞方式出发,发车进路列车速度不超过 40 km/h,并须准备随时停车。

其他信号显示符合《技规》的规定。

区间不设置通过信号机的高速铁路与区间设置通过信号机的高速铁路的衔接车站,应按照股道的主要接发车方向分别设置信号机构。主要接发车方向为区间设置通过信号机的股道应采用普通信号机构并常态点灯,主要接发车方向为区间不设置通过信号机的股道应采用高速铁路机构并常态灭灯。

同一方向相邻列车信号机之间的距离应符合不同性能的列车按规定速度安全停车制动距离的要求。站内列车信号机的显示关系还应符合下列规定。

① 办理了接车进路,接车进路终端的出站或进路信号机应点亮红色灯光,若该信号机红灯不能点亮时,防护接车进路的信号机则应点亮红色灯光。

② 办理了通过进路,进路上的出站或进路信号机应点亮相应允许灯光,若允许灯光灯丝断丝,则其前方信号机显示应相应降级。

3. 机车信号显示

高速铁路的机车信号显示包括运行在高速铁路上的非动车组列车的机车信号显示和列控车载设备的"机车信号"(在机车信号模式下运用)显示,两者有所区别。运行在高速铁路上的非动车组列车的机车信号显示与普速铁路四显示自动闭塞区段机车信号显示基本相同。高速铁路的机车信号显示及信息定义见表 2-10。

表 2-10　高速铁路的机车信号显示及信息定义

机车信号显示	信息定义	
	列控车载设备的"机车信号"	机车信号
带"5"字的绿色灯光	表示列车运行前方至少有 7 个闭塞分区空闲	—
带"4"字的绿色灯光	表示列车运行前方有 6 个闭塞分区空闲	—
带"3"字的绿色灯光	表示列车运行前方有 5 个闭塞分区空闲	—
带"2"字的绿色灯光	表示列车运行前方有 4 个闭塞分区空闲	—
绿色灯光	表示列车运行前方有 3 个闭塞分区空闲	准许非列控车载设备控车的列车按规定速度运行,表示列车运行前方至少有 3 个经直向进路的空闲闭塞分区
半绿半黄色灯光	表示列车运行前方有 2 个闭塞分区空闲	准许非列控车载设备控车的列车按规定速度注意运行,表示列车运行前方有 2 个经直向进路的空闲闭塞分区

续表

机车信号显示	信息定义	
	列控车载设备的"机车信号"	机车信号
带"2"字的黄色闪光	表示列车运行前方有一个经直向进路的空闲闭塞分区,并预告次一个闭塞分区空闲且开通经18号及以上道岔侧向位置的进路通经道岔侧向位置,且进路允许速度不低于80 km/h	要求非列控车载设备控车的列车减速到规定的速度等级越过接近的地面信号机,表示列车运行前方有一个经直向进路的空闲闭塞分区,并预告次一个闭塞分区所在的进路开通经18号及以上道岔侧向位置,且进路允许速度不低于80 km/h
带"2"字的黄色灯光	表示列车运行前方有一个经直向进路的空闲闭塞分区,并预告次一个闭塞分区空闲且开通经道岔侧向位置的进路(但不满足带"2"字的黄色闪光的条件)	要求非列控车载设备控车的列车减速到规定的速度等级越过接近的地面信号机,表示列车运行前方有一个经直向进路的空闲闭塞分区,并预告次一个闭塞分区所在的进路开通经道岔侧向位置(但不满足带"2"字的黄色闪光的条件)
黄色灯光	表示列车运行前方仅有一个经直向进路的空闲闭塞分区	要求非列控车载设备控车的列车减速到规定的速度等级越过接近的地面信号机,表示列车运行前方仅有一个经直向进路的空闲闭塞分区
双半黄色闪光	表示列车接近的地面信号机开通经18号及以上道岔侧向位置的进路,且进路允许速度不低于80 km/h	要求非列控车载设备控车的列车限速运行(最高不超过45 km/h),表示列车接近的地面信号机开通经18号及以上道岔侧向位置的进路,且进路允许速度不低于80 km/h
双半黄色灯光	表示列车接近的地面信号机开通经道岔侧向位置的进路(但不满足双半黄色闪光的条件)	要求非列控车载设备控车的列车限速运行(最高不超过45 km/h),表示列车接近的地面信号机开通经道岔侧向位置的进路(但不满足双半黄色闪光的条件)
半黄半红色闪光	表示列车接近的地面信号机开通引导进路	
半黄半红色灯光	表示列车运行前方进路未建立或信号未开放,要求及时采取停车措施	表示列车接近的地面信号机处于关闭状态,要求及时采取停车措施
红色灯光	表示列车已进入未建立的进路、已越过地面上的禁止信号或已越过作为停车点的区间信号标志牌,或表示列车所在区段有灾害发生	表示列车已越过地面上处于关闭状态的信号机
白色灯光	不预告列车运行前方进路开通状态及地面信号开放状态	不复示地面上的信号显示,机车乘务人员应按地面信号机的显示运行
无显示	表示机车信号机在停止工作状态	表示机车信号机在停止工作状态

在 CTCS-2/CTCS-3 级列控车载设备人-机界面(DMI)上,速度信号在速度盘上以不同颜色的光带显示。速度信号显示包括列车当前速度、允许速度和目标速度。

2.7 信号表示器

信号表示器是对行车人员传达行车或调车意图,或对信号进行某些补充说明的设备,没有防护意义。信号表示器包括以下几种。

1. 进路表示器

进路表示器用于多个出站方向的出站信号机和发车进路信号机。当出站信号机在开放的条件下,进路表示器显示月白色灯光,指示发车方向。如图 2-13 所示。

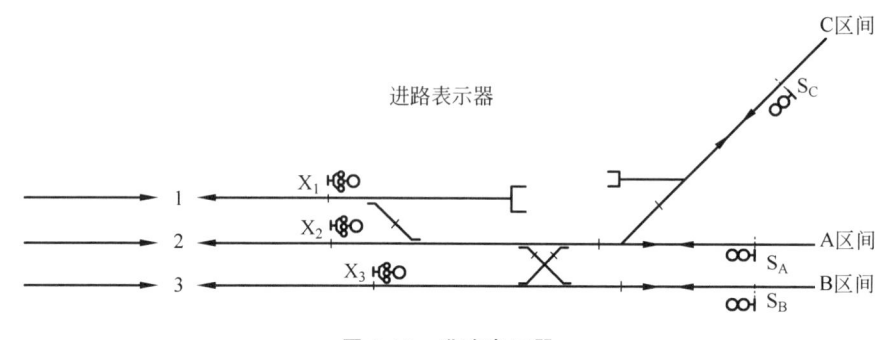

图 2-13 进路表示器

当只有两个进路方向而需装设进路表示器时,可用左、右两个白色灯光的表示器,以区分列车左、右的运行方向。

当有三个进路方向时,需装设三个并排的白色灯光的表示器,可用左、中、右三个灯光分别表示三个运行方向。

四个方向时的进路表示器显示如图 2-14 所示。五个方向时的进路表示器显示如图 2-15 所示。均设两排进路表示器,第一排三个白色灯光,第二排一个白色灯光。以两个灯光组成直线或斜线表示进路开通方向。

图 2-14 四方向进路表示器显示

*:第一排;**:第二排

例：出站信号机类型为 ⊢○●○○

（图示）---------------- 向A方向发车（自动闭塞）

（图示）---------------- 向B方向发车（自动闭塞）

（图示）---------------- 向C方向发车（自动闭塞）

（图示）---------------- 向D方向发车（非自动闭塞）

（图示）---------------- 向E方向发车（非自动闭塞）

图 2-15　五方向进路表示器显示

*：第一排；**：第二排

六方向时的进路表示器显示如图 2-16 所示。七方向时的进路表示器显示如图 2-17 所示。均设两排进路表示器,第一排 3 个白色灯光,第二排 3 个白色灯光。以两个灯光组成直线或斜线表示进路开通方向。

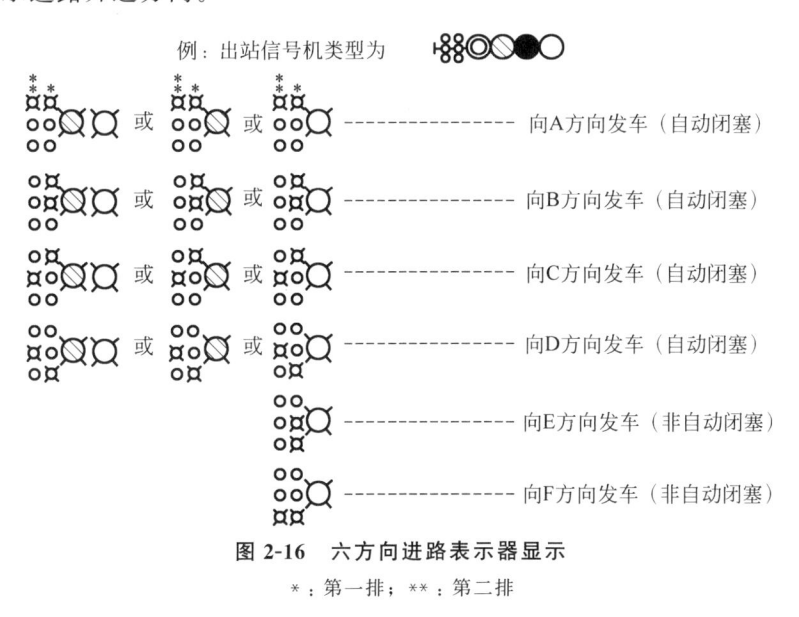

例：出站信号机类型为 ⊢○●○○

（图示）---------------- 向A方向发车（自动闭塞）

（图示）---------------- 向B方向发车（自动闭塞）

（图示）---------------- 向C方向发车（自动闭塞）

（图示）---------------- 向D方向发车（自动闭塞）

（图示）---------------- 向E方向发车（非自动闭塞）

（图示）---------------- 向F方向发车（非自动闭塞）

图 2-16　六方向进路表示器显示

*：第一排；**：第二排

双线自动闭塞,有反方向运行条件时,出站信号机应装设进路表示器,鉴于反方向运行较少使用,为简化显示,采用进路表示器不着灯作为正方向发车指示,反方向发车时点亮进路表示器白灯。

进路表示器不单独命名,与所属信号机或道岔的名称和编号相同。

2. 发车线路表示器

发车线路表示器用于设有线群出站信号机的地方。如图 2-18 所示,在编组线群的外方,设有线群共用的出站信号机,叫作线群出站信号机。在每一发车线警冲标内方适当地点,设有发车线路表示器。

图 2-17　七方向进路表示器显示

＊：第一排；＊＊：第二排

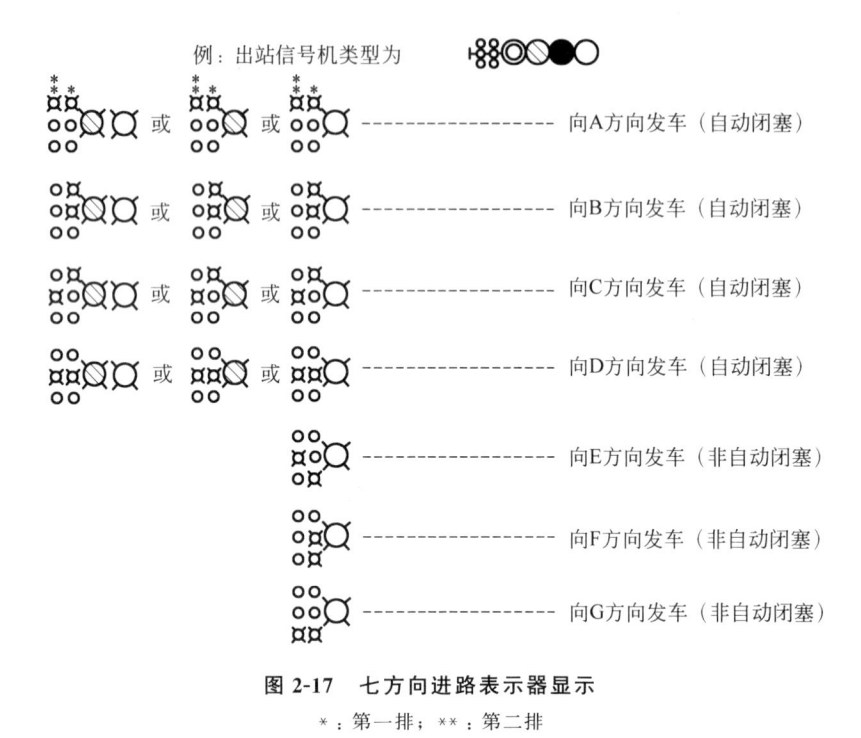

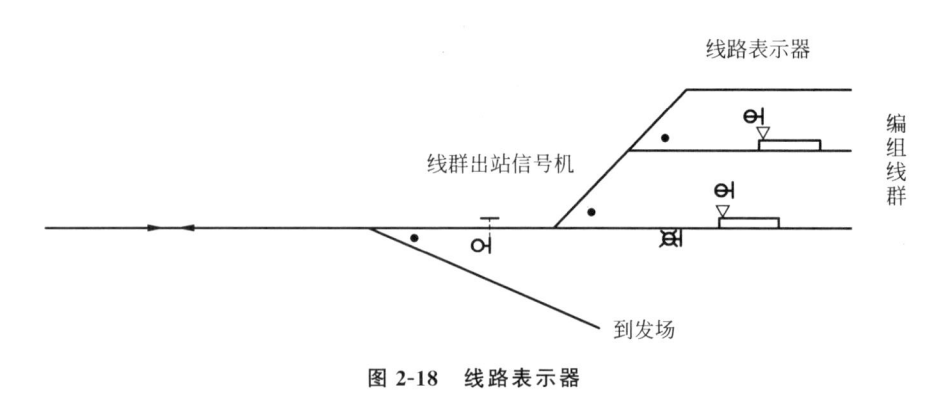

图 2-18　线路表示器

当线群出站信号机在开放的条件下,哪个线路表示器显示一个月白色灯光,即表示在该线路停留的列车可以发车。这些并排的线路表示器,同时只准许一个点亮月白灯,而且只有在线群出站信号机开放后,它才能亮灯。这样可以避免在发车前再转线,在编组线上把列车编好后就可以直接发车。

发车线路表示器以 XB 表示,加在 S(表示上行)或 X(表示下行)的前面,在 S 或 X 的右下角缀以线路号。如 XBS_5 表示上行 5 股道的发车线路表示器。

3. 线路表示器

在驼峰调车场头部,一个线束设置一架上峰方向的线束调车信号机,当驼峰调车场有两台或两台以上的机车在峰下进行整理作业时,往往难以区分线束调车信号机是指示哪台机车上峰,为此在每条编组线上设置线路表示器。

线路表示器设在警冲标外方适当地点。

4. 发车表示器

当车站设置于弯道上或车站客流量较大,辨认发车指示信号有困难时,可根据需要在便于司机瞭望的地点设置发车表示器,用于反映列车出发时,值班员是否向运转车长发出发车信号,或运转车长是否向司机发出发车信号。发车表示器平时无显示,只有出站信号开放后,车站值班员和运转车长操作专用按钮使其显示一个白灯,表示准许发车。

发车表示器以 B 表示,加在所属出站信号机的前面,如 BS_3 表示上行 3 股道出站信号机的发车表示器。

5. 调车表示器

在繁忙的编组场上,地形、地物的影响使调车机车司机看不清调车指挥人员的手信号,应设调车表示器。

调车表示器设于牵出线的一侧,用于指挥调车车列由牵出线向调车区,或由调车区向牵出线的进退,代替调车员的手信号。调车表示器向前、后两个方向均能单独给出显示:一方向向调车区;另一方向向牵出线。当向调车区显示一个白色灯光时,准许调车机车车辆由调车区向牵出线运行;当向牵出线显示一个白色灯光时,准许机车车辆向调车区运行。当面向牵出线方向显示两个月白色灯光时,表示准许机车车辆自牵出线向调车区溜放。调车表示器只准调车指挥人员操作,以保证调车作业的安全。

6. 道岔表示器

道岔表示器设置于道岔旁,用于反映道岔开通位置。凡非集中操纵的联锁道岔都应设道岔表示器,便于有关行车人员确认道岔位置。道岔开通直向时,表示器昼间无显示,夜间显示紫色灯光;道岔开通侧向位置时,表示器昼间显示为中央划有黑线的黄色鱼尾形牌,夜间显示为黄色灯光。

在调车区为电气集中控制时,进行连续溜放作业的分路道岔应设道岔表示器。表示器平时无显示,在进行溜放作业时,道岔开通直向时表示器显示紫色灯光,道岔开通侧向时表示器显示黄色灯光。

道岔表示器不单独命名,与所属信号机或道岔的名称和编号相同。

7. 脱轨表示器

脱轨表示器设置于集中联锁以外的脱轨器及安全线、避难线的道岔上,用于表示线路在开通或遮断状态。当线路在遮断状态时,脱轨表示器昼间显示带白边的红色长方牌,夜间为红色灯光;线路在开通状态时,表示器昼间显示带白边的绿色圆牌,夜间为月白色灯光。

此外,还有车挡表示器和水鹤表示器。车挡表示器设在尽头线路终端的车挡上。昼间为一个红色方牌,夜间显示一个红色灯光。水鹤表示器,当水鹤臂管横在线中上方时,侵入建筑接近限界,妨碍机车车辆的通过。司机确认线路上方有水鹤表示器后应及时停车。

习题

1. 铁路采用哪些种类的信号机?作用是什么?
2. 试述色灯信号机的显示方式及其优缺点。

3. 确定信号显示方式的原则和方法是什么？
4. 什么是速差制？我国铁路采用的是什么制式，为什么？
5. 什么时候采用高柱信号机？什么时候采用矮型信号机？
6. 什么叫绝对信号和容许信号？
7. 简述信号显示方式和信号显示制度。
8. 设置各种信号机应该考虑哪些因素？
9. 试述电化区段进站信号机的设置位置，并说明为什么这样设置。
10. 信号显示如何才能实现全速差制？
11. 举例说明哪些信号具有速差含义。
12. 车站的两架进站信号设在弯道时，应考虑哪些问题？
13. 进路信号机有几种？如何设置？
14. 什么是降级显示？举例说明。
15. 简述机车信号的显示意义。
16. 简述各种地面信号机的显示意义。
17. 对信号显示距离有哪些规定？
18. 信号机和信号表示器有什么不同？
19. 各种信号机及信号表示器如何命名？
20. 道岔表示器设置在什么地点？表示什么含义？
21. 进路表示器的作用是什么？举例说明进路表示器的显示含义。

第3章 信号继电器

继电器是自动控制系统中常用的电器。它用于接通和断开电路,用以发布控制命令和反映设备状态,构成自动控制和远程控制电路。各个领域的自动控制系统均采用继电器。铁路信号技术中广泛采用继电器,称为信号继电器(在信号系统中,可简称继电器)。继电器动作的可靠性直接影响信号系统的可靠性和安全性。

3.1 信号继电器概述

信号继电器是用于铁路信号中的各类继电器的统称,是各种信号控制系统不可缺少的重要器件。

3.1.1 继电器的基本工作原理

继电器是一种励磁开关。继电器类型繁多,性能各不相同,结构形式也各种各样,但都由电磁系统和接点系统两大主要部分组成。其中电磁系统由线圈、固定的铁芯和轭铁及可动的衔铁构成,接点系统由动接点和静接点构成。当线圈中通入一定数值的电流后,由于电磁作用或感应方法产生电磁吸引力,吸引衔铁,由衔铁带动接点系统,改变其状态,从而反映输入电流的状况。最简单电磁继电器的基本原理如图 3-1 所示。

继电器就是一个带接点的电磁铁,其动作原理也与电磁铁相似。当给线圈中通入一定数值的电流后,在衔铁和铁芯之间就会产生一定数量的磁通,该磁通经铁芯、衔铁、轭铁和气隙形成一个闭合磁路,铁芯对衔铁就产生了吸引力。吸引力的大小取决于所通电流的大小。当电流增大到一定值时,吸引力增大到能克服衔铁向铁芯运动的阻力(主要是衔铁自重),衔铁就被吸向铁芯。由衔铁带动的动接点(随衔铁一起动作的接点)也随之动作,与动合接点(也称前接点)接通。此状态称为继电器励磁吸起(简称吸起)。

吸引力随电流的减小而减小,当吸引力减小到不足以克服衔铁重力时,衔铁靠自重落下(称为释放),衔铁带动动接点与前接点断开,与动断接点(也称后接点)接通。此状态称为继电器失磁落下(简称落下)。

(a) 工作原理图　　　　　(b) 信号点灯电路图

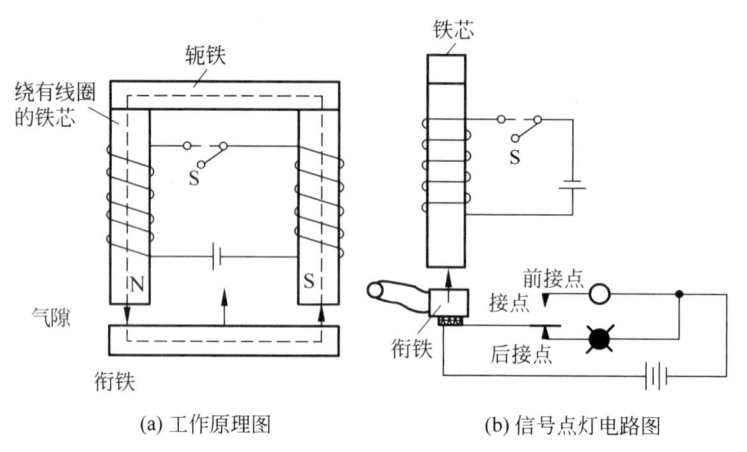

图 3-1　电磁继电器基本原理图

可见,继电器具有开关特性,可利用它的接点通、断电路,构成各种控制和表示电路。图 3-1(b)的信号点灯电路,前接点接通时点亮绿灯,后接点接通时点亮红灯。

3.1.2　继电器的继电特性

继电器的特性是指当输入量达到一定值时,输出量发生突变,如图 3-2 所示。继电器线圈回路为输入回路,继电器接点所在回路为输出电路。当线圈中电流 I_x 从 0 增加到某一定值 I_{x_2} 时,继电器衔铁被吸引,前接点闭合,接点回路中的电流 I_y 从 0 突然增大到 I_{y_2}。此后,若 I_x 继续增大,由于接点回路中阻值不变,则 I_y 保持不变。当线圈中电流 I_x 减小到 I_{x_1} 时,继电器衔铁释放,输出电流 I_y 突然从 I_{y_2} 减小到 0。此后,I_x 再减小,I_y 保持为 0 不变。

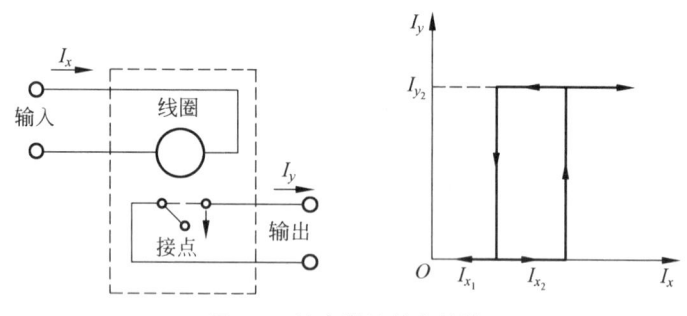

图 3-2　继电器的继电特性

3.1.3　继电器的作用

继电器具有继电特性,能以极小的电信号来控制执行电路中相当大功率的对象,能控制数个对象和数个回路,能控制远距离的对象。继电器的这种性能,给自动控制和远程控制创造了便利的条件。继电器广泛应用于国民经济各部门的生产过程控制之中,也广泛应用于铁路信号的各个方面。

随着电子技术的迅速发展,电子器件尤其是微型计算机以其速度快、体积小、容量大、功能强等技术优势,在相当大程度上逐渐取代继电器,构成自动控制和远程控制系统,使技术水准大大提高。但是,继电器与电子器件相比,仍具有一定的优势,如开关性能好(闭合时阻抗小、断开时阻抗大),有"故障-安全"(发生故障时导向安全)性能,能控制多个回路,抗雷击性能强,无噪声,不受周围温度影响等。因此,继电器仍然具有广阔的应用空间,将长期存在。

目前,信号继电器在以继电技术构成的系统中,如继电集中联锁、继电半自动闭塞等,起着核心作用,这些系统仍然大量存在,还将使用相当长的时期。信号继电器在以电子元件和计算机构成的系统中,如计算机联锁、自动闭塞、机车信号、驼峰自动化等系统中,作为其接口部件,将系统主机与信号机、轨道电路、转辙机等执行部件结合起来。虽然已出现全电子化的系统,但要全部取消继电器仍然需要相当长的时期。所以,不仅现在,而且未来,信号继电器在铁路信号领域仍将起着重要作用。

3.1.4 铁路信号对继电器的要求

信号继电器作为铁路信号系统中的主要(或重要)器件,其安全、可靠性是保证各种信号设备正常使用的必要条件。为此,铁路信号对继电器提出了极其严格的要求,具体如下。

(1) 动作必须可靠、准确。
(2) 使用寿命长。
(3) 有足够的闭合和断开电路的能力。
(4) 有稳定的电气特性和时间特性。
(5) 在周围介质温度和湿度变化很大的情况下,均能保持很高的电气绝缘强度。

3.1.5 信号继电器分类

继电器类型繁多,信号继电器种类也很多,按不同方式分类如下。

1. 按动作原理分类,可分为电磁继电器和感应继电器

1) 电磁继电器

电磁继电器是通过继电器线圈中的电流在磁路的气隙(铁芯与衔铁之间)中产生电磁力,吸引衔铁,带动接点动作的。此类继电器数量最多。

2) 感应继电器

感应继电器是利用电流通过线圈产生的交变磁场与另一交变磁场在翼板中所感应的电流相互作用产生电磁力,使翼板转动而动作的。

2. 按动作电流分类,可分为直流继电器和交流继电器

1) 直流继电器

直流继电器是由直流电源供电的。它按所通电流的极性,又可分为无极、偏极和有极继电器。直流继电器都是电磁继电器。

2）交流继电器

交流继电器是由交流电源供电的。它按动作原理,有电磁继电器,也有感应继电器。

整流式继电器虽然用于交流电路中,但它用整流元件将交流电整流为直流电,所以其实质上仍是直流继电器。

3. 按输入物理量的性质分类,可分为电流继电器和电压继电器

1）电流继电器

电流继电器反映电流的变化,它的线圈必须串联在所反映的电路中。该电路中必有被反映的器件,如电动机绕组、信号灯泡等。

2）电压继电器

电压继电器反映电压的变化,它的线圈励磁电路单独构成。

4. 按动作速度分类,可分为正常动作继电器和缓动继电器

1）正常动作继电器

正常动作继电器的衔铁动作时间为 $0.1\sim0.3\ \text{s}$。大部分信号继电器属于此类,一般无须加此称呼。

2）缓动继电器

缓动继电器的衔铁动作时间超过 $0.3\ \text{s}$,又分为缓吸、缓放。缓放型继电器是利用短路铜环产生磁通使之缓动,主要取其缓放特性。时间继电器是利用脉冲延时电路或软件设定使之缓吸。

5. 按接点结构分类,可分为普通接点继电器和加强接点继电器

1）普通接点继电器

普通接点继电器具有开断功率较小的接点的能力,以满足一般信号电路的要求,多数继电器为普通接点继电器,一般不加此称呼。

2）加强接点继电器

加强接点继电器具有开断功率较大的接点的能力,以满足电压较高、电流较大的信号电路的要求。

6. 按工作可靠程度分类,可分为安全型继电器和非安全型继电器

1）安全型继电器

安全型(N 型)继电器无须借助其他继电器,也无须对其接点在电路中的工作状态进行监督检查,其自身结构即能满足一切安全条件。N 型继电器主要依靠衔铁自身重力释放,故又称重力式继电器,其特点是:

(1) 当线圈断电时,衔铁可借助自身重量释放,从而使前接点可靠断开;

(2) 选用合适的接点材料,构成非熔接性前接点,或采用能防止接点熔接的特殊结构(如接断路器、接点串联);

(3) 当一组不应闭合的后接点仍然闭合时,结构上能防止所有前接点闭合。

2）非安全型继电器

非安全型(C 型)继电器必须监督检查接点在电路中的工作状态,以保证安全条件。C

型继电器主要依靠弹簧弹力释放衔铁,故又称弹力式继电器,其特点是:

(1) 由于继电器在使用时已检查了衔铁的释放,因此不必采用非熔接性接点材料;

(2) 当一组不应闭合的前接点仍然闭合时,结构上能保证所有后接点不闭合;反之亦然。

一般说来,N 型继电器的安全性、可靠性高于 C 型继电器。

3.2 安全型继电器

信号继电器是由电磁系统和接点系统两大主要部分组成的。电磁系统由磁路和线圈组成,是继电器的感受机构,用于接受和反映输入物理量的性质。接点系统是继电器的执行机构,用于实现控制的目的。

信号继电器作为确保铁路运输安全与提高运输效率的铁路信号设备是铁路信号设备中最主要而又大量采用的元件之一,所以要求信号继电器必须安全可靠。信号继电器的安全可靠性主要体现在利用"重力恒定"原则来确保接点不熔结,这就给信号继电器的结构提出了一个高标准的要求:衔铁要加重,接点材料要采用熔点高和不会熔解且导电性能又好的材料。为了满足这些要求,我国铁路继电器生产企业设计制造了一种 AX 型(安全型)信号继电器系列,具有安全可靠、性能稳定的特点,满足了铁路信号设备对继电器所提出的要求,成为我国铁路信号继电器的主要定型产品。

3.2.1 安全型继电器概述

安全型继电器是直流 24 V 系列的重弹力式直流电磁继电器,其典型结构为无极继电器,其他各型继电器由无极继电器派生。因此,绝大部分零件都能通用。

1. 安全型继电器分类

安全型继电器分为插入式和非插入式。插入式多为单独使用,非插入式常用于有防尘外壳的组匣中。两者的区别为插入式继电器带有透明性能很好的外罩(由聚甲基丙烯酸甲酯或聚碳酸酯制成),用以密封防尘,同时为了与插座配合使用,插入式继电器安装在酚醛塑料制成的胶木底座上。非插入式和插入式无极继电器的结构如图 3-3 所示。

插入式继电器的外形尺寸为 163 mm×48.5 mm×160 mm,质量 1.2~1.8 kg。在实际使用中,为便于维修,多采用插入式继电器。

2. 安全型继电器的型号表示法

安全型继电器型号采用汉字拼音字母和数字表示,字母表示继电器种类,数字表示线圈的电阻值(单位:Ω),例如图 3-4 所示的 JWJXC-H $\frac{125}{80}$ 安全型继电器表示的含义。

继电器代号及其含义如表 3-1 所示。

(a) 非插入式　　　　　　　　(b) 插入式

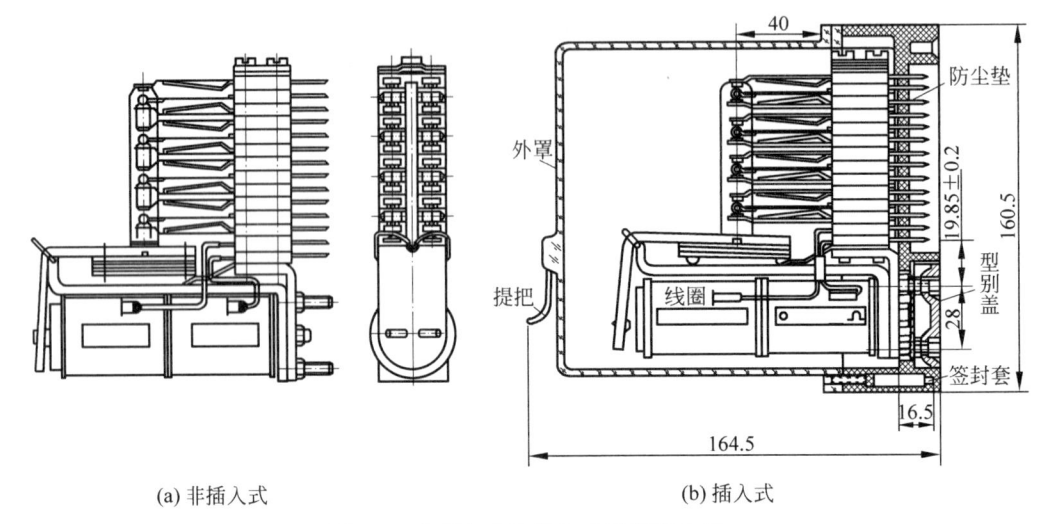

图 3-3　非插入式和插入式无极继电器

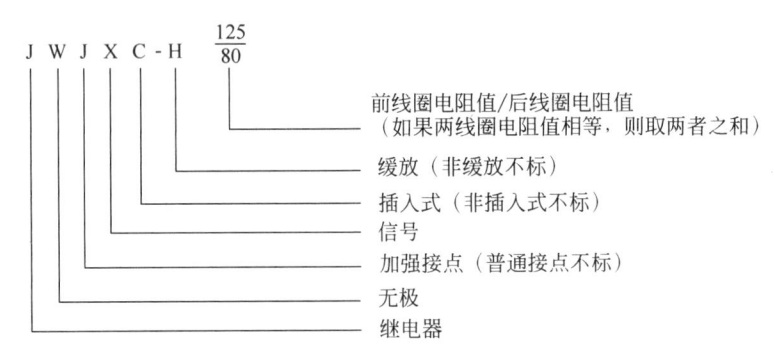

图 3-4　JWJXC-H$\frac{125}{80}$安全型继电器表示

表 3-1　继电器代号及其含义

代号	含义 安全型	含义 其他类型	代号	含义 安全型	含义 其他类型
A		安全	R		二元
B		半导体	S		时间、灯丝、双门
C	插入	插入、传输、差动	T		通用、弹力
D		单门、动态	W		无极
DB	单闭磁		X	信号	信号、小型
H	缓放	缓放	Y		有极
J	继电器、加强接点	继电器、加强接点、交流	Z	整流	整流、转换
P	偏极				

3. 继电器插座

插入式安全型继电器,需加装继电器插座板,安全型继电器插座结构如图 3-5 所示。

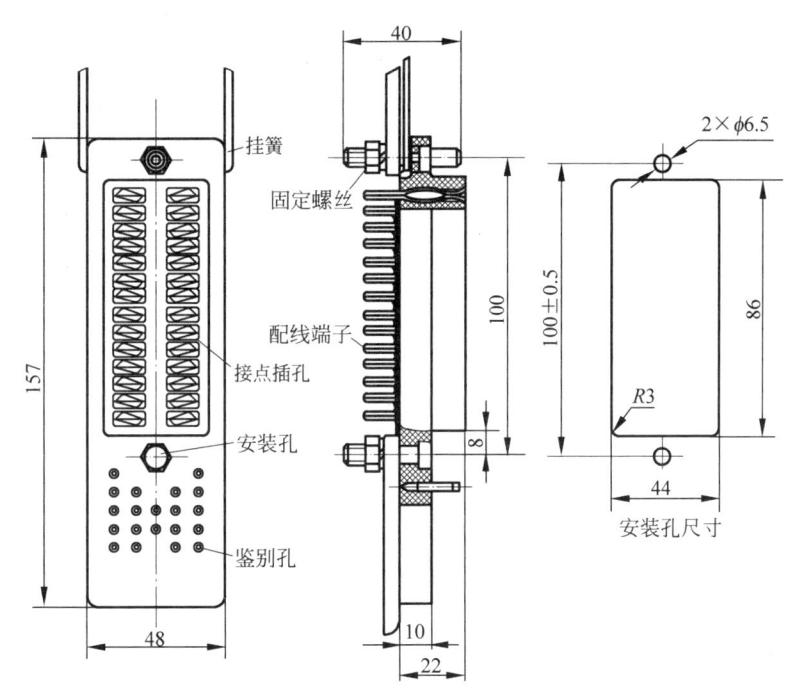

图 3-5 安全型继电器插座

插座插孔旁标注的是接点编号如无极继电器的接点编号,除电源端子用一位数表示外,节点端子用两位数表示。其中,十位数表示 8 组接点的第几组接点,个位数含义为 3 表示后接点,1 表示中接点,2 表示前接点。例如:13 表示第 1 组接点的后接点,82 表示第 8 组接点的前接点。其他各型继电器的接点系统的位置及使用编号与之不同,而实际使用的插座仅此一种,所以必须按图 3-6 的插座接点编号进行符号对照使用。

安全型继电器有多种类型,为防止不同类型的继电器插接错误,在插座下部鉴别孔内铆以鉴别销。

不同类型的继电器由型别盖上的鉴别孔进行鉴别,根据规定的鉴别孔逐个钻成,以与鉴别销相吻合。型别盖外形及鉴别孔位置如图 3-7 所示。

4. 安全型继电器的品种及用途

安全型继电器具有无极、无极加强接点、无极缓动、无极缓放、无极加强接点缓放、整流、有极、有极加强接点、偏极等种类,常用安全型继电器的基本情况见表 3-2。它们的特性和线圈电阻值各不相同,在信号电路中有不同的作用。

5. 安全型继电器的特点

在铁路信号系统中,凡是涉及行车安全的继电器电路都必须采用安全型继电器。所谓安全型继电器是指它的结构必须符合"故障-安全"原则(发生安全侧故障的可能性远远大于发生危险侧故障的可能性;处于禁止运行状态的故障有利于行车安全,称为安全侧故障;处于允许运行状态的故障可能危及行车安全,称为危险侧故障)。它是一种故障不对称器件,在故障情况下使前接点闭合的概率远小于使后接点闭合的概率。这样,就可以用前接点代表危险侧信息,用后接点代表安全侧信息。

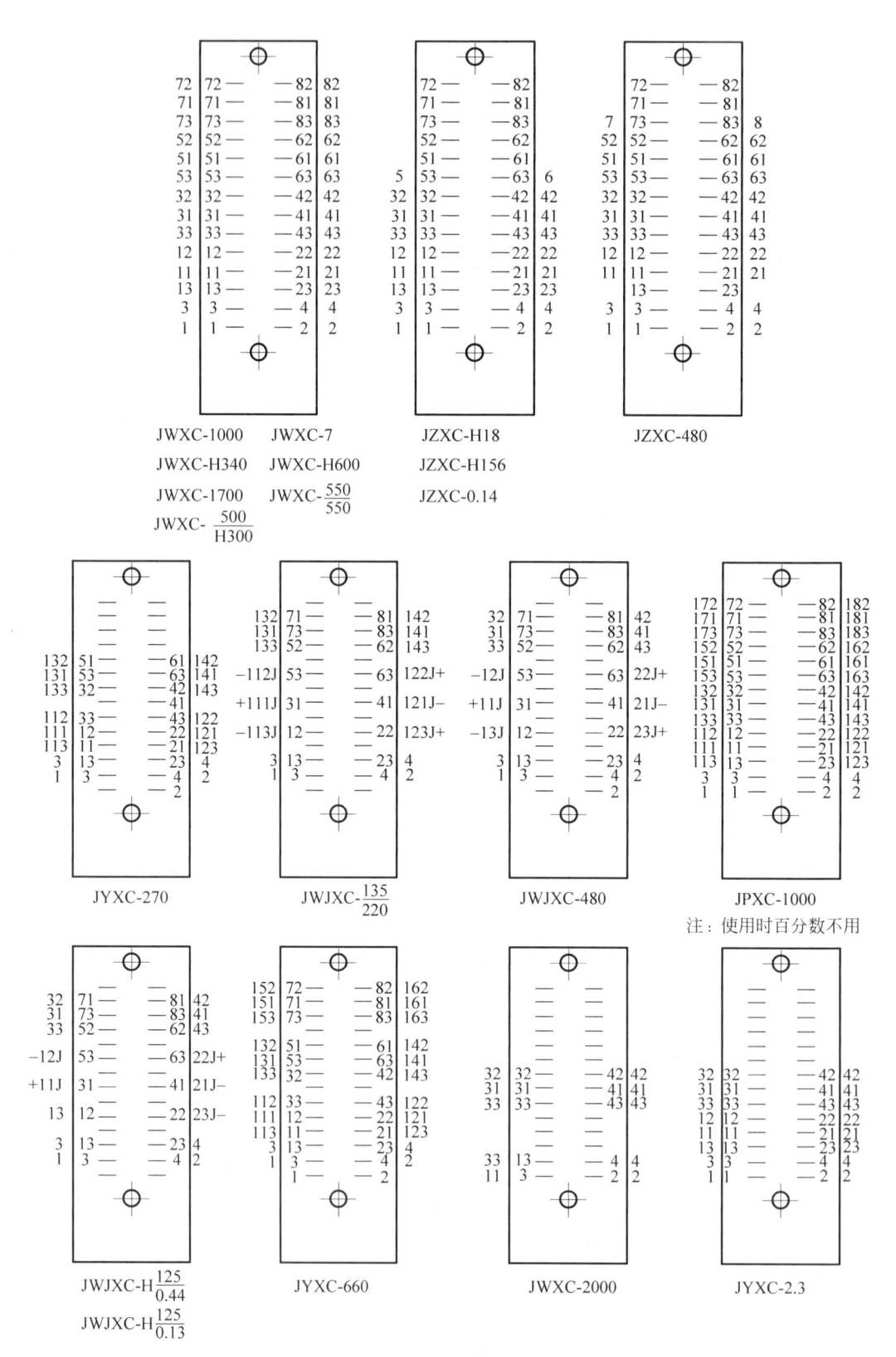

图 3-6　插座接点编号对照

第3章 信号继电器

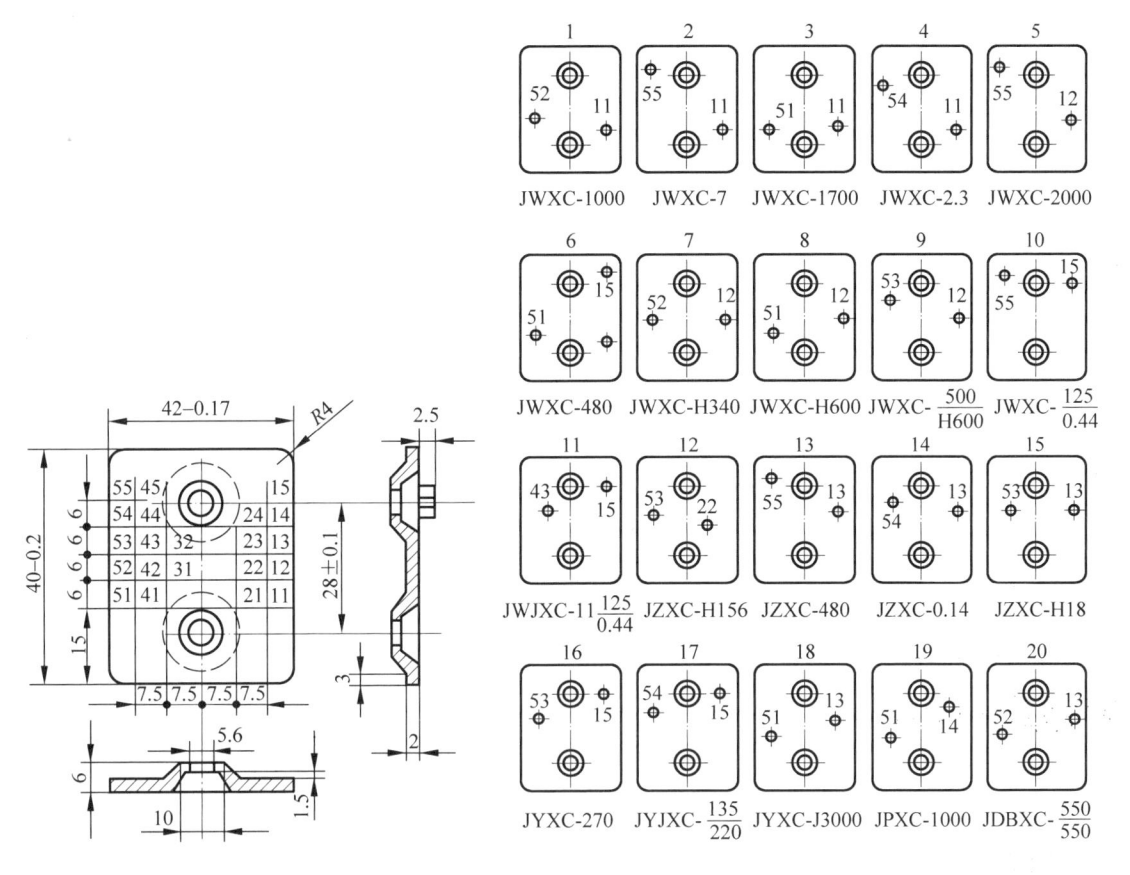

图 3-7 型别盖外形及鉴别孔位置

表 3-2 常用安全型继电器的基本情况

品种序号	规格序号	继电器名称	型号	接点组数	鉴别销号码	线圈连接	电源片连接 连接	电源片连接 使用	用途
1	1	无极继电器	JWXC-1700	8QH	11、51	串联	2-3	1、4	通用继电器
	2	无极加强接点继电器	JWJXC-480	2QH、2QHJ	15、51	串联	2-3	1、4	通用继电器
	3	无极缓动继电器	JWXC-H310	8QH	23、54	单独	—	1、4	25 Hz 相敏轨道电路的轨道复示继电器
	4	无极缓放继电器	JWXC-H340	8QH	12、52	串联	2-3	1、4	通用继电器
	5		JWXC-H600	8QH	12、51				
	6	无极加强接点缓放继电器	JWJXC-H$\frac{125}{0.44}$	2QH、4QJ、2H	15、55	单独	—	1、4	道岔启动电路
	7		JWJXC-H$\frac{125}{80}$		31、52				
	8		JWJXC-H$\frac{125}{0.13}$		12、22				
2	9	整流继电器	JZXC-H18	4QH	13、53	串联	1、4	53、63	灯丝继电器

续表

品种序号	规格序号	继电器名称	型号	接点组数	鉴别销号码	线圈连接	电源片连接 连接	电源片连接 使用	用途
3	10	有极继电器	JYXC-270	4DF	15、53	串联	2-3	1、4	方向继电器
3	11	有极加强接点继电器	JYJXC-$\frac{160}{260}$	2DF、2DFJ	15、54	单独	—	1、2、3、4	道岔启动电路
4	12	偏极继电器	JPXC-1000	8QH	14、51	串联	2-3	1、4	道岔表示电路、计算机联锁接口继电器等

注：8QH 表示 8 组普通前后接点组；2DFJ 表示 2 组加强定反位接点组，以此类推。

为了达到"故障-安全"要求，安全型继电器在结构上有以下特点。

(1) 前接点采用熔点高、不会因熔化而使前接点粘连的导电性能良好的材料。

(2) 增加衔铁重量，采用"重力恒定"原理在线圈断电时强制将前接点断开。

(3) 采用剩磁极小的铁磁材料构成磁路系统，并在衔铁与极靴之间设有一定厚度的非磁性止片，当衔铁吸起时仍有一定的气隙以防剩磁吸力将衔铁吸住。

(4) 衔铁不致因机械故障而卡在吸起状态。

6. 安全型继电器的寿命

继电器的寿命指的是接点的寿命，包括电寿命和机械寿命。继电器的电寿命，规定为普通接点 2×10^6 次，加强接点 2×10^5 次，有极继电器的加强定位、反位接点接通 1×10^5 次，断开 1×10^3 次。机械寿命 10×10^6 次。

3.2.2 安全型继电器的结构和动作原理

1. 无极继电器

继电器采用直流电源，无论什么极性只要达到它的规定电压（或电流）值，继电器就励磁吸起，称这种继电器为直流无极电磁继电器，简称无极继电器。

常用的无极继电器有 JWXC-1700 型，缓放的 JWXC-H340 型、JWXC-H310 型、JWXC-H600 型等品种。

1) 结构

无极继电器由电磁系统和接点系统两大部分组成。电磁系统包括线圈、铁芯、轭铁和衔铁，具有结构紧凑、加工方便等特点。JWXC 型直流无极继电器的电磁系统结构如图 3-8 所示。

(1) 线圈。

线圈水平安装在铁芯上，分为前圈和后圈。采用双线圈主要是为了增强控制电路的适应性和灵活性，可根据电路需要单线圈控制、双线圈串联控制或双线圈并联控制。

线圈绕在线圈架上，线圈架由酚醛树脂压

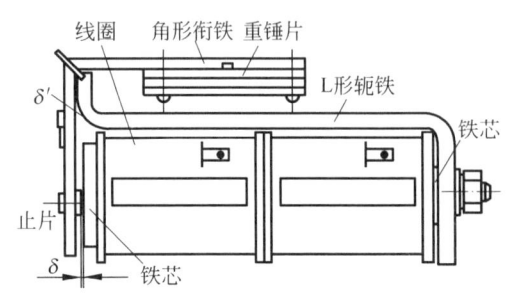

图 3-8 无极继电器的电磁系统结构

制而成。缓放型无极继电器为了增加缓放时间,采用铜质阻尼线圈架。线圈用高强度漆包线密排绕制,抽头焊有引线片,线圈及其电源片的连接如图3-9所示。

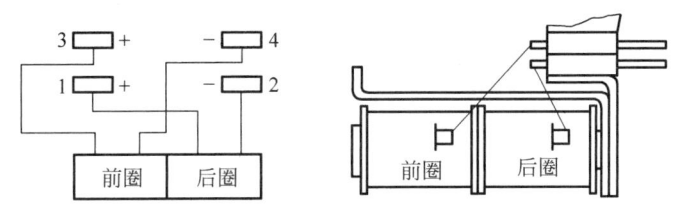

图 3-9 线圈及其电源片的连接

（2）铁芯。

铁芯由电工纯铁制成,为软磁材料,具有较高的磁通密度和较小的剩磁,利于继电器工作。根据继电器的规格不同,铁芯尺寸的大小有所区别。缓放型继电器尺寸大些,以加大缓放时间。

极靴在铁芯头部,用冷镦法加粗。在极靴正面,钻有两个圆孔,是为了组装和检修时紧固和拆装铁芯用。

（3）轭铁。

轭铁呈L形,由电工纯铁板冲压成型,外表镀多层铬防护。

（4）衔铁。

衔铁为角形,靠蝶形钢丝卡固定在轭铁的刀刃上,动作灵活。衔铁由电工纯铁冲压成型,衔铁上铆有重锤片,保证衔铁靠重力返回。重锤片由薄钢板制成,其片数由接点组的多少决定,使衔铁的重量基本上满足后接点压力的需要。一般8组后接点用三片,6组用两片,4组用一片,2组不用。

衔铁上有止片,止片由黄铜制成,安装在衔铁与铁芯闭合处。止片有6种厚度,可取下按规格更换。止片用于增大继电器在吸起状态的磁阻,减小剩磁影响,保证继电器可靠落下。

在电磁系统中,除衔铁和铁芯间工作气隙δ外,在轭铁的刀口处尚有第二工作气隙δ',用于减小磁路的磁势降,提高继电器的灵敏度。

（5）接点系统。

无极继电器的接点系统如图3-10所示。接点系统处于电磁系统上方,通过接点架、螺钉紧固在轭铁上,两者成为一个整体。用螺钉将下止片、电源片单元、银接点单元、动接点单元及压片按顺序组装在接点架上。在紧固螺钉前,应将拉杆、绝缘轴、动接点轴与动接点组装好。

无极继电器的接点系统采用两排纵列式联动结构,接点组数只能按偶数增减。拉杆传动中心线与接点中心线一致,以减少不必要的传动损失。为减少接点组组装时的积累公差,将接点片与托片组合压在酚醛塑料内形成单元块。单元块之间为平面接触,易于控制公差,同时提高了接点组之间的绝缘强度。

银接点单元由锡磷青铜带制成的接点片与由黄铜制成的托片组成,两组对称地压制在胶木内。在接点簧片的端部焊有银接点。

接点接触时的碰撞会产生颤动。颤动将形成电弧,对接点有较大的破坏作用。为消除

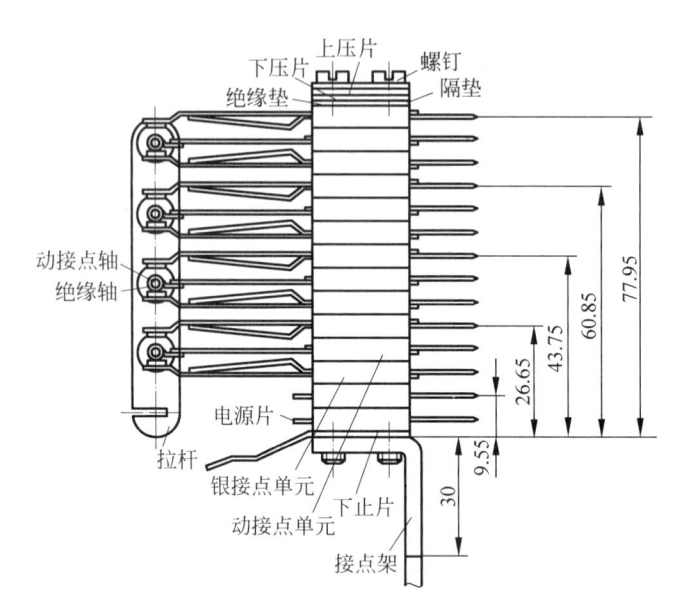

图 3-10 无极继电器的接点系统

颤动必须设置托片。

动接点单元由锡磷青铜带制成的动接点簧片与黄铜板制成的补助片压制在酚醛塑料胶木内。动接点簧片端部焊有动接点。动接点由银氧化镉制成。每个接点由两个银接点单元和一个动接点单元构成,其中两个银接点单元分别构成前接点和后接点,动接点单元构成中接点。

电源片单元由黄铜制成,压在胶木内。

拉杆有铁制的和塑料制的,衔铁通过拉杆带动接点组。

绝缘轴由冻石瓷料(一种新型陶瓷材料)制成,冻石瓷料抗冲击强度大。动接点轴由锡磷青铜制成。

压片由弹簧钢板冲压成弓形,分上、下两片,其作用是保证接点组的稳固性。

下止片由锡磷青铜板制成,外层镀镍。下止片在衔铁落下时起限位作用。

接点架由钢板制成,用稳钉与钜铁固定,保证接点架不变位。接点架的安装尺寸是否标准、角度是否准确,对继电器的调整有很大影响。

无极继电器接点均为普通接点。

2) 工作原理

图 3-11 无极继电器的磁路

无极继电器的电磁系统为无分支磁路,其结构如图 3-11 所示。在线圈上加上直流电压后线圈中的电流 I 使铁芯磁化,在铁芯内产生工作磁通 Φ,它由铁芯极靴处经过主工作气隙 δ 进入衔铁,又经过第二工作气隙 δ' 进入轭铁,然后回到铁芯,形成闭合磁路。在工作气隙 δ 处,由于磁通 Φ 的作用,铁芯与衔铁间产生电磁吸引力 F_D,当 F_D 大到足以克服机械负载的阻力 F_j(主要是衔铁自重)时,衔铁与铁芯吸合。此时衔铁通过拉杆带动接点运动,使后接点断开,前接点闭合。

当线圈中的电流减小时,铁芯中的磁通按一定规律随之减小,吸引力也随着减小。当电流小到一定值,磁通所产生的吸引力小于机械力时,衔铁离开铁芯,被释放。此时拉杆带动动接点运动,使前接点断开,后接点闭合。

无极继电器的吸力大小取决于通过工作气隙的磁通大小,磁通增大到一定值时,衔铁就吸起;磁通减小到略小于吸起值的磁通值时,衔铁就释放。对于线圈中的电流来说,当电流减小到略小于吸起值的电流值时,却不能使继电器衔铁释放,这是为什么呢?下面分析无极继电器释放值(电流或电压值)小于吸起值以及返还系数小于1的原因。

(1) 继电器处于吸起状态与释放状态时工作气隙大小不同。继电器没有吸起前,衔铁处于释放状态,这时工作气隙大,磁路的磁阻大。衔铁处于吸起状态时,工作气隙小,磁路的磁阻小。因此,要能产生足以吸起衔铁的磁通所需的磁通势也就不同,工作气隙大时,磁通势就要大,也就是线圈中的电流值就要大;工作气隙小时,磁通势要小,即较小的电流就能使衔铁保持吸合而不释放。

(2) 铁磁材料受磁滞影响,铁芯中磁能的变化总是滞后于线圈中电流的磁通值 Φ 的变化。下面用一个未经励磁过的继电器(线圈中通入电流之前,继电器磁路中的磁通为零)来进一步说明:当继电器线圈中的电流从零增大时,磁通势增大到 I_1W,铁芯中的磁通曲线 Oa 按规律增大到 Φ_1(图3-12)使继电器吸起。当电流从大于工作值的情况下减小,磁通势也随着减小时,由于磁滞的影响,磁通沿另一条曲线 ab 缓慢下降,致使磁通势降到小于 I_1W 值的 I_2W 时还能产生磁通 Φ_1,保持衔铁不释放,可见继电器的释放磁通势比 I_2W 还要小,即释放电流值比 I_2 还要小。由上可知,无极继电器的释放值不仅小于吸起值而且比吸起值小很多。继电器的工作值一般都大于吸起值,所以工作值大于释放值,无极继电器的返还系数小于1。

铁路信号继电器必须要求继电器动作可靠,即通入继电器线圈的电流达到工作值时可靠吸起,小于释放值或切断电源时必须可靠释放。但由于继电器磁路受铁磁材料的磁滞影响,使释放值

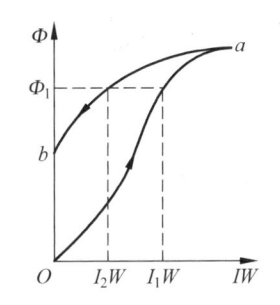

图 3-12 磁化曲线

远小于工作值,返还系数远小于1。对于铁路信号来说,无极继电器的释放值越高,返还系数越接近1,越安全。目前铁路信号大量采用的 AX 型继电器的返还系数都不大,都在0.5以下,低的只有0.2,如果不采取一些措施,释放值还要低,有的甚至于当线圈中没有电时,继电器衔铁还可能不释放,这是很危险的。为此在衔铁与磁极之间加一个止挡,对于 AX 型继电器来说,可加一片钢的止挡片(简称止片)以增大继电器吸起状态磁路的磁阻,减小剩磁影响提高释放值,保证继电器可靠释放。

3) 无极加强接点继电器

加强接点继电器是为通断功率较大的信号电路而设计的。常用的无极加强接点继电器有 JWJXC-480 型、缓放的 JWJXC-H $\frac{125}{0.44}$、JWJXC-H $\frac{125}{80}$、JWJXC-H $\frac{80}{0.13}$ 型等品种。

JWJXC-480 型继电器,其磁系统具有加大尺寸的无极磁路,接点系统由两组普通接点和两组加强接点组成。普通接点与无极继电器相同,加强接点则具有特殊设计的大功率接点和磁吹弧器。

JWJXC-H $\frac{125}{0.44}$、JWJXC-H $\frac{125}{0.13}$、JWJXC-H $\frac{125}{80}$ 型无极加强接点缓放继电器的电磁系统和无极缓放继电器相同。接点系统由带磁吹弧器的加强前接点、不带磁吹弧器的加强后接点和普通接点组成。前圈为主线圈,后线圈为电流保持线圈。JWJXC-H $\frac{125}{80}$ 型继电器是专为交流转辙机设计的缓放继电器,其后线圈为电压保持线圈。JWJXC-H $\frac{125}{0.13}$ 型继电器主要用于双机牵引的直流转辙机启动电路。

无极加强接点继电器的电磁系统虽与无极继电器相同,但由于接点系统结构的改变,引起电磁系统的结构参数有较大变化。无极加强接点继电器的线圈与电源片连接方式与无极继电器的相同。

无极加强接点继电器的接点系统如图 3-13 所示。它的普通接点与无极继电器相同。加强接点组由加强动接点单元和带磁吹弧器的加强接点单元组成。为了防止接点组间的飞弧短路,在两组加强接点间安装既耐高温,又具有良好绝缘性能的云母隔弧片。隔弧片铆在拉杆上。为保证加强接点的安装空间,增加了空白单元。图中用虚线表示的熄弧磁钢,只有带熄弧器的加强后接点才有。

由锡磷青铜片冲压成型的加强动接点片头部,铆有由银氧化镉制成的动接点。而加强静接点片头部,同样铆接银氧化镉接点,在接点的同一位置点焊了安装磁钢的熄弧器夹。

熄弧磁钢由铝镍钴合金或铁镍铝合金制成,其熄弧原理是利用电弧在磁场中受力运动而产生吹弧作用,使电弧迅速冷却而熄灭。为避免电弧烧损接点及对磁钢去磁,加强接点端部设有导弧角,使电弧迅速移到接点及磁钢的前部位置。由于磁钢吹弧方向与极性有关,因此,熄弧磁钢极性的安装有特定的要求。磁熄弧器的极性安装与接点电流方向,如图 3-14 所示。

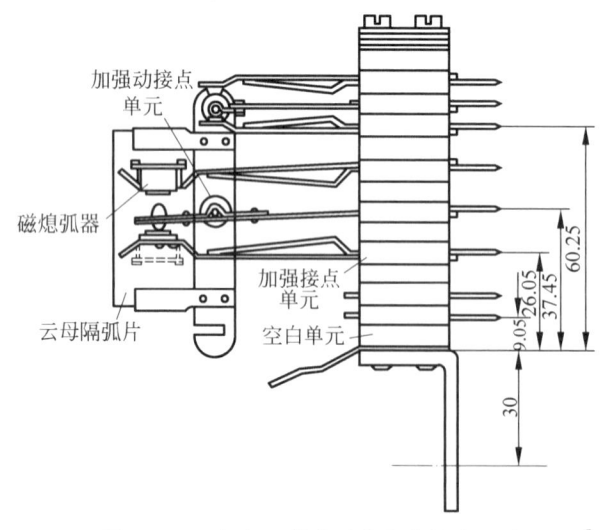

图 3-13 无极加强接点继电器的接点系统

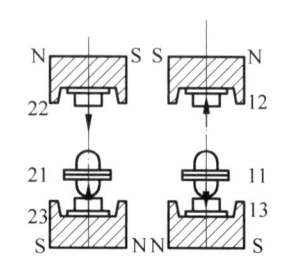

图 3-14 磁熄弧器的极性安装与接点电流方向示意

2. 有极继电器

有极继电器根据线圈中电流极性不同而具有定位和反位两种稳定状态,这两种稳定状态在线圈中电流消失后,仍能继续保持,故又称极性保持继电器。它的特点是电磁系统中增加了永久磁钢。在线圈中通以规定极性的电流时,继电器吸起,断电后仍保持在"定位吸起"位置;通以反方向电流时,继电器打落,断电后保持在"反位打落"位置。

有极继电器有 JYXC-270 型和加强节点的 JYJXC-$\frac{160}{260}$ 型等品种。

1) 结构

有极继电器的磁路结构与无极继电器基本相同,不同之处是用一块端部呈刃形的长条形永久磁钢代替无极继电器的部分轭铁。磁钢与轭铁间用螺钉联结。

在磁钢与轭铁联结的部位有两个大于螺钉的圆孔,便于在轭铁安装时适当地调节磁钢的前后位置。磁钢上部的中间位置有一台面,以形成均匀的第二工作气隙。台面的中间有一凹槽,使拉杆下部不会因与磁钢抵触而影响第二工作气隙的调整。

有极继电器的角形衔铁的尾部加装两个青铜螺钉,用来调节第二工作气隙的大小。在铁芯部位没有加装止片。

有极继电器的线圈引线与电源片的连接方式和无极继电器的相同。

有极继电器衔铁位置的定位、反位规定为:衔铁与铁芯极靴之间的间隙最小时(吸起状态)的位置规定为定位,此时闭合的接点叫作定位接点(符号为 D,相当于前接点);衔铁与铁芯极靴之间的间隙最大时(打落状态)的位置规定为反位,此时闭合的接点叫作反位接点(符号为 F,相当于后接点)。

对于两线圈串联使用的有极继电器,如 JYXC-660、JYXC-270、JYJXC-J3000,电源片 1 接电源正极,电源片 4 接电源负极,为定位吸起,反之为反位打落。

对于分线圈使用的有极继电器 JYJXC-$\frac{135}{220}$,规定前圈的电源片 3 接电源正极,电源片 4 接电源负极,为定位吸起;后圈的电源片 2 接电源正极,电源片 1 接电源负极,为反位打落。

有极继电器的接点系统与无极继电器相同。改进型的有极继电器 JYJXC-$\frac{135}{220}$ 和 JYJXC-J3000 的接点系统有较大改变:加强接点片加厚,取消接点托片,动接点片改为面接触,以增大接触面积。另外,JYJXC-J3000 还取消了普通前接点。

加强接点继电器磁熄弧器的极性与接点电源极性的配合如图 3-15 所示。

2) 工作原理

有极继电器的磁路系统由永磁磁路和电磁磁路两部分组成,这两部分为不对称的并联磁路结构,如图 3-16 所示。

永磁铁的磁通分为 Φ_{T_1} 和 Φ_{T_2} 两条并联支路。Φ_{T_1} 从 N 极出发,经衔铁、第一工作气隙 δ_1、铁芯、轭铁到 S 极;Φ_{T_2} 从 N 极出发,经衔铁上部、重锤片、第二工作气隙 δ_2 到 S 极。这两条支路不对称,磁路也

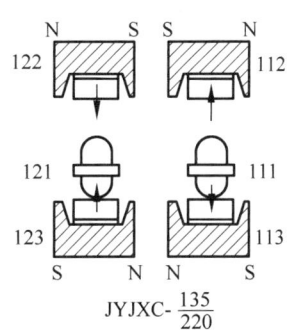

图 3-15 有极加强继电器磁熄弧器的极性安装

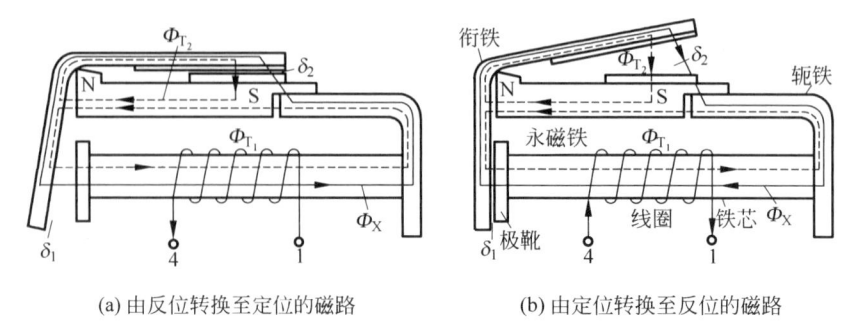

(a) 由反位转换至定位的磁路　　　　(b) 由定位转换至反位的磁路

图 3-16　有极继电器的磁路

不平衡,使得有极继电器形成具有较大差别的正向转极值与反向转极值。

当衔铁处于反位状态(打落)时,$\delta_1 \gg \delta_2$,因此,$\Phi_{T_2} \gg \Phi_{T_1}$。由 Φ_{T_2} 产生的吸引力将克服由 Φ_{T_1} 产生的吸引力、衔铁重力及接点的反作用力等合力,使衔铁处于稳定的打落位置。反之,当衔铁处于定位状态(吸合)时,$\delta_2 \gg \delta_1$,因此,$\Phi_{T_1} \gg \Phi_{T_2}$。由 Φ_{T_1} 产生的吸引力与衔铁重力、动接点预压力之和大于由 Φ_{T_2} 产生的吸引力与后接点压力之和,使衔铁保持在稳定的吸合位置。

显然,有极继电器从一种稳定位置转变到另一种稳定的位置,只有依靠电磁力的作用。

在图 3-16 中,线圈产生的电磁磁通 Φ_X 是一个无分支的磁路,即铁芯、极靴、δ_1、衔铁、重锤片、δ_2、轭铁。磁通的方向由线圈中的电流极性决定。对于线圈产生的电磁磁通来说,永磁铁是一个很大的磁阻,如同气隙一般。

图 3-16(a)表示有极继电器由反位转换到定位的过程,继电器原处于反位状态,现在线圈中通以正极性电流(电源片 1 接电源正极、4 接电源负极),产生电磁通 Φ_X 的方向是极靴处为 S 极。这时在 δ_1 处,Φ_X 与 Φ_{T_1} 方向一致,磁通是加强的,等于 $\Phi_{T_1} + \Phi_X$。而在 δ_2 处,Φ_X 与 Φ_{T_2} 方向相反,磁通是削弱的,等于 $\Phi_{T_2} - \Phi_X$。当 Φ_X 增到足够大时,$\Phi_{T_1} + \Phi_X \gg \Phi_{T_2} - \Phi_X$,在 δ_1 处产生的吸力大于在 δ_2 处产生的吸力和机械力之和,衔铁开始吸合。在衔铁吸合过程中,随着 δ_1 的不断减小,δ_2 的不断增大,在 δ_1 处产生的吸力远大于在 δ_2 处产生的吸力和机械力之和,衔铁由打落位置迅速运动到定位吸起位置,变成图 3-16(b)所示的状态。若切断线圈的电源,磁路中便只有极化磁通,这时由于 $\delta_2 > \delta_1$,所以 $\Phi_{T_1} \gg \Phi_{T_2}$,$\Phi_{T_1}$ 产生的吸引力大于 Φ_{T_2} 产生的吸引力与机械力之和,使衔铁保持在吸起状态。

如果改变线圈电流极性(1 接电源负极,4 接电源正极),如图 3-16(b)所示,则在铁芯中电磁磁通 Φ_X 的方向随之改变,极靴处为 N 极。这时在 δ_1 处,Φ_X 与 Φ_{T_1} 方向相反,磁通是削弱的,等于 $\Phi_{T_1} - \Phi_X$。而在 δ_2 处,Φ_X 与 Φ_{T_2} 方向一致,磁通是加强的,等于 $\Phi_{T_2} + \Phi_X$。当 Φ_X 增到足够大时,在 δ_2 处产生的吸力和机械力之和大于在 δ_1 处产生的吸力,衔铁返回到打落位置,变成图 3-16(a)所示的状态。

3) 特点

直流有极继电器简称有极继电器,具有反映外来信号极性的功能。这种继电器具有以下特点。

(1) 在磁路结构中有永磁铁或起永磁铁作用的局部线圈。

(2) 衔铁动作是受两种独立的磁系统控制的,这两个磁系统:一是由线圈电流产生的电磁系统,称为控制磁通 Φ_K;二是由永磁铁磁势所形成的磁通,称为极化磁通 Φ_J。

(3) 灵敏度较高,即只要较少的磁动势就能动作,如有的动作仅需 1~4 A。而无极继电器却需要 50~200 A。

(4) 动作时间较快,最快的继电器只需要 1~2 ms。无极继电器则需要 10~100 ms,有些甚至还要慢些。

3. 偏极继电器

偏极继电器与无极继电器不同,衔铁的吸起与线圈中电流的极性有关,只有通过规定方向的电流时,衔铁才吸起,而电流方向相反时,衔铁不动作。偏极继电器又不同于有极继电器,它只有一种稳态,即衔铁靠电磁力吸起后,断电就落下,落下是稳定状态。偏极继电器具有反映电流极性的性能,一般使用在道岔表示电路及单复线半自动闭塞电路中。

1) 结构

偏极继电器的结构与无极继电器的结构基本相同,只是磁路系统中有特殊部分,即铁芯极靴为方形,衔铁为方形,方形极靴下端装有 L 形永磁铁(铝镍钴合金),其系统的结构如图 3-17 所示。

方形极靴上装有的 L 形永磁铁,使得偏极继电器具有与无极继电器不同的性能,偏极继电器只能在线圈通入规定方向的电流时才吸起,反方向就不能吸起,无电时衔铁落下。

铁芯由电工纯铁制成,方形极靴是先冲压成型后再与铁芯焊成整体。

铁芯为方形极靴,衔铁也由半圆形改为方形,可以增加受磁面积,降低气隙磁阻。

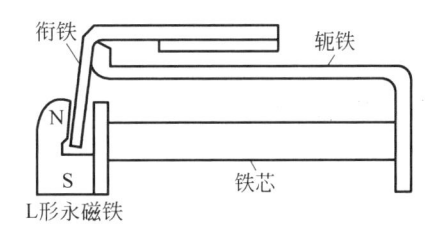

图 3-17 偏极继电器结构

永久磁钢由铝镍钴材料制成,其上部为 N 极,下部为 S 极。

两线圈串联使用,接线方式同无极继电器。

接点系统与无极继电器完全相同。

2) 工作原理

偏极继电器的 L 形永磁铁产生的极化磁通有两条路径:Φ_{J_1} 从 N 极出发经 δ_2、衔铁、δ_3、轭铁、铁芯回到 S 极;Φ_{J_2} 从 N 极出发经 δ_2、衔铁、δ_1、方形极靴回到 S 极。Φ_{J_1} 的大小随气隙 δ_2 和 δ_3 的大小而变,由于 $(\delta_1+\delta_2)$ 不随衔铁位置变化而变,所以 Φ_{J_2} 基本是一个常数。偏极继电器磁路如图 3-18 所示。

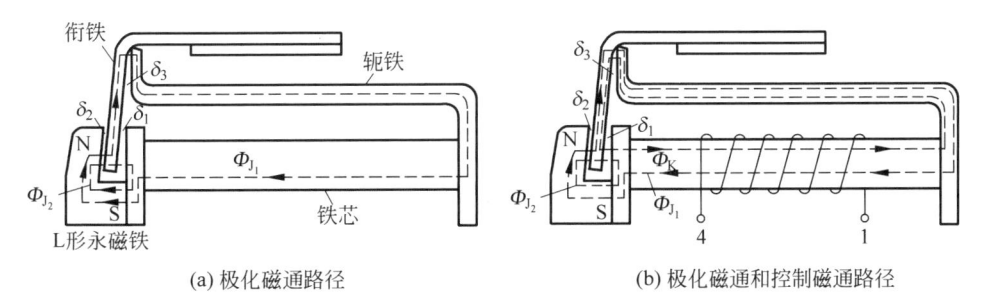

(a) 极化磁通路径　　　　(b) 极化磁通和控制磁通路径

图 3-18 偏极继电器磁路

气隙 δ_1 中的极化磁通为 Φ_{J_2}，气隙 δ_2 中的极化磁通为 $\Phi_{J_1}+\Phi_{J_2}$，显然，衔铁左边永磁铁 N 极对衔铁的吸力大于右边极靴对衔铁的吸力，δ_3 中的磁通 Φ_{J_1} 对衔铁也有吸力，但由于力臂小，其力矩小于衔铁下端的力矩。所以，在无电时，衔铁无论在什么位置（装有止片的情况下），在极化磁通的作用下，总是使衔铁吸向左边，再加上衔铁上的机械力更确保了在断电时衔铁可靠落下和无电时保持在落下状态。

当线圈通以正方向电流（1 正 4 负）时，在铁芯中产生如图 3-18(b) 中所示的控制磁通 Φ_K，该磁通在磁路中与 Φ_J 的方向相反，由于极性相反，此时永磁铁对控制磁通 Φ_K 具有非常大的磁阻，所以控制磁通 Φ_K 主要经由轭铁、δ_3、衔铁、δ_1 回到铁芯的磁路。随着电流的增大，气隙 δ_1 中的控制磁通 Φ_K 增大，吸力增大，当电流增长到一定值时，δ_1 中 $\Phi_K+\Phi_{J_2}$ 产生的吸力克服 δ_2 中磁通产生的吸力和机械力的总和时，继电器衔铁就吸起。

当线圈通以相反方向电流时，线圈产生的控制磁通的极性与永磁铁的极性方向一致，这时对控制磁通来说，永磁铁的磁阻就显得远比气隙 δ_1 的磁阻小。因此，线圈产生的控制磁通 Φ_K 主要经过永磁铁而构成磁回路，这样控制磁通更助长了 δ_2 中极化磁通对衔铁的吸力，致使衔铁吸不起来。这就是偏极继电器具有反映外来信号极性的性能。

但是，反极性不吸起是有条件的，如果不断增大反极性电流，使电磁磁通足以克服永磁的作用，则衔铁可在反极性电流作用下吸合，这是不允许的。因此，在偏极继电器的电气特性上加一条特殊的标准，即反向加 200 V 电压，衔铁不能吸起，以保证其工作的可靠性。

偏极继电器还具有一个特点，如果永磁铁失磁，继电器无论通过什么方向的电流，都不能使继电器吸起。

4. 整流继电器

整流继电器用于交流电路中，它通过内部的半波整流电路或全波整流电路将交流电变为直流电而动作。之所以如此，是为了避免在 AX 系列继电器中采用结构形式完全不同的交流继电器，以提高产品的系列化、通用化程度。

整流继电器的电磁系统与无极继电器的相同。只是磁路结构参数有所不同。更主要的是，在接点组上方安装由二极管组成的半波整流电路或全波整流电路。

整流继电器有多种规格：JZXC-480、JZXC-0.14、JZXC-H156、JZXC-H18 及派生的 JZXC-H18F。

JZXC-480 型继电器的磁路具有加大的尺寸（加大止片厚度），是为了增大返还系数，而不使工作值增加很多。它具有不规则的 4QH 与 2Q 接点组。在接点组上，安装有二极管 2CP25 组成的桥式全波整流电路。

JZXC-0.14 型继电器的磁系统与 JZXC-480 相同。两线圈并联连接，有 4QH 接点组，接点组上方安装由 2CZ-1 型二极管组成的半波整流电路。

JZXC-H156 与 JZXC-H18 型继电器为具有缓放特性的整流式继电器，其采用铜线圈架，接点系统为 4QH 接点组。接点组上方安装由二极管 2CP25 组成的桥式全波整流电路。JZXC-H18F 是 JZXC-H18 的派生型号，具有防雷性能，以保护整流二极管免遭击穿。

整流继电器的线圈、整流器与电源片连接如图 3-19 所示。

整流继电器的接点系统的结构与无级继电器相同，零部件全部通用，只是接点的编号有所区别。

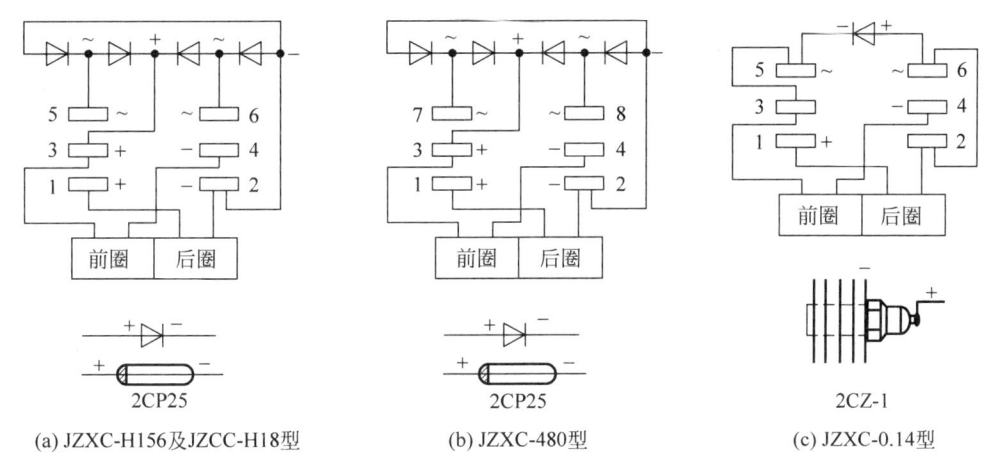

(a) JZXC-H156及JZCC-H18型　　(b) JZXC-480型　　(c) JZXC-0.14型

图 3-19　整流继电器的线圈、整流器与电源片连接

整流继电器的动作原理与无级继电器的相同,但由于交流电源通过整流后动作继电器,在线圈上加上的是全波或半波的脉动直流电,其中存在交变成分,使电磁吸引力产生脉动,工作时发出响声,给继电器正常工作带来不利影响。

3.2.3　安全型继电器的特性

安全型继电器的特性包括电气特性、时间特性和机械特性等。这些特性用来表征继电器的性能,是使用和检修继电器的重要依据。

1. 电气特性

电气特性是安全型继电器的基本要求,也是设计和实现信号逻辑电路的依据。电气特性包括额定值、充磁值、吸起值、释放值、工作值、转极值等。

1) 额定值

额定值是满足继电器安全系数所必须接入的电压或电流值。

AX 系列继电器的额定电压为直流 24 V,作为轨道继电器、灯丝继电器、道岔启动继电器时除外。

2) 充磁值

为了测试继电器的释放值或转极值,预先使继电器磁系统磁化,向其线圈通以 4 倍的工作值或转极值,此值即充磁值。这样可使继电器磁路饱和,在此条件下测试释放值或转极值。

3) 吸起值

继电器动作(动接点与前接点接触)所需要的最小电流或电压值。

4) 释放值

继电器从规定值逐渐降低电压或电流,至全部前接点断开时的最大电压或电流值。

5) 工作值

向继电器线圈通电,直到衔铁止片与铁芯接触、全部前接点闭合,并满足规定接点压力所需要的最小电压或电流值。此值是继电器的电磁系统及接点系统刚好能工作的状态,一般规定工作值不大于额定值的 70%。

6) 反向工作值

向继电器线圈反向通电,直到衔铁止片与铁芯接触、全部前接点闭合,并满足接点压力时所需要的最小电压或电流值。造成反向工作值大于工作值的原因是磁路剩磁的影响,反向工作值一般不大于工作值的 120%。

7) 转极值

转极值是指使有极继电器衔铁转极的最小电压或电流值,又分为正向转极值和反向转极值。

正向转极值是使有极继电器的衔铁转极,全部定位接点闭合,并满足规定接点压力时的正向最小电压或电流值。

反向转极值是使有极继电器的衔铁转极,全部反位接点闭合,并满足规定接点压力时的反向最小电压或电流值。

8) 过负载值

继电器允许接入的最大电压或电流(一般为工作值的 4 倍)。接入过负载值后,线圈不会损伤,电气特性亦不变化。

9) 吸起时间

从继电器线圈接通规定的电压或电流时起,至全部动接点与前接点闭合的时间。

10) 释放时间

切断供以规定的电压或电流的电源时起,至全部动接点与后接点闭合的时间。

11) 安全系数

额定值与工作值之比称为安全系数。

12) 返还系数

释放值与工作值之比称为返还系数。返还系数对于信号继电器有着特别重要的意义。返还系数越高,标志着继电器的落下越灵敏。AX 系列继电器的返还系数为 0.2~0.5。规定普通继电器的返还系数不小于 0.3,缓放型继电器不小于 0.2,轨道继电器不小于 0.5。

13) 反向不工作值

向偏极继电器线圈反向通电,继电器不动作的最大电压值称为反向不工作值。规定普通继电器的返还系数不小于 0.3,缓放型继电器不小于 0.2,轨道继电器不小于 0.5。

2. 时间特性

电磁继电器的电磁系统是具有铁芯的电感,在接通或断开电源时,由于电磁感应作用,在铁芯中产生涡流,在线路中产生感应电流。这些电流产生的磁通阻碍铁芯中原来的磁通的变化,所以电磁继电器或多或少地都具有一些缓动的时间特性。

在各种继电器的控制电路中,由于继电器完成的作用不同,对继电器的时间特性要求也不同,如果不能满足对时间特性的要求,控制电路便不能正常工作。因此不仅要了解继电器固有的时间特性,还要按电路的要求,设法改变继电器的时间特性。

1) 继电器的时间特性

电磁继电器线圈的电感具有电感量大、非线性等特点,并且继电器磁路中的工作气隙在动作过程中是变化的,因此继电器线圈中的电流变化规律较为复杂。

从线圈通电到衔铁动作,带动后接点断开,前接点接通,需要一定的时间。从线圈断电到衔铁动作,带动前接点断开,后接点接通,也需要一定的时间。即吸起需要时间,落下也需要时间。

吸起时间指向继电器通入额定值起,至全部前接点闭合所需的时间(包括通电至后接点断开的吸起启动时间和从后接点断开到前接点闭合的衔铁运动时间)。落下时间指向继电器通入额定值,从线圈断电时至后接点闭合所需的时间(包括断电至前接点断开的落下启动时间和从前接点断开至后接点闭合的衔铁运动时间)。继电器动作时间如图 3-20 所示。

当图 3-21(a)的开关 K 闭合时,继电器 J 线圈中的电流变化规律如图 3-22(a)所示。开始时与一般电感电路的电流变化规律相同,如 Oa 段曲线所示,当继电器线圈中的电流达到该继电器的吸起值 I_x 时,继电器衔铁吸起,继电器吸起的过程也就是磁路中工作气隙减小的过程,使得铁芯中的磁通本应按指数规律增大的电流变化放缓。这是由于工作气隙突然减小、磁阻突然减小,使得铁芯中的磁通和线圈的电感量突然增大,线圈的自感电势和感应电流也突然增大。因此,继电器线圈中的电流变化速度突然下降,出现了 ab 段曲线的现象。曲线中的 b 点说明继电器衔铁已吸起,其衔铁上的止片与铁芯壁已密贴,此后工作气隙不再变化。所以继电器线圈中的电流又按另一电感量的指数规律上升直到稳定值。由此可知,继电器线圈中的电流从零至 a 点所需的时间 t_{xq} 是继电器的吸起启动时间,a 点至 b 点的时间 t_{xy} 为衔铁的吸起运动时间,继电器的吸起时间 $t_x = t_{xq} + t_{xy}$。

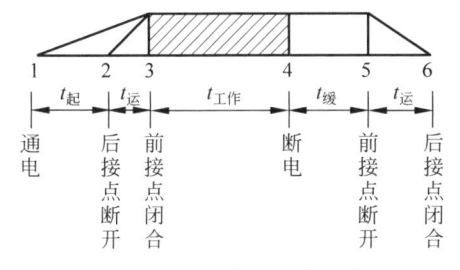

图 3-20 继电器动作时间

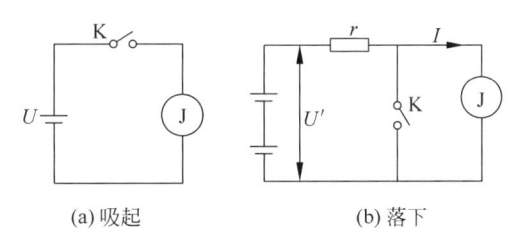

图 3-21 分析吸起和落下时间的电路

当开关片将继电器线圈短路时,如图 3-21(b)所示,线圈中的电流由于电磁感应的作用没有立即消失,而是按指数规律曲线逐渐减小,如图 3-22(b)中 cd 段曲线所示。电流减小至继电器的落下值 I_L 时,衔铁落下(释放)。当衔铁落下时,工作气隙突然增大,磁阻突然增加,使得磁通突然减小。根据电磁感应定律可知,线圈的自感电势和感应电流突然加大,并且它们的方向与原电流方向相同,因此,线圈中的电流变化速度也突然变慢,出现了 de 段曲线的现象。当衔铁落下后,工作气隙不再增大,所以从 e 点之后线圈中的电流又按另一指数规律下降至零。由上可知,cd 段曲线相对应的时间 t_{Lq} 就是继电器的落下启动时间,de 段曲线相对应的时间 t_{Ly} 就是衔铁落下运动时间。继电器的落下时间 $t_L = t_{Lq} + t_{Ly}$。

继电器衔铁的吸起运动时间 t_{xy},与衔铁的动程、质量、吸力及机械力等有关,其时间一般较吸起启动时间小得多,所以继电器的吸起时间主要取决于吸起启动时间。继电器衔铁的落下运动时间 t_{Ly},与衔铁的动程、质量和机械力等有关,对于结构一定的继电器来说,t_{Ly} 是一个常数。由此可见,继电器的动作时间主要是继电器的启动时间。

(a) 吸起　　　　　　　　　(b) 落下

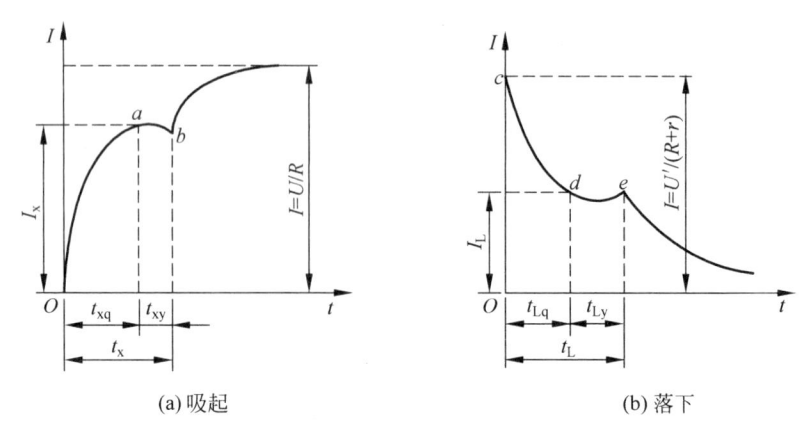

图 3-22　吸起与落下时的过渡过程

2) 改变直流无极电磁继电器时间参数的方法

继电器应用于各种控制电路中,需要满足不同控制对象对时间特性的要求,仅依靠继电器的固有时间特性不能满足应用需求,需要改变继电器的时间特性。改变继电器时间特性的方法可分为两大类:一类是改变继电器结构的方法;另一类是改变电路的方法。

(1) 改变继电器结构的方法。

继电器动作时间受很多结构因素影响,主要分为机械结构和电磁原理两个方面。在机械结构方面,主要通过改变机械反作用力和衔铁动程大小等方面改变继电器的动作时间。在电磁原理方面,可通过以下四种方法改变继电器的时间特性。

① 通过改变衔铁与铁芯磁极之间止片(δ_0)的厚度,改变继电器的落下时间。止片增厚,落下时间减小;止片减薄,落下时间增大。

② 磁路系统选用电阻率较高的铁磁性材料,减小涡流影响,缩短继电器的动作时间。

③ 在保证工作磁动势的前提下,增大线圈导线的线径,提高电流的储备系数,提高额定电流,加速电流增长的速度,缩短吸起时间。

④ 在铁芯上套铜套(铜环)使继电器达到缓动(缓吸和缓放),为最常用方法。

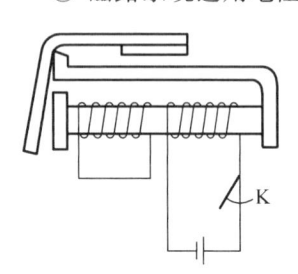

图 3-23　短路线圈的方法

套铜套使继电器缓动的原理与铁芯上加一个短路线圈使其缓动的原理相同,都是利用互感的原理。图 3-23 所示为短路线圈的方法,图 3-24 所示为装铜套的方法,对于 AX 型缓动继电器来说,可用铜线圈架代替铜套的作用。

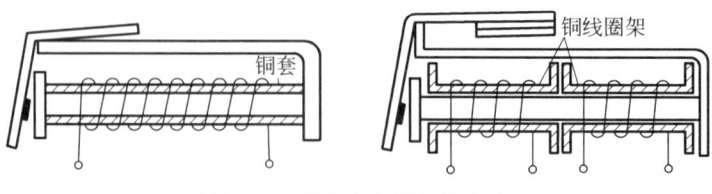

图 3-24　铁芯上套铜套的方法

短路线圈和装铜套的方法能够使继电器缓动的原因为：当继电器线圈接通电源或切断电源时，铁芯中的磁通发生变化，使短路线圈或铜套中产生感应电流，感应电流产生的磁通阻止原磁通的变化，使铁芯中的磁通变化缓慢（接通电源时使磁通增长缓慢，切断电源时使磁通减小缓慢），从而使继电器实现缓吸、缓放。

（2）改变电路的方法。

① 提高继电器的端电压使继电器快吸。

在继电器线圈允许过负载的情况下，提高继电器端电压，使额定电流（也就是稳定电流）提高，加速吸起时电流的增长速度，达到快吸的目的。这种方法对落下时间也起到了一点缓放的作用。采用这种方法的目的主要是使其快吸。

② 在继电器线圈电路中串联一个灯泡使继电器快吸。

这个方法也是利用提高继电器电压的原理使继电器快吸，如图3-25（a）所示。但与提高电压的方法不同，它只是在继电器吸起过程的瞬间提高电压，而稳定状态时，继电器的端电压并不高，仍等于继电器规定的工作值。

在不串联灯泡时，通过继电器线圈的电流等于工作电流 I，所需的电压值为 $U=IR$，其中 R 为继电器线圈电阻。当串联灯泡后，工作电流仍保持不变，而电源电压提高到 $U'=I(R+r)$，这样，继电器在稳定工作状态时，不过负荷，并且在继电器电路刚闭合的瞬间使继电器的端电压值几乎提高到 U'，使这时通过继电器的电流变化如图3-25（b）所示，$t_{灯} < t_{无灯}$，因此使继电器快吸。

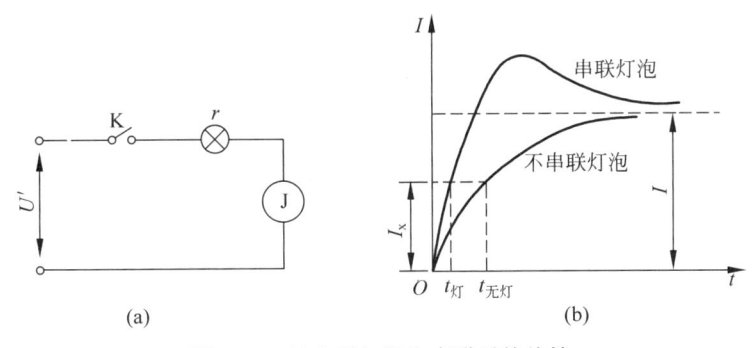

图 3-25 继电器与灯泡串联后的特性

这种方法所采用的灯泡，其炽热电流值应与继电器的工作值相同或接近。

③ 与继电器线圈串联 rC 并联电路使继电器快吸。

这种方法与上述方法的原理相同，只是采用的元件不同。串联 rC 并联电路后，如图3-26（a）所示，通过继电器的稳定电流仍保持工作电流 I，此时电源电压为：$U'=I(R+r)$。如果 r 值较大，U' 值就较大于继电器的工作电压 U，例如当 $r=R$ 时，则电源电压 U' 就应等于继电器工作电压 U 的2倍。

电容器充电的瞬间充电电流最大，电容器端电压为零。利用电容器的这种特性，在闭合开关的瞬间将电阻 r 短路，把高于工作电压的电源电压全部加在继电器线圈上，加快线圈中的电流上升速度，如图3-26（b）所示，使继电器吸起时间缩短，达到快吸的目的。

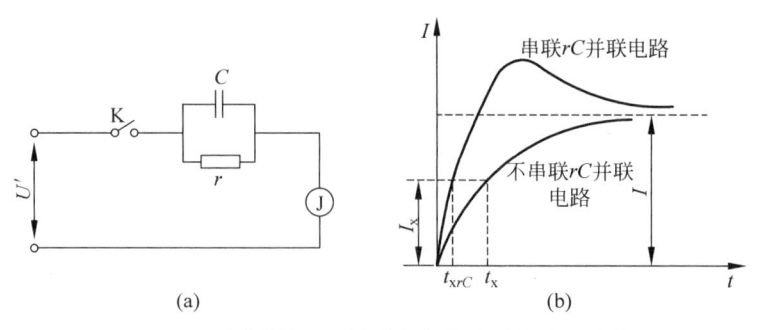

图 3-26 继电器与 rC 并联电路串联后的时间特性

显然,这种方法选用的电容器容量应足够大,增大附加的电阻 r 值,也会增大其快吸的效果。

④ 并联电阻或二极管使继电器缓放。

短路继电器线圈的方法是通过构成继电器线圈产生的感应电流回路,使感应电流产生的磁通反对原来磁通的减小,达到缓放目的。

短路继电器线圈可以使继电器缓放,但这种方法必须串联一个限流电阻,而且在继电器线圈被短路时,在限流电阻上必须要消耗一定的电能,否则还需采取措施切断电源。因此这种方法较为烦琐,不易简化电路,所以这种方法用得不多。

如果在继电器线圈两端并联一个电阻,如图 3-27 所示,当开关 K 把电源切断时,继电器线圈中产生的感应电势由于有电阻 r,构成了线圈中感应电流的回路,使继电器达到缓放的目的。

因为 $\dfrac{L}{R+r} < \dfrac{L}{R}$,所以与不并联电阻相比,并联电阻 r 使得继电器的落下时间增加。这说明并联电阻后使继电器具有缓放的作用,但并联电阻的缓放效果不如短路继电器线圈的缓放效果好。

并联电阻 r 减小,时间常数 $\dfrac{L}{R+r}$ 就增大,缓放效果也增大。但并联电阻 r 不能过小,否则消耗电能过大,甚至短路电源。这种方法即使电阻 r 值不过分小,平时在继电器工作时,在电阻 r 上也造成电能的浪费,所以这种方法没有实际意义。

并联二极管的电路如图 3-28 所示,这种方法同样是为了构成感应电流的回路,使继电器缓放,同时又不存在上述缺点。因为二极管的反向电阻很大,继电器工作(吸起状态)时通过二极管的电流甚微,在二极管上消耗的功率可以忽略不计,而顺向电阻又小,所以缓放效果也较好。这种方法可采用于缓放时间要求不大的继电器电路中。

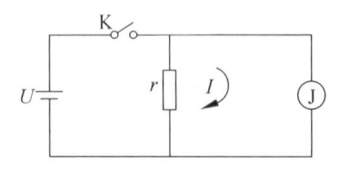

图 3-27 继电器两端并联电阻 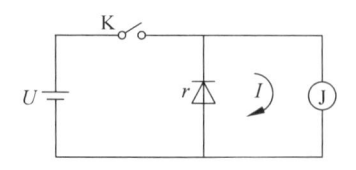　　　　图 3-28 继电器两端并联二极管

⑤ 并联 rC 串联电路使继电器缓放,并联 rC 串联电路又串联电阻 r_0 使继电器缓吸又缓放。

在电器线圈两端并联 rC 串联电路,如图 3-29 所示。这种方法如果电源的内阻为零,那么对于继电器吸起时间没有影响。

如果有电源内阻和接线电阻,就相当于和电源串联了一个电阻 r_0,如图 3-30 所示,这样会影响吸起时间,使继电器有缓吸的作用。这是因为电容器充电时,充电电流一开始很大,在电阻 r_0 上产生较大的电压降,致使在向电容器充电的过程中,降低了继电器的端电压,导致继电器线圈中的电流增长减缓,继电器吸起时间减缓,如图 3-31 所示。与电源串联的电阻 r_0 越大、电容 C 越大,则继电器缓吸的作用也越大。

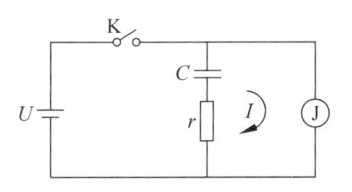

图 3-29　继电器两端并联 rC 串联电路

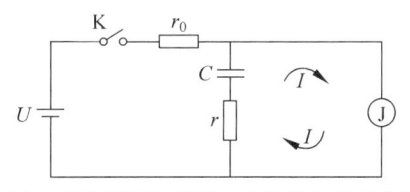

图 3-30　继电器两端并联 rC 串联电路再串联 r_0

并联 rC 串联电路又串联电阻 r_0,使继电器缓吸又缓放。当开关 K 断开时,rC 串联电路为继电器线圈产生的感应电流构成了通路,起到了缓放的作用。并联 rC 串联电路使继电器缓放主要是依靠电容器 C 的放电,放电电流与线圈产生的感应电流方向一致,通过线圈使继电器缓放,这时在线圈中的电流如图 3-32 所示。

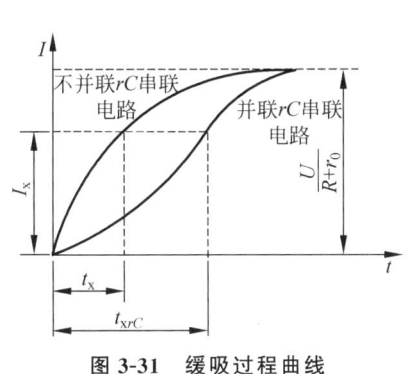

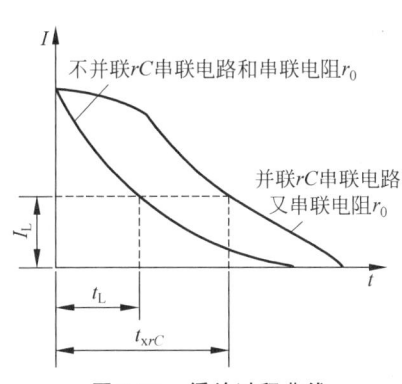

图 3-31　缓吸过程曲线

图 3-32　缓放过程曲线

缓放时间的长短与电容器电容量、放电回路中的电阻及继电器的落下值等因素有关。

当回路中的电阻和电容 C 足够大时,即满足 $(R+r) > 10\sqrt{\dfrac{L}{C}}$ 时,继电器绕组的电感 L 可以忽略不计,此时继电器两端并联 rC 串联电路再串联 r_0 的电路可等效为如图 3-33 所示的电路。

当开关 K 断开后,电容器 C 两端的电压为:$U_C = Ue^{-(t/R'C)}$。式中,$R' = R + r$,其中 R 为继电器线圈电阻。

此时,回路中的电流,即通过继电器线圈的电流为:$I = $

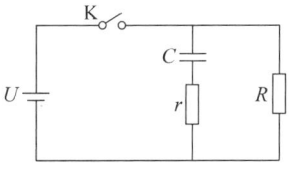

图 3-33　等效电路

$\frac{U}{R'}\mathrm{e}^{-(\frac{t}{R'C})}$。当继电器线圈中的电流 I 降到落下值 I_L 时所需的时间,即缓放时间为: $t_{Lq}=R'C\ln\frac{U}{I_L R'}$。由前式可知,电容器容量 C 越大,缓放时间越长;继电器的落下值 I_L 越小,缓放时间也越长。这种方法的缓放效果与继电器的型号有关,例如,AX 型 JWXC$_1$-1000 和 JWXC$_1$-1700 两种继电器采用这种方法,缓放效果显著,尤其是 JWXC$_1$-1700 型继电器的落下值低,线圈电阻大,缓放效果更为显著。

3. 机械特性与牵引特性

电磁继电器的工作过程是电流通过线圈,在磁路中产生磁通,磁通在衔铁气隙中产生电磁力吸引衔铁带动接点动作,完成接通、断开或转接电路的任务,如图 3-34 所示。继电器衔铁的动作过程中,衔铁上受到电磁吸引力和反作用力。电磁吸引力又称为牵引力。反作用力与吸引力相反,对于 AX 系列继电器来说是由接点簧片的弹性力和衔铁(及重锤片)的重力等组成,所以称为机械力。要使继电器可靠工作,牵引力必须大于机械力。因此牵引力的大小要根据机械力来确定。

1) 机械特性

AX 系列继电器机械力的大小与节点片的数量、重锤片的数量、衔铁的动程等有关,而且衔铁在整个运动过程中所受到的机械力不是固定不变的,而是在一个很大范围内变化的。也就是说,继电器的机械力 F_J 是随着衔铁与铁芯之间的气隙 δ 的变化而变化的,这种变化关系 $F_J = \int(\delta)$ 称为继电器的机械特性,表示这种变化关系的曲线称为机械特性曲线。

不同类型的继电器,其结构不同,它们的机械特性也不同。为了说明继电器的机械特性,以 AX 型无极继电器为例,其机械特性曲线如图 3-35 所示。图中纵坐标表示衔铁运动时所克服的机械力 F_J(单位为 N),横坐标表示衔铁与铁芯间的工作气隙 δ(单位为 mm),横轴上线段 Oa 代表最大气隙 δ_a 值,δ_0 代表止片厚度,线段 $a\delta_0$ 代表衔铁的动程值($\delta_a - \delta_0$)。

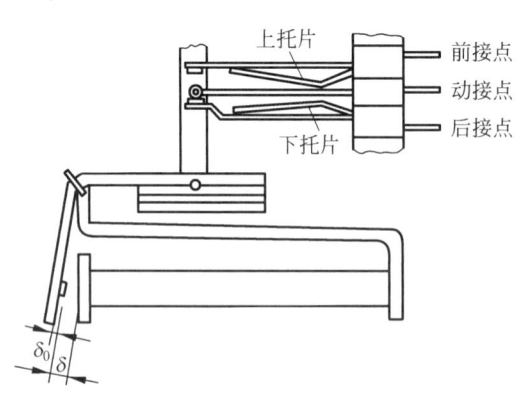

图 3-34 接点动作过程

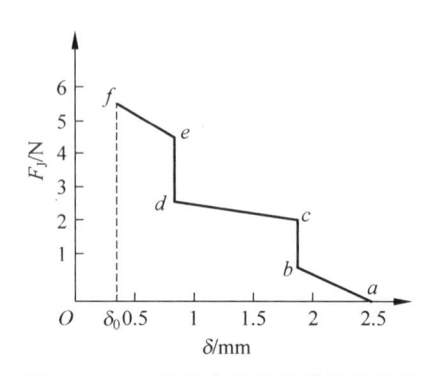

图 3-35 AX 型继电器的机械特性曲线

继电器衔铁释放时气隙最大,这时在衔铁重锤片的重力和动接点的预压力(动接点片预先向下弯曲变形所产生的弹性力)作用下,使动接点与后接点之间保持一定的压力,以保证接触良好。重锤片的重力及动接点的预压力的总和与后接点片的预压力相互抵消达到平衡,使衔铁上的重锤片悬在空间,不与下止片相碰(一般重锤片与下止片间应有 0.3～1 mm 的间隙),这时换算到对准铁芯磁极中心处衔铁上的机械力 F_J 为 0,在机械特性曲线上用 a 点来表示。下面分析在衔铁整个运动过程中机械力 F_J 的变化。

当衔铁开始运动,工作气隙从 δ_a 逐渐减少时,后接点片的挠度随之逐渐减少,使后接点与动接点之间的压力随之减小,这时后接点片给予动接点的作用力(顶压力)也逐渐减小,同时动接点片的挠度逐渐增大,因此,随着气隙 δ 的减小,机械力 F_J 逐渐增大,如线段 ab 所示,此线段的陡度由后接点片和动接点片的弹性变形决定。

当动接点与后接点刚分离时,动接点突然失去了后接点对它的作用力,使机械力突然增大,其值取决于衔铁重锤片质量和动接点片预先弯曲变形所产生的弹性力(预压力)之和,如线段 bc 所示。

从动接点离开后接点之后,衔铁继续运动,动接点片逐渐向上弯曲,由于动接点片的挠度加大,动接点片对衔铁的压力呈直线逐渐上升,如线段 cd 所示,上升的陡度由动接点片的弹性变形决定。

当动接点与前接点接触并使前接点片刚离开上托片时,动接点上突然增加了前接点的预压力,机械力突然加大,其值取决于动接点片弯曲挠度产生的弹力及前接点的预压力之和,如线段 de 所示。

为了使动接点与前接点之间接触良好,必须要求它们之间有一定的压力,所以衔铁仍需继续运动,使前接点在动接点的作用下与动接点片共同一起向上弯曲直到衔铁运动完毕。在这一过程中,由于两者共同弹性变形,弹性力增大,所以机械力较快上升,如线段 ef 所示。

继电器的机械特性曲线是一条折线,它表示了衔铁运动在不同位置时的机械反作用力 F_J。折线上 c、e 两个折点显著突出向上,它们反映了衔铁运动在这两个位置时的机械反作用力变化最大,如果继电器的牵引力在这两个位置上都能克服机械反作用力,则该继电器就能工作,所以继电器机械特性曲线上的两个折点 c、e 作为确定电磁吸力(牵引力)所需磁动势的依据,这个点称为临界点。

2) 牵引特性

当直流无极电磁继电器线圈加上直流电源后,在铁芯中就产生磁通,磁通经过铁芯磁极与衔铁间的工作气隙 δ 时,对衔铁产生电磁吸力,这种吸力称为继电器的牵引力 F_Q。当牵引力 F_Q 大到足以克服机械力 F_J 时,衔铁吸合,使后接点分离、前接点闭合。牵引力 F_Q 与线圈的磁动势(线圈的匝数 W 和所加电流 I 的乘积 IW,单位为 A)及气隙 δ 大小等有关。当气隙 δ 一定时,牵引力 F_Q 与磁动势的平方成正比(抛物线);当磁动势一定时,牵引力 F_Q 与工作气隙 δ 的平方成反比,即牵引力 F_Q 随 δ 的变化呈双曲线规律。牵引力 F_Q 随工作气隙 δ 变化的关系 $F_Q = \int(\delta)$,称为牵引特性。无极继电器的牵引特性曲线如

图 3-36 所示,当磁动势一定时,牵引力 F_Q 随工作气隙 δ 的减小急剧增大;相同工作气隙,在不同磁动势的情况下,牵引力 F_Q 也不同,磁动势大,牵引力 F_Q 也大。因此,不同的磁动势下牵引力 F_Q 与工作气隙 δ 的牵引特性曲线 $F_Q = \int(\delta)$ 也不同,磁动势越大,曲线 $F_Q = \int(\delta)$ 位置就越高。

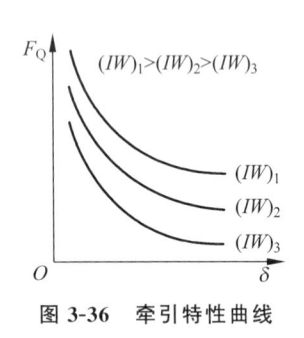

图 3-36 牵引特性曲线

3) 牵引特性和机械特性的配合

当继电器的结构确定之后,继电器的机械特性曲线与牵引特性曲线就可以根据上述方法求得,有了上述曲线,用相同的比例尺寸绘在同一个坐标上,使牵引特性与机械特性曲线合理地配合,这样直流无极电磁继电器的工作磁动势也就不难确定。

机械特性曲线和一组牵引特性曲线采用相同比例尺绘在同一坐标上的曲线如图 3-37 所示。这组牵引特性曲线分别对应于不同的继电器磁动势。为了使继电器能吸起,使前接点闭合、后接点分离,必须要求继电器衔铁在整个运动过程中的牵引力处处大于或等于机械力。也就是说,牵引特性曲线必须在机械特性曲线之上,至少也要与机械特性曲线相切。机械特性曲线上的 c 点和 e 点是突出的两个折点,如果衔铁运动到这两点时的牵引力都能大于或等于机械力,那么其他处的牵引力就都能满足要求。因此,只要根据这两点中的任一点相切在另一点之上的牵引特性曲线,就可以确定该继电器的吸起磁动势。

图 3-37 中,$(IW)_3$ 的牵引特性曲线不能满足要求,因为这条曲线虽然与机械特性曲线上的 e 点相切,曲线的上部分处于机械特性曲线之上,但曲线的下部分处于机械特性曲线之下,说明下部分的牵引力小于机械力,不能使继电器吸起,所以不能用 $(IW)_3$ 的牵引特性曲线确定继电器的吸起磁动势。而与机械特性曲线 c 点相切的 $(IW)_2$ 的牵引特性曲线,除 c 点牵引力等于机械力之外,其余都大于机械力,因此这条牵引特性曲线的磁动势 $(IW)_2$ 能使继电器吸起。又因为在 c 点的牵引力等于机械力,所以这个吸起磁动势是极限磁动势,称为临界磁动势,相切的 c 点称为临界点。为了使继电器动作可靠,继电器的磁动势值应大于临界磁动势。所以在临界磁动势上再加一个储备量,即乘以储备系数 K,就成为所需的工作磁动势 $(IW)_G$,即:$(IW)_G = K(IW)_2$,储备系数 K 越大,吸力(牵引)越大,吸起时间越短。但 K 不能过大,过大不但造成不必要的功率消耗,而且吸力过大会造成接点在闭合时发生剧烈振动,影响接点稳定工作,甚至因接点振动而产生强烈的电弧或火花,使接点损坏。K 值一般为 1.1～1.3。

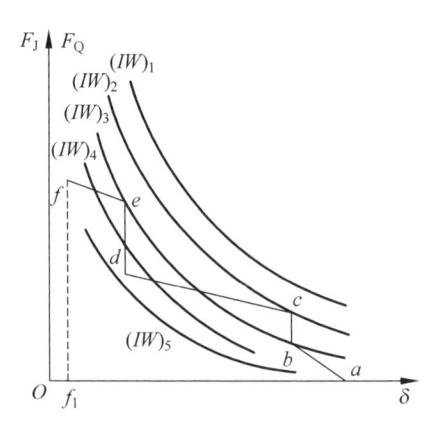

图 3-37 牵引特性曲线与机械特性曲线配合

3.2.4 安全型继电器的接点

继电器接点是继电器的执行机构,通过接点反映继电器的状态,控制电路。对于继电器的接点,从接点材质到接点结构,从接点组数到接点容量,都有较高的要求。对频繁通断大电流的接点,还必须采取灭火花措施。

1. 对接点系统的要求

在实际应用过程中,继电器的大部分故障发生在接点系统,因此继电器电路的可靠性在很大程度上取决于接点系统工作的可靠性。为保证继电器的可靠工作,必须对接点系统有一定的要求,主要包括:

(1) 接点闭合时,接触可靠,接触电阻小且稳定。
(2) 接点断开时,要可靠分开,接点间电阻为无穷大,即有一定的间隙。
(3) 接点在闭合和断开过程中没有颤动。
(4) 不发生熔接。
(5) 耐各种腐蚀。
(6) 热导率和电导率要高。
(7) 使用寿命长。

2. 接点参数

接点接触时两导体间的连接是接触表面间若干接触过渡段的结合,因此它的电阻比同样形状、尺寸的整个导体要大得多,这种接触连接形成的电阻叫作接触电阻。接点电阻由接触电阻及接点本身的电阻两部分组成。由于接点材料本身的电阻比接触电阻小得多,所以可忽略不计,接点电阻也就近似为接触电阻。接触电阻与接点材料、接点间压力、接点的接触形式、接点间电压降、温度及化学腐蚀、电腐蚀等因素有关。

继电器接点的闭合就是为了接通电路,接点接触电阻的大小和稳定性直接决定了接通电路工作的质量好坏,所以总是希望接点的接触电阻小而稳定。

1) 接点材料的影响

接点材料的电阻系数 ρ 越小,接点本身的电阻越小,接触电阻也越小。在一定的接点压力下,材料的抗压强度越小,接触面积就越大,因此接触电阻也就越小。由此可见,一般继电器的接点材料应选择电阻系数小且抗压强度较低的材料,还要求材料的氧化物电阻率小。例如银就具有这种性能,所以很多继电器都选用银做接点。

2) 接点间压力的影响

接触点之间的压力和材质,在很大程度上决定着接点电阻的大小。开始接触的瞬间,接点压力加在少数的接触点上,随着接触压力的增加,接触点增多,使两接触表面更加接近,接触电阻就会明显降低。但当压力达到某数值时,再增大压力,也不会使接点电阻有明显减小。

3) 接点接触形式的影响

接点的接触形式有面接触、线接触和点接触 3 种,如图 3-38 所示。从表面上看,面接触的接触面最大,接触电阻最小。但实际上并非如此,如果接点的接触面稍有歪斜,两个接点的接触面就不能全面接触,往往只能在一个点或一个不大的面积上接触,因此接触电阻仍然较大。这些接触的部分每次闭合都有不同,加上接点表面的氧化物层自动净化不良,所以接触电阻很不稳定。线接触的压力比较集中,在接点闭合和断开过程中,线接触的接点表面能沿另一接点表面滑动,表面氧化层和灰尘会自动脱落,起到自动净化的作用,使接触电阻减小,而且接触电阻也较稳定。点接触压力最为集中,接触电阻也最稳定,但接触电阻大,散热面积小,温度升高,只适用于小功率的控制电路。

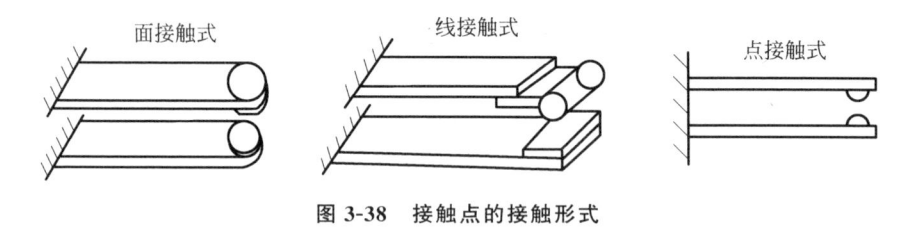

图 3-38 接触点的接触形式

4) 接点间电压降和温度的影响

由于接点之间存在接触电阻,当电流通过接点时,在接点之间就产生电压降,使接触处发热。随着时间的增长,接点产生了温升,使接点的接触电阻也增大。接触电阻增大,则压降也增大,接点的温升也随着增高,又使接触电阻增大。如此循环,直到接点的温升与扩散保持一定时,接点的温度达到一定程度,接点的接触电阻也达到定值。由此可见,接点的接触电阻是一个随接点间压降变化而变化的参数,它不仅随压降的增大而增大,而且当接点间压降增大到一定值之后,接触电阻反而随压降的增大而下降直到最后等于0。

5) 化学腐蚀的影响

继电器接点周围总会含有或多或少的气体或化学物质,在接点间产生火花放电或电弧等情况时,接点表面会发生氧化而产生一层氧化膜等。这些膜层的电阻一般比金属本身的电阻大(银氧化膜除外),并且这些膜层质很脆易于脱落。在接点工作过程的撞击和滑动下,膜层不均匀地脱落,使得接点的接触电阻不仅增大,而且不断受到腐蚀使接点损坏。为此,继电器的使用环境应保持空气清洁,减小化学腐蚀等影响。同时,要选用不易氧化或氧化后不影响导电性能的金属材料做接点,例如铂铱合金等金属不会氧化,银氧化膜的电导率与纯银几乎相同,所以这些金属适合做接点,尤其是银还有前述优点,同时银的工艺性能好,价格不太高。因此,几乎在所有类型的继电器中,银和银合金应用最广泛。

6) 电腐蚀的影响

当接点接触电阻的电压降超过熔化电压,或接点断开过程中接点间电压超过 270~330 V 发生火花放电,或当电路中电流较大发生电弧等时,都将引起电腐蚀,出现接点材料熔化、蒸发和溅射等现象。同时,接点金属从一个接点片向另一接点片迁移,会使一个接点上形成针状突起,另一个接点片上形成凹坑。随着时间的增长,接点可能会严重变形和损坏,甚至熔接,造成接点接触不良或分断不开,严重影响继电器的正常工作。尤其是对信号继电器来说,接点发生熔接分断不开的现象是绝对不能允许的。信号继电器的接点具有控制大电流和高电压的特点,因此应选择耐电腐蚀和难熔的材料,例如钨、金属陶瓷等。

7) 接点齐度

同一继电器的所有接点用于电路中,理论上要求同时接触。但在接点系统的生产过程中,工艺上不可能做到没有误差,因而接点很难做到完全同时接触。继电器各组接点同时接触的误差称为接点不齐度,要求其越小越好。

8) 接点间隙

在动接点和静接点开始分离的瞬间,接点间产生很高的电场,在接点间隙中的自由电子在此电场力的作用下从阴极向阳极高速移动,这样就产生了接点间的电弧。另外,这些电子与气体中的自由电子撞击,使气体电离,进一步使电弧加剧。电弧的产生使接点迅速氧化和点燃,加速接点的损耗,缩短使用寿命。但增大接点间隔后,拉长了电弧,可使电弧熄灭。此外,接点间隙小,雷电效应亦可能使接点间产生放电现象。故要求接点间有足够大的间隙。

9) 接点滑度

接点表面的腐蚀、氧化和灰尘等对接触电阻有很大影响,为了保证接点的可靠工作,当接点开始接触后,要求接点相互之间有一定程度的位移,该位移叫作接点滑度。

3. 接点灭火花与灭电弧的方法

1) 接点的灭火花电路

为了提高接点的使用寿命,应设法避免接点间发生火花。接点发生火花的原因是接点控制电路中有电感元件。电感元件中储存着磁场能量,当接点断开时,往往以高电压击穿空气隙,使得这些能量出现在接点之间,形成火花放电(此时电流未达到电弧临界电流 I_0,不会产生电弧)。

消灭接点火花,必须采取措施引出这部分磁场能量,使磁场能量不出现在接点上,接点间的电压低于击穿空气的电压,那么接点间的火花即可消灭。具体方法一般采用灭火花电路,总的原理是利用灭火花电路构成电感负载所产生的感应电流回路,降低自感电势并将磁场能量消耗在回路中的电阻上,这样接点间的电压就可能降低到不能击穿空气间隙,避免出现接点火花。

灭火花电路如图 3-39 所示,分别为灭火花电阻 r 与电路电感元件并联、灭火花二极管与电路电感元件并联、灭火花电阻电容与电路电感元件并联、灭火花电阻与接点并联、灭火花电阻电容与接点并联。灭火花电阻电容与接点并联是最常用的方法,在接点断开瞬间,电感负载产生的感应电流流经并联在接点上的电容和电阻串联电路,使接点上的电压降至击穿空气间隙的电压以下,避免发生火花。此时,磁场能量消耗在回路电阻上。

2) 熄灭接点电弧

当电路中的电流较大(大于产生电弧的临界电流)时,在接点断开过程中,由于在强大电场作用下从负极发出的电子具有足够大的能量使气体电子发生强烈游离,就在接点间产生电弧。电弧温度很高,会引起接点材料的蒸发与喷溅,更增加了接点的电腐蚀,同时还引起接点表面的氧化。必须设法熄灭接点电弧。

如图 3-40 所示,熄灭接点电弧的条件是:必须使电流的增长率在额定电流至 0 的范围内处处小于 0。产生的电弧由于电流一直处于减小状态,使电弧电流减小到不能维持电弧燃烧所需的电流,最后减小至 0,电弧就可以自行熄灭。也就是说,负载的伏安特性直线必

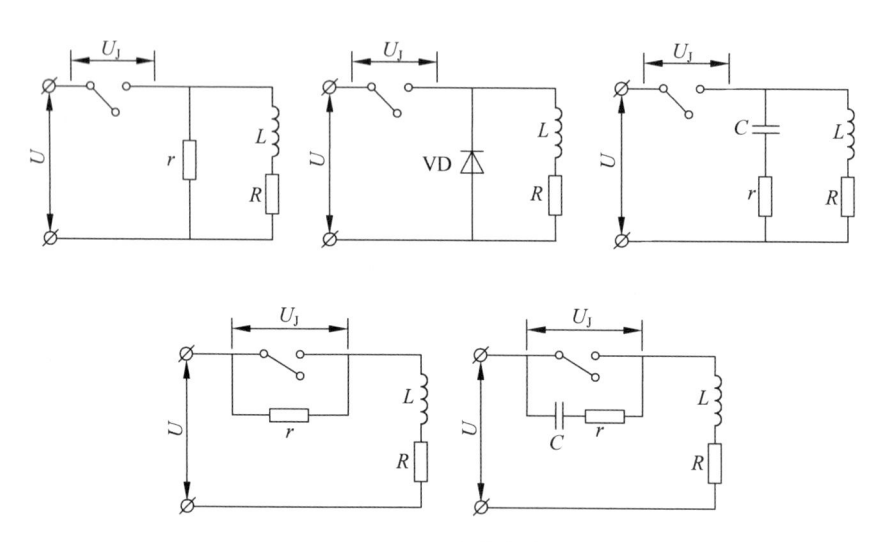

图 3-39 灭火花电路

须在电弧伏安特性曲线之下。要满足这个条件,有两个途径:

(1) 降低负载的伏安特性直线。
(2) 抬高电弧伏安特性曲线。

降低负载伏安特性直线的具体方法是:限制电路的功率。这个功率是这样确定的:已知接点间距离 l_J 后,根据接点材料和 l_J 做出电弧伏安特性曲线,再作一系列与该电弧伏安特性曲线相切的负载直线,这些负载直线与电压 u 轴和电流 i 轴的交点,就是电弧自行熄灭的临界电压与电流值。每一条负载直线都能得到一组电压和电流值,这些电压和电流值的乘积差不多是一个常数,这个乘积称为电弧自行熄灭的电路临界功率 P_l,如图 3-41 所示。

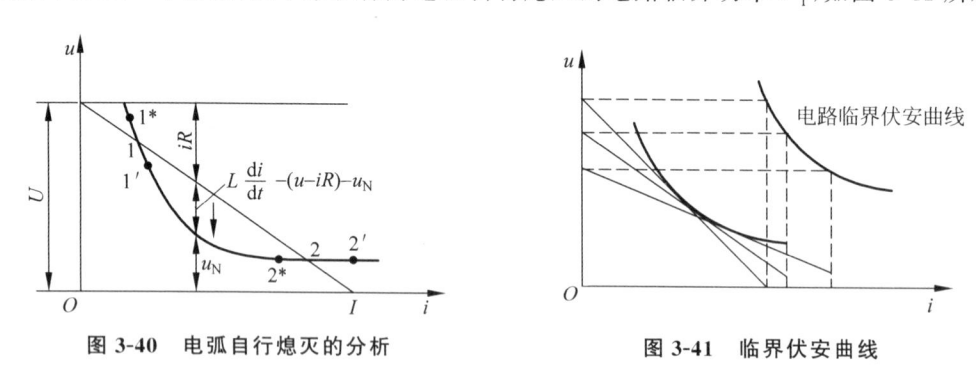

图 3-40 电弧自行熄灭的分析

图 3-41 临界伏安曲线

实际上,为了安全延长接点的使用寿命,限制电路的功率为临界功率的 $\frac{1}{5} \sim \frac{1}{3}$,即 $P_y = \dfrac{P_l}{3 \sim 5}$。

抬高电弧伏安特性曲线的熄灭电弧方法是增大接点间的距离。这种方法是在一定功率的电路中接点间距离不够时采用。增大接点间距离的方法如下。

(1) 单纯增大接点间距离 l_J。

（2）串联几个接点。这种方法比单纯增大接点间距离的熄灭电弧效果好，因为串联几个接点距离为 l'_j 的电弧电压，比一个接点距离增大为 $l_j = nl'_j$ 的电弧电压高 $(n-1)\left(\alpha + \dfrac{c}{i}\right)$（$\alpha$ 和 c 是两个常量系数）倍。

（3）磁吹弧。这种方法是利用磁场的电磁力拉长电弧，起到增大接点间距离的作用，使其电弧拉长到加在接点间电压不足以维持电弧燃烧所需的电压而自行熄灭。

磁吹弧的方法是在接点上装一块永磁铁，永久磁通经过接点间的空气隙构成磁回路。接点断开时，接点之间产生的电弧实际上就是电子和离子在接点之间移动。因此，当接点间产生电弧时，在电子和离子上要受到电磁力的作用，如图 3-42 所示，在这个电磁力的作用下，好像风吹火似的将电弧吹得向外拉长，最后使电弧自行熄灭。

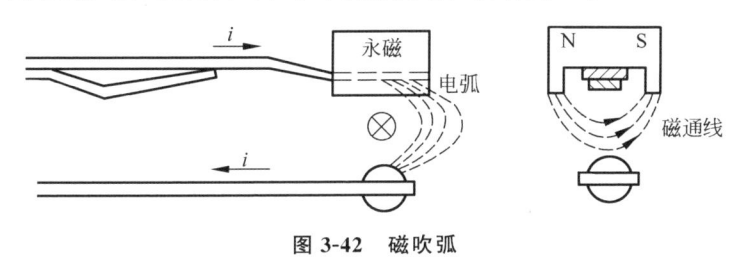

图 3-42　磁吹弧

磁吹弧的方向根据左手法则确定，如图 3-43 所示。此时要求通过接点电流的方向，应符合使接点间电弧向外吹的原则。否则，向内吹弧，不但不会熄灭电弧，还会造成接点的损伤。因此，加强接点上用磁吹弧的继电器，如 JWJXC-480、JWJXC-H $\dfrac{125}{0.44}$、JYJXC-$\dfrac{160}{260}$ 等都规定了接点的正负极性，使用中要注意磁吹弧的方向。这样，接点电流产生的磁场方向与磁钢的磁场方向一致，还保证不会产生对磁钢的去磁作用。

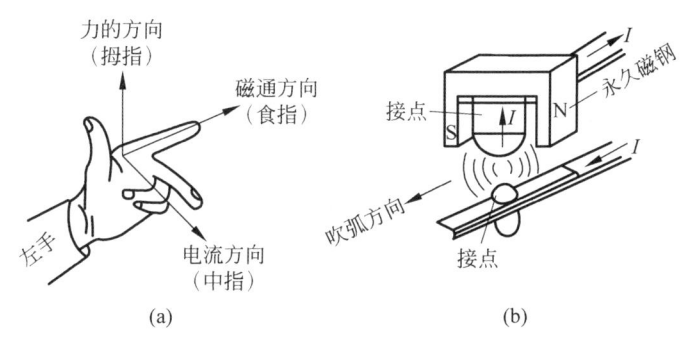

图 3-43　磁吹弧的方向示意

3.3　时间继电器

JSBXC-850 和 JSBXC$_1$-850 等型时间继电器是一种缓吸继电器，借助电子电路，获得 180 s、30 s、13 s、3 s 等延时，可满足不同信号电路的需要。时间继电器由时间控制单元与 JWXC-$\dfrac{370}{480}$ 型无极继电器组合而成。时间控制单元装在印制电路板上，安装在接点组的上方。鉴别销号码为 14、55。

时间继电器的基本情况见表 3-3。

表 3-3 时间继电器的基本情况

规格序号	继电器名称	型号	鉴别销号码	线圈参数 连接	线圈参数 电阻	电气特性 充磁值/mA	电气特性 释放值 不小于/mA	电气特性 工作值 不大于/mA	动作时间/s 连接端子 51-52、53-12 51-52	51-61	51-63	51-83
1	半导体时间继电器	JSBXC-780			390×2	$\frac{56}{56}$	$\frac{4.5}{4.5}$	$\frac{14}{14}$	60±6	30±3	13±1.3	3±0.3
2		JSBXC-820			410×2				45±4.5			
3		JSBXC-850	14,55		$\frac{370}{480}$				180±27	30±4.5	13±1.95	3±0.45
4	单片机时间继电器	JSDXC-850		单独	$\frac{370}{480}$			$\frac{14}{13.4}$	180±9	30±1.5	13±0.65	3±0.15
5		JSBXC$_1$-850	14,55		$\frac{370}{480}$	$\frac{56}{54}$	$\frac{4}{3.8}$					
6		JSBXC$_1$-870B01			$\frac{370}{500}$			$\frac{16}{13.4}$	3±0.15	2±0.1	1±0.05	0.6±0.03
7	道口时间继电器	JSC-30	11,12		$\frac{370}{370}$			$\frac{14.5}{13.8}$	连接端子 11-52、12-51、13-61 30±0.3			

3.3.1 JSBXC-850 型半导体时间继电器

1. 延时电路

JSBXC-850 型半导体时间继电器(型号中 S 为时间,B 为半导体,850 是 370 和 480 之和)的时间控制电路如图 3-44 所示,其核心是由单结晶体管等组成的脉冲延时电路。

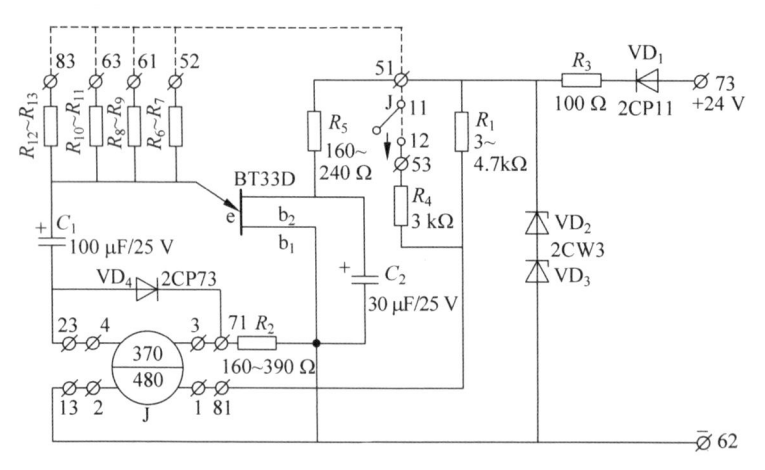

图 3-44 JSBXC-850 型半导体时间继电器的延时电路

在单结晶体管 BT 的发射极 e 和第一基极 b_1 的放电回路中接入继电器 J 的前圈(3-4, 370 Ω),它的后圈(1-2,480 Ω)通过电阻 R_1 直接与电源相连。

接通电源时,后圈有电流流过,其电路为:

+24 V 电源(73 端子)—VD$_1$—R$_3$—R$_1$—J$_{1-2}$—电源(62 端子)。

但是，R_1 的阻值很大，为 $3\sim4.7\ \text{k}\Omega$，使得流过后圈的电流很小，继电器 J 不会动作。

与此同时，电容器 C_1 也开始充电，其电路为：

$+24\ \text{V}$ 电源（73 端子）—VD_1—R_3—$R_6\sim R_7$（或 $R_8\sim R_9$、$R_{10}\sim R_{11}$、$R_{12}\sim R_{13}$）

—C_1 —[VD_4 / $\text{J}_{4\text{-}3}$]— R_2—电源（62 端子）。

此电流流过前圈的方向正好与后圈的相反，继电器更不会动作。

当电容器 C_1 充电电压上升至高于单结晶体管 BT 的击穿电压时，BT 的发射极 e 与第一基极 b_1 间导通，C_1 放电，其电路为：

$C_1(+)$—BT_{eb1}—R_2—$\text{J}_{3\text{-}4}$—$C_1(-)$。

此电流流过前圈的方向与后圈的相同，当两者之和达到继电器的工作值时，继电器吸起，其前接点 11-12 沟通了自闭电路，电路为：

$+24\ \text{V}$ 电源（73 端子）—VD_1—R_3—[R_1 / $\text{J}_{11\text{-}12}$]—R_4—$\text{J}_{1\text{-}2}$—电源（62 端子）。

由于 R_4 的接入，电路的电阻值降低近一半，流过后圈的电流大于继电器的落下值，继电器可靠吸起。

2. 延时时间

以上可见，由于存在 BT 和 C_1 组成的脉冲延时电路，继电器从接通电源到完全吸起经过了一段时间，这段时间就是继电器的缓吸时间。缓吸时间与充电电路的时间参数有关。电容器 C_1 的电容量越大，充电至单结晶体管 BT 击穿电压的时间越长，缓吸时间越长。

充电电路的电阻值越大，电容器的充电电流越小，充电时间必然延长，缓吸时间越长。在端子 52、61、63、83 上分别接入不同阻值的电阻，即获得四种延时。一般情况是，连接端子 51-52 为 3 min；连接端子 51-61 为 30 s；连接端子 51-63 为 13 s；连接端子 51-83 为 3 s。此外，通过连接不同端子还可获得其他延时时间，如端子 51 与 61、63 相连，为 9 s；端子 51 与 61、63、83 相连，为 2.3 s，可满足电路的特殊需要。

3. 其他元件的作用

1）稳压管 VD_2、VD_3

VD_2、VD_3 与 R_3 串联后成为稳压电路，稳压值为 $19.5\sim20.5\ \text{V}$，使继电器电源电压在 $21\sim27\ \text{V}$ 变化时，保持标准值的吸起时间，消除电源电压波动对延时的影响。

2）二极管 VD_1

VD_1 是防止电源极性接错而设的，电源接错时，VD_1 使电路不通。

3）二极管 VD_4

VD_4 并联在继电器前圈两端，构成继电器断电时产生的反电势电路的回路，免击穿单结晶体管。

4）电容器 C_2

C_2 是单结晶体管第二基极的平滑电容，也是稳压电路的滤波电容，消除电源杂音对电路延时的干扰。

5）电阻 R_5

R_5 是单结晶体管的基极电阻。

4. 特性

JSBXC-850 型继电器与 JWXC-$\frac{370}{480}$ 型继电器具有相同的电气特性,但有以下补充要求:

(1) 继电器的延时误差不能超出标准值的±15%。

(2) 在通电至继电器吸起的缓吸时间内,后接点的压力为 0.098~0.147 N。

5. 接点使用

JSBXC-850 型继电器的接点编号与无极继电器相同。图 3-44 中,除端子 73、62 外,时间控制单元的端子号与继电器接点完全相同。除端子 73 接(＋)电源、62 接(－)电源及按所需时间连接对应接点外,继电器内部尚需连接 1-81、2-13、3-71、4-23、11-51、12-53。因此,可供使用的只有第 3、第 4 两组接点组和第 2 组前接点。

3.3.2　JSBXC$_1$-850 型时间继电器

JSBXC-850 型时间继电器采用 RC 延时电路,在使用中由于电容器老化和环境温度变化,延时时间有漂移,需要定期检修和调整其时间常数。

JSBXC$_1$-850 型可编程时间继电器,是新一代的时间继电器,它采用微电子技术,通过单片机软件设定不同的延时时间。它采用动态电路输出,延时精度高(延时误差为±5%),不需要调整,电路安全可靠,不改动原时间继电器的外部配线,使用很方便。

JSBXC$_1$-850 型时间继电器内部电路如图 3-45 所示。电路由四部分组成:输入电路、

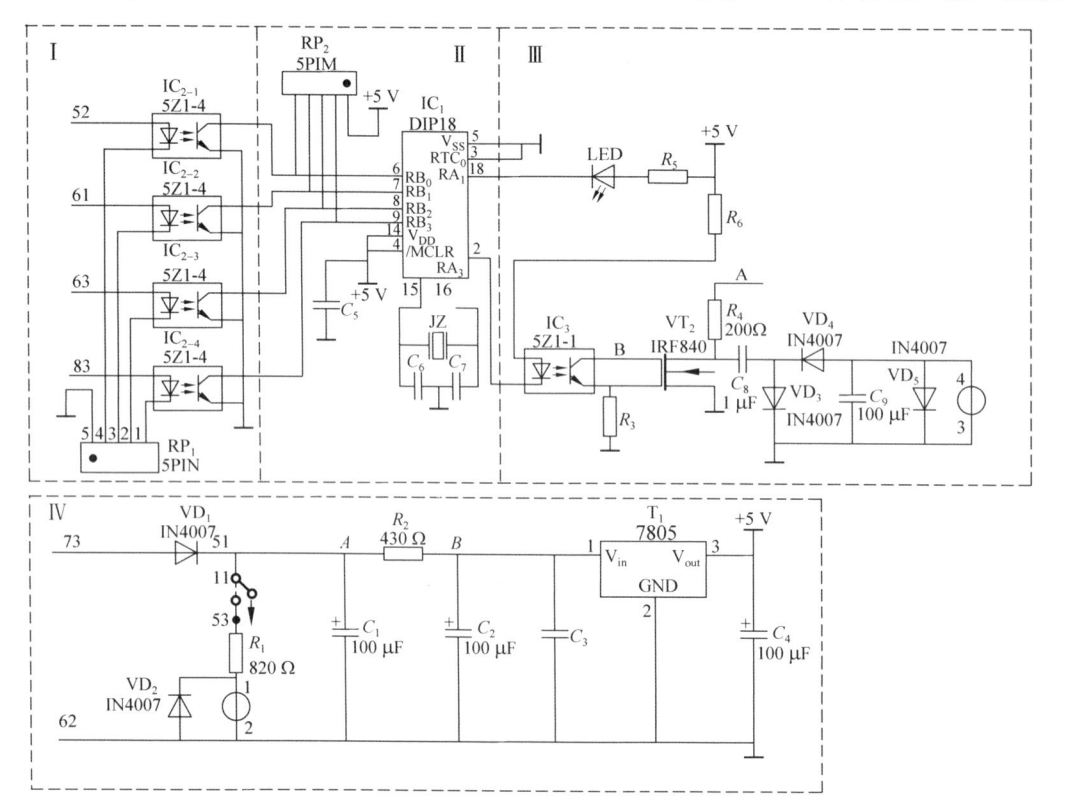

图 3-45　JSBXC$_1$-850 型时间继电器内部电路

控制电路、动态输出电路和电源电路。

"Ⅰ"为输入电路部分,经 4 个光电耦合器 IC$_{2-1}$～IC$_{2-4}$(5Z1-4 型)连接不同输入端,设定不同的延时时间,其连接与 JSBXC-850 型继电器相同。光电耦合器起隔离作用,隔离外部电路和单片机。当光电耦合器的发光二极管有输入导通时,其光敏三极管就导通。否则,就截止。

"Ⅱ"为控制电路部分,由 IC$_1$(DIP18 型)和晶体振荡器 JZ 及 C_6、C_7 等组成。JZ 为 IC$_1$ 提供振荡源。当 IC$_1$ 的输入端 RB$_0$～RB$_3$ 中的 1 个有输入时,通过软件的设定,其输出端 RA$_1$～RA$_3$ 经过不同的延时后就有序列脉冲输出。在延时过程中发光二极管(LED)每秒钟闪亮 1 次。

"Ⅲ"为动态输出部分。当单片机的输出,通过光电耦合器 IC$_3$(5Z1-4 型)接至 MOS 管 VT$_2$(IRF840 型)栅极。在序列脉冲的作用下,VT$_2$ 反复导通和截止。VT$_2$ 导通时,对电容器 C_8 充电。VT$_2$ 截止时,C_8 对 C_9 放电。当 C_9 上电压充电至继电器工作值时,通过前圈(370 Ω)使继电器吸起。继电器吸起,其前接点 11-12 闭合,又使后圈(480 Ω)励磁,于是继电器可靠吸起。

"Ⅳ"为电源电路部分。经 73-62 输入的电源经 VD$_1$(IN4007 型)鉴别极性。C_1、R_2、C_2 组成的滤波电路滤除交流成分,三端稳压器 T$_1$(7805 型)稳压,为单片机提供工作电源。

JSBX$_1$-850 型继电器在使用时应注意以下各点:

(1) 继电器线圈两端并联有二极管,所以线圈的 1、3 端子应接正电;2、4 端子接负电。

(2) 如果继电器缓吸时间出现误差,应更换控制电路中的晶振或单片机。

(3) 如果继电器通电后工作正常,但发光二极管不亮,可更换发光二极管。

(4) 如果继电器通电后不吸起,此时若发光二极管每秒闪 1 次,应检查动态输出电路中的元件是否有损坏;若发光二极管不闪,应分别检查四部分电路。经检查输入条件正确,则是控制电路板出现故障,建议更换电路板。

3.4　交流二元继电器

交流二元继电器中的二元指有两个互相独立又互相作用的交变电磁系统。根据频率不同,交流二元继电器分为 25 Hz 和 50 Hz 两种。

JRJC-66/345 型和 JRJC$_1$-70/240 型二元继电器在交流电气化区段的 25 Hz 相敏轨道电路中作为轨道继电器。它们由专设的 25 Hz 分频器供电,具有可靠的频率选择性和相位选择性,能可靠地防护轨端绝缘破损和不平衡造成的 50 Hz 干扰。另外还有动作灵活的翼板转动系统、紧固的整体结构,不仅经久耐用,而且便于维修。

50 Hz 交流二元继电器主要在城市轨道交通等直流牵引区段的轨道电路中作为轨道继电器,其结构和动作原理与 25 Hz 交流二元继电器基本相同,只是线圈参数有所不同,以适应不同频率的需要。

本节介绍 25 Hz 交流二元继电器,它们的基本情况见表 3-4。

表 3-4　交流二元继电器基本情况

继电器型号	线圈电阻/Ω		工作频率/Hz	局部线圈		轨道线圈			轨道电流滞后于局部电压理想相位角
				额定电压/V	电流/A	工作值		释放值	
						电压/V	电流/A	电压/V	
JRJC-$\frac{66}{345}$	局部	345	25	110	≤0.08	—	—	—	160°±8°
	轨道	66	25	—	—	≤15	≤0.038	≥7.5	
JRJC$_1$-$\frac{70}{240}$	局部	240	25	110	≤0.10	—	—	—	157°±8°
	轨道	70	25	—	—	≤15	≤0.04	≥8.6	

3.4.1　交流二元继电器的结构

JRJC-66/345 型交流二元继电器由于结构设计不合理造成卡阻，JRJC$_1$-70/240 型交流二元继电器在 JRJC-65/345 的基础上对结构进行了以下改进设计：采用增强整机结构稳定性和改进机械传动的形式；优化磁路设计，增大电磁牵引力和改善机械电气性能；改进接点结构，改善接点性能；改变接点转动轴的结构，提高动作可靠性。因此，JRJC$_1$-70/240 型交流二元继电器在接点压力、返还系数、可靠性方面有了很大提高。

JRJC$_1$-70/240 型交流二元继电器的结构如图 3-46 所示，由电磁系统、翼板、接点组等主要部件组成。

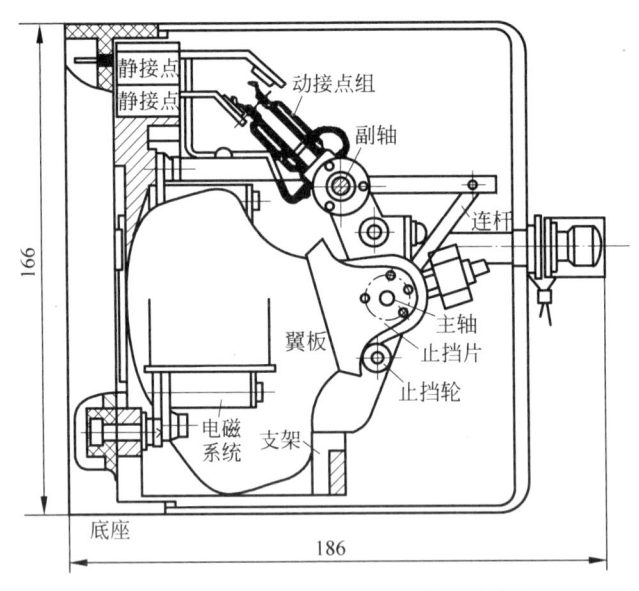

图 3-46　JRJC$_1$-70/240 型交流二元继电器结构

1. 电磁系统

电磁系统包括局部电磁系统和轨道电磁系统。局部电磁系统由局部铁芯和局部线圈组成。轨道电磁系统由轨道铁芯和轨道线圈组成。铁芯均由硅钢片叠成。线圈是用高强度漆包线绕在线圈骨架上而制成。

2. 翼板

翼板是将电磁系统的能量转换为机械能的关键部件。翼板由 1.2 mm 厚的铝板冲裁而成，安装在主轴上。翼片尾端安装有重锤螺母，对翼板起平衡作用。翼板一侧的主轴上还安装一块 2.0 mm 厚由钢板制成的止挡片，与轴成为一整体，使翼板转至上、下极端位置时受到限制。

3. 接点组

动接点固定在副轴上，主轴通过连杆带动副轴上的动杆单元使动接点动作，接点组编号如图 3-47 所示。

JRJC$_1$-70/240 型继电器插座外形尺寸为 126 mm×165 mm，需要占用两个安全型继电器的位置。

交流二元继电器是感应式继电器且无附加轴，它的后接点不得在控制和表示电路中使用。交流二元继电器只有两组接点，故必须设置复示继电器，采用专用的 JWXC-H310 型缓动继电器。

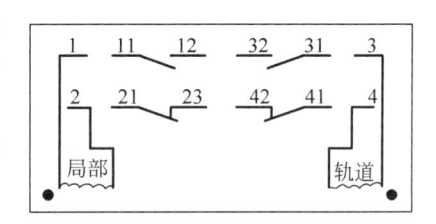

图 3-47　JRJC$_1$-70/240 型继电器的接点组编号

3.4.2　交流二元继电器的工作原理

1. 相位选择性

JRJC$_1$ 型交流二元继电器的电磁系统如图 3-48 所示。当局部线圈和轨道线圈中分别通入一定相位差的交流电流 i_J 和 i_G 时，形成交变磁通 Φ_J 和 Φ_G，磁通穿过翼板时就形成了磁极 J 和 G，在翼板中分别产生感应电流，可看作许多环绕磁通的电流环所组成的，故称为涡流，以 i_{WJ} 和 i_{WG} 表示。涡流 i_{WG} 和 i_{WJ} 分别与磁通 Φ_J 和 Φ_G 作用，产生电磁力 F_1 和 F_2，即轨道线圈的磁通 Φ_G 在翼板中感应的电流 i_{WG}，在局部线圈磁通 Φ_J 作用下产生力 F_1；局部线圈的磁通 Φ_J 在翼板中感应的电流 i_{WJ}，在轨道线圈磁通 Φ_G 作用下产生力 F_2。F_1 和 F_2 的方向可由左手法则决定，如图 3-48 所示。

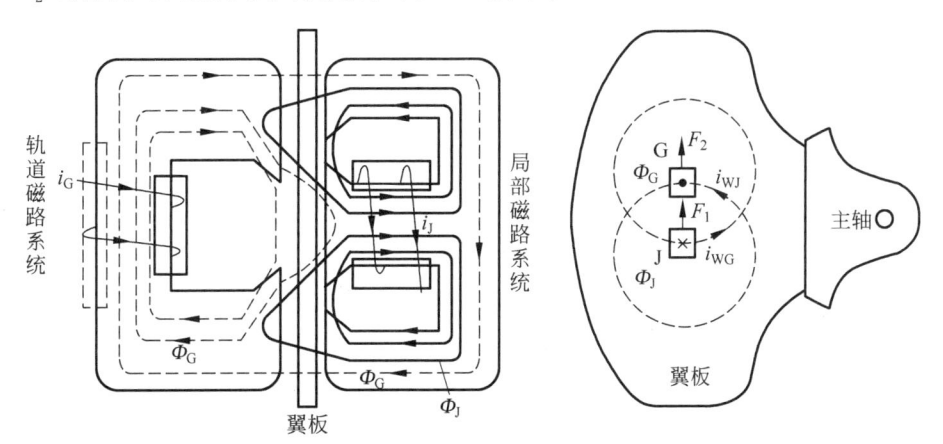

图 3-48　JRJC$_1$ 型交流二元继电器的电磁系统和受力分析

若使 F_1 和 F_2 同方向，必须 Φ_J 和 Φ_G 方向相反，i_{WG} 和 i_{WJ} 方向相同，或者 i_{WG} 和 i_{WJ} 方向相反，而 Φ_J 和 Φ_G 方向相同。在 Φ_J 和 Φ_G 相差 90°的条件下，F_1 和 F_2 是同方向的，即任何瞬间翼板总是受一个方向的转动力的作用。当 Φ_J 超前 Φ_G 90°时，在翼板上得到正方向转矩，接通前接点；而当 Φ_J 滞后 Φ_G 90°时，则在翼板上得到反方向转矩，使后接点更加闭合。仅在任一线圈通电或两线圈接入同一电源，翼板均不能产生转矩而动作，这就是交流二元继电器所具有的可靠的相位选择性，由此可解决轨端绝缘破损的防护问题。

2. 频率选择性

当牵引电流不平衡时，频率为 50 Hz 的电压加在轨道线圈上，这时产生的转矩力在一个周期内平均值为零。即轨道线圈混入干扰电流与固定的 25 Hz 局部电流相作用，翼板不产生转矩，使继电器不会误动。同时，翼板的惯性较大，使继电器缓动，跟不上转矩力变化的速率，也可使继电器保持原来的位置而不致误动。

由于交流二元继电器具有频率选择性，不仅可以防止牵引电流的干扰，而且对其他频率也有同样的作用。可以证明，当轨道线圈电流频率为局部电流频率的 n 倍时，无论电压有多高，翼板均不能产生转矩使继电器误动。

交流二元继电器的可靠的频率选择性便于电码化的实现，当 25 Hz 相敏轨道电路叠加移频轨道电路时，移频信号加在轨道线圈上，不会使轨道继电器误动，这使得设备简单，工作稳定，避免了切换方式降低轨道电路技术标准的情况。

新型的 $JRJC_1$-70/240 型交流二元继电器的轨道线圈电阻值为 70 Ω，局部线圈电阻值为 240 Ω。

3.5 继电器的应用

应用继电器可构成各种控制和表示电路，统称继电器电路。在具体的应用过程中，涉及如何选用继电器、如何识读继电器电路、如何分析继电器电路以及如何判断继电器故障等方面。

3.5.1 电路中选择继电器的一般原则

根据电路要求，按继电器的主要参数和指标进行选择。具体如下：

(1) 继电器类型、线圈电阻，应满足各种电路的具体要求。

(2) 电路中串联使用继电器时，串联继电器的数量应满足各继电器正常工作电压的要求。

(3) 继电器的接点最大允许电流不应小于电路的工作电流，必要时可采用接点并联的方法。

(4) 继电器的接点数量不能满足电路要求时，应设置复示继电器，复示继电器应能及时反映主继电器的动作状态。

(5) 电路中串联继电器接点时,要使串联继电器接点的接触电阻不影响电路的正常工作。

3.5.2 继电器的表述

1. 继电器的名称符号

继电器一般是根据它的主要用途和功能来命名的,例如反映按钮动作的继电器称为按钮继电器,控制信号的继电器称为信号继电器。为了便于标记,继电器符号使用汉语拼音大写首字母来表示,例如按钮继电器表示为 AJ,信号继电器表示为 XJ。

在一个控制系统中会用到许多继电器,同一作用和功能的继电器也不止一个,它们的名称必须有所区别。例如以 XLAJ 代表下行进站信号机的列车进路按钮继电器,STAJ 代表上行通过按钮继电器。

同一个继电器的线圈和接点必须用该继电器的名称和符号来标记。同一继电器的各接点组还需用其编号注明,以防重复使用。

2. 继电器的定位

继电器有两个状态,即吸起状态和落下状态。在电路图中只能表达这两种状态中的一种。规定电路图中继电器呈现的状态称为通常状态(简称常态),或称为定位状态。在铁路信号系统中遵循以下原则来确定定位状态。

(1) 继电器的定位状态应与设备的定位状态相一致,信号布置图中反映的设备状态约定为设备的定位状态。例如,一般信号机以关闭为定位状态,道岔以开通定位为定位状态,轨道电路以空闲为定位状态。

(2) 根据"故障-安全"原则,继电器的落下状态必须与设备的安全侧相一致。例如,信号继电器的落下应与信号关闭一致,轨道继电器落下应与轨道电路占用一致,这样才能实现电路发生断线故障时导向安全侧。

根据以上两条原则就可以确定继电器的定位状态。例如,信号继电器 XJ 落下与信号关闭相对应,规定 XJ 落下为定位状态,道岔定位表示继电器 DBJ 吸起与道岔处于定位相对应,规定 DBJ 吸起为定位状态,而道岔反位表示继电器 FBJ 吸起应与道岔处于反位相对应,故规定 FBJ 落下为定位状态。轨道继电器 GJ 吸起与轨道电路空闲相对应,规定 GJ 吸起为定位状态。

在电路图中,凡以吸起为定位状态的继电器,其线圈和接点处均标记为"↑"符号;凡以落下为定位状态的继电器,其线圈和接点处均标记为"↓"符号。

3. 继电器的图形符号

在继电器电路中,涉及继电器线圈和接点组,它们的图形符号分别如表 3-5 和表 3-6 所示,这些图形符号反映了继电器的某些特性,绘图时必须正确选用,以免混淆。表中的接点图形符号有工程图用和原理图用两种。工程图用的符号略为复杂,但能准确表达接点的状态,且不致因笔误而造成误解,所以工程图必须采用工程图用符号。原理图用的接点符号比较简单,但稍有笔误极易造成误认,仅限于设计草图和教学中使用。

表 3-5　继电器线圈的图形符号

序　号	符　号	名　称	说　明
1	⊖	无极继电器	
	⊖		两线圈分接
2	⊖	无极缓放继电器	
	⊖		单线圈缓放
3	⊖	无极加强继电器	
4	⊘	有极继电器	
5	⊘	有极加强继电器	
	1 2 / 3 4 ⊘		两线圈分接
6	⊖	偏极继电器	
7	⊖	整流式继电器	
8	⊖3′	时间继电器	

表 3-6　继电器接点的图形符号

序　号	符　号 标准图形	符　号 简化图形	名　称	说　明
1			前接点闭合	
2			后接点断开	
3			前接点断开	
4			后接点闭合	
5			前、后接点组	前接点闭合，后接点断开
				前接点断开，后接点闭合
6	111 / 112	111 / 112	极性定位接点闭合	
7	111 / 112	111 / 112	极性定位接点断开	
8	111 / 113	111 / 113	极性反位接点闭合	

续表

序 号	符 号 标准图形	符 号 简化图形	名 称	说 明
9	113 / 111	113 / 111	极性反位接点断开	
10	111-113, 111-112 / 111-113, 111-112	111-113, 111-112 / 111-113, 111-112	极性定、反位接点组	定位接点闭合, 反位接点断开 / 定位接点断开, 反位接点闭合

对于继电器的前接点和后接点,只标出其接点组号,而不必详细标明动接点、前接点、后接点号。但从图中可看出,例如第一组接点,其动接点为 11,前接点为 12,后接点为 13。对于有极继电器,因无法用箭头表示其状态,所以必须表明其接点号,如 111-112 表示定位接点,111-113 表示反位接点,百位上的 1 是为了区别于其他继电器而增加的。

无论哪一种接点图形符号,它们在图纸上的工作状态(前接点闭合或后接点闭合)一般都按照设备经常(或定位)所处的状态来绘制,例如,信号继电器(XJ)的经常状态是落下的,它的接点则按前接点断开的工作状态来绘制;轨道继电器(GJ)的经常状态是吸起的,它的接点按前接点闭合的工作状态来绘制。总之,图纸上表示出来的各种继电器接点的工作状态都按它们各自的经常状态被固定下来。

在实际运用中,信号设备中的各种继电器的工作状态是随整个设备工作的需要,按一定的逻辑要求而动作(变化)的。例如,轨道继电器(GJ)的经常状态是吸起的,当列车占用轨道时,该轨道继电器就落下,前接点断开,后接点闭合,但图纸上表示出来的仍是前接点闭合,这时就要求我们能意识到这时轨道继电器已经落下了,它的接点工作状态已经改变了,原来闭合的前接点断开了,原来断开的后接点闭合了。

3.5.3 继电器线圈的使用

对于有两个线圈参数相同的继电器,其线圈有多种使用方法:可以两个线圈串联使用,连接 2-3,使用 1-4;也可以两个线圈并联使用,连接 1-3,连接 2-4,使用 1-2 或 3-4;还可以两个线圈分别使用或单线圈单独使用。无论使用哪一种方法,都要保证继电器的工作磁动势和释放磁动势,才能使继电器可靠工作。

单线圈使用时,为得到与两线圈串联使用同样的工作磁动势,通过线圈的电流必须比串联时大一倍,所消耗的功率也大一倍。此时,电源的容量要大,且线圈容易发热。因此,继电器大多采用两线圈串联使用的方法。在电路需要时,也采用分线圈使用的方法。两线圈并联使用时,所需电压比串联时低一半,一般使用在较低电压(如 12 V)的电路中。

3.5.4 继电器的基本电路

1. 串联电路和并联电路

根据继电器接点在电路中的连接方式,继电器电路可分为串联、并联和串并联三种基本形式。

1）串联电路

串联电路是指继电器接点串联连接的电路,其功能是实现逻辑"与"的运算。图 3-49 所示为一串联电路,3 个接点必须同时闭合才能使继电器 DJ 吸起。从逻辑功能来看,接点在电路中的串接顺序是任意的,而且动接点是否接向电源也是任意的。但从工程角度出发,应考虑接点的有效使用,如 AJ 的后接点可用在别的电路中。

图 3-49　串联电路

2）并联电路

由几个继电器接点并联连接的电路称为并联电路,它的功能是实现逻辑"或"运算。如图 3-50 所示为 3 个接点并联的例子,其中任一个接点闭合都会使继电器 DJ 吸起。从工程角度看,也要考虑接点组的有效利用。

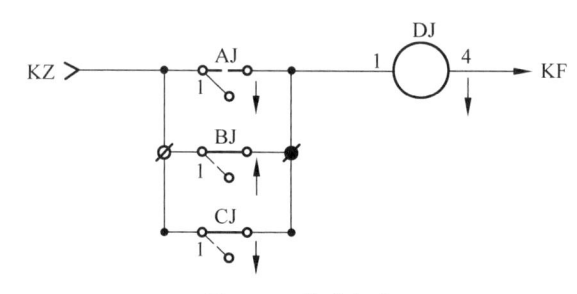

图 3-50　并联电路

3）串并联电路

根据逻辑功能的要求,在电路中有些接点串联,有些接点并联,此电路称为串并联电路,如图 3-51 所示。

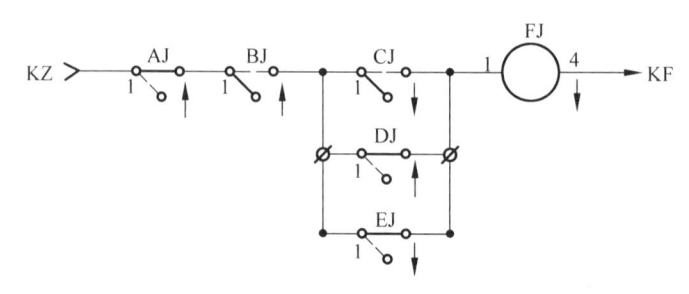

图 3-51　串并联电路

2. 自闭电路

在继电器构成的控制系统中,经常需要记录某一动作,为以后的过程做准备。例如,图 3-52 所示的按钮继电器电路,按下自复式按钮 A 后,继电器 AJ 经过励磁电路吸起。但松开按钮后,继电器就不能保持吸起。增加由自身前接点构成的电路,即使按钮松开后,继电器仍可以保持吸起,这条由自身前接点构成的电路称为自闭电路。由自闭电路控制后,继电器就有了记忆功能。在它完成任务后,就必须由表示该任务完成的继电器接点使其复原。

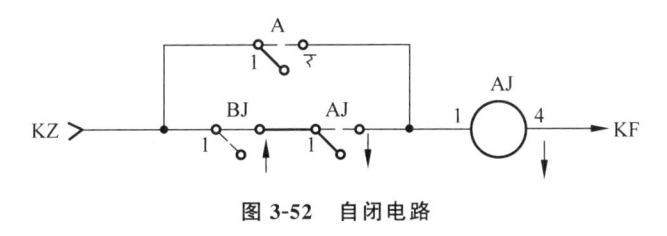

图 3-52　自闭电路

3.5.5　继电器电路的分析方法

在设计和分析继电器电路时,为了便于认识和掌握电路的逻辑功能、继电器的动作顺序、继电器动作时机和继电器励磁回路,需要采用一些简便的分析方法,如动作程序法、时间图解法和接通路径法。

1. 动作程序法

动作程序法用于表示继电器的动作过程,着重反映继电器电路的时序因果关系,而不严格地表达逻辑功能。

采用符号表示各继电器状态的变化,"↑"表示继电器吸起,"↓"表示继电器落下(注意区分这里的箭头只是表示继电器的动作,不应与电路图中表示继电器定位状态的↑、↓混淆)。"→"表示促使继电器吸起、落下,"｜"表示逻辑"与"。

例如对于图 3-53 所示的脉动偶电路(由两个继电器组成的脉冲形成电路),可写出它的动作程序。

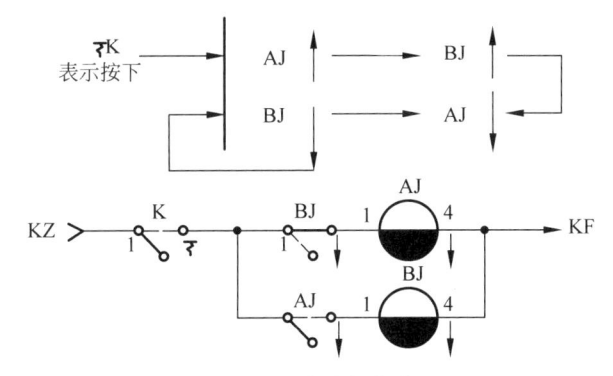

图 3-53　脉动偶电路

2. 时间图解法

有些继电器电路的时间特性要求比较严格,整个电路动作过程与继电器的时间特性(如缓放时间的长短)密切相关。这时,可用时间图解法来较准确地分析整个电路动作过程与继电器的时间特性的关系。时间图解法能清楚地表示各继电器的工作情况、相互关系和时间特性,能正确反映整个电路的动作过程。

时间图解法把继电器线圈通电、后接点断开、前接点闭合、线圈断电、前接点断开、后接点闭合等都在时间图上表示出来。继电器之间的相互关系,在时间图上用箭头表示。脉动偶电路的动作过程的时间图如图 3-54 所示。

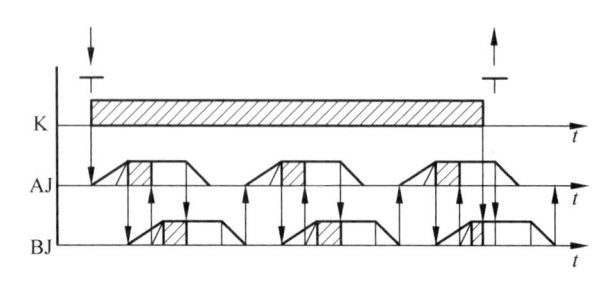

图 3-54　脉动偶电路时间图解

3. 接通路径法

接通路径法用于描述继电器的励磁路径,即由电源的正极经继电器接点、线圈及其他元器件(按钮接点、二极管等)流向电源负极的回路,它是分析继电器电路常用的方法(俗称跑电路)。

例如对上述脉动偶电路,其励磁电路如下:

KZ—K_{11-12}—BJ_{11-13}—AJ_{1-4}—KF

KZ—K_{11-12}—AJ_{11-12}—BJ_{1-4}—KF

路径中各接点及器件的下标是它们在电路中连接的具体端子号或接点号,接点之间用"—"联系,它表示经由,而不用"→",是因为没有促使的意思,避免和动作程序法中的"→"相混淆。

一个继电器可以有多条励磁电路,需要分别写出接通路径予以描述。

接通路径法仅表达了继电器电路的导通路径,而不能反映电路的逻辑功能。对于复杂的继电器电路,在对其逻辑功能不熟悉的情况下,可以先用接通路径来加以描述。

在实际应用过程中,通常将动作程序法和接通路径法结合起来使用:一方面,在掌握继电器电路的动作程序的情况下,能方便地跑通电路;另一方面,在跑通电路的过程中,加深对动作程序的理解。

3.5.6　继电器电路的安全措施

继电器电路中常见的故障有:熔断器熔断、断路器脱扣、断线、脱焊、螺丝松脱、线圈烧坏、接点接触不良、器件失效、插接件接触不良、线间绝缘不良、线路混入电源等,故障种类很多。但就其对电路的影响可以归纳为两大类:一类使电路开路,称为断线故障;另一类使电路混线,称为混线故障。断线故障会导致吸起的继电器错误落下或使应吸起的继电器不能吸起。混线故障可能使不应吸起的继电器错误吸起或使已吸起的继电器不能及时落下,继电器电路的安全性主要解决断线防护和混线防护问题。

1. 断线防护电路

电路的断线故障远多于混线故障,因此必须按闭合电路法(以电路断开对应安全侧,以电路闭合对应危险侧)设计继电器电路,即发生断线故障时使继电器落下,以满足"故障-安全"的要求。

图 3-55 所示的两个电路是等效的。即 AJF 是 AJ 的复示继电器,但两者结构不一样,图 3-55(a)符合闭合电路原理,无论何处发生断线故障都导致 AJF 在落下状态,具有故障-安全性能。图 3-55(b)是利用 AJ 的后接点构成 AJF 线圈的旁路而使 AJF 落下,称为旁路控制电路,其发生断线故障时,AJF 反而错误吸起,导向危险侧,所以安全电路不能采用旁路控制电路。继电器电路采用闭合电路原理设计,能反映任何断线故障,故可认为它具有断线故障自检能力。

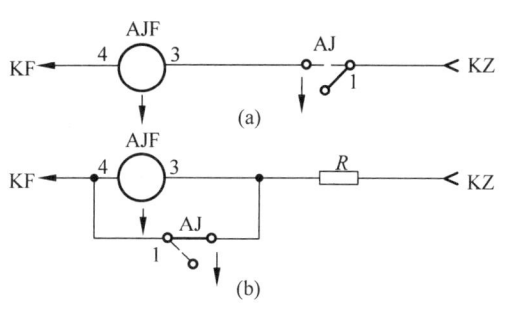

图 3-55 断线防护电路

2. 混线防护电路

继电器电路按闭合电路原理设计,在混线故障情况下,有可能使继电器错误吸起,导向危险侧。因此尽管混线故障远少于断线故障,也必须慎重地采取防护措施。实际上,要使电路的各点都进行混线防护,是困难的,也几乎不可能。室内环境较好,只要采取严格的施工工艺,电路极少发生混线故障,一般不采取防护措施。

1) 位置法

位置法也称远端供电法,是针对室外电路之间混线而采取的措施。例如,图 3-56 中两电路的逻辑功能是等同的,但电路结构不同,图 3-56(a)的继电器和电源均在电路的同一侧,发生混线故障时,继电器将无条件地错误吸起,这十分危险。图 3-56(b)的继电器和电源分设在电路两侧,发生混线故障时,一方面使继电器短路,另一方面在接点 DB(转辙机接点)闭合的情况下使电源处的熔断器熔断,从而使继电器落下,导向了安全侧。所以,位置法的关键是继电器和电源必须分别设在可能混线位置的两侧。

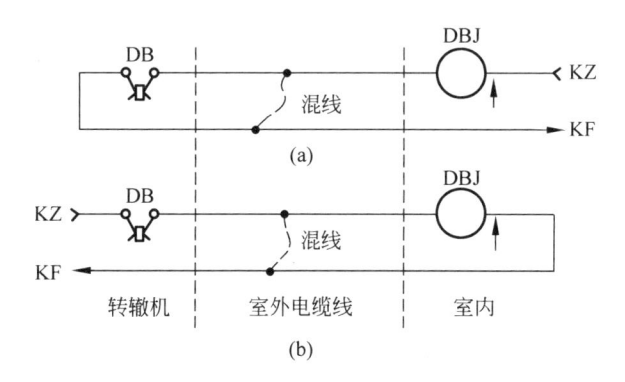

图 3-56 混线防护电路

2) 极性法

极性法是针对室外电路混入电源而采取的措施。如图 3-57 所示,电路中采用偏极继电器。当 Q 线上混入正电时,与电源极性一致,则继电器 1JGJ 仍保持吸起,Q 线上混入负电时,则熔断器熔断,使继电器 1JGJ 落下导向安全侧。在 H 线上混入电源情况同样如此。如果在列车占用 1JG 时,IG↓,此时若在 Q 线上混入负电,H 线上混入正电,则 1JGJ 因极性不符,不吸起,而如果采用无极继电器就不能达到此目的。

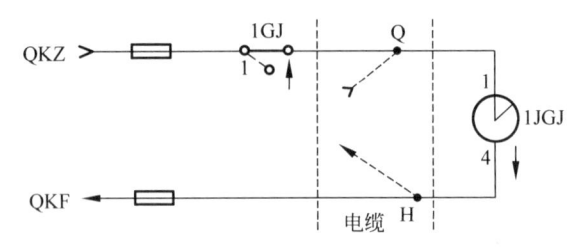

图 3-57 极性法混线防护

3) 双断法

双断法是在电路的 Q 线和 H 线上都接入同样的控制接点,防止混线混电故障。如图 3-58 所示,如不采用双断,则当 a、b 两点同时发生接地或控制接点引出端子间发生短路等故障时,尽管控制接点未闭合,也能使继电器错误吸起。但若采用双断法,这种可能性就大大减小。Q 线或 H 线混入电源,也可防护。

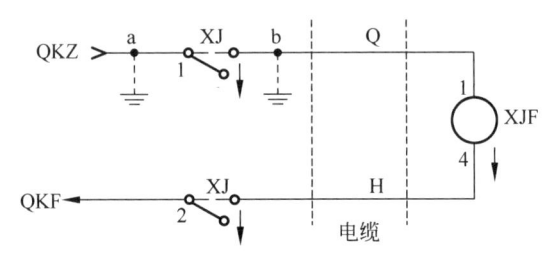

图 3-58 双断法混线防护(一)

又如图 3-59(a)所示,若不采用双断法,继电器 1DBJ 和 3FBJ 的 Q 线之间发生混线故障,则 3FBJ 将错误吸起,若采用双断法,如图 3-59(b)所示,则 Q 线间发生混线故障时也不会使 3FBJ 错误吸起。

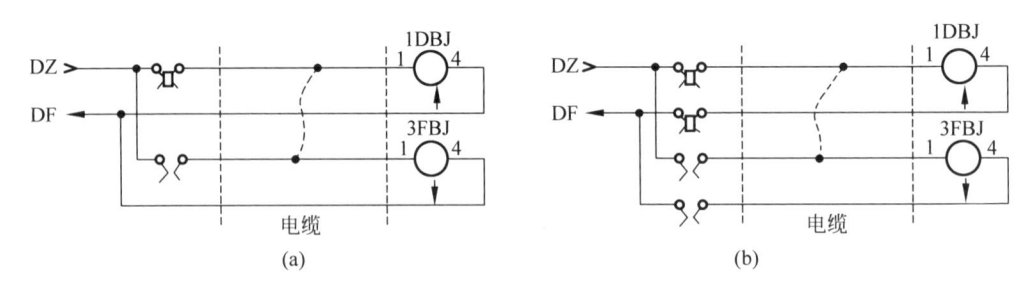

图 3-59 双断法混线防护(二)

4) 独立电源法

独立电源法也称为电源隔离法。从上述双断法分析中可以看出,在混线故障情况下导致继电器错误吸起的原因在于继电器未采用独立电源或多个继电器共用一个电源。如果每个继电器有各自的电源且没有公共回线,那么任何两条线路混线都不会构成错误的闭合电路使继电器吸起。但为每个继电器设直流电源很不经济,故在直流电路中未采用,然而在交流电源中可以很方便地利用变压器实现电源隔离，例如轨道电路、信号点灯电路和道岔表示电路都采用变压器隔离。图 3-60 所示为道岔表示电路，其中 BB 就是专用的隔离变压器。

以上几种措施也可能同时采用。此外还有分路法（当继电器处于落下状态时接通继电器线圈的分路线，防止因混入电源而错误吸起）、分线法（重要的继电器电路不与其他继电器共用回线）等。

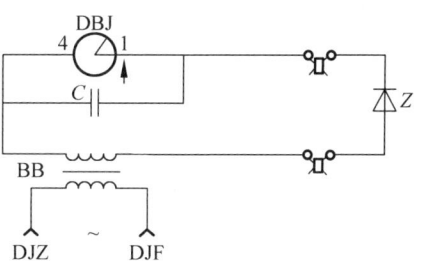

图 3-60　独立电源防护法

习题

1. 什么是继电特性，继电器在铁路信号中有哪些作用？
2. 什么是安全型继电器，有哪些特点？
3. 继电器的机械特性曲线说明什么？它有什么作用？
4. 直流电磁无极继电器的磁动势如何确定？
5. 直流电磁无极继电器的吸起值为什么比释放值大？
6. 什么叫返还系数？作为铁路信号用的继电器，返还系数选用大的好，还是小的好？
7. 直流电磁无极继电器的止片有什么作用？它对吸起值有无影响？为什么？
8. 直流有极继电器有什么特点？它与无极继电器从直观上来看应如何区别？
9. 保持式有极继电器的保持吸力与哪些因素有关？控制电流产生的吸力与什么因素有关？转极所需磁动势与保持吸力之间有什么关系？
10. 简述 AX 型有极继电器的工作原理。
11. AX 型偏极继电器无电时衔铁为什么能落下？永磁失磁后会出现什么现象？
12. 一般直流无极电磁继电器的吸起时间与落下时间哪一个时间长？为什么？
13. 整流式继电器结构上有哪些特点？
14. 总结各类继电器的异同。
15. 安全型继电器的电气特性主要包括哪些？各有什么含义？
16. 如何改变安全型继电器的时间特性？
17. 接点间产生电弧或火花对接点有什么损害？
18. 为什么接点间会产生火花或电弧？
19. 产生接点间火花或电弧的条件是什么？
20. 熄灭接点间电弧的条件是什么？有哪些途径？具体方法有哪些？
21. 灭接点火花所采用的灭火花辅助电路的设计意图是什么？
22. 信号继电器电路的基本防护原则是什么？最主要的有哪些？
23. 有哪些基本继电器电路？什么是自闭电路？有什么作用？
24. 继电器线圈有哪些使用方法？各用于哪种场合？
25. 继电器电路有哪些分析电路的方法？各有什么特点？
26. 继电器电路如何进行混线防护？
27. 继电器电路如何进行断线防护？什么是闭路式原理？

第4章 道岔转换与锁闭设备

道岔转换和锁闭设备直接关系到行车安全。道岔的操纵分为手动、电动两种方式。手动方式是作业人员通过道岔握柄在现场直接操纵道岔的转换与锁闭,这种方式效率低,劳动强度大,不能适应铁路现代化的要求。随着对非集中联锁的改进,手动方式正逐渐减少。电动方式是指由各类动力转辙机转换和锁闭道岔,易于集中操纵、实现自动化。转辙机是重要的信号基础设备,它对于保证行车安全、提高运输效率、减轻行车人员的劳动强度,起着非常重要的作用。

4.1 道岔

道岔是列车从一股道转向另一股道的转辙设备,它是铁路线路中最关键的特殊设备,也是铁路信号的主要控制对象之一。信号人员必须熟悉它的基本结构、作用和表示符号。

4.1.1 道岔组成

普通单开道岔是主线为直线,侧线向主线的左侧或右侧分支的道岔。它由转辙器、连接部分和辙叉及护轨部分组成,如图 4-1 所示。

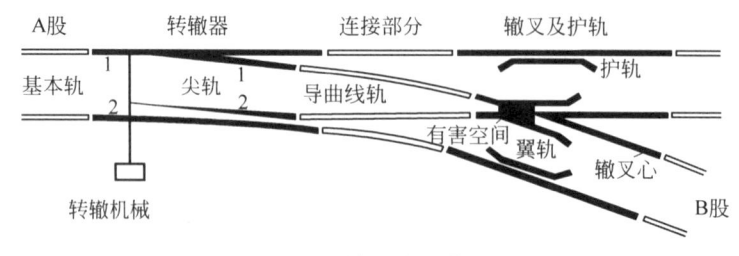

图 4-1 普通单开道岔

1. 转辙器

转辙器由两根可以移动的尖轨和尖轨外侧的两根固定的基本轨以及转辙机械组成,是引导机车车辆沿直线方向或侧线方向线路行驶的设备,尖轨通过连接杆与转辙机械相连,操作转辙机械可以改变尖轨的位置,确定道岔的开通方向。

2. 连接部分

连接部分连接转辙器和辙叉及护轨,由4根合拢轨组成,包括2根直合拢轨和2根弯的合拢轨。合拢轨曲线称为道岔导曲线,在导曲线上一般不设缓和曲线和超高,所以列车在侧向过岔时,速度要受到限制。

3. 辙叉及护轨

辙叉及护轨由两根翼轨、一个辙叉心和两根护轨组成,它的作用是保证车轮安全通过两股轨线的相互交叉处。护轮轨和翼轨的作用是固定车轮的运行方向,因为机车车辆通过道岔时要经过辙叉的"有害空间",即从两翼轨最窄处到辙叉心实际尖端之间,存在一个轨线中断的空隙,如图4-1所示。由于有害空间的存在,当机车车辆通过辙叉时,轮缘有可能走错辙叉槽而引起脱轨,设置护轨的目的就是要强制引导车轮的运行方向,保证行车安全。

道岔上的有害空间是限制列车过岔速度的一个重要因素,为了消灭有害空间,适应列车高速运行的要求,国内外发展了各种可动心轨道岔。

可动心轨道岔的辙叉心轨和尖轨是同时被扳动的,当尖轨开通某一方向时,可动心轨的辙叉心轨就与开通方向一致的翼轨密贴,而与另一翼轨分开,从而消灭有害空间,使列车安全通过道岔,图4-2为可动心轨辙叉。

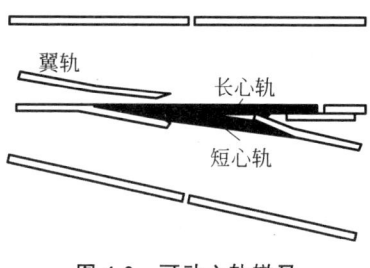

图 4-2　可动心轨辙叉

4.1.2　道岔号码

由岔心所形成的角,叫辙叉角,它有大有小。道岔号码(N)代表道岔各部分的主要尺寸,通常用辙叉角α的余切值来表示,如图4-3所示,即:

$$N = \cot\alpha = \frac{FE}{AE}$$

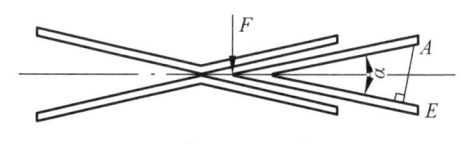

图 4-3　道岔号码计算示意图

由此可见,道岔号码N与辙叉角α成反比关系,α角越小,N越大,导曲线半径也越大,机车车辆通过该道岔时就越平稳,允许过岔速度也就越高。所以采用大号码道岔对于列车运行是有利的。随着列车重量和速度的不断提高,应逐步采用强度更高、号码更大的道岔。

常用的辙叉多为固定型。固定型辙叉适用于直向过岔速度较低的单开道岔。目前,在我国铁路的主要线路上大多采用9、12、18号3个型号的道岔,其通过速度如表4-1所示。

表 4-1　各种道岔尖轨长度及通过速度表

60 kg 道岔类型	尖轨长度/m	岔心	通过速度(直股/弯股)/(km/h)
过渡型 12 号	7.70	固定	110/50
弹性尖轨 12 号	11.27	固定	120/50
弹性尖轨 12 号	11.27	可动	140/50
提速 12 号	13.88	固定	140/50

续表

60 kg 道岔类型	尖轨长度/m	岔心	通过速度(直股/弯股)/(km/h)
提速 12 号	13.88	可动	160/50
提速 18 号	15.68	可动	160/80
提速 30 号	27.98	可动	160/140
客专 38 号		可动	250/140

4.1.3 股道和道岔编号

为了便于车站作业和设备管理维修,车站的股道和道岔按规定统一编号。

1. 股道编号方法

站内正线规定用罗马数字(Ⅰ、Ⅱ、…)编号,站线用阿拉伯数字(1、2、3、…)编号。

(1) 单线铁路车站,由靠近站舍的线路起,向站舍对侧顺序编号,一般先编正线和到发线,再按顺序编其他站线。

(2) 双线铁路车站,先编正线股道号码,下行正线一侧为单数,上行正线一侧为双数,从正线向外顺序编号。

(3) 当车站有数个车场时,应分别按车场各自编号。

2. 道岔编号方法

(1) 用阿拉伯数字从车站两端由外向里、由主(主要进路)而次(次要进路)依次编号,上行列车到达一端用双号,下行列车到达一端用单号,如图 4-4 所示。

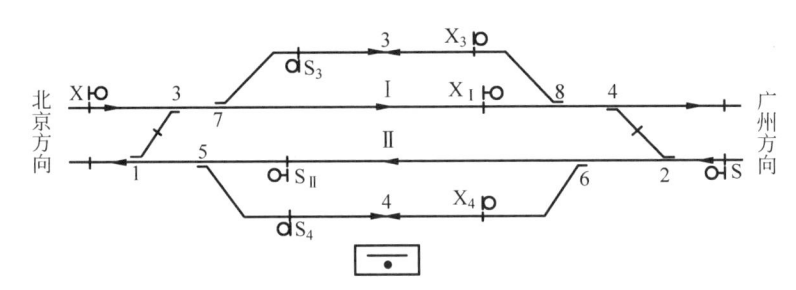

图 4-4 复线区段中间站道岔号配置示意图

(2) 每一道岔均应编单独号码,对于渡线道岔、交分道岔及每一道岔连接线(或称梯线)的道岔号码,应编以连续的单号或双号。

(3) 站内道岔,一般以车站站舍中心线作为划分单号与双号的分界线。

(4) 当车站有数个车场时,每一车场的道岔必须单独编号,为与其他车场区别,道岔号码使用三位数字,百位数字表示车场号码,个位和十位数字表示道岔号码。在同一车站不允许有相同的道岔号码。

3. 单线铁路车场的股道命名

图 4-5(a)与(b)都是单线铁路会让站的车场,(a)有一条到发线,(b)有两条到发线。在车场里并列铺设的线路,一般称股道。比如(b)有三条股道,从站舍一侧起依次把股道编为 1、Ⅱ、3,叫作 1 股道、Ⅱ股道、3 股道(可简称 1 道、Ⅱ道和 3 道)。其中"Ⅱ"表示为正线,

即与区间相连贯的线路。列车通过车站时要经由正线。1 道和 3 道叫到发线,即接发列车用的线路。Ⅱ道也兼作到发线用。股道编号两边的箭头表示列车运行方向,如图 4-5 所示,在单线区段的小站,对每一条到发线来说,两个方向的列车都接发。

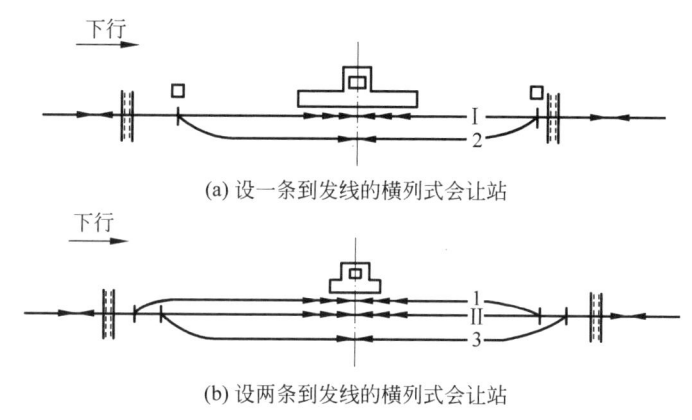

图 4-5 单线铁路会让站的站场布置图

(a) 设一条到发线的横列式会让站

(b) 设两条到发线的横列式会让站

图 4-6(a)与(b)都是单线铁路中间站的车场,两者的区别在于站台位置的布置,另外(b)比(a)多了一条装卸线,即与 1 道相连接的那条短线路,是用来装卸整车货物的线路。在装卸线上不标箭头,表示它不是到发线。由图可知,如果拆除图 4-6(b)中的装卸线和站台,那么该中间站便成了图 4-5(b)所示的单线铁路具有三股道的会让站。

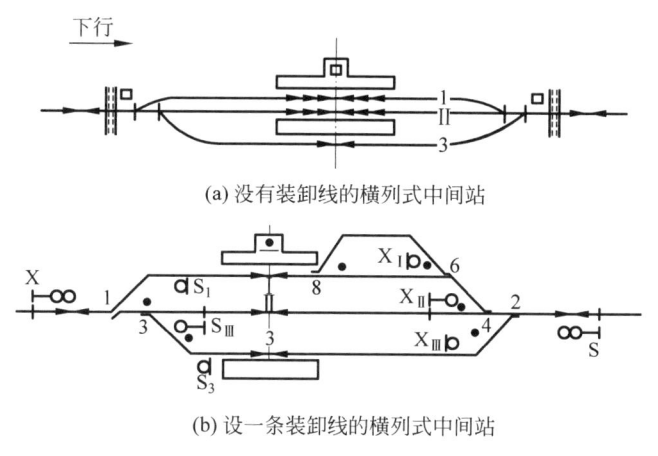

(a) 没有装卸线的横列式中间站

(b) 设一条装卸线的横列式中间站

图 4-6 单线铁路中间站的站场布置图

4. 双线铁路车场的股道命名

图 4-7(a)与(b)对应的分别是双线铁路的越行站与中间站。双线铁路区段的中间站和越行站,其股道编号是从正线开始,下行到发线依次编为奇数,如图中的Ⅰ和 3;上行到发线依次编为偶数,如图中的Ⅱ和 4。值得注意的是,这种股道编号方法仅适于双线铁路的越行站和中间站,对区段站和编组站而言,因下行到发线群与上行到发线群是混在一起的,不能截然分开,故不论单线或双线,一般都按单线规律编号,如图 4-8 所示。Ⅰ和Ⅱ都表示正线,在正线和到发线上只标有一个箭头的,表示单方向固定使用。在正常情况下,Ⅰ道和 3

道只接发下行列车，Ⅱ道和4道只接发上行列车。

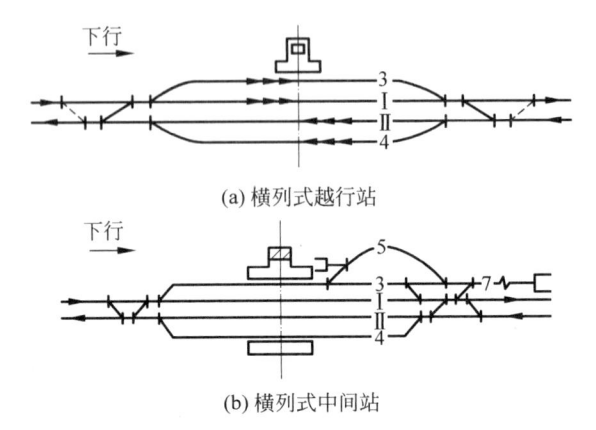

(a) 横列式越行站

(b) 横列式中间站

图 4-7　越行站与双线铁路中间站的站场布置图

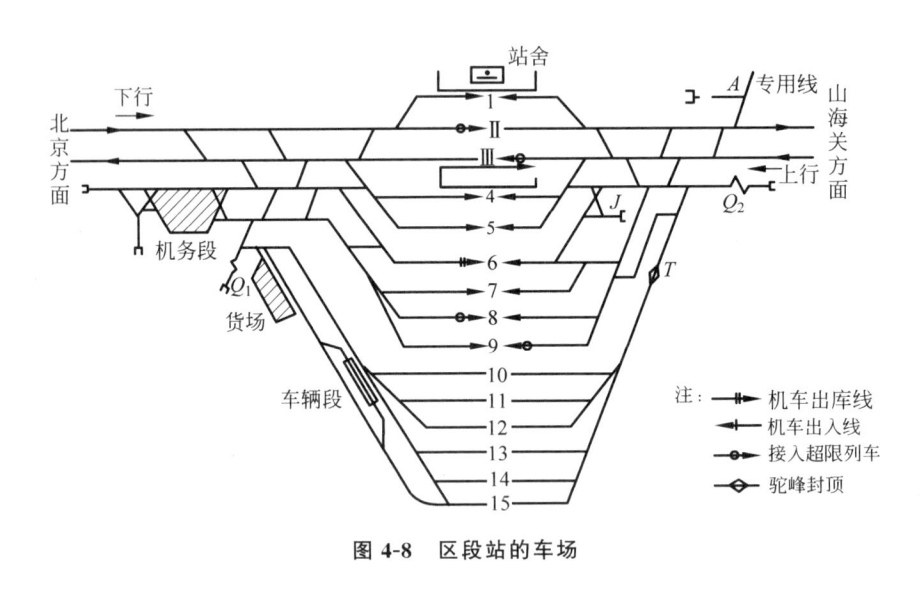

图 4-8　区段站的车场

4.1.4　道岔的位置和状态

如图 4-1 所示，道岔有两根可以移动的尖轨，一根密贴于基本轨，另一根离开基本轨，可以同时改变两根尖轨的位置，使原来密贴的分离，原来分离的密贴，可见道岔有两个可以改变的位置。通常把道岔经常所处的位置叫作定位，临时根据需要改变的另一位置叫作反位。为改变道岔的两个位置，在道岔尖轨处需要安装道岔转辙设备。

尖轨与基本轨的密贴程度，对行车安全影响很大，比如列车迎着尖轨运行时，如果尖轨密贴程度差，即间隙超过一定限度(大于 4 mm)，则车的轮缘有可能撞到或从间隙中挤进尖轨尖端造成颠覆或脱轨的严重行车事故。因此，尖轨与基本轨的密贴程度有严格的规定标准。根据《技规》规定，装有转换锁闭器、电动转辙机、电空转辙机的道岔，当在转辙杆处的尖轨与基本轨之间插入厚 4 mm 宽 20 mm 的铁板时，应不能锁闭和开放信号；如列车运行速度小于 160 km/h 线路上的道岔，尖轨斥离与基本轨间隙大于 10 mm 时，应切断道岔表示；列车运行速度大于 160 km/h 线路上的道岔，尖轨斥离与基本轨间隙大于 5 mm 时，应切断道岔表示。

当高速列车通过道岔时,虽然道岔尖轨与基本轨密贴良好,但由于列车振动,仍有使道岔改变状态的可能性。为了防止发生此种危险,在道岔转换设备中都附有锁闭装置,以便把道岔锁在密贴良好的规定状态。

4.1.5 对向道岔和顺向道岔

道岔本身并无顺向和对向之分,只是根据列车运行方向而言的。列车迎着道岔尖轨运行时,该道岔叫作对向道岔;反之,列车顺着道岔尖轨运行时,叫作顺向道岔。如图 4-9 所示。

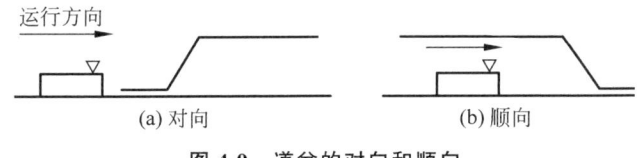

图 4-9 道岔的对向和顺向

对向道岔和顺向道岔的不安全因素不一样,导致事故的后果也不同。

当列车迎着岔尖运行时,如果道岔扳错位置,则列车就被接向另一条线路。如果这条线路已停有车辆,就会造成列车冲撞。另外,如果道岔位置虽然正确,但其尖轨与基本轨不密贴(状态不良),则车轮轮缘有可能将密贴的一根尖轨挤开,造成"四开",从而引起列车颠覆事故。

当列车顺着岔尖运行(从辙叉方面开来),这时道岔位置如果不对,车轮轮缘可以从尖轨与基本轨挤进去,并推动另一根尖轨靠近基本轨,发生这种情况叫挤岔。挤岔时有可能使道岔和道岔转换器遭到损伤。

同一组道岔,根据经由它的列车运行方向不同,有时是对向的,有时又是顺向的。

在实际工作中,因为车站的许多线路是固定使用的(如某一股道只接一个方向的列车),所以对某一组道岔来说,它可能只作对向道岔使用,或只作顺向道岔使用,这样,就可以区别对待:在对向道岔处安装质量较好的道岔转换器和道岔锁闭器。在正常维修工作中,要加强对对向道岔的维护。

为了保证行车安全,凡是列车经过的道岔,不论对向的还是顺向的,都要和信号机实现联锁。在电动的道岔转换器和锁闭器的结构上也要使之能够反映出道岔不密贴和挤岔等危险情况,一旦道岔不密贴或被挤时,就不能使信号机开放。

4.1.6 单动道岔和双动道岔

扳动一根道岔握柄(手动道岔的操纵元件)或按压一个道岔按钮(电动道岔的操纵元件),如仅能使一组道岔转换,则称该道岔为单动道岔;如果能使两组道岔同时或顺序转换,则称为双动道岔。双动道岔有时也称为联动道岔,故它有三动和四动的情况。为了简化操作手续、简化联锁关系,有时还为了保证行车安全和节省信号器材等因素,凡是能双动的道岔都必须使之双动。"双动"即意味着两组道岔可作为一个控制对象来处理,下面举例说明:

（1）渡线两端的道岔，应使之双动。对双动道岔的基本要求是：定位时都必须转换到定位，反位时则都必须转换到反位。图 4-10(a)所示的 1 号和 3 号道岔，它们是渡线上的两组道岔，这两组道岔都处于定位时，可以接由北京方面开来的列车，同时又可以向北京方面发车，即它们都处于定位时，使两条平行进路都开通，互不影响，并起到进路的隔离作用；当北京方面开来的接向 4 股道的列车要经过 1-3 渡线，这时需要把 1 号和 3 号道岔都扳到反位。由于 1 号和 3 号道岔是双动的，即定位时，必须同时定位，反之亦然，故它必须使之双动。

图 4-10(b)中的 2 号和 4 号道岔。它们不属于线两端的道岔。当 2 号道岔在定位时，4 号道岔可以在定位也可以在反位位置，因为这两组道岔不存在反位时都必须反位的关系，故这两组可以不划为双动，只能作单动处理。

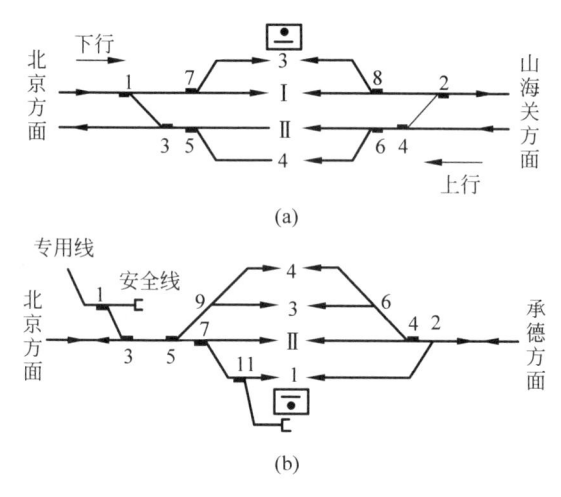

图 4-10 双动道岔举例

（2）线路隔开设备与到发线之间的联结线两端的道岔，应使其双动。图 4-10(b)中的安全线是专用线与正线之间的线路隔开设备，其间有一条连接线路，其两端的道岔 1 和 3，应使之双动。使道岔 1 定位开向安全线，道岔 3 定位时开通正线，这样，当正线上有列车运行时道岔 3 在定位，道岔 1 也一定在定位（因为是双动）。只有保证 1 号道岔在定位，才能使安全线起到防护作用，即使有专用线开来的列车闯进来，也可让它进入安全线，避免与正线的列车相撞。

4.2 转辙机概述

转辙机是道岔控制系统的执行机构，用于道岔的转换和锁闭，以及道岔所处位置和状态的监督。转辙机是转辙装置的核心和主体，除转辙机本身外，还包括外锁闭装置（内锁闭方式没有）和各类杆件、安装装置。

4.2.1 转辙机作用

转辙机的作用具体如下：
（1）转换道岔的位置，根据需要转换至定位或反位。

（2）道岔转至所需位置而且密贴后，实现锁闭，防止外力转换道岔。

（3）正确地反映道岔的实际位置，道岔的尖轨密贴于基本轨后，给出相应的表示。

（4）道岔被挤或因故处于"四开"（两侧尖轨均不密贴）位置时，及时给出报警及表示。

4.2.2 转辙机基本要求

对转辙机的基本要求如下：

（1）作为转换装置，应具有足够大的拉力，带动尖轨作直线往返运动；当尖轨受阻不能运动到底时，应随时通过操纵使尖轨回复原位。

（2）作为锁闭装置，当尖轨和基本轨不密贴时，不应进行锁闭；一旦锁闭，应保证不致因列车通过道岔时的震动而错误解锁。

（3）作为监督装置，应能正确地反映道岔的状态。

（4）道岔被挤后，在未修复前不应再使道岔转换。

4.2.3 转辙机技术要求

转辙机的技术要求如下：

（1）转辙机的安装应与道岔成方正，转辙机外壳纵侧面的两端与基本轨或中分线垂直距离的偏差，不大于 10 mm（外锁闭道岔，不大于 5 mm）。

（2）列车运行速度大于 120 m/h 的道岔应采用外锁闭装置。

（3）多点（含两点及以上）牵引道岔应采用多机牵引方式。

（4）发生挤岔时，转换设备应可靠切断道岔表示。

（5）列车运行速度大于 120 km/h 的线路，道岔应采用三相 380 V 电源电压的交流电动电液转辙机牵引。其他线路可采用额定电压 160 V 直流电动电液转辙机牵引。

（6）多机牵引道岔使用的不同动程的转辙机，应满足道岔同步转换的要求。

（7）尖轨、心轨的第一牵引点转辙机，应采用动作杆和锁闭杆同时锁闭的方式。

（8）道岔密贴检查。

① 列车运行速度 160 km/h 及以下区段的道岔密贴检查应满足以下要求：

(i) 单点牵引道岔牵引点中心线处有 4 mm 及以上间隙时，密贴尖轨不得锁闭和接通道岔表示。

(ii) 两点及三点牵引道岔第一牵引点中心线处有 4 mm 及以上间隙时，密贴尖轨不得锁闭和接通道岔表示，其余牵引点检查 6 mm。尖轨的密贴段，在牵引点间有 10 mm 及以上缝隙时不得接通道岔表示。

② 列车运行速度大于 160 km/h 区段的道岔密贴检查应满足以下要求：

(i) 牵引点中心线处尖轨与基本轨、心轨与翼轨间有 4 mm 及以上间隙时，锁闭机构不得锁闭和接通道岔表示。

(ii) 尖轨可动心轨的密贴段，在牵引点间有 5 mm 及以上缝隙时不得接通道岔表示。

(iii) 多点牵引道岔在尖轨与基本轨和可动心轨与翼轨不密贴段的牵引点可不设表示杆，也不进行密贴检查，其他牵引点应设置表示杆。

(9) 道岔表示。

① 在第一牵引点中心线处尖轨或心轨密贴时有 4 mm 及以上间隙时,不得接通道岔表示。

② 当尖轨或心轨从密贴位斥离至 5 mm 及以上缝隙时,应断开道岔表示。

(10) 道岔表示电路中应采用反向电压不小于 500 V,正向电流不小于 300 mA 的整流元件;三相交流转辙机表示电路中应采用反向电压不小于 500 V,正向电流不小于 1 A 的整流元件。

(11) 各种类型的转辙机及密贴检查器应符合下列技术要求。

① 能可靠地转换道岔。在尖轨与基本轨密贴后,将道岔锁闭在规定位置,并给出道岔位置的表示。

② 正常转换道岔时,挤切销或保持联结装置应保证不发生挤切或挤脱。当道岔被挤时,同一组道岔上的转辙机或转换锁闭器、密贴检查器的表示接点必须断开。

③ 安全接点应接触良好。在插入手摇把或钥匙时,安全接点应可靠断开,非经人工恢复不得接通电路。

④ 齿轮装置的各齿轮啮合良好,传动不磨卡,无过大噪声。

⑤ 各种类型的电液转辙机的油路系统不得出现渗漏和堵塞现象。

⑥ 整机密封性能良好,能有效防水、防尘。手摇把孔和钥匙孔处不漏水,不进尘土,机内无积水、无粉尘及杂物。各种零部件无锈蚀。机内配线的接线片和接线端子的螺母无松脱、虚接和滑扣现象。配线的绝缘层无损伤。

(12) 凡用于正线道岔第一牵引点的转辙机,动作杆和表示杆必须具备锁闭功能。

4.2.4 转辙机分类

1. 按动作能源和传动方式分类

按动作能源和传动方式转辙机可分为电动转辙机、电动液压转辙机和电空转辙机。

1) 电动转辙机

电动转辙机由电动机提供动力,采用机械传动的方式。多数转辙机都是电动转辙机,包括我国铁路大量使用的 ZD6 系列转辙机和 S700K 型电动转辙机。

2) 电动液压转辙机

电动液压转辙机简称电液转辙机,由电动机提供动力,采用液力传递的方式。ZY(J)系列转辙机即为电液转辙机。

3) 电空转辙机

电空转辙机由压缩空气作为动力,由电磁换向阀控制。ZK 系列转辙机即为电空转辙机。

2. 按供电电源种类分类

按供电电源种类转辙机可分为直流转辙机和交流转辙机。

1) 直流转辙机

直流转辙机采用直流电动机,工作电源是直流电。ZD6 系列电动转辙机就是直流转辙机,由直流 220 V 供电。ZY 系列电液转辙机也是直流转辙机,亦由直流 220 V 供电。电空转辙机则由24 V直流电供电。直流电动机的缺点是：由于存在换向器和电刷，易损坏，故障率较高。

2）交流转辙机

交流转辙机采用三相交流电源或单相交流电源，由三相异步电动机或单相异步电动机（现大多采用三相异步电动机）作为动力。目前推广的提速道岔用的S700K型电动转辙机和ZYJ7型电液转辙机均为交流转辙机。交流转辙机采用感应式交流电动机，不存在换向器和电刷，故障率低，而且单芯电缆控制距离远。

3. 按动作速度分类

按动作速度转辙机分为普通动作转辙机和快动转辙机。

1）普通动作转辙机

大多数转辙机转换道岔的时间在3.8 s以上，属于普通动作转辙机，无须说明。

2）快动转辙机

ZD7型电动转辙机和ZK系列电空转辙机转换道岔的时间在0.8 s以下，属于快动转辙机。快动转辙机主要用于驼峰调车场，以满足分路道岔快速转换的要求。

4. 按锁闭道岔的方式分类

按锁闭道岔的方式转辙机可分为内锁闭转辙机和外锁闭转辙机。

1）内锁闭转辙机

内锁闭转辙机依靠转辙机内部的锁闭装置锁闭道岔尖轨，是间接锁闭的方式。ZD6系列等大多数转辙机均采用内锁闭方式。内锁闭方式的锁闭可靠程度较差，列车对转辙机的冲击大。

2）外锁闭转辙机

外锁闭转辙机虽然内部也有锁闭装置，但主要依靠转辙机外的外锁闭装置锁闭道岔，将密贴尖轨直接锁于基本轨，斥离尖轨锁于固定位置，是直接锁闭的方式。用于提速道岔的S700K型电动转辙机和ZYJ7型电液转辙机均采用外锁闭方式。外锁闭方式锁闭可靠，列车对转辙机几乎无冲击。

5. 按是否可挤分类

按是否可挤转辙机分为可挤型转辙机和不可挤型转辙机。

1）可挤型转辙机

可挤型转辙机内设挤岔保护（挤切或挤脱）装置，道岔被挤时，动作杆解锁，保护了整机。

2）不可挤型转辙机

不可挤型转辙机内不设挤岔保护装置，道岔被挤时，挤坏动作杆与整机连接结构，应整机更换。电动转辙机和电液转辙机都有可挤型和不可挤型。

此外，各种转辙机还有不同转换力和动程的区别。

4.2.5　转辙机设置

根据道岔的类型和辙叉号确定转辙机类型和数量。道岔分为普通道岔、AT（矮型特种断面)道岔和提速道岔。辙叉类型分为固定辙叉和可动心轨。

一组道岔由一台转辙机牵引的称为单机牵引,由两台转辙机牵引的称为双机牵引,由两台以上转辙机牵引的称为多机牵引。

转辙机的数量视道岔号码、锁闭方式、固定辙叉还是可动心轨及转辙机类型而定。

1. 普速铁路转辙机的设置

普速铁路道岔的辙叉号主要是 12 号、9 号和 18 号。在未提速的情况下,车站联锁区域内一般每组道岔均设一台转辙机。在采用 12 号 AT 道岔时,因其为弹性可弯道岔,尖轨加长且有弹性,需要采用两台转辙机来转换道岔,一台牵引尖轨尖端(第一点),另一台牵引尖轨腰部(第二点)。可动心轨道岔的心轨需两台转辙机牵引。18 号道岔尖轨需三个牵引点,可动心轨需三个牵引点。

交叉渡线的各道岔采用的转辙机与同规格的单开道岔相同。复式交分道岔的两组尖轨和两组可动心轨,多为内锁闭方式,一点牵引。

普通道岔、大部分 AT 道岔采用内锁闭方式,采用 ZD6 系列电动转辙机或 ZY 系列电液转辙机。如为一点牵引的,采用 ZD6-D 型电动转辙机;两点牵引的,采用 ZD6-E 型和 ZD6-J 型电动转辙机。

在提速区段,提速道岔进一步加长了尖轨长度,为满足多点牵引多点检查的要求,需多台转辙机牵引。提速道岔采用外锁闭方式,采用 S700K 型、ZYJ7 型和 ZDJ 型转辙机。转辙机的数量根据道岔编号、道岔类型、转辙机型号而定。

普速铁路提速区段转辙机的数量见表 4-2。

表 4-2 普速铁路提速区段转辙机的数量

道岔类型	辙叉号码		尖轨长度/m	尖轨牵引点	可动心轨牵引点	S700K转辙机/台	ZYJ7转辙机/台
单动道岔	9 号提速道岔		13.46	2	—	2	1
	12 号提速道岔	固定辙叉	13.88	2	—	2	1
		可动心轨		2	2	4	2
	18 号提速道岔		15.68	3	2	5	2
	30 号提速道岔		27.98	6	3	9	9
双动道岔	两端提速	固定辙叉	13.88	4	—	4	2
	12 号提速道岔	可动心轨		4	4	8	4
	一端提速另一端非提速	固定辙叉	13.88	2	—	2	1
		可动心轨		2	2	4	2

对表 4-2 需说明的是,9 号提速道岔是没有可动心轨的。18 号及以上道岔是没有固定辙叉的。两端提速,指两端道岔均在正线上;一端提速,指一端道岔在正线上另一端不在正线上,不在正线上的道岔不提速,仍采用 ZD6 系列转辙机。表中 ZYJ7 型为带副机的情况,也可以不带副机,其所需数量同 S700K。采用 ZDJ9 型转辙机时所需数量同 S700K。

2. 高速铁路转辙机的设置

高速铁路车站正线和到发线采用 18 号提速道岔,其尖轨长度为 22.01 m,一组道岔有

5个牵引点(尖轨3个,可动心轨2个)。联络线采用38号(尖轨长度为37.63 m)或42号(尖轨长度为47.248 m,可动心轨辙叉长度为24.050 m)。一组38号、42号道岔有9个牵引点(尖轨6个,可动心轨3个)。62号道岔尖轨有8个牵引点,心轨4个牵引点,共12个牵引点。每个牵引点要设一台交流转辙机(S700K型、ZYJ7型或ZDJ9型)。第一牵引点必须采用不可挤型转辙机。

其他道岔若为AT弹性可弯道岔,要双机牵引,引用一台ZD6-E型和一台ZD6-J型电动转辙机。

4.3　ZD6系列电动转辙机

ZD6系列电动转辙机是我国铁路使用较为广泛的电动转辙机,ZD6系列电动转辙机采用内锁闭方式,主要用于非提速区段以及提速区段的侧线上,不适用于提速及高速道岔,它包括A、B、C、D、E、F、G、H、J、K等派生型号(B、C型已不生产)。ZD6-A型是ZD6系列转辙机的基本型,其他型号都是以ZD6-A型为基础改进、完善发展起来的。

4.3.1　ZD6-A型电动转辙机的基本结构

ZD6-A型电动转辙机由电动机、减速器、摩擦联结器、主轴、动作杆、表示杆、自动开闭器、移位接触器、壳体等部件组成,如图4-11所示。

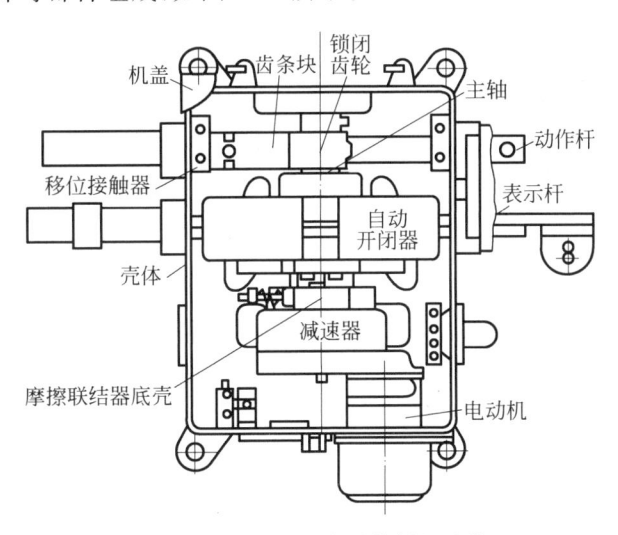

图4-11　ZD6-A型电动转辙机结构

电动机为电动转辙机提供动力,采用直流串激电动机。

减速器用来降低转速以获得足够的转矩,并完成传动。由第一级齿轮和第二级行星传动式减速器组成。两级间以输入轴联系,减速器由输出轴和主轴联系。

用弹簧和摩擦制动板,组成输出轴与主轴之间的摩擦连结器,防止尖轨受阻时损坏机件。

主轴由输出轴通过启动片带动旋转,主轴上安装锁闭齿轮。

锁闭齿轮和齿条块相互动作,将转动变为平动,通过动作杆带动道岔尖轨运动,并完成锁闭作用。

动作杆和齿条块用挤切销相连,正常动作时,齿条块带动动作杆。挤岔时,挤切销折断,动作杆和齿条块分离,避免机件损坏。

表示杆由前、后表示杆及两个检查块组成。表示杆随尖轨移动,只有当尖轨密贴且锁闭后,自动开闭器的检查柱才能落入表示杆缺口,接通道岔表示电路。挤岔时,表示杆被推动,顶起检查柱,从而断开道岔表示电路。

自动开闭器由静接点、动接点、速动片、速动爪、检查柱组成,用来表示道岔尖轨所在位置。

移位接触器用来监督挤切销的受损状态,道岔被挤或挤切销折断时,断开道岔表示电路。

安全接点(遮断接点)用来保证维修安全。正常使用时,遮断接点接通,才能接通道岔动作电路。检修时,断开遮断接点,以防止检修过程中转辙机转动影响维修人员作业。

壳体用来固定转辙机各部件,防护内部机件免受机械损伤和雨水、尘土侵入,提供整机安装条件。它由底壳和机盖组成。底壳是壳体的基础,也是整机安装的基础。底壳上设有特定形状的窗孔,便于整机组装和分解。机盖内侧周边有盘根槽,内镶有密封用盘根(胶垫)。

4.3.2 ZD6-A型电动转辙机的主要部件及作用

1. 电动机

电动机是电动转辙机的动力源。要求具有足够的功率,以获得必要的转矩和转速。电动机要有较大的起动转矩,以克服尖轨与滑床板间的静摩擦。道岔需要向定、反位转换,要求电动机能够逆转。

ZD6-A型转辙机配用断续工作制直流串激可动电动机。直流电动机的正转和反转可通过改变激磁绕组(定子绕组)中或电枢(转子绕组)中的电流方向来实现。为配合四线制道岔控制电路,采用正转和反转分开定子绕组的方式,如图4-12所示。两个定子绕组通过公共端子分别与转子绕组串联。

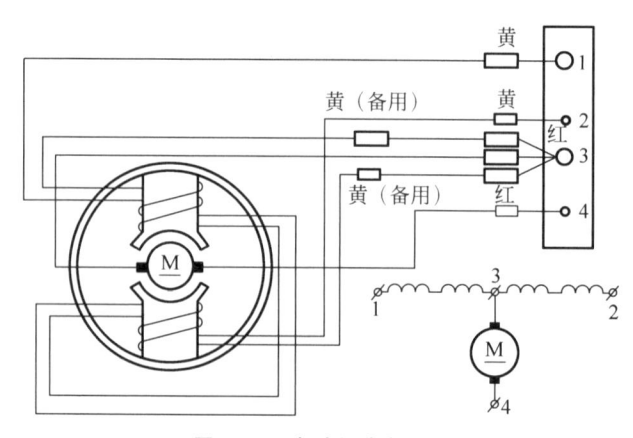

图 4-12 电动机内部接线

2. 减速器

因体积、重量的限制，转辙机所用电动机功率不可能很大，为了得到较大的转矩，带动道岔转换，必须使用减速器来降低转速。

ZD6-A 型电动转辙机的减速器由两级组成，第一级为定轴传动外啮合齿轮，即小齿轮带动大齿轮，减速比为 103∶27，第二级为渐开线内啮合行星传动式减速器，减速比为 41∶1，于是总减速比为 (103/27)×(41/1)＝156.4。

行星传动式减速器如图 4-13 所示。内齿轮靠摩擦联结器的摩擦作用"固定"在减速器壳内。内齿轮里装有外齿轮。外齿轮通过滚动轴承装在偏心的轴套上。偏心轴套使用键固定在输入轴上。外齿轮上有 8 个圆孔，每个圆孔内插入一根套有滚套的滚棒。8 根滚棒固定在输出轴的输出圆盘上。当外齿轮作摆式旋转时，输出轴就随着旋转。

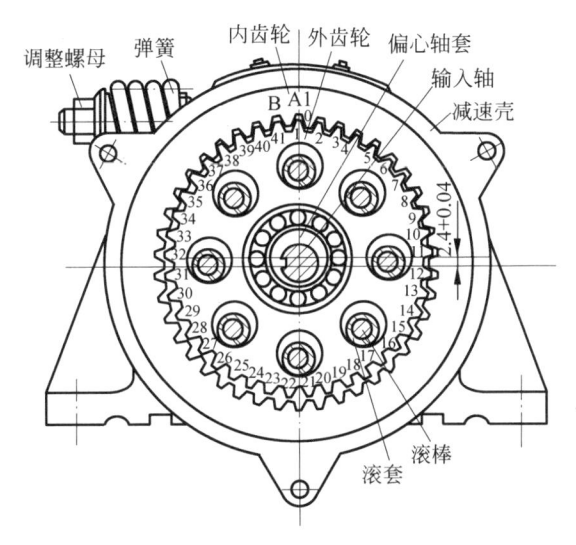

图 4-13　行星传动式减速器

当输入轴随第一级减速齿轮顺时针旋转时，偏心轴套也顺时针旋转，使外齿轮在内齿轮里沿内齿圈做逐齿啮合的偏心运动。当输入轴旋转一周，外齿轮也做一周偏心运动。外齿轮 41 个齿，内齿轮 42 个齿槽，两者相差一齿。因此，外齿轮做一周偏心运动时，外齿轮的齿在内齿轮里错位一齿。在正常情况下，内齿轮静止不动，迫使外齿轮在一周的偏心运动中反方向旋转一齿的角度（图 4-13 中，外齿轮 1 从 A 进入 B，外齿轮 2 进入 A）。当输入轴顺时针方向旋转 41 周，外齿轮逆时针方向旋转一周（齿 1 又返回原位 A），带动输出轴逆时针方向旋转一周，这样就达到了减速的目的。

外齿轮既在输入轴的作用下做偏心运动，又与内齿轮作用做旋转运动，类似于行星的运动，既有自转又有公转，所以外齿轮称为行星齿轮，该种减速器称为行星传动式减速器。

为了达到机械转动的平衡，内齿轮里有两个外齿轮，它们共同套在一个输出轴圆盘的 8 根滚棒上，两个外齿轮之间偏向成 180°。

3. 传动装置

传动装置包括减速齿轮、输入轴、减速器、输出轴、起动片、主轴装置。

1) 起动片

起动片是介于减速器和主轴之间的传动媒介。如图 4-14 所示。它联结输出轴与主轴，利用其正、反两面互相垂直呈"十"字形的沟槽，在旋转时自动补偿两轴不同心的误差。

起动片除了起联结主轴的作用，还对自动开闭器起控制作用。起动片的"十"字形连接方法，使它与输出轴、主轴同步动作，能反映锁闭齿轮各个动作阶段（解锁、转换、锁闭）所对应的转角，用它来控制自动开闭器的动作最能满足要求。

起动片上有一梯形凹槽，道岔锁闭后总会有一个速动爪占据其中。道岔解锁时，起动片一方面带动主轴转动，另一方面利用其凹槽的坡面推动速动爪上的小滚轮，使速动爪抬起，断开表示接点。在道岔转换过程中，两个速动爪均抬起。在道岔接近锁闭阶段，起动片的凹槽正好转到应速动断开道岔电机电路的速动爪下方，与速动片配合，完成自动开闭器的速动。

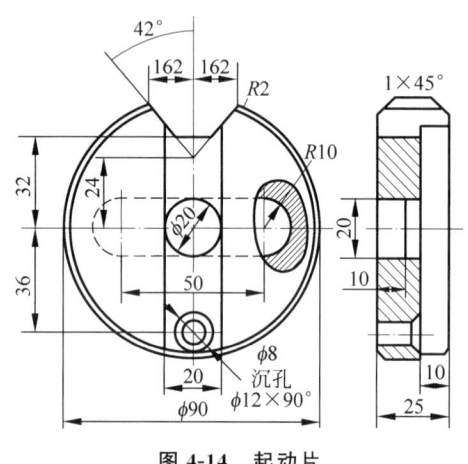

图 4-14 起动片

2) 主轴装置

主轴装置主要由主轴、主轴套、滚针轴承、止挡栓等组合而成，如图 4-15 所示，主轴带动锁闭齿轮，通过与齿条块配合完成转换和锁闭道岔。主轴上的止挡栓用于限制主轴的转角，使锁闭齿轮和齿条块达到规定的锁闭角，并保证每次解锁以后都能使两者保持最佳的啮合状态，使整机动作协调。

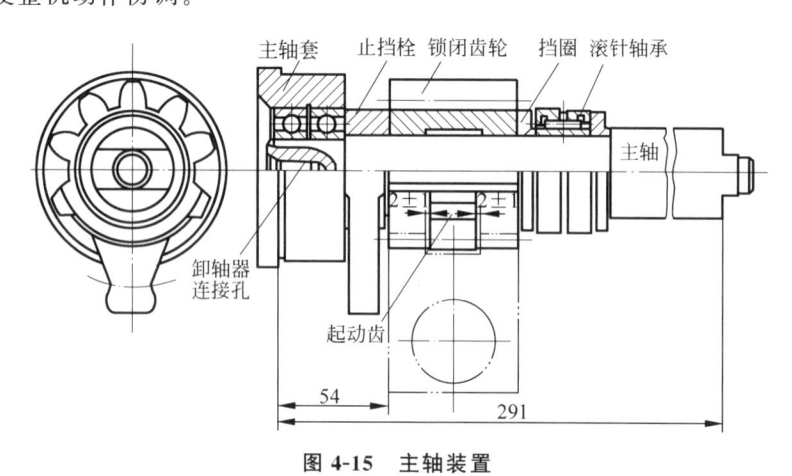

图 4-15 主轴装置

4. 转换锁闭装置

转换锁闭装置由锁闭齿轮和齿条块、动作杆组成，用于将旋转运动改变为直线运动，带动道岔尖轨位移，并最后完成内部锁闭。

1) 锁闭齿轮和齿条块

图 4-16 为锁闭齿轮和齿条块。锁闭齿轮如图 4-16(a)所示,共有 7 个齿,其中 1(与 7 正对的位置,图中无法显示)和 7 是位于中间的起动小齿,在它们之间是锁闭圆弧。齿条块上有 6 个齿、7 个槽,如图 4-16(b)所示。中间 4 个是完整的齿,两边的 2 个是中间有缺槽的削尖齿。缺槽是为了锁闭齿轮上的启动小齿能顺利通过而设计的。

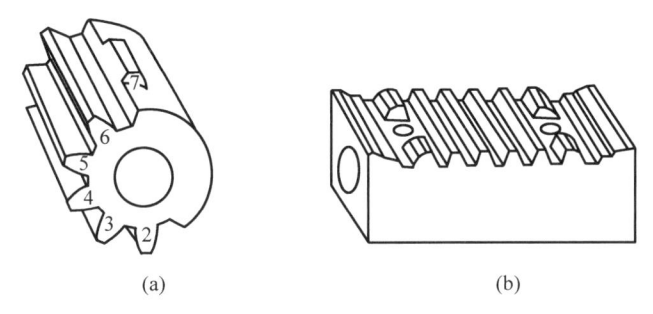

图 4-16 锁闭齿轮和齿条块

当道岔在定位或反位,尖轨与基本轨密贴时,锁闭齿轮的圆弧正好与齿条块的削尖齿弧面重合,如图 4-17 所示。这时如果尖轨受到外力要移动,或列车经过道岔使齿条块受到水平作用力,这些力只能沿锁闭圆弧的半径方向传给锁闭齿轮,锁闭齿轮不会转动,齿条块及固定在其圆孔中的动作杆也不能移动,这样就实现了道岔的锁闭。

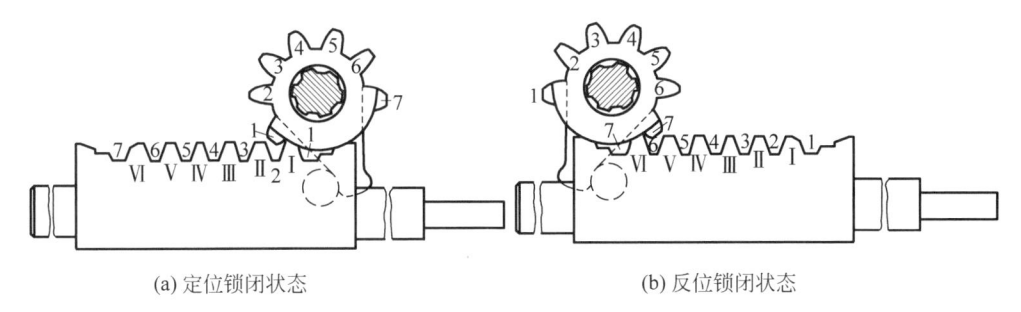

(a) 定位锁闭状态　　　　　　(b) 反位锁闭状态

图 4-17 转辙机的内锁闭

电动转辙机每转换一次,锁闭齿轮与齿条块要完成解锁、转换、锁闭三个过程。

(1) 解锁。

假设图 4-17(a)为定位锁闭状态,若要将道岔转至反位,电动机必须逆时针旋转,输入轴顺时针旋转,使输出轴逆时针旋转,通过起动片带动主轴及锁闭齿轮做逆时针转动。此时,锁闭齿轮的锁闭圆弧面首先在齿条块的削尖齿上滑退,锁闭齿轮上的启动小齿 1 从削尖齿 I 旁经过。当主轴旋转 32.9°时,锁闭圆弧面全部从削尖齿上滑开,启动小齿 1 与齿条块齿槽 I 的右侧接触,解锁完毕。

(2) 转换。

起动小齿拨动齿条块,锁闭齿轮带动齿条块移动,即将转动变为平动。锁闭齿轮转至 306.1°时,齿条块及动作杆向右移动了 165 mm,使原斥离的尖轨转换到反位,与另一基本轨密贴。

(3) 锁闭。

道岔转换完毕必须进行锁闭,否则齿条块及动作杆在外力作用下可能倒退,造成"四开"的危险。道岔转换完毕后,锁闭齿轮继续转动到339°,锁闭齿轮的启动小齿7在削尖齿Ⅵ旁经过,锁闭齿轮上的圆弧面与齿条块削尖齿弧面重合,实现了锁闭,如图4-17(b)所示。此时,止挡栓碰到底壳上的止挡桩,锁闭齿轮停止转动。

2) 动作杆

动作杆是转辙机转换道岔的最后执行部件。动作杆一端与道岔的密贴调整杆相连接,带动尖轨运动。动作杆通过挤切销和齿条块连成一体,正常工作时,它们一起运动。使用挤切销连接动作杆和齿条块是为了挤岔时,动作杆和齿条块能迅速脱离联系,使转辙机内部机件不受损坏。挤切销分主销和副销,分别装于锁闭齿轮削尖齿中间开口处的挤切孔内。主销挤切孔为圆形,主销能顺利插入,起主要联结作用。副销挤切孔为扁圆形,副销插入起备用联结作用。如果是非挤岔原因使主销折断,副销还能起到联结作用。这是因为,副销挤切孔为扁圆形,齿条块在动作杆上有3 mm的窜动量。

5. 自动开闭器

自动开闭器用于及时、正确反映道岔尖轨的位置,并完成控制电动机和挤岔表示的功能。在解锁过程中,自动开闭器接点断开原表示电路,接通准备反转的动作电路;锁闭后,自动开闭器接点自动断开电动机动作电路,接通表示电路。

自动开闭器由4排静接点、2排动接点、2个速动爪、2个检查柱及速动片等组成。静接点、动接点、速动爪、检查柱分别对称地装于主轴的两侧,但又是一个整体。自动开闭器与表示杆的动作关系如图4-18所示。

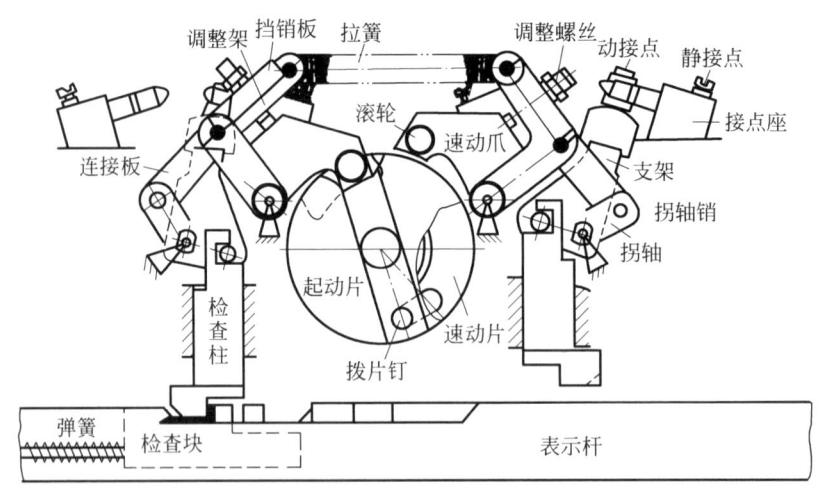

图4-18 自动开闭器与表示杆的动作关系

1) 自动开闭器的组成

自动开闭器分为接点部分、动接点块传动部分及控制部分。

(1) 接点部分包括动接点块、静接点、接点座等。静接点左右对称地安装在接点座上。两组动接点块分别安装在左右拐轴上,拐轴以接点座为支承。动接点块可以在拐轴转动时改变对静接点组的接通位置。

(2) 动接点块传动部分包括速动爪及其爪尖上的滚轮、接点调整架、连接板和拐轴,这些部件左、右各有一套。调整接点调整架上的螺钉可以改变动接点插入静接点的深度。

(3) 控制部分由拉簧、检查柱、速动片(还应包括起动片)组成。拉簧连接两边的调整架,将两边的动接点拉向内侧,为动接点速动提供动力。检查柱在道岔正常转换时,对表示杆缺口起探测作用。道岔不密贴,缺口位置不对,检查柱不会落下,它阻止动接点块动作,不能构成道岔表示电路。挤岔时,检查柱被表示杆顶起,迫使动接点块转向外方,断开道岔表示电路。

2) 速动片

速动片如图 4-19 所示,它有一个矩形缺口,缺口对面有一腰形扁孔。速动片通过速动衬套套在主轴上。起动片上的拨片钉插入速动片的腰形孔中。道岔锁闭后,拨片钉总是在腰形孔的一端。道岔解锁后,主轴反转,拨片钉在腰形孔中空走一段才拨动速动片一起转动。

速动片套在速动衬套上,速动衬套又卡在接点座上,不随主轴转动。速动片直径比起动片略大,正常情况下总有一个速动爪的小滚轮压在它上面,所以即使主轴转动,速动片也不会跟着转。它的转动只能靠拨片钉拨动。

速动片的速动原理如图 4-20 所示。在锁闭齿轮进入锁闭阶段时,齿条块已不再动,为了完成内锁闭,主轴还在转动,起动片和速动片也在转动。这时,起动片的梯形凹槽已经转到速动爪的下方,为速动爪的落下准备好条件。但是,速动片仍然支撑着速动爪,使它不能落下。只有当速动片再转过一个角度,使速动爪突然失去支撑,就在拉簧的强力作用下,迅速落向起动片凹槽底部,实现了自动开闭器的速动。因此速动的关键是尖爪从速动片的缺口尖角边(图中的 ab)突然跌落。否则,尖爪沿起动片梯形凹槽边(图中的 $a'b'$)下滑,就不会有速动效果。

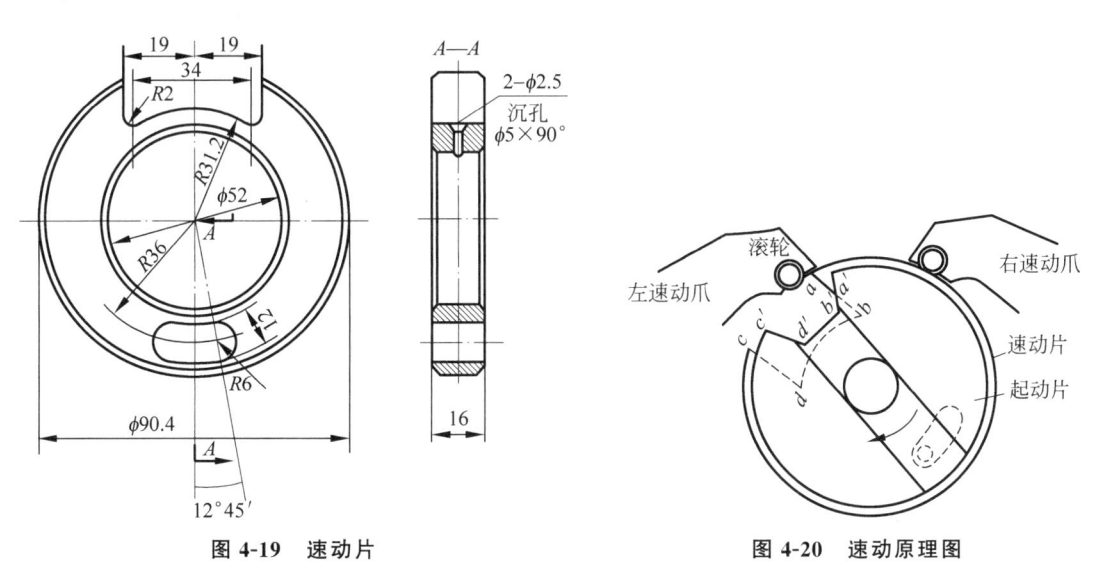

图 4-19 速动片

图 4-20 速动原理图

3) 自动开闭器的动作原理

自动开闭器的动作受起动片和速动片的控制。输出轴转动时带动起动片转动。速动片由起动片上的拨片钉带动转动。它们之间的动作关系及受它们控制的速动爪的动作情况,如图 4-21 所示。

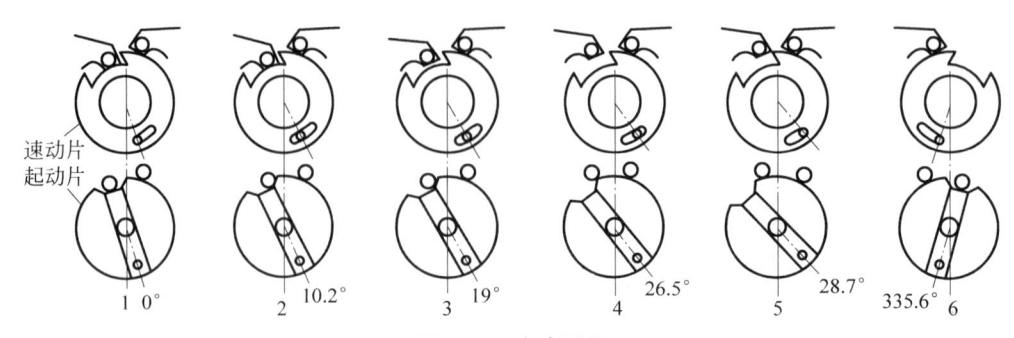

图 4-21 速动原理

道岔在定位时,起动片沟槽与垂直线成 10.5°,将这个起始状态作为 0°(图 4-21 中的位置 1)。假设起动片逆时针转动,固定在左速动爪上的滚轮与起动片斜面接触,左速动爪随滚轮沿斜面滚动向上升(图 4-21 中的位置 2),使 L 形调整架、连接板、拐轴、支架等相互传动(图 4-18)。当起动片转至 10.2°时,自动开闭器第 3 排接点断开,转至 19°时(图 4-21 中的位置 3),第 4 排接点开始接通;转至 26.5°时,左速动爪的滚轮升至最高(图 4-21 中的位置 4),左动接点完全打入第 4 排静接点。起动片转至 28.7°时,拨片钉移动至速动片导槽的尽头(图 4-21 中的位置 5),拨动速动片随起动片一起转动,一直转到 335.6°时,速动片缺口对准右速动爪,在弹簧作用下,右速动爪迅速落入速动片缺口内(图 4-21 中的位置 6),带动右动接点,使第 1 排接点迅速断开,第 2 排接点迅速接通。同时带动右检查柱落入表示杆检查块的反位缺口内,检查道岔确已转换至反位密贴状态。

4) 自动开闭器的接点

自动开闭器有 2 排动接点,4 排静接点,编号是站在电动机处观察,自右向左分别为 1、2、3、4 排,每排有 3 组接点,自上而下顺序编号,例如第 1 排接点为 11-12、13-14、15-16,如图 4-22 所示。

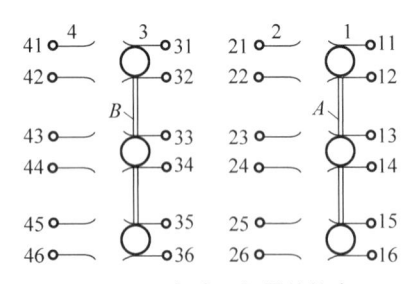

图 4-22 自动开闭器的接点

若转辙机定位时 1、3 排接点闭合,则转辙机向反位动作,解锁时,左边接点先动作,断开第 3 排接点,切断道岔定位表示电路;接通第 4 排接点,为反转做好准备。转换至反位后,右边接点动作,断开第 1 排接点,切断电动机动作电路;接通第 2 排接点,接通道岔反位表示电路。

若转辙机定位时 2、4 排接点闭合,则转向反位时,右边接点先动作,断开第 2 排接点接通第 1 排接点;转到反位时,左边接点动作,断开第 4 排接点,接通第 3 排接点。

从反位转向定位时,接点动作情况与上述相反。

6. 表示杆

电动转辙机的表示杆与道岔的表示连接杆相连,随道岔动作,用于检查尖轨是否密贴,以及在定位还是在反位。

表示杆由前表示杆、后表示杆及两个检查块组成,如图 4-23 所示。两杆通过并紧螺栓和调整螺母固定在一起。前表示杆的前伸端设有连接头,用于和道岔的表示连接杆相连。

并紧螺栓装在后表示杆的长孔与相对应的前表示杆圆孔里。前表示杆后端有横穿后表示杆的调整螺母,后表示杆末端有一轴向长孔,内穿一根调整螺杆并拧入调整螺母内,在调整螺杆颈部用销子将它与后表示杆连成一体。松开并紧螺栓,拧动调整螺杆时,它带动后表示杆在调整螺母内前后移动。由于后表示杆前端与并紧螺栓相连的是一长孔,所以调整范围较大,为 86~167 mm,以满足不同道岔开程的需要。

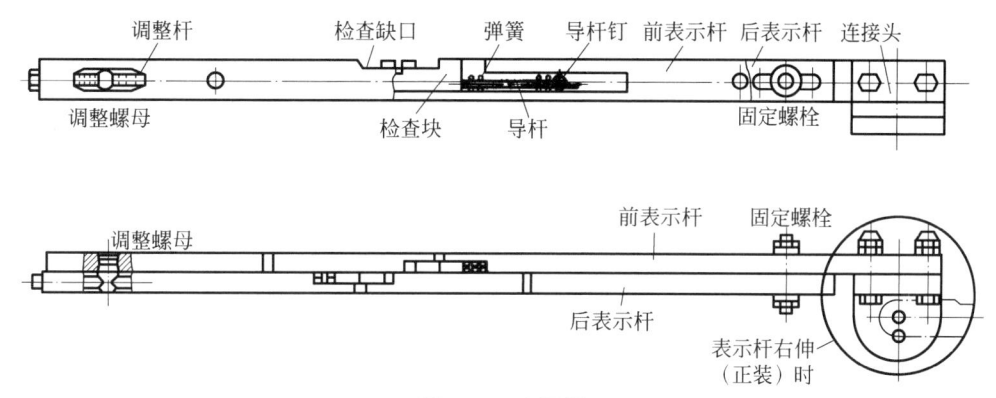

图 4-23 表示杆

为检查道岔是否密贴,在前、后表示杆的腹部空腔内分别设一个检查块。每个检查块上有一个缺口,道岔转换到位并密贴后,自动开闭器所带的检查柱落入此缺口,使自动开闭器动作。设两个检查块是为了满足道岔定位和反位检查的需要。若左侧检查柱落在后表示杆缺口中检查定位状态,则右侧检查柱将落在前表示杆缺口中检查反位状态,如图 4-24 所示,检查柱落入表示杆缺口时,两侧应各有 1.5 mm 的空隙。

在现场维修中,调整表示杆缺口是一项重要的工作,应在道岔密贴调整好以后进行。先在动作杆伸出位置,调整表示连接杆螺母,使前表示杆上的标记与窗口标记重合,这时检查柱应落入表示杆缺口并保持每侧有 1.5 mm 的间隙。然后在动作杆拉入位置,道岔密贴后,松开并紧螺栓,调整后表示杆的螺母,使检查柱落入后表示杆的缺口且保持每侧有 1.5 mm 的间隙。再经几次定、反位动作试验,设备工作正常,上紧并紧螺栓,调整工作即告完毕。

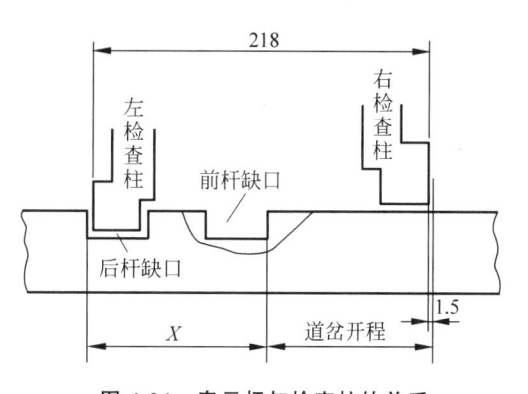

图 4-24 表示杆与检查柱的关系

检查块轴向有一导杆,上面穿有弹簧和导杆钉,平时靠弹簧弹力顶住检查块,完成对检查柱的检查。挤岔时,检查块缺口被检查柱占有,挤岔瞬间检查块动不了,挤岔的冲击力使表示杆向检查块运动,弹簧受到压缩,检查块和检查柱并未直接受到挤岔冲击力,不会损坏。另外,表示杆被挤,用缺口斜面迫使检查柱抬起,脱离检查块缺口,各部件不致受损。此时由于检查柱抬起,自动开闭器的动接点立即退出静接点组,断开道岔表示电路。

7. 摩擦联结器

摩擦联结器是保护电动机和吸收转动惯量的联结装置。当道岔因故转不到底时,电动机电路不能断开，如果电动机突然停转，电动机将会因电流过大而烧坏。另外，在正常使用中，道岔转换到位，电动机的惯性将使内部机件受到撞击或毁坏。要解决这两个问题，又要在正常情况下能带动道岔转换，就要求机械传动装置不能采用硬性联结而必须采用摩擦联结。因此 ZD6-A 型电动转辙机在行星传动式减速器中安装了摩擦联结器。

ZD6-A 型电动转辙机的摩擦联结器是在行星传动式减速器内齿轮延伸部分的小外圆上套以可调摩擦板构成的，如图 4-25 所示。

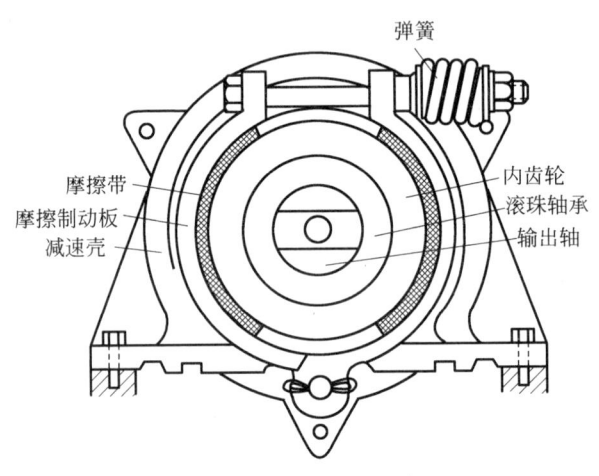

图 4-25　摩擦联结器结构图

行星传动式减速器的内齿轮大外圆装在减速壳内，可自由滑动。内齿轮延伸的小外圆上装上有摩擦带的摩擦制动板。摩擦制动板下端套在固定于减速壳的夹板轴上，当上端由螺栓弹簧压紧时，内齿轮就靠摩擦作用而被"固定"。在正常情况下，依靠摩擦力，内齿轮反作用于外齿轮，使外齿轮作摆式旋转，带动输出轴转动，使道岔转换。当发生尖轨受阻不能密贴和道岔转换完毕电动机惯性运动的情况下，输出轴不能转动，外齿轮受滚棒阻止而不能自转，但在输入轴带动下作摆式运动，这样外齿轮对内齿轮产生一个作用力，使内齿轮在摩擦制动板中旋转（称为摩擦空转），消耗能量，保护电动机和机械传动装置。

摩擦联结器的摩擦力要调整适当，过紧会失去摩擦联结作用，损坏电动机和机件；过松不能正常带动道岔转换。摩擦联结器的松紧通过调整螺母调整弹簧压力来实现。调整的标准是，额定摩擦电流应为额定动作电流的 1.3～1.5 倍。

8. 挤切装置

挤切装置包括挤切销和移位接触器，用来进行挤岔保护，并给出挤岔表示。

1）挤切销

两个挤切销（主销和副销）把动作杆与齿条块连成一体，如图 4-26 所示。道岔在定位或反位时，齿条块被锁闭齿轮锁住，道岔也就被锁住。挤岔时，来自尖轨的挤岔力推动动作杆，当此力超过挤切销能承受的机械力时，主、副挤切销先后被挤断，动作杆在齿条块内移动，道岔即与电动转辙机脱离机械联系，保护转辙机主要机件和尖轨不被损坏。挤岔后，只要更换挤切销即可恢复使用。

(a)

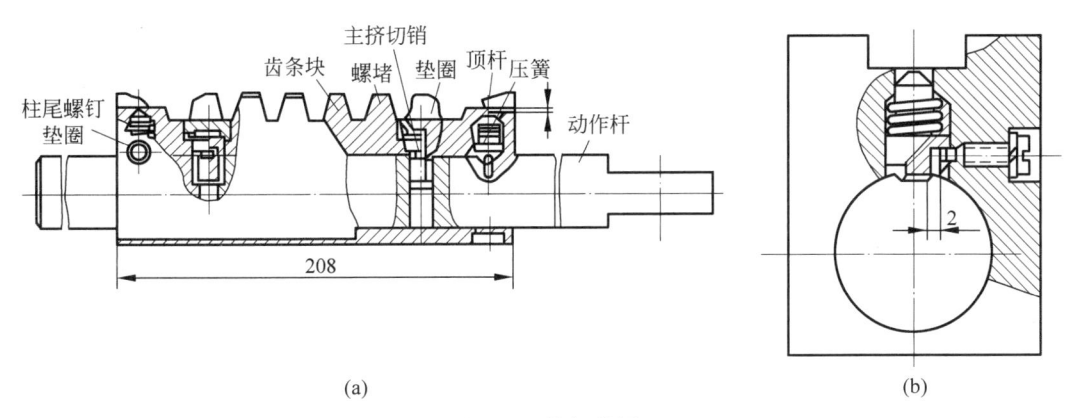

(b)

图 4-26 挤切装置

2）移位接触器

自动开闭器检查柱和表示杆中段特制了斜面，挤岔时表示杆被推动，表示杆中段的斜面顺着检查柱的斜面移动，将检查柱顶起，使一排动接点离开静接点组，从而断开了表示电路。若挤岔时表示杆无动程或动程不足，检查柱没有顶起来，表示电路断不开，这将十分危险。为了确保断开表示电路，ZD6 系列电动转辙机设有移位接触器。

移位接触器安装于机壳内侧，动作杆上方，由触头、弹簧、顶销、接点等组成，如图 4-27 所示。它受齿条块内两端的顶杆控制（图 4-26）。平时顶杆受弹簧弹力，顶杆下端圆头进入

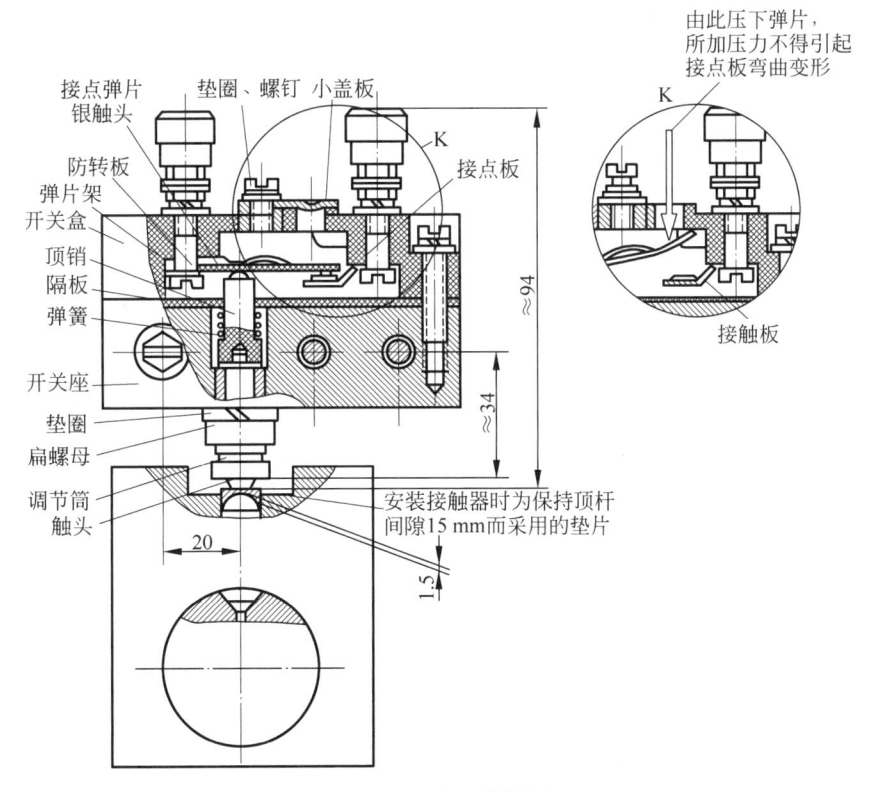

图 4-27 移位接触器

动作杆上成90°的圆坑内。挤岔时齿条块不动,挤切销被挤断,动作杆在条块内产生位移,顶杆下端被挤出圆坑,使顶杆上升,将移位接触器的顶销顶起,断开它的接点,从而断开道岔表示电路。移位接触器上部留有小孔,以便挤岔后予以恢复。

4.3.3　ZD6-A型电动转辙机的整体动作过程

图 4-28 是 ZD6-A 型转辙机的传动原理图。图中表示的各机件所处的位置是处于左侧锁闭(假设为定位)的状态,此时自动开闭器第 1、3 排接点闭合。下面简述从定位转向反位的传动过程。

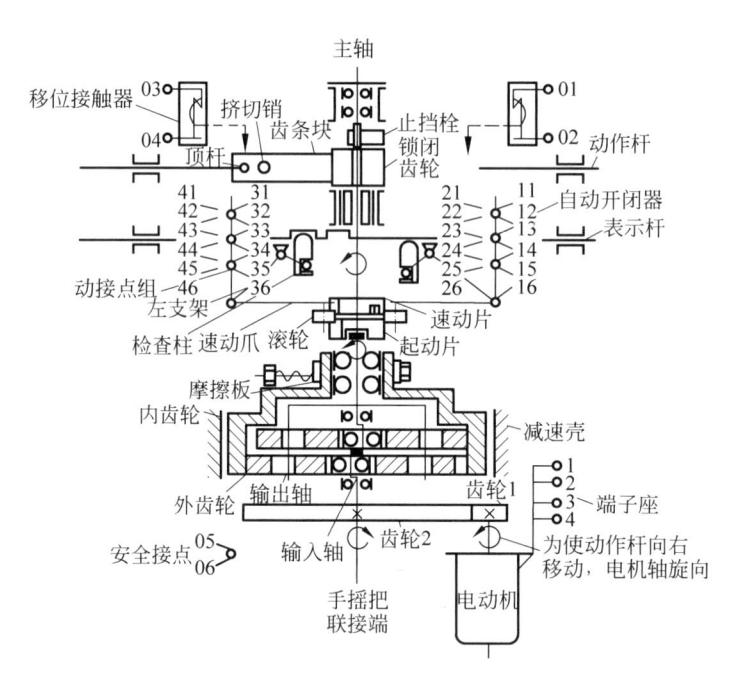

图 4-28　ZD6-A 型转辙机传动原理

当电动机通入规定方向的道岔控制电流时,电动机轴按图中所示的逆时针方向旋转。电动机通过齿轮带动减速器,这时输入轴按顺时针方向旋转,输出轴按逆时针方向旋转。输出轴通过起动片带动主轴,按逆时针方向旋转。锁闭齿轮随主轴逆时针方向旋转,锁闭齿轮在旋转中完成解锁、转换、锁闭三个过程,拨动齿条块,使动作杆带动道岔尖轨向右移动,密贴于右侧尖轨并锁闭。同时通过起动片、速动片、速动爪带动自动开闭器的动接点动作,与表示杆配合,断开 1、3 排接点,接通 2、4 排接点。完成电动转辙机转换、锁闭及给出道岔表示的任务。

手动摇动转辙机时,先用钥匙打开盖,露出摇把插孔,将摇把插入减速大齿轮轴,摇动转辙机至所需位置。此后虽抽出摇把,但安全接点被断开,必须打开机盖、合上安全接点,转辙机才能复原。

4.3.4　ZD6型电动转辙机的安装方式

电动转辙机宜设在线路外侧,一般都将转辙机的电动机对向岔尖,视电动转辙机的安装位置分为正装和反装。它们的区别在于动作杆相对于电动机的伸出位置。若站在电动机侧看,动作杆向右伸,即为正装;动作杆向左伸,即为反装。

无论电动转辙机正装还是反装,在道岔定位时,都有动作杆伸出和拉入两种情况。即有四种情况:正装拉入为定位、正装伸出为定位、反装伸出为定位、反装拉入为定位,分别如图 4-29(a)~(d)所示。其中正装拉入和反装伸出为定位时,自动开闭器第 1、3 排接点接通。正装伸出和反装拉入为定位时,自动开闭器第 2、4 排接点接通。据此来决定电动转辙机道岔电路采用何种类型。

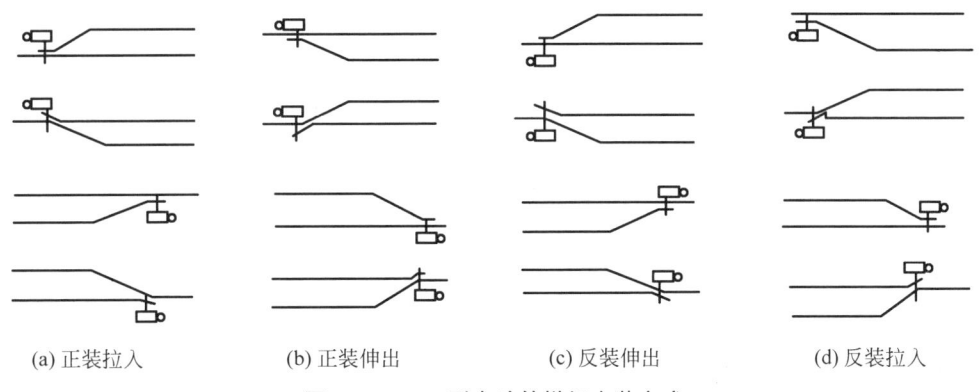

(a) 正装拉入　　　(b) 正装伸出　　　(c) 反装伸出　　　(d) 反装拉入

图 4-29　ZD6 型电动转辙机安装方式

在判定电动转辙机定位接通的时候,要掌握电动转辙机内部件的动作规律,动作杆、表示杆的运动方向与自动开闭器的动接点的运动方向是相反的。在正装拉入为定位,从反位向定位转换时,表示杆向左运动,动接点向右运动,故定位时 1、3 排接点闭合。反装伸出也是如此。而在正装伸出为定位,从反位向定位转换时,表示杆向右运动,动接点向左运动,故定位为 2、4 排接点闭合。反装拉入与此相同。

4.3.5　ZD6 型电动转辙机的密贴和缺口调整方式

1. 道岔的密贴调整

道岔的密贴调整包括道岔开程的调整和道岔尖轨的密贴调整。

1) 道岔开程的调整

道岔开程应为 150 mm 左右。不符合要求时,应配合工务部门进行调整。调整道岔开程时,应以供安装密贴调整杆的第一连接杆的长度为准。如开程过大,请工务部门在第一连接杆与尖轨连接的"T"形铁或耳铁之间加铁垫板,这相当于增加第一连接杆的长度。道岔开程也不宜过小,否则影响车轮的安全通过,还会使密贴调整杆空动距离增大。

2) 道岔尖轨的密贴调整

将道岔的开程加上密贴调整杆的空动距离(称为游间,在 5 mm 以上)调成等于转辙机动作杆的动程。若开程加游间小于动程,则会使转辙机不能锁闭或尖轨密贴过紧,增大工作电流的锁闭值而影响其他电气特性,并使锁闭圆弧磨耗过度。若开程加游间大于动程,则尖轨不能密贴于基本轨,造成错误锁闭。动程和开程一般都是不变的,只能对密贴调整杆的空动距离加以调整,调整步骤如下。

暂不连接表示杆，先调动作杆伸出位置，以动作杆停止移动，尖轨密贴基本轨，手摇把再空摇 3~4 圈转辙机才锁闭为好。此后，继续摇动手摇把，检查摩擦联结装置的松紧程度。此时若尖轨已密贴，则转辙机无法锁闭，摩擦带空转，说明密贴调整过紧。如尖轨尚未密贴，转辙机即已锁闭，说明调整太松。调整密贴调整杆轴套可消除过紧过松现象，调整时以稍松为好，因紧固螺母时轴套还会被挤紧。密贴调整良好后，摇动转辙机使之解锁，让密贴调整杆在不受力的情况下固定螺母，然后试一下密贴情况有无变化。充分拧紧舌铁固定螺母，摇动道岔复查两次。

2. 表示杆缺口的调整

密贴调整良好后，松开表示杆调整螺帽，先调主表示杆缺口，将动作杆拉入带动表示杆，使检查柱正好位于表示杆检查块缺口中间，两边留 1.5 mm 的间隙，然后略微固定一下双孔套两侧的调整螺帽。后调副表示缺口。再将道岔摇至伸出位置，用同样的方法将检查柱调整到表示杆缺口的中间，两边亦留 1.5 mm 的间隙。如果一个位置合适而另一个位置不合适，则可移动双孔套在密贴调整杆上的固定位置，直到完全合适为止。调整完毕后，用一把扳手稳住贴双孔套的螺帽，使它不能移动，用另一把扳手拧紧调整螺帽，并在丝扣上拧一小铁丝圈，将它固定起来。表示杆调整合适时，在静止状态它的连接销不承受剪切力，因此在道岔锁闭后，表示杆销子以能上下活动为好。

然后在尖轨第一连接杆和基本轨之间夹入 4 mm 厚铁板，检查柱不能落入检查块缺口，转辙机无法构成内锁闭，即调整完毕。

先进行伸出位置的密贴调整和表示缺口的调整，再进行拉入位置的密贴调整和表示缺口的调整。

4.4 外锁闭装置

4.4.1 道岔的锁闭方式

道岔的锁闭是把尖轨或可动心轨等可动部分固定在某个开通位置，当列车通过时不会因受外力作用而改变。

道岔按其锁闭方式可分为内锁闭和外锁闭两种。行车速度大于 120 km/h 线路上的道岔采用外锁闭装置，低于 120 km/h 线路上的道岔可采用内锁闭功能的转辙机。

1. 内锁闭

内锁闭是当道岔由转辙机带动转换至某个特定位置后，在转辙机内部进行锁闭，由转辙机动作杆经外部杆件对道岔实现位置固定。例如 ZD6 型转辙机就是由其内部的锁闭轮的圆弧面和齿条块的削尖齿实现锁闭的。实质上，内锁闭方式锁闭道岔是对道岔可动部分进行间接锁闭。

内锁闭转换设备的特点是：

(1) 结构简单，便于日常维护保养，且转换比较平稳，属定力锁闭。

(2) 道岔的两根尖轨由若干根连接杆组成框架结构，使尖轨部分的整体刚性较高，且框架结构造成的反弹力和抗劲较大。

(3) 由于两尖轨由杆件连接,当杆件受到外力冲击时,如发生弯曲变形,会使密贴尖轨与基本轨分离,严重威胁行车安全。

(4) 当列车通过道岔产生冲击时,其冲击力经过杆件将直接作用于转辙机内部,使转辙机部件易于受损,挤切销折断,移位接触器跳开等。

因此,内锁式转换设备已不能适应提速的需要,必须采用分动外锁闭道岔转换设备。

2. 外锁闭

当道岔由转辙机带动转换至某个特定位置后,通过本身所依附的锁闭装置,直接把尖轨与基本轨或心轨与翼轨密贴夹紧并固定,称为道岔的外锁闭。即道岔的锁闭主要不是依靠转辙机内部的锁闭装置,而是依靠转辙机外部的锁闭装置实现的。

由于外锁闭道岔的两根尖轨之间没有连接杆,在道岔转换过程中,两根尖轨是分别动作的,所以又称为分动外锁闭道岔。

分动外锁闭道岔转换设备的特点:

(1) 改变了传统的框架式结构,使尖轨的整体刚性大幅下降。

(2) 尖轨分动后,转换起动力小,而且一根尖轨的变形不影响另一根尖轨,由此造成的反弹抗劲等转换阻力均减小很多。

(3) 两根分动尖轨在外锁闭装置的作用下,无论是在起动解锁,还是密贴锁闭过程中,所需的转换力均较小,避开了两根尖轨最大反弹力的叠加时刻。

(4) 同时承担两根尖轨弹性力的过程是在密贴尖轨解锁之后到斥离尖轨锁闭之前这一较短的时间内,而此时正是电动机功率输出的最佳时刻,使电气特性和机械特性得到良好的匹配。

(5) 外锁闭装置一旦进入锁闭状态,车辆过岔时,轮对对尖轨和心轨产生的侧向冲击力基本上不传到转辙机上,即具有隔力作用,有利于延长转辙机及各类转换部件的使用寿命。

(6) 由于两尖轨间无连接杆,所以密贴尖轨很难在外力作用下与基本轨分离,可靠地保证了行车安全。

(7) 密贴尖轨与基本轨之间由外锁闭装置固定,克服了内锁闭道岔靠杆件推力或拉力使尖轨与基本轨密贴易造成 4 mm 失效的较大缺陷。

分动外锁闭道岔尖轨转换采用分动方式,设多个牵引点(9号和12号提速道岔2个牵引点,18号提速道岔3个牵引点,30号和38号道岔6个牵引点),做到尖轨全程密贴,防止尖轨反弹。还在两牵引点之间增设密贴检查器,做到多点检查尖轨密贴情况。可动心轨也采用多点牵引(12号和18号两点牵引,30号和38号三点牵引)。

外锁闭道岔转换设备消除了内锁闭方式的缺陷,适应了列车提速的要求。

4.4.2 钩式外锁闭装置

外锁闭装置是为了保证列车提速后的安全而研制的。它是将道岔的密贴尖与基本轨直接进行锁闭,也就是当道岔尖轨由转辙机带动至规定位置后,通过本身所依附的锁闭装置,直接把尖轨与基本轨(心轨与翼轨)固定在密贴状态,同时将斥离轨保持在标准开口位置的设备。

外锁闭属于直接锁闭,因为道岔的锁闭是在外部进行的,所以称为外锁闭装置。道岔外锁闭装置有两种,一种的锁块尾部是燕尾形,称为燕尾式外锁闭装置;另一种将燕尾形锁块改为锁钩,称为钩式外锁闭装置。

燕尾式外锁闭装置在结构受力和安装调整方面不适合我国铁路道岔的实际情况,对道岔尖轨病害的适应能力差,卡阻现象时有发生,故障率较高、产品工艺性差、质量不易控制,于是又研发了钩式外锁闭装置。

钩式外锁闭装置属于垂直锁闭方式,锁闭力通过锁闭铁、锁闭框直接传给基本轨。锁闭铁和锁闭框基本不承受弯矩,锁闭更加可靠。钩式外锁闭装置受力结构合理,能有效适应道岔尖轨的不良状态,锁闭可靠、安装调整方便,现已取代燕尾式外锁闭装置。

钩式外锁闭装置分为分动尖轨用和可动心轨用两种类型。

1. 分动尖轨用钩式外锁闭装置

1)分动尖轨用钩式外锁闭装置的结构

分动尖轨用钩式外锁闭装置由锁闭杆、锁钩、锁闭框、尖轨连接铁、锁轴、锁闭铁等组成,如图 4-30 所示。

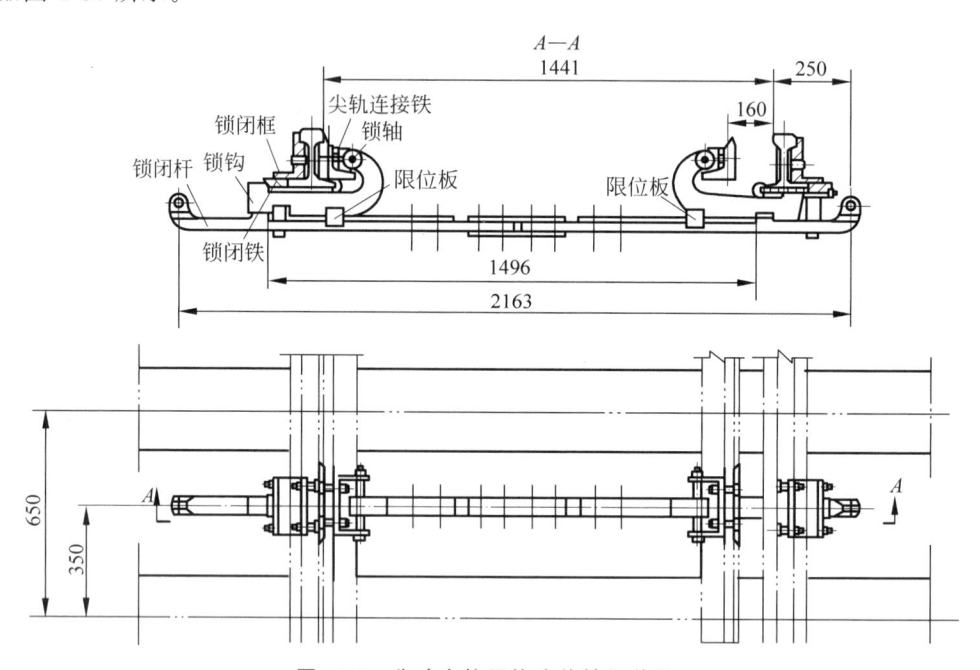

图 4-30 分动尖轨用钩式外锁闭装置

锁闭杆的作用是通过安装装置与转辙机动作杆相连,利用其凸台和锁钩缺口带动尖轨。第一牵引点锁闭杆与第二牵引点锁闭杆凸台尺寸不同,不能通用。锁钩头部与锁轴连接,下部缺口与锁闭杆凸台作用,通过连接铁带动尖轨运动,尾部内斜面与锁闭铁作用锁闭密贴尖轨和基本轨。第一牵引点锁钩与第二牵引点锁钩也不能通用。

锁闭框固定锁闭铁,支承锁闭杆。锁闭铁与锁钩作用锁闭尖轨和基本轨,导向槽在锁闭杆两侧槽内起导向作用。

锁闭框用螺栓与基本轨连接,锁闭铁插入锁闭框方孔内,并用固定螺栓紧固。尖轨连接铁用螺栓与尖轨连接,由锁轴将其与锁钩连接。锁钩底部缺口对准锁闭杆的凸块,并与锁闭杆共同穿入锁闭框。

2) 分动尖轨用钩式外锁闭装置的动作原理

当转辙机动作杆带动锁闭杆移动,密贴尖轨处的锁钩缺口随之入槽并移动,当动作到另一侧尖轨与基本轨密贴时,锁钩沿锁闭杆斜面向上爬起,锁钩升至锁闭杆凸块顶面时,锁钩同时被锁闭铁和锁闭杆卡住不能落下,实现了锁闭。本侧锁钩的缺口卡在锁闭杆的凸起处不能移动,保持尖轨与基本轨的开口基本不变。

道岔转换过程分为解锁、转换、锁闭过程,如图4-31所示。

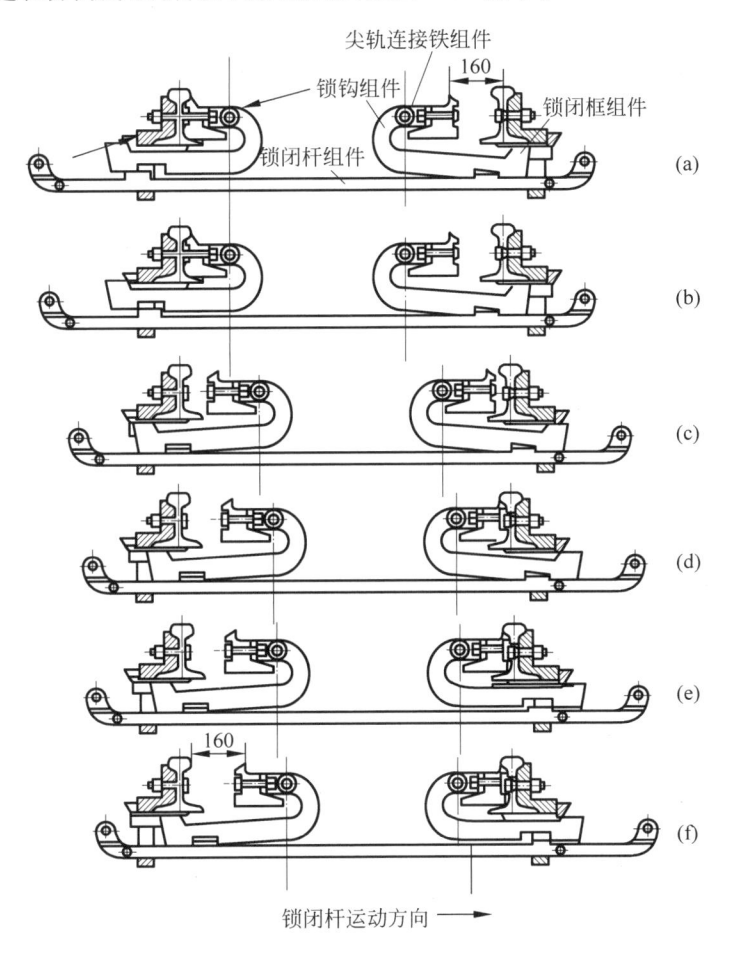

图 4-31 分动尖轨用钩式外锁闭装置的动作过程

(1) 道岔的解锁过程。

开始转换前,左侧处于密贴锁闭状态,如图4-31(a)所示。

转辙机动作杆带动锁闭杆运动,左侧尖轨(原密贴尖轨)的锁钩缺口与锁闭杆凸块接触锁闭量逐渐减小,但该尖轨不动。锁闭杆凸块带动右侧尖轨(原斥离尖轨)的锁钩运动,道岔开程逐渐减小,如图4-31(b)所示。锁闭杆运动至60 mm时,锁闭杆左侧凸块移动至锁钩块口内,两根尖轨处于解锁状态,如图4-31(c)所示。

(2) 道岔的转换过程。

锁闭杆继续运动,带动两侧锁钩运动,从而带动两根尖轨继续运动,如图4-31(d)所示。

当锁闭杆动作 160 mm 时,锁闭杆凸块与右侧锁钩的缺口脱离,并抬起锁钩的燕尾部,使其沿锁闭铁的斜面上升,该锁钩后部锁闭,如图 4-31(e)所示。

(3) 道岔的锁闭过程。

虽然右侧尖轨已密贴,但锁闭杆继续运动,带动左侧锁钩及左侧尖轨继续移动。当锁闭杆动作 220 mm 时,右侧尖轨由于锁钩及锁闭框的作用,使该锁钩固定在不变的位置,有足够的锁闭量,实现了锁闭,这时左侧锁钩的缺口与锁闭杆的凸块相互咬合,由于转辙机具有内锁作用,使锁钩处于不动位置,有足够的开程,对斥离尖轨也实现了锁闭,如图 4-31(f)所示。

2. 可动心轨用钩式外锁闭装置

可动心轨用钩式外锁闭装置,结构简单,与燕尾式外锁闭装置相比零部件大大减少。安装调整方便,动作灵活,4 mm 不锁闭容易实现。取消了道 Y 形接头拉板,解决了拉板松动的问题。心轨可以在锁钩模型槽内自由伸缩,使心轨的爬行不影响外锁闭装置的锁闭。但锁钩较长,对生产工艺要求较高。

1) 可动心轨用钩式外锁闭装置的结构

可动心轨用钩式外锁闭装置结构和原理如图 4-32 所示,也由锁闭杆、锁钩、锁闭框、锁闭铁组成,但锁闭杆的尺寸、锁钩的外形与尖轨所用完全不同。锁闭框安装在翼轨补强板上,直接与翼轨相连,心轨的凸缘插在锁钩的楔形槽内,可动心轨在槽内可前后伸缩,通过锁闭杆的横向运动,牵引可动心轨转换并锁闭。

2) 可动心轨用钩式外锁闭装置的动作原理

可动心轨用钩式外锁闭装置的工作过程也分为解锁、转换、锁闭三个阶段,如图 4-32 所示。图中可动心轨原密贴于左侧翼轨。锁闭杆向右运动,锁钩转动解锁(图 4-32(a)),锁闭杆向右继续运动,锁闭杆带动锁钩,进而带动心轨转换至右侧翼轨(图 4-32(b))。尖轨与翼轨密贴后,锁闭杆继续运动,直到锁钩转动锁闭(图 4-32(c))。

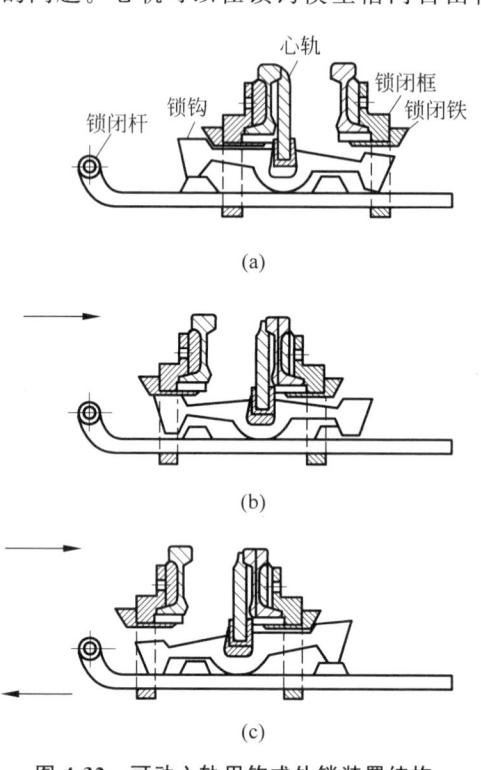

图 4-32 可动心轨用钩式外锁装置结构及动作过程

4.5 S700K 型电动转辙机

由于提速需要,S700K 型电动转辙机已在全国主要干线推广运用。经数年的实践表明,该型转辙机结构先进,工艺精良,不但解决了长期困扰信号维修人员的电机断线、故障电流变化、接点接触不良、移位接触器跳起和挤切销折断等惯性故障,而且可以做到"少维护，无维修"，符合中国铁路运营的特点和发展方向。

S700K 型电动转辙机的产品代号来自德文"Simens-700-Kugelgewinde"，其含义为"西门子-具有 6860 N(700 kgf)保持力-带有滚珠丝杠"的电动转辙机。

4.5.1 S700K 型电动转辙机的特点

S700K 型电动转辙机适用于尖轨或可动心轨处采用外锁闭的道岔，它具有以下主要特点：

（1）采用交流三相电动机，不仅从根本上解决了原直流电动转辙机必须设置整流子而引起的故障率高、使用寿命短、维修量大的不足，而且减少了控制导线截面，延长了控制距离，单芯电缆控制距离可达 2.5 km。

（2）采用直径 32 mm 的滚珠丝杠作为驱动装置，延长了转辙机的使用寿命。

（3）采用具有簧式挤脱装置的保持联结器，并选用不可挤型零件，从根本上解决了由挤切销劳损造成的惯性故障。

（4）采用多片干式可调摩擦联结器，经工厂调整加封，使用中无须调整。

4.5.2 S700K 型电动转辙机的分类

S700K 型电动转辙机规格齐全，能满足道岔尖轨、可动心轨的双机、多机牵引的需要。

S700K 型电动转辙机的机身是通用的，经配件组装，可组成不同种类。不同种类的转辙机，动作杆有不同的动程，表示杆也有不同的动程，转换力不同，也可以根据需要重新进行组合成为新的种类。

根据安装方式不同，每一种类又分为左装、右装两种。左装（面对尖轨或心轨，转辙机安装在线路左侧）的转辙机型号用字母 A 加上奇数表示，如 A13、A15。右装（面对尖轨或心轨，转辙机安装在线路右侧）的转辙机型号用字母 A 加上偶数表示，如 A14、A16 等。不同种类的 S700K 型电动转辙机不能通用。S700K 型电动转辙机概况见表 4-3。

转辙机动作杆动程，包括转辙机带动可动轨经过的道岔开程和外锁闭装置完成锁闭所经过的距离。道岔动程指检测杆的行程，即转辙机带动可动轨所经过的道岔开程。两者不同。

表 4-3 S700K 型电动转辙机概况

型号	动程/mm	检测行程/mm	额定转换力/N	动作时间/s	是否可挤	检测杆	用于
A9/A10	220	120	6000	≤6.6	不	C47/C48	第一牵引点
A13/A14	220	160	3000	≤6.6	不	C45/C46	第一牵引点
A15/A16	150	75	4500	≤6.6	是	C73/C74	双机
A17/A18	220	120	3000	≤6.6	不	C119/C120	多机
A19/A20	220	110	3000	≤6.6	不	C71/C72	多机
A21/A22	220	100	2500	≤6.6	不	C41/C42	第一牵引点
A23/A24	150	85	4500	≤6.6	不	C81/C82	多机
A27/A28	220	75	3000	≤6.6	不	C73/C74	多机
A29/A30	150	85	4500	≤6.6	是	C81/C82	双机

续表

型号	动程/mm	检测行程/mm	额定转换力/N	动作时间/s	是否可挤	检测杆	用于
A31/A32	220	100	3000	≤6.6	不	C123/C124	多机
A33/A34	150	65	4500	≤6.6	不	C91/C92	多机
A35/A36	150	—	6000	≤6.6	不	—	多机
A39/A40	220	140	3000	≤6.6	不	C117/C118	多机
A41/A42	220	110	2500	≤6.6	不	C121/C122	第一牵引点
A43/A44	220	—	3000	≤6.6	不	—	多机
A45/A46	150	100	4500	≤6.6	不	C123/C124	多机
A47/A48	150	75	4500	≤6.6	不	C73/C74	多机
A49/A50	220	120	2500	≤6.6	不	C47/C48	第一牵引点
A63/A64	220	130	2500	≤6.6	不	C165/C166	第一牵引点
A69/A70	220	140	4500	≤6.6	不	C167/C168	第一牵引点
A71/A72	220	85	3000	≤6.6	不	C169/C170	第一牵引点
A91/A92	220	120	4000	≤6.6	不	C191/C192	多机
A95/A96	220	75	4000	≤6.6	不	C73/C74	多机
A101/A102	240	110	6000	≤6.6	不	C71/C72	多机
A103/A104	220	75	6000	≤6.6	不	C73/C74	多机
A105/A106	240	120	4000	≤6.6	不	C119/C120	多机
A121/A122	190	140	3000	≤6.6	不	C117/C118	多机
A123/A124	165	110	3000	≤6.6	不	C71/C72	多机
A125/A126	140	85	4500	≤6.6	不	C81/C82	多机
A127/A128	120	—	4500	≤6.6	不	—	多机
A129/A130	190	—	4500	≤6.6	不	—	多机
A135/A136	240	100	4000	≤6.6	不	C41/C42	多机
A141/A142	170	120	3000	≤6.6	不	C119/C120	第一牵引点
A143/A144	120	65	4500	≤6.6	不	C91/C92	多机
A145/A146	190	—	2500	≤6.6	不	—	多机
A147A148	170	—	4500	≤6.6	不	—	多机
A149/A150	140	—	4500	≤6.6	不	—	多机
A151/A152	220	110	3000	≤6.6	是	C71/C72	多机
A153/A154	150	—	6000	≤6.6	不	—	多机

4.5.3 S700K型电动转辙机的结构

1. S700K型电动转辙机的整体结构

S700K型电动转辙机主要由外壳、动力传动机构、检测和锁闭机构、安全装置、配线接口五大部分组成，其结构如图4-33所示。

1）外壳

外壳主要由铸铁底壳、机盖、动作杆套筒、导向套筒、导向法兰等组成。

2）动力传动机构

动力传动机构主要由三相交流电动机、齿轮组、摩擦联结器、滚珠丝杠、保持联结器、动作杆等组成。

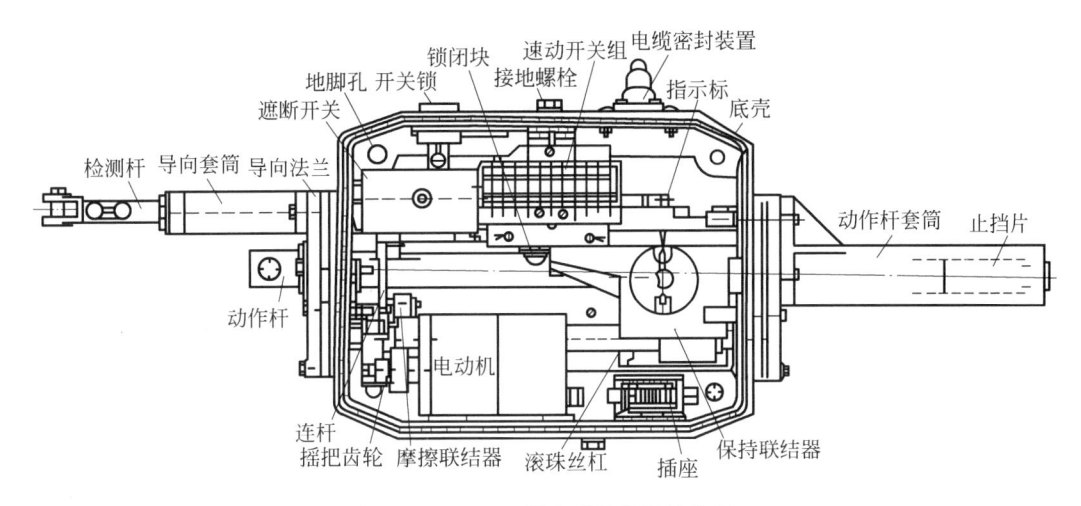

图 4-33　S700K 型电动转辙机结构图

3）检测和锁闭机构

检测和锁闭机构主要由检测杆、叉形接头、速动开关组、锁闭块和锁舌、指示标等部分组成。

4）安全装置

安全装置主要由开关锁、遮断开关、连杆、摇把孔挡板等组成。

5）配线接口

配线接口主要由电缆密封装置、接插件插座组成。

2．S700K 型电动转辙机主要部件及其作用

1）三相交流电动机

三相交流电动机为转辙机提供动力，为笼式转子，定子三个绕组呈星形接法。每相的引出线为单根多股软线，其星形汇接点在安全接点座第 61、71、81 端子上，由跨接片跨接。

由于采用交流电动机，没有直流电动机的整流子，自然消除了电机电枢断线、枢间混线、炭刷与整流子接触不良等惯性故障，提高了设备的可靠性和使用寿命，减少了维修量。

三相交流电动机的电气参数见表 4-4。

表 4-4　三相交流电动机的电气参数

额定电压/V	额定电流/A	额定功率/W	功率因素	转速/(r/min)	频率/Hz	绝缘等级
三相 380	2	400	0.45	1350	50	B 级

2）齿轮组

齿轮组由摇把齿轮、电机齿轮、中间齿轮及摩擦联结器齿轮组成，其中，摇把齿轮与电机齿轮是一个传递系统，使得能用摇把人工操纵转辙机。电机齿轮、中间齿轮、摩擦联结器齿轮是一个传递系统，将电动机的旋转驱动力传递到摩擦联结器上，并将电动机的高速进行降速，增大旋转驱动力，适应道岔转换的需要，这是转辙机的第一级降速。

3）摩擦联结器

摩擦联结器将齿轮组变速后的旋转力传递给滚珠丝杠,摩擦联结器内有三对主被金属摩擦片,分别固定在外壳和滚珠丝杠上,摩擦片的端面有若干压力弹簧,通过调整弹簧压力,可以改变主被摩擦片之间的摩擦结合力大小,实现了电动机和传动机构之间的软联结。这样,就可消耗由电动机转动惯性带来的电动机动作电路断开后的剩余动力。在尖轨转换中途受阻不能继续转换时,不使电动机被烧毁,即当作用于滚珠丝杠上的转换阻力大于摩擦结合力时,主被摩擦片之间相对打滑空转,保护了电动机。

摩擦联结器的摩擦力必须能调节,使道岔在正常工作情况下,电动机能够带动转辙机工作,在道岔转换到位或尖轨被阻时,使电动机能克服摩擦联结器的压力而空转,保证电动机不致被烧毁。所以摩擦联结器调整好的摩擦力必须稳定,才能保证转辙机的可靠工作。

对于交流转辙机来说,其动作电流不能直观地反映转辙机的拉力,现场维修人员不能像对直流转辙机那样,通过测试动作电流来监测摩擦力,必须由专业人员用专用器材才能进行调整。转辙机在出厂时已对摩擦力进行标准化测试调整,所以现场维修人员不得随意调整摩擦力。

4）滚珠丝杠

滚珠丝杠相当于一个直径为 32 mm 的螺栓和螺母,如图 4-34 所示。当滚珠丝杠正向或反向旋转一周时,螺母前进或后退一个螺距。它一方面将电动机的旋转运动变成丝杠的直线运行;另一方面起到减速作用,减速比取决于丝杠的螺距。

5）保持联结器

保持联结器是转辙机的挤脱装置,利用弹簧的压力通过槽口式结构将滚珠丝杠与动作杆连接在一起,如图 4-35 所示。当道岔的挤岔力超过弹簧压力时,动作杆滑脱,起到整机不被损坏的保护作用,相当于 ZD6 系列电动转辙机的挤岔装置。

图 4-34 滚珠丝杠

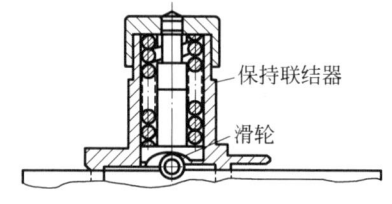

图 4-35 保持联结器

根据现场实际需要,保持联结器可采用可挤型和不可挤型。可挤型是指保持联结器利用其内部弹簧的压力将滚珠丝杠和动作杆连接在一起,弹簧的挤岔阻力可分别设定为 9 kN、16 kN、24 kN、30 kN 等,当道岔的挤岔阻力超过弹簧设定压力时,动作杆滑脱,实现挤岔时的整机保护。不可挤型是工厂将保持联结器内部的弹簧取消,放一个止挡环,用于阻止与动作杆相连的保持栓的移动,成为硬连接结构。挤岔锁定力为 90 kN。当道岔挤岔阻力超过 90 kN 时,会挤坏硬连接结构的保持联结器,需整机送回工厂修理。

为了保证其安全可靠地运行,保持联结器的顶盖是加铅封的,维修人员不得随意打开。铅封打开后,必须由专职人员重新施封。

第4章 道岔转换与锁闭设备

6）检测杆

检测杆随尖轨或心轨转换而移动,用于监督道岔在终端位置时的状态。检测杆有上、下两层,上层检测杆用于监督拉入密贴的尖轨或心轨拉入时的工作状态,下层检测杆用于监督伸出密贴的尖轨或心轨伸出时的工作状态,如图 4-36 所示。

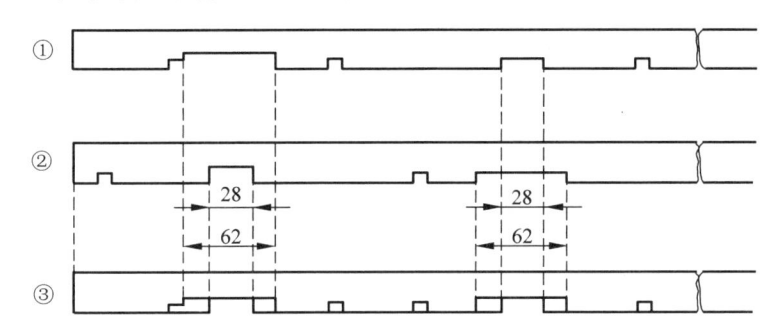

①—上层杆,检测缩进位置;②—下层杆,检测伸出位置;③—上、下杆重叠示意图。

图 4-36 左装式 S700K 型电动转辙机检测杆示意图

上、下层检测杆之间没有连接或调整装置,外接两根表示杆,分别调整。道岔转换时,由尖轨或可动心轨带动检测杆运动。当密贴尖轨或可动心轨密贴,斥离尖轨或可动心轨到达规定位置,上、下层检测杆的大小缺口对准转辙机的锁闭块时,锁舌才能弹出。就是说,密贴尖轨或可动心轨,斥离尖轨或可动心轨到达规定位置时,才能给出有关表示。

7）锁闭块和锁舌

道岔在终端位置,当检测杆指示缺口与指示标对准时,锁闭块及锁舌应能正常弹出。

锁闭块的正常弹出使速动开关的有关启动接点闭合及表示接点断开。

锁舌的正常弹出用于阻挡转辙机的保持联结器的移动,实现转辙机的内部锁闭。锁舌的伸出量一般大于或等于 10 mm,但最小伸出量不得小于 9 mm。

转辙机开始动作后,锁舌在锁闭块的带动作用下应能正常缩入。锁闭块的缩入,应可靠地断开表示接点。锁舌的缩入,应完成转辙机的内部解锁。

8）TS-1 型接点系统

S700K 型电动转辙机原采用沙尔特堡接点组,其体积小,结构单薄,抗震能力明显不足,在使用过程中,接点接触不良、接点螺丝滑扣松动、虚焊等故障逐年上升。由于该接点在转换过程中没有动作扫程,遇特定条件会出现接点冰冻粘接故障。该种接点的封闭结构给查找故障、更换接点带来不便。为了减少故障,提高设备运行质量,研制了 TS-1 型新型接点系统,取代沙尔特堡接点。

TS-1 型接点系统由开关盒、转换驱动机械(包括弹簧、滚动架、起动架等)、插接件等组成,如图 4-37 所示。

TS-1 型接点和沙尔特堡接点组安装尺寸不同,S700K 型转辙机两滑块上部大盖板需重新制作。

当转辙机电动机旋转,滚珠丝杠下方的动作推板开始动作时,锁闭滑块由左向右推移,大滑块前端斜面驱动速动爪滚轮向上顶起,并推动启动架向上提升,启动架前部滚轮逐步将开关盒下部连板向上推动,开关盒中动接点也随之开始动作,中部接点拉簧随动

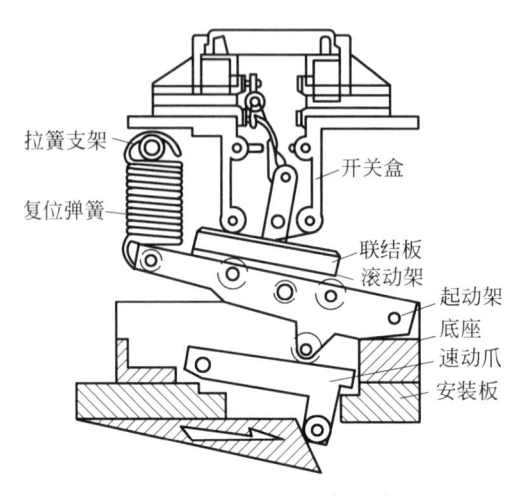

图 4-37　TS-1 型接点系统

接点拐臂由右向左摆动，并拉伸，动接点触头向上移动与左侧静接点摩擦后断开，从而断开原表示电路。当上下拐臂过中心点后，动接点由于拉簧作用，从左侧迅速转换与右侧静接点接触，接通反转电路。当转辙机转至终点，检测杆到位后，另一组接点下部的大滑块由右向左移动，在复位弹簧的作用下，速动爪落下，启动架尾部抬起，左侧滚轮推动连接板上移，动接点由右迅速与左侧静接点接触，断开转辙机动作电路，接通新的表示电路。

该接点组将动、静接点由水平方向的上下接触改为垂直方向的左右接触，减少了列车振动对接点的损伤；增设了扫程，防止冻冰粘接；增大了接点接触压力，提高了接触可靠性；接点组壳体透明敞开，方便检查；为可拆卸式，可快速更换。

TS-1 型接点组采用了类似 ZD6 系列电动转辙机的接点排列顺序，便于掌握。

道岔在定位时，自动开闭器的第 1 排、第 3 排接点闭合的叫"1、3 闭合"，自动开闭器的第 2 排、第 4 排接点闭合的叫"2、4 闭合"，这与 ZD6 系列电动转辙机的提法相同。

S700K 型电动转辙机无论"1、3 闭合"还是"2、4 闭合"，其内部配线完全一样，只需通过室外连线 X_2 与 X_3、X_4 与 X_5 的交叉和二极管的换向来实现。

9）开关锁与安全接点座

开关锁是操纵遮断开关闭合和断开的机构，用于检修人员打开电动转辙机机盖进行检修作业或车务人员插入摇把转换道岔时，可靠断开电动机动作电路，防止电动机误动，保证人身安全。当钥匙立着插入并逆时针转动 90°时，遮断开关被可靠断开。恢复时需提起开关锁上的锁闭销，同时将插入的钥匙顺时针转动 90°，遮断开关被可靠接通。

遮断开关接通时，摇把挡板能有效阻挡摇把插入摇把齿轮，防止用钥匙打开电动转辙机机盖。断开遮断开关时，摇把能顺利插入摇把齿轮或用钥匙打开电动转辙机机盖，此时电动机的动作电源被可靠地切断，不经人工操作和确认，不能恢复接通。

安全接点座如图 4-38 所示。安全接点 11-12 是遮断开关，它在开关锁的直接操纵下闭合和断开，需要进行内部检修或人工断开动作电路时，用钥匙打开开关锁，断开安全接点，切断动作电路，起到保护作用。人工摇动道岔时，打开摇把孔板，也断开安全接点，防止在手摇道岔时室内扳动道岔使其误动。

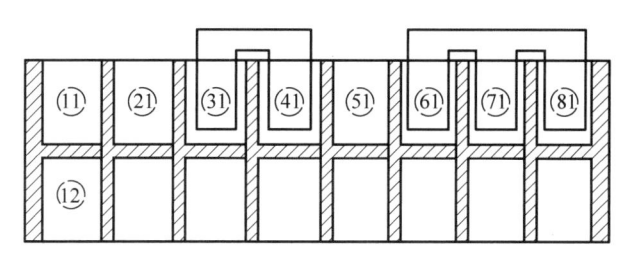

图 4-38 安全接点座

端子 31、41 为安全接点 11-12、电动机引线 U、速动开关接点 25、26 的汇流排。端子 61、71、81 为三相交流电动机星形节点的汇流排。

4.5.4 S700K 型电动转辙机的动作原理

1. S700K 型电动转辙机的传动过程

S700K 型电动转辙机的机械传动机构按如下过程工作：
（1）电动机的转动通过减速齿轮组，传递给摩擦联结器。
（2）摩擦联结器带动滚珠丝杠转动。
（3）滚珠丝杠的转动带动丝杠上的螺母水平移动。
（4）螺母通过保持联结器经动作杆、外锁闭杆带动道岔转换。
（5）道岔的尖轨或可动心轨经外表示杆带动检测杆移动。

2. S700K 型电动转辙机的动作过程

S700K 型电动转辙机的动作可分为三个过程：第一为解锁过程，也是断开表示接点的过程；第二为转换过程；第三为锁闭过程，也是接通表示接点的过程。现以 220 mm 动程转辙机定位拉入为例分述各过程。

1) 解锁及断开表示接点过程

当操纵道岔，需使转辙机动作杆由拉入变为伸出位置时，三相电动机接通 380 V 交流电源，电动机顺时针方向旋转，经齿轮组及摩擦联结器使滚珠丝杠向顺时针方向旋转，从而丝杠上的螺母向左侧运动。在运动过程中，由操纵板将锁闭块顶进，使表示接点断开，同时带动左锁舌向缩进方向运动，直至左锁舌完全缩进。

2) 转换过程

在转辙机解锁后，三相电动机继续转动，滚珠丝杠上的螺母继续向左运动，带动保持联结器向左运动，由于保持联结器与动作杆固定为一体，使动作杆向左侧（伸出方向）运动，带动道岔尖轨或可动心轨进行转换，当动作杆运动 220 mm 时，完成转换过程。

3) 锁闭及接通表示接点过程

当动作杆向左侧运动了 220 mm 时，检测杆在尖轨带动下运动了 160 mm 或在可动心轨带动下运动了 117 mm，这时锁闭块弹出，接通表示接点，同时右锁舌也弹出，锁住保持联结器，使动作杆不得随意窜动。

3. S700K 型电动转辙机的动作程序

S700K 型电动转辙机的动作程序与 ZD6 型电动转辙机的动作程序大致相同，即：断表示→解锁→转换→锁闭→给出另一位置表示。

以 220 mm 动程的 S700K 型电动转辙机为例,其动作程序为:

电动机转动→中间齿轮转动→摩擦联结器转动→滚珠丝杠转动→丝杠螺母移动→操纵板将锁闭块顶入,断开原表示→锁舌缩入,解锁→滚珠丝杠螺母带动保持联结器移动→外锁闭装置开始解锁→动作杆移动 60 mm 时外锁闭装置解锁完毕→道岔转换→动作杆移动 220 mm 时内检测杆缺口对准锁闭块,锁闭块弹出,进入检测杆缺口→锁舌伸出→断开启动电路,接通表示。

与 ZD6 系列电动转辙机不同的是,S700K 型电动转辙机具有表示电路自检锁闭功能,卡缺口时,锁舌伸不出来,内锁闭无法锁闭,不能接通表示电路,即有道岔表示时转辙机必须在内锁闭状态。而 ZD6 系列电动转辙机表示电路不检查锁闭,检查柱不落槽,转辙机照样能实现内锁闭。

4. 检测杆对尖轨动程的检测

接点座通过其下面的滚轴落入随尖轨运动的检测杆相应的大小缺口内来检查尖轨的位置。固定接点座用来检测检测杆"缩入"位置时的尖轨状态,它由螺栓固定在机座上,保持装配尺寸不变。根据检测杆行程调整确定接点座的距离,然后用螺栓固定。两接点座还通过螺杆和 4 个对顶螺母锁定,可避免因螺栓松动而发生的接点座位移。这样就完成了可动接点座与检测杆的配合,实现了对"伸出"位置的检测。

5. 速动开关、端子排的接线端子

速动开关、端子排的接线端子排列面向线路,最前方为固定接点座上的速动开关 A、B 两组接点,中间为可动接点座上的速动开关的 C、D 两组接点,最后为四个端子排。由于端子排仅作为过渡端子,为减少故障点,现场大多将其拆除。

6. S700K 型电动转辙机的调整

分动外锁闭道岔调整的基本顺序是:先调整第一牵引点,再调整第二牵引点;先调密贴,再调锁闭量,最后调表示缺口。

1) 密贴调整

外锁闭道岔可通过以下方式调整尖轨与基本轨的密贴:

(1) 通过增加或减少锁闭铁与锁闭框之间的调整片来调整。

(2) 通过转动偏心滑块来调整。每转动偏心滑块的一个面,厚度变化 1 mm,最厚面与最薄面相差 3 mm。

对可动心轨的调整,当需微量调整时可选择偏心滑块的厚度进行,该滑块的调整与尖轨部分相同。

2) 锁闭量调整

定、反位锁闭量之差大于 3 mm 时,可通过减少密贴调整片,同时在尖轨连接铁和尖轨间增加调整垫来调整。

3) 转辙机表示缺口调整

当尖轨与基本轨处于密贴状态时,观察缺口标记是否处于检测缺口的中心位置,如偏离可调整与尖轨连接的外表示杆的长度,使缺口至最佳位置(1.5 ± 0.5) mm。心轨表示缺口不论定位、反位均要求达到(1.5 ± 0.5) mm,如不符合规定,则可调整外表示杆的长度来实现。调整时,应先调伸出位置缺口,后调缩进位置缺口。

4.6　ZD(J)9 系列电动转辙机

ZD(J)9 系列电动转辙机是为我国铁路提速的需要研制的。借鉴国内外成熟的先进技术,结合我国铁路线路和道岔的实际情况进行优化设计,并根据道岔的不同转换动程和转换力以及交流、直流不同供电方式开发的系列产品,具有转换力大、效率高等特点,既适用于多点牵引分动外锁闭道岔的转换,也可用于尖轨联动的内锁闭道岔的转换。

4.6.1　ZD(J)9 系列电动转辙机的特点

ZD(J)9 系列电动转辙机具有以下特点:
(1) 采用滚珠丝杠减速,效率较高。
(2) 交流系列采用三相 380 V 交流电动机,故障少,电缆单芯控制距离长。根据需要可配置直流系列转辙机。
(3) 接点系统采用铍青铜静接点组和铜钨合金动接点环。
(4) 伸出杆件用镀铬防锈,伸出处用聚乙烯堵孔圈和油毛毡防尘圈支承和防尘。
(5) 转动和滑动面用 SF-2 复合材料衬套和衬垫,维护工作量小。
(6) 停电或维修时需手动转换的情况下,可转动手动开关轴,断开安全接点插入手摇把,手动转换转辙机。

4.6.2　ZD(J)9 系列电动转辙机的结构

ZD(J)9 型电动转辙机如图 4-39 所示,它由底壳、热涂锌的盖、电动机、减速器、摩擦联结器、滚珠丝杠、动作杆、左右锁闭杆(表示杆)、接点组(自动开闭器)、安全开关组、挤脱器和接线端子等组成。

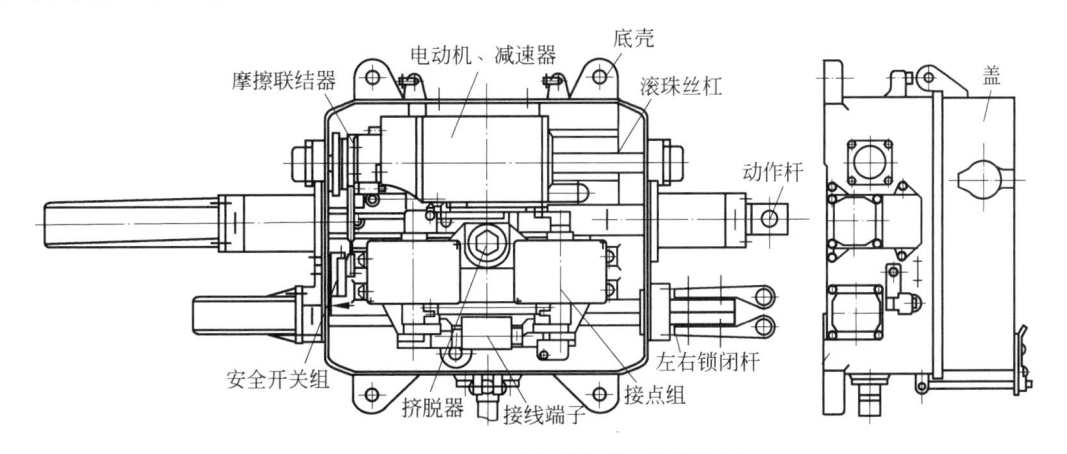

图 4-39　ZD(J)9 型电动转辙机的结构图

1. 电动机

1）交流电动机

交流电动机为 Y90S-6 型专用交流电动机，额定输出功率为 0.4 kW，当电源电压为三相 380 V、单相电阻为 54 Ω 时，额定转矩为 2 N·m，转速大于或等于 1330 r/min。

2）直流电动机

额定电压为 160 V，额定转矩为 2 N·m，转速大于或等于 980 r/min。

2. 减速器

减速器为两级减速，在改变转换力或转换时间时，可改变减速比。ZD(J)9-A 型第一级减速比为 38/26，第二级减速比为 46/18，总减速比为 3.74。ZD(J)9-B 型第一级减速比为 44/20，第二级减速比为 46/18，总减速比为 5.63。这是由于双机牵引的道岔要求第二牵引点先动，使得宏观上达到同步。

3. 滚珠丝杠

滚珠丝杠选用国产磨削丝杠，直径为 32 mm，导程为 10 mm。由于导程大，滚珠也大，故可靠性高。

4. 摩擦联结器

采用干摩擦，主动片 4 片外摩擦片，用钢带加工，被动片 3 片内摩擦片，用 12 个弹簧加压。

5. 自动开闭器（接点组）

自动开闭器接点组与 ZD6 型相同，只是将动接点支架改进为有两处压嵌连接的结构，因此左右调整板设在同侧，缩小了接点组尺寸，减少了零件品种。

6. 安全接点（安全开关组）

采用沙尔特堡接点。

7. 接线端子

采用德国笼式弹簧的 2 线接线端子，由于接线部分没有螺纹连接，使用中无须检查或重新拧紧，能抗震动和冲击，是一种免维护的接线端子。

4.6.3　ZD(J)9 系列电动转辙机的动作原理

ZD(J)9 型转辙机的动作原理如图 4-40 所示。电动机上装有减速器，电动机的驱动力矩经减速器减速后传到摩擦联结器，摩擦联结器内摩擦片通过花键转动滚珠丝杠，将旋转运动转换成为滚珠丝杠螺母的直线运动。在滚珠丝杠螺母外套有推板套，推动动作杆上的锁块，在锁闭铁的作用下，形成了转辙机的解锁、转换和锁闭过程。ZD(J)9-A 型的锁闭铁直接固定在底壳上。ZD(J)9-B 型的锁闭铁是通过挤脱器固定在底壳上，挤脱力为 (28±2) kN。

ZD(J)9-A 型的左右锁闭杆分别与第一牵引点两根分动的尖轨相连，在动作杆上的锁块被推板套锁闭在锁闭铁上，与密贴尖轨相连的锁闭杆被锁闭柱锁在密贴位置，这样就形成了双杆锁闭。一根锁闭杆上锁闭用的直缺口和挤岔表示用的斜缺口的距离与尖轨动程

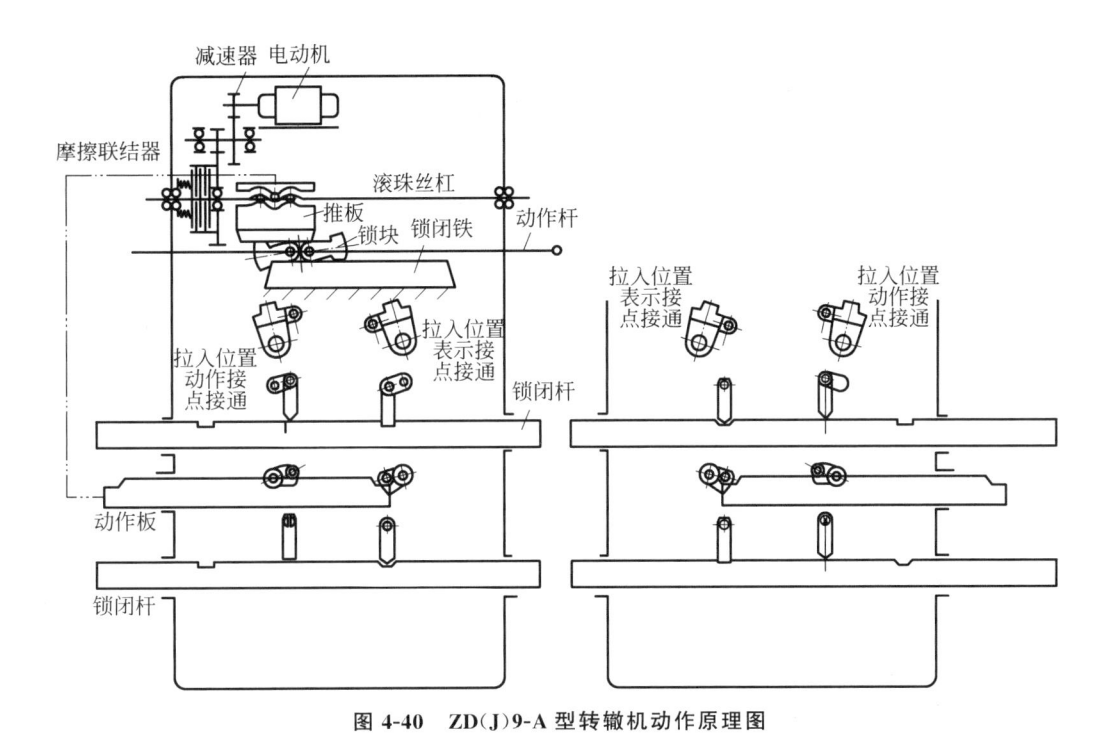

图 4-40 ZD(J)9-A 型转辙机动作原理图

有关,只能适用于(160±6) mm 的动程范围,当超过此动程范围时需另配该动程范围的锁闭杆。锁闭杆断面为 20 mm×50 mm,其弯曲程度为 ZD6 型表示杆的 3.7 倍,保证了第二锁闭的可靠性。

ZD(J)9-B 型的左右表示杆与第二牵引点的两根分动的尖轨相连,表示杆内检查块的结构、密贴检查和挤岔表示原理均与 ZD6 型相同,其仅在动作杆上有锁闭,故为单杆锁闭。挤岔时,通过斥离尖轨的动作,使表示杆的斜面推动检查柱。断开表示接点,给出挤岔表示。同时斥离尖轨推动外锁闭杆,进而推动动作杆,当动作杆上的挤岔力超过挤脱力时,锁闭铁就脱开挤脱柱,动作杆解锁。此时,锁闭铁移动 8 mm,锁闭铁上槽推动水平顶杆,水平顶杆再推动竖顶杆,竖顶杆推动动接点支架,从而切断表示,非经人工恢复锁闭铁,不能再接通表示。

在推板套与动作杆间有弹簧制动机构,转辙机在进入锁闭动程切断电机电源后,动作杆的侧斜面通过摩擦块压缩弹簧,从而将传动系统的惯性动作制动住,防止惯性反弹。

4.7 ZY 系列电液转辙机

电动液压转辙机(简称电液转辙机)是采用电动机驱动、液压传动方式来转换道岔的一种转辙装置。液压式转辙机取消了齿轮传动和减速器,简化了机械结构,将机械磨损减至最低,减少了维修工作量,适用于提速道岔。但液压传动对液压介质要求较高,对元件要求也高,传动效率较低。

目前,提速道岔上大量采用 ZY(J)7 型电液转辙机(J)。

4.7.1 ZY 系列电液转辙机概述

1. ZY 系列电液转辙机型号

ZY 系列电液转辙机分为普通型和快速型。普通型又分为直流电液转辙机和交流电液转辙机。普通电液转辙机有 ZY(J)1、ZY(J)2、ZY(J)3、ZY(J)4、ZY(J)5、ZY(J)6、ZY(J)7 型,有 J 字的是交流转辙机。其中 ZY(J)1、ZY(J)2、ZY(J)3 和 ZY(J)7 型是整体式,ZY(J)4、ZY(J)5、ZY(J)6 型是分体式,ZYK 是快速型。

ZY(J)4、ZY(J)7 型分别与 SH5、SH6 型转换锁闭器配套,用于多点牵引道岔上,ZY(J)5 型为挤岔保护型,ZY(J)6 型为挤岔断表示型。目前使用较多是 ZY(J)4、ZY(J)6 和 ZY(J)7 型。

电液转辙机的型号表示法如图 4-41 所示。

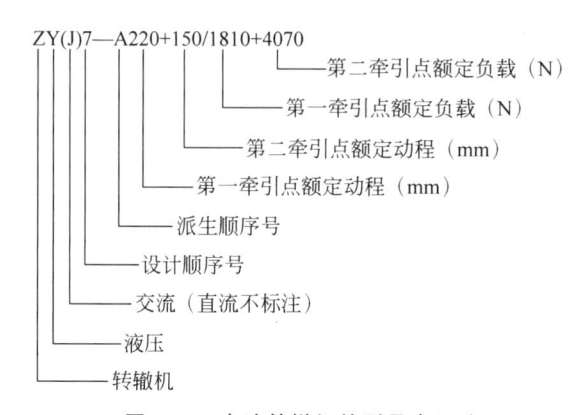

```
ZY(J)7—A220+150/1810+4070
                      ├── 第二牵引点额定负载（N）
                      ├── 第一牵引点额定负载（N）
                      ├── 第二牵引点额定动程（mm）
                      ├── 第一牵引点额定动程（mm）
                      ├── 派生顺序号
                      ├── 设计顺序号
                      ├── 交流（直流不标注）
                      ├── 液压
                      └── 转辙机
```

图 4-41　电液转辙机的型号表示法

2. 液压传动概述

液压传动是用液体作为工作介质来传递能量的。油压传动是液压传动的一种,是利用油液的压力来传递能量的。

1) 液压传动原理

液压传动借助于处于密闭容器内的液体的压力来传递能量和动力。液体虽然没有立体的几何形状,却有几乎不变的体积,当它被放置于密闭的系统中时,就可以将压力由一处传递到另一处。当高压液体在管道、油缸中流动时,就能传递机械能。任何液压传动都利用了这种通过处于密闭容器中的受压液体流动来传递机械能的原理。

2) 液压传动的优点

(1) 易于获得很大的力或力矩,并且易于控制。使用油泵容易获得较高的压力(7～35 MPa),油缸的有效承压面积较大,可获得很大的力或力矩。例如一个内径为 30 cm 的油缸油液压力为 19.6 MPa 时,活塞杆上可产生 1385 kN 的力,这是其他传动方式难以做到的。

(2) 易于实现直线的往复运动,直接推动工作机构,适合牵引道岔尖轨移位。

(3) 易于调整调速比。例如,用节流阀调速时,流量变速若由 0.02 L/min 变到 100 L/min,调速比就达到 5000,这是其他传动方式无法比拟的。

(4) 输出功率大、体积小。油泵的外形尺寸仅为同功率电机的 12%～13%,重量仅为同功率电机的 10%～20%。

(5) 传动平稳、均匀。

(6) 在往复和旋转运动中,可以经常快速而无冲击地变速和换向,由于液压机构重量轻,惯性小,所以可获得高速反应。中等功率的电机起动,正常需要 1～2 s,而同功率的液压机不超过 0.1 s。

(7) 易于获得各种复杂的动作,易于布局及操纵,根据需要可增设多个牵引点;易于防止过载事故。

(8) 操纵力较小。

(9) 自动润滑,元件的寿命较长。

(10) 易与电气设备配合,制作出性能良好、自动化程度很高的复合控制系统。

3) 液压传动的缺点

(1) 容易出现泄漏。液压系统要求工作液体在密闭的容器内进行工作,但压力油通过密闭处的间隙必然产生内部和外部的微量泄漏。这种泄漏超过一定量时,会影响液压传动的效率,还会影响运动的平稳性。

(2) 油的黏度随温度变化会引起工作机构的不稳定性。例如,节流调整时,油温低时黏度高,工作机构的速度要慢一些;温度高时黏度下降,工作机构的速度要快一些。所以在要求工作机构恒定的液压传动系统中,就得随温度的变化调整油量。

(3) 空气渗入液压系统后会引起系统工作不良,例如发生振动、窜动、爬行、噪声,都是空气渗入液压系统造成的。尤其是在密封或液压系统设计不合理时,空气很容易渗入。

(4) 元件精度要求高,不易加工,价格昂贵,使用和维修水平要求高。

(5) 液压油易于受污染,加剧元件的磨损和堵塞,使整机性能下降,寿命缩短,甚至损坏。

3. 电液转辙机基本结构

电液转辙机由动力系统(直流电动机或交流电动机)、液压系统、油路系统、转换锁闭系统和接点系统组成。

ZY(J)1 型～ZY(J)6 型电液转辙机油路系统如图 4-42 所示。它们由油泵、流量调节阀、溢流阀、单向阀、滤清器及各部接头、油管、油路板组成。ZY(J)7 型将油路板改为溢流板体。

油泵是整个系统的动力源,用来将机械能变成液压油的压力能。流量调节阀、溢流阀、单向阀等组成操作控制装置,用于调节控制液压油的压力、流向和流量,实现不同的工作循环。油缸是系统的执行机构,它把液压油的压力变成机械能。滤清器、油箱(或油池)等是辅助装置。

4. ZY(J)4 型电液转辙机

ZY(J)4 型电液转辙机为分体式结构,由液压站、转辙机主机和 SHS 型液压转换锁闭器(一般称副机)组成。

液压站装有交流电动机、油泵、油路板和油箱等。输出的两根油管与主机和副机的油缸连接。液压站的作用是通过电动机来驱动油泵,随电动机的正反转泵出不同方向的液压油。

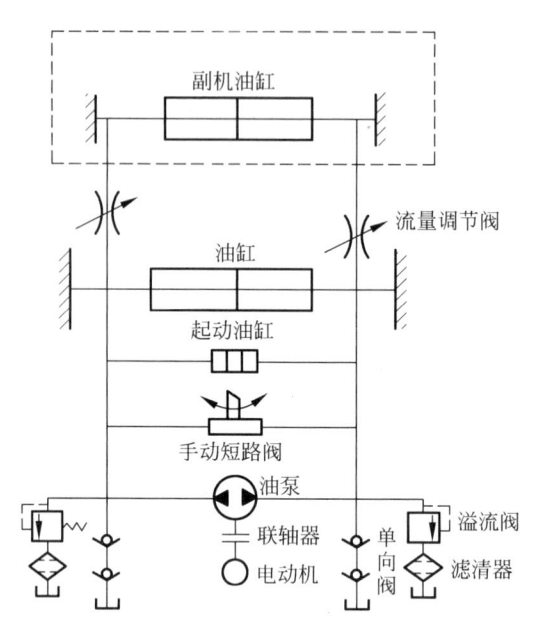

图 4-42 ZY 型电液转辙机的油路系统

转辙机主机安装在道岔尖轨的第一牵引点(第一连接杆处),根据液压站供出液压油的方向来转换道岔尖轨,并驱动锁闭机构锁闭尖轨。

副机安装在道岔尖轨的第二牵引点(第三连杆处),与主机一起转换道岔尖轨,且进行锁闭。副机上安装挤脱器,道岔被挤时,被挤脱,配合检查装置给出挤岔表示。

5. ZY(J)6 型电液转辙机

ZY(J)6 型电液转辙机也为分体式结构,由液压站和转辙机组成,没有副机。转辙机除转换锁闭装置外,加装了挤岔表示杆和挤岔断表示装置。

4.7.2　ZY(J)7 型电液转辙机

1. ZY(J)7 型电液转辙机结构

ZY(J)7 型电液转辙机由 ZY(J)7 型电液转辙机(亦称主机,用于第一牵引点)和 SH6 型转换锁闭器(亦称副机,用于第二牵引点)组成。主机与副机共用一套动力系统,两者间用油管相连。ZY(J)7 型电液转辙机、SH6 型转换锁闭器的结构分别如图 4-43、图 4-44 所示。

ZY(J)7 型电液转辙机主机主要由电动机、油泵、油缸、起动油缸、接点系统、表示杆、动作杆等部分组成。SH6 型转换锁闭器主要由油缸、挤脱接点组、表示杆、动作杆组成。

2. ZY(J)7 型电液转辙机的动作原理

1) ZY(J)7 型电液转辙机的油路系统

(1) ZY(J)7 型电液转辙机油路系统的组成。

ZY(J)7 型电液转辙机的油路系统为闭路式系统,如图 4-45 所示。

油路系统可分为四部分:动力源、操纵控制装置、执行机构和辅助装置。

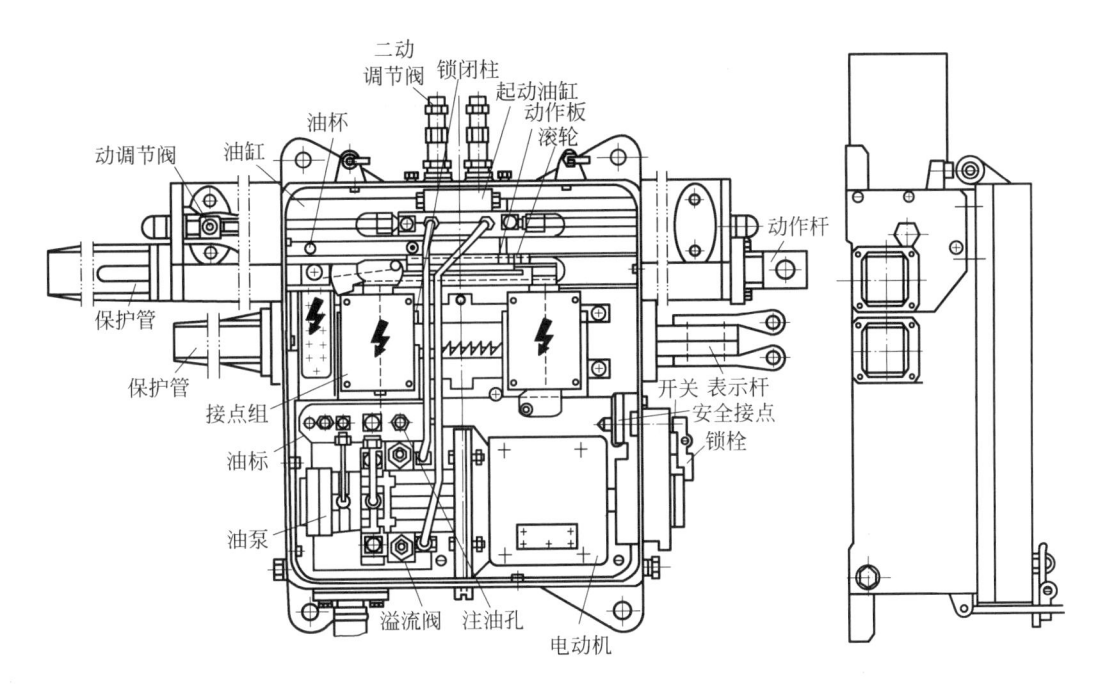

图 4-43　ZY(J)7 型转辙机结构图

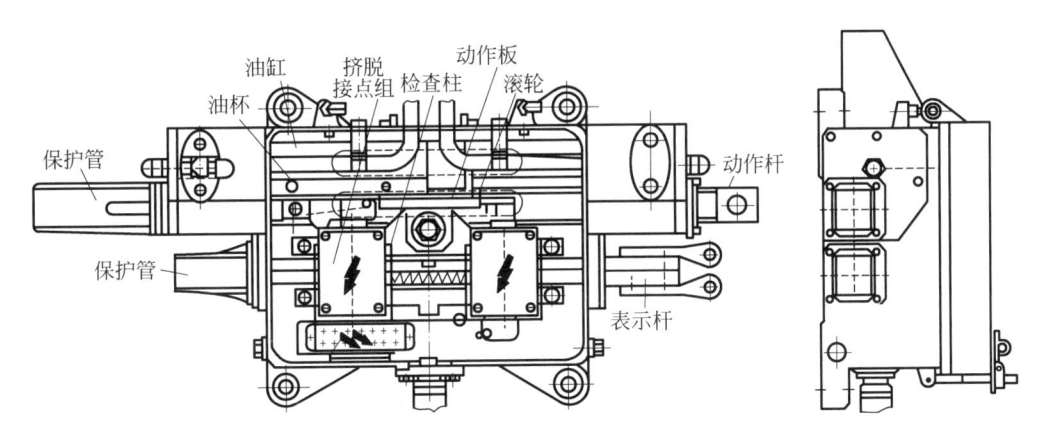

图 4-44　SH6 型转换锁闭器

油泵是整个系统的动力源,用以将机械能变成液压油的压力能。

调节阀、单向阀、溢流阀等组成操纵控制装置,用以调节液压油的压力、流向和流量,从而实现不同的工作循环。

油缸是系统的执行机构,可以把液压油的压力能变成机械能。

滤清器、油池等是辅助装置。

(2) ZY(J)7 型电液转辙机油路系统的动作原理。

当电动机带动油泵逆时针方向旋转时,油泵从油缸右侧腔内吸出油,泵出的液压油经活塞杆中心圆孔注入油缸的左腔,即左腔内为高压油,由于活塞杆固定不动,所以高压油推动油缸向左移动。当油缸动作到位时,油泵从右边的单向阀吸出油,泵出的液压油经左侧的滤清器和溢流阀回到油池。

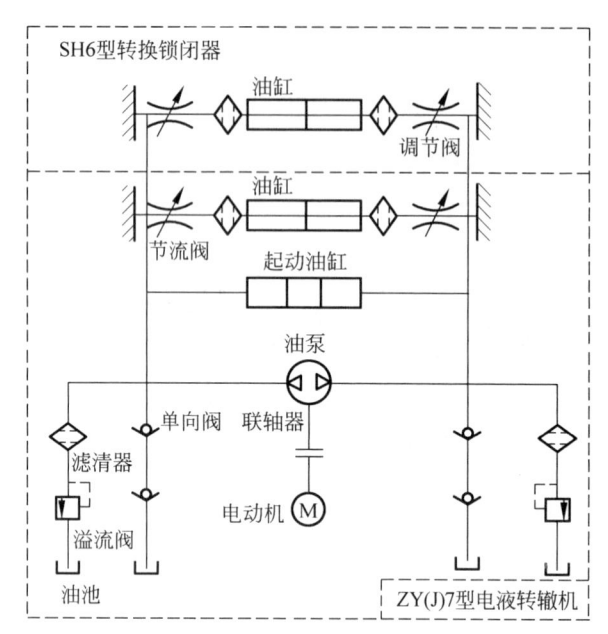

图 4-45 ZY(J)7 型电液转辙机的油路系统（与 SH6 型转换锁闭器配套使用）

电动机带动油泵顺时针方向旋转时，油泵从油缸左侧腔内吸入油，泵出的高压油通过活塞杆空腔进入油缸右侧，使油缸右腔为高压，此时油缸向右移动。

2) ZY(J)7 型电液转辙机机械工作原理

ZY(J)7 型电液转辙机的解锁、转换、锁闭作用原理图如图 4-46 所示。

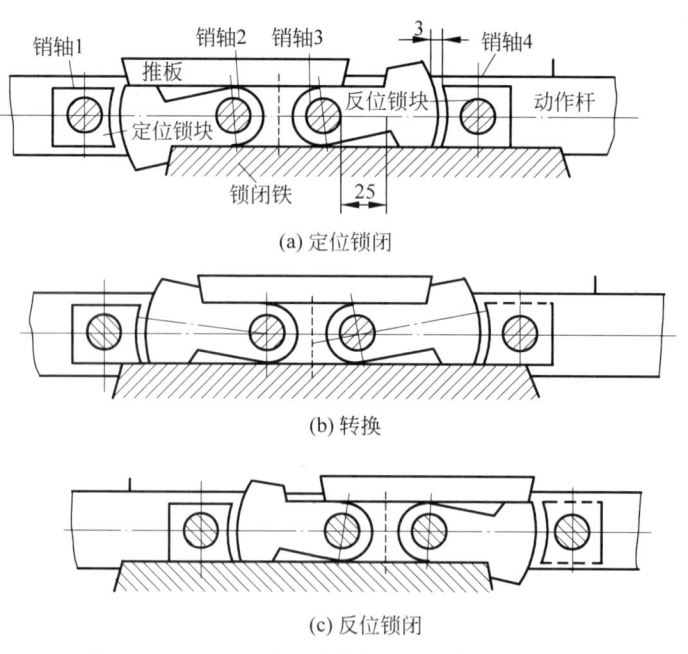

图 4-46 ZY(J)7 型电液转辙机的机械动作原理图

当道岔转换至定位位置时(如拉入)推板的定位锁闭面与定位锁块的锁闭面相吻合,使锁块不能移动,定位锁块的斜锁闭面与锁闭铁定位锁闭面互相吻合,使锁块和动作杆不能伸出,此时称为定位(拉入)锁闭状态,如图 4-46(a)所示。

当电动机启动,经联轴器带动油泵顺时针方向旋转,推动油缸向右动作,移动 25 mm时,推板定位锁闭面全部退出定位锁块的锁闭面。此时,转辙机为解锁状态。

推板继续移动,即带动反位锁块、销轴、动作杆移动,动作杆又带动定位锁块离开锁闭铁的定位锁闭面,迫使定位锁块移动,定位锁块动作面跟随推板定位动作面,反位锁块和定位锁块处于锁闭铁和推板的间隙内,这时,转辙机进入转换状态,如图 4-46(b)所示。

油缸和推板继续移动,至伸出锁块锁闭面将要与锁闭铁伸出锁闭面接触,则进入增力状态。这时伸出锁块由推板伸出动作面和锁闭铁伸出锁闭面接触。此后推板再向前15.2 mm(动作杆相应动作 7.6 mm)即为增力阶段。推板继续移动 9.8 mm(从两面开始接触,共移 25 mm)伸出锁块斜锁闭面与锁闭铁伸出锁闭面完全密贴吻合,转辙机为反位(伸出)锁闭状态,如图 4-46(c)所示。

3) ZY(J)7 型电液转辙机的检查和表示

ZY(J)7 型电液转辙机的检查和表示装置由固定座、拐臂、锁闭检查柱、轴承座、传动杆及齿轮、动作板、速动片、弹簧、接点组和内外表示杆组成。

转辙机处于拉入位置时,锁闭检查柱与内表示杆的主锁闭杆缺口对应,只有缺口对准锁闭检查柱方可落入检查口。用此来检查道岔尖轨密贴,并通过拐臂带动接点组构成表示电路。转辙机处于伸出位置时,锁闭检查柱与副锁闭杆缺口对应,即检查此时尖轨的密贴。接点组与动作板、速动片、起动片的动作关系如图 4-47 所示。

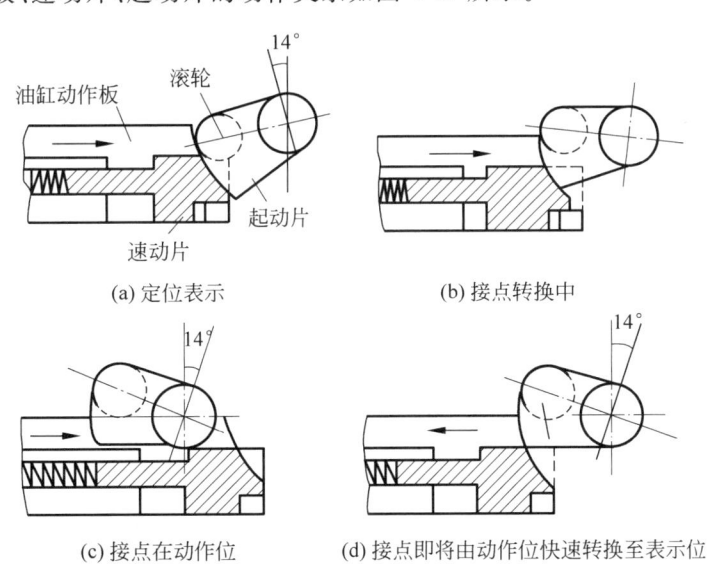

图 4-47 接点组与动作板、速动片、起动片的动作关系

当油缸侧面上的动作板向左移动 1.4 mm 时,动作板的斜面开始推动接点组的滚轮。油缸移动 17.4 mm,动接点组转换,断开原表示接点。油缸移动 25 mm,油缸侧面的推板刚接触反位锁块的锁闭面时,推板将定位锁块解锁,油缸解锁动程结束。道岔尖轨转换,当尖轨与基本轨密贴时,油缸走完了转换动程,油缸侧面的推报动作面进入反位锁块的锁闭面,

动作杆不再动作,油缸继续移动的锁闭动程为 17.4 mm。当锁动为 23.6 mm 时,接点组的启动片在弹簧的作用下,快速落入动作板上速动片圆弧内,即快速地断开电动机电源,接通现表示接点。

当自动开闭器使用沙尔特堡 S800aW40 型速动开关时,其接点由拐臂轴上的凸轮带动。转辙机实现了两处锁闭:①将动作杆通过锁块锁在锁闭铁上(锁闭铁连接底壳);②将锁闭杆通过锁闭柱、接点座锁在底壳上。

4) ZY(J)7 型电液转辙机的手动转换

为满足电源中断或发生其他故障对转换道岔及检修作业的需要,ZY(J)7 型电液转辙机设置了手动装置,分为手摇装置和扳动装置两种。

手摇装置是用摇把摇动电动机机轴,因电动机与油泵相连,可使油泵泵出液压油。顺时针摇动时,右侧泵出液压油,反之左侧泵出液压油,油缸则沿着液压油方向移动。插入摇把前应先断开安全接点。手摇电液转辙机时,只要在主机处摇动,副机则被带动。

扳动装置由扳手、方轴齿轮、齿条、拉板、钩块组成。扳手转动方轴和齿轮,齿轮带动齿条连同钩块直接动作油缸。道岔自定位扳至反位,需转动 1.6 圈。在扳手插入方轴前应确认短路阀被打开。

3. ZY(J)7 型电液转辙机的安装装置

采用单机多点牵引时,ZY(J)7 型电液转辙机安装在尖轨或可动心轨的第一牵引点处,SH6 型转换锁闭器安装在尖轨或可动心轨的第二牵引点(18 号提速道岔尖轨尚有第三牵引点)处。采用单机单点牵引时,每个牵引点设一台 ZY(J)7 型电液转辙机。它们固定在托板上,经钢枕与钢轨线路连接。安装装置主要由托板,弯头动作杆,尖端铁及长、短表示杆等组成。各部件的安装和作用与前述 S700K 型电动转辙机安装装置基本相同。

4. ZY(J)7 型电液转辙机的调整

尖轨和可动心轨的密贴调整与 S700K 型电动转辙机的密贴调整相同。ZY(J)7 型的表示杆缺口调整时可直接拧主、副表示杆的调整螺母,使检查柱落入主表示杆缺口,其缺口间隙应为 (2±0.5)mm[转换锁闭器应为 (4±1.5)mm]。定、反位可以分别调整,互不影响。

4.8 ZK 系列电空转辙机

电空转辙机先后出现过 ZK2、ZK3、ZK3-A、ZK4-170 等型号。

ZK2 型是早期使用的电空转辙机。它对道岔尖轨无锁闭装置,必须另设关节型锁闭器与之配合使用,实现外锁闭。由于动作时冲击力大,关节型锁闭器的零件经常发生断裂,尤其是冬季断裂现象发生更为频繁,严重影响行车安全。这种转辙机转换力较小,容易卡阻,无风源过滤设备。因缺点较多,已经被淘汰。

ZK3 型转换力大,取消了机械外锁闭装置,不但减少了上述断裂故障,而且使转辙机安装与调整变得简单,维修更为容易。但在使用中发现,它在转换、锁闭及表示系统等方面还存在着危及安全的缺陷,因此在 ZK3 型的基础上改进为 ZK3-A 型。又在 ZK3-A 型的基础上改进为 ZK4-170 型转辙机。

使用电空转辙机,需要有空气压缩机、储风机、管路等风源设备,设备费用高,所以我国只在有风源设备的驼峰调车场道岔上使用。

驼峰调车场绝大部分是溜放作业，车辆对向经过道岔，只有机车上峰才顺向通过道岔，极少发生挤岔事故，所以电空转辙机没有考虑挤岔防护。

ZK3型电空转辙机经多次改进，基本上能满足驼峰调车场解编作业的需要，但仍存在着结构复杂可靠性低使用寿命短及维修不良等缺陷。为此研制了ZK4型电空转辙机。它优化了结构设计，改进了气路，并采用新型换向阀气缸和阀体用铝合金材料代替铸铁材料，提高了关键部件寿命并减小整机重量，美化外观，采用新型密封材料提高了整机使用寿命和可靠性。

下面重点介绍一下ZK4-170型电空转辙机。

4.8.1　ZK4-170型电空转辙机的主要技术特点

ZK4-170型电空转辙机采用国内外先进的气动元件及相关技术，适用于驼峰调车场的50 kg/m和43 kg/m钢轨9号以下单开对称道岔，可安装于道岔左侧或右侧，具有以下主要技术特点：

（1）采用差压式自保换向阀结构作为整机控制机构，消除了换向阀因漏风而误动作的隐患，提高了整机安全可靠性、简化整机结构，并具有结构新颖、体积小、重量轻等特点。

（2）利用电磁锁闭阀代替气动锁闭阀克服了解锁时与动作杆卡阻的缺陷，实现了到位锁闭、解锁动作的顺序化。

（3）设备主要机构运动部分均采用SF-2复合材料套，减少了现场维修工作量，提高了整机的使用寿命。

（4）采用双锁闭结构，即气缸的气锁闭和电磁锁闭，可防止因偶然的泄漏或低风压造成设备失控引发的故障。

（5）表示装置安全可靠，故障率低，动作直观，便于观测和维修。

（6）采用组合式气源处理元件，克服了现场额定压力因振动而造成变化的缺点。

4.8.2　ZK4-170型电空转辙机的结构

ZK4-170型电空转辙机由差压式自保换向阀、气缸、表示装置、电磁锁闭阀、附件（组合式气源处理元件、压力开关、管路）等组成，如图4-48所示。

4.8.3　ZK4-170型电空转辙机的主要部件

1. 差压式自保换向阀

电空转辙机换向阀是电空转辙机的主要控制部件，采用了新型差压式自保换向阀，通过定、反位电磁阀的动作，使换向阀换向；动作完成后，利用换向阀阀芯变径结构产生压力差，保持换向阀阀芯的位置，确保设备不会因振动造成误换向，提高了整机动作的安全可靠性。

2. 气缸

气缸是双向直推式气缸，是电空转辙机主要执行部件；气缸动作杆通过密贴调整杆与道岔尖轨相连；压缩空气推动动作杆伸出、拉入，完成道岔转换。

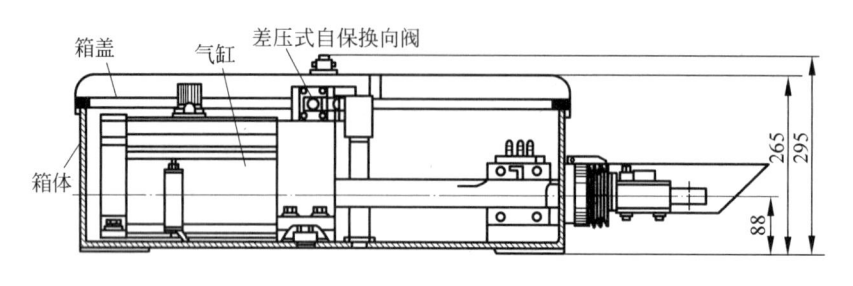

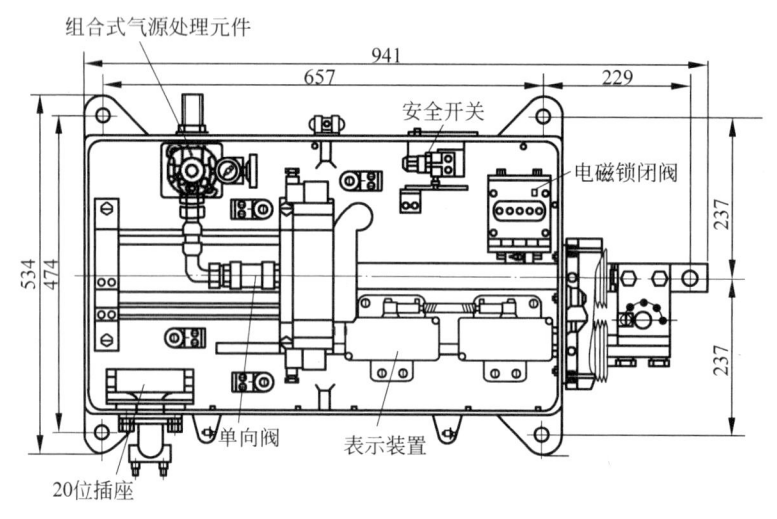

图 4-48　ZK4-170 型电空转辙机结构图

3. 表示装置

表示装置是反映电空转辙机的定位或反位状态的装置。表示装置中的表示杆通过连接铁与动作杆相连，并与动作杆同步动作，接通或切断表示电路，表示尖轨位置。

4. 电磁锁闭阀

电磁锁闭阀是电空转辙机的辅助锁闭装置，当机外风压低于压力开关断开风压设定值时，断开电磁锁闭阀电路，使电磁锁闭阀处于伸出状态，辅助锁闭活塞杆，保持尖轨位置，锁闭道岔。

5. 气源处理元件

气源处理元件是对压缩空气在进入换向阀前进行净化处理，并使油雾器滴出的油形成雾状，随压缩空气进入换向阀、气缸，起到润滑作用；同时调压阀具有调整气源压力作用。

4.8.4　ZK4-170 型电空转辙机的工作原理

从反位转向定位时，当定位电磁阀得电励磁，与其并联的电磁锁闭阀也励磁，锁闭阀头在电磁力作用下缩回阀体内，使动作杆解锁。此后，换向阀换向，气缸前腔进气，动作杆缩回，待尖轨与基本轨重新密贴后，接通定位表示电路。此时电磁阀与电磁锁闭阀同时失磁，锁闭阀头在弹簧作用下伸出，锁闭动作杆，进而锁闭道岔。

从定位转向反位时，动作过程与之相似。

ZK4-170 型电空转辙机的主要技术特性为：活塞杆动程为（170±2）mm，额定风压为 550 kPa，最低工作风压为 450 kPa，额定功率为 20 V·A，换向电磁阀额定电压为 DC24 V，吸起电压为 16 V，释放电压大于或等于 1.5 V，转换时间小于或等于 0.6 s，额定负载为 2450 N。

4.9 密贴检查器

密贴检查器用于检查尖轨和心轨的密贴状态，也可以用于道岔挤岔时切断表示。现主要安装在 200 km/h 以下的提速区段。

4.9.1 JM-A 型密贴检查器

1. 结构

JM-A 型密贴检查器结构如图 4-49 所示，由表示杆、接点组等组成。每台检查器设有 2 组表示接点和 2 组斥离接点，接点系统采用圆弧接点，在动接点轴上装配有用花键连接的调整板、动接点组和拐臂。

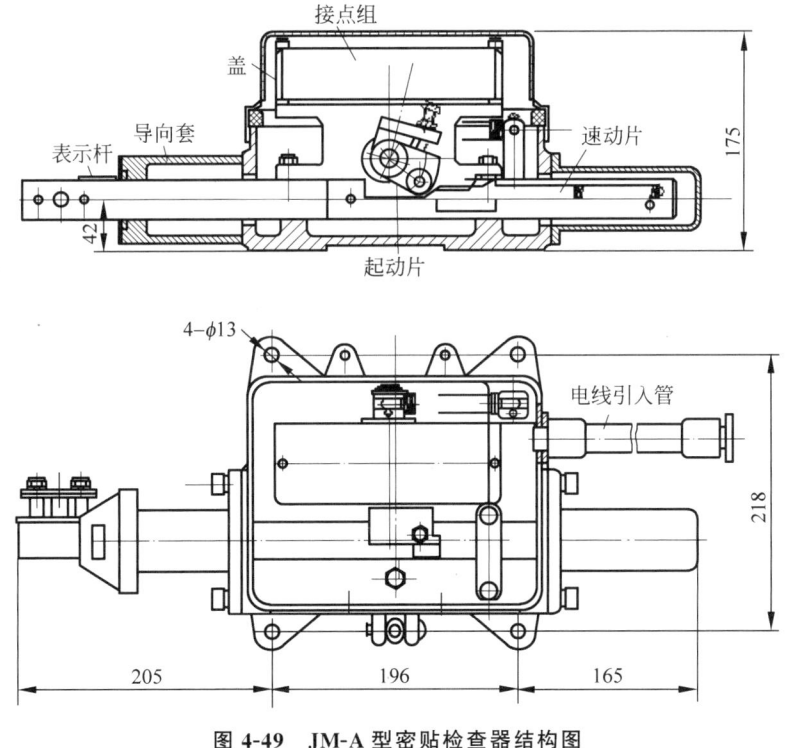

图 4-49 JM-A 型密贴检查器结构图

JM-A 型密贴检查器仅能检查一根尖轨的密贴和斥离状态，因此每个检查点需要两台密贴检查器，分别设在线路两侧。

机内接线端子设有 8 个两线端子，机外配线经电线引入管引入，电线引入管是一根内径为 Φ22、长 1 m 的空气胶管，安装时将三通接头紧固在电缆盒上。引出的两个接头上，各连接一根胶管，一根胶管与密贴检查器上的直通接头相连；另一根胶管经变径接头与安装装置的过道钢管相连,再经另一端的变径接头和胶管,与线路另一侧的密贴检查器上的接头相连。直通接头与密贴检查器和三通接头间均有橡胶垫圈密封。

2. 工作原理

调整板和起动片的连接,起动片及其滚轮和表示杆速动原理均与 ZD(J)9 型的动作板的速动原理相同。

当表示杆到位后,拐臂在拉簧接头和拉簧的拉动下,动接点快速接通表示位;在表示杆拉出时,从起动片上滚轮与表示杆上的斜面接触时开始,表示杆水平移动 10 mm,如图 4-50(b)所示,起动片上的滚轮与表示杆上槽内平面接触,动接点组就能转换 14°到中间位,可靠地切断表示,此时表示和斥离接点均断开。

在表示杆拉出 63 mm 以上时,起动片上滚轮经过表示杆上第二斜面与表示杆上平面接触,动接点组就能转换 28°,如图 4-50(c)所示,接点组的斥离接点接通。

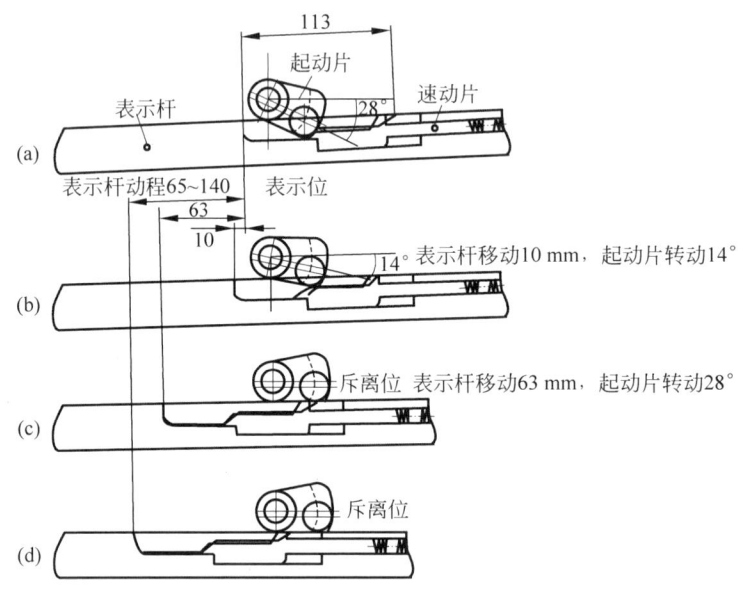

图 4-50 JM-A 型密贴检查器动作原理图

在表示杆伸出处,上平面上有一个移位标,表示杆从斥离位拉入时,当接点组上的起动片刚从表示杆内速动片上掉下时,在移位标方孔左侧下的表示杆上刻有标记,如图 4-51 所示,此时,表示杆再向内移动,标记离移位标方孔左侧的距离,即表示缺口的距离。

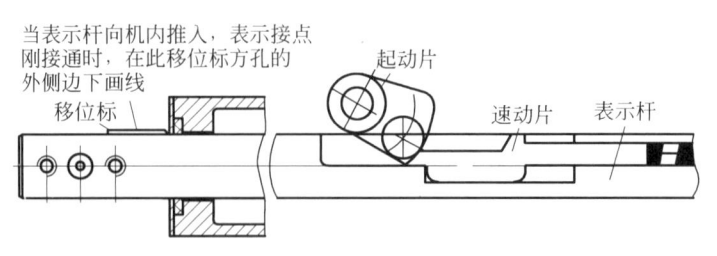

图 4-51 JM-A 型密贴检查器的表示缺口检查

3. 主要技术特征

（1）表示杆动程 65～140 mm。

（2）密贴检查缺口间隙 1.5～10 mm 可调。

（3）挤断表示的动程，从起动片的滚轮接触表示斜面开始为 10～13 mm。

（4）设在道岔两侧的密贴检查器，一台密贴检查器的表示杆及其接点组检查尖轨的密贴位置，另一台密贴检查器的表示杆及其接点组检查尖轨的斥离 65 mm 以上位置；当道岔转换后，上述表示杆功能互换。

（5）每台检查器设有 2 组表示接点和 2 组斥离接点。

（6）从动接点环接通两静接点片开始，打入深度应不小于 4 mm。

（7）接点压力应调整至 3.5～10 N。

（8）滚轮在表示杆上滚动时，起动片离开表示杆的平面应为 0.3～0.8 mm。

（9）安装于两牵引点间的密贴检查器，在密贴检查器位置处尖轨与基本轨间的间隙大于或等于 5 mm 时，不应接通道岔表示。

4.9.2　JM-B 型密贴检查器

JM-B 型密贴检查器结构如图 4-52 所示。每台检查器设有 1 组密贴表示开关和 1 组斥离表示开关。主要技术特性：

（1）表示杆动程有三种规格：130～170 mm；95～135 mm；60～110 mm。

（2）密贴检查缺口间隙 1.5～10 mm 可调；斥离检查缺口间隙 5～20 mm 可调。

（3）挤断表示的动程：从开关轴接触表示杆斜面开始为小于或等于 5 mm。

（4）KS 型速动开关接点压力应大于或等于 1.5 N。

（5）用于道岔位置表示冗余系统的密贴检查器，在第一牵引点中心线处尖轨或心轨密贴时有 4 mm 及以上间隙，不应接通道岔表示；当尖轨或心轨从密贴位斥离 5 mm 及以上间隙时，应断开道岔表示。

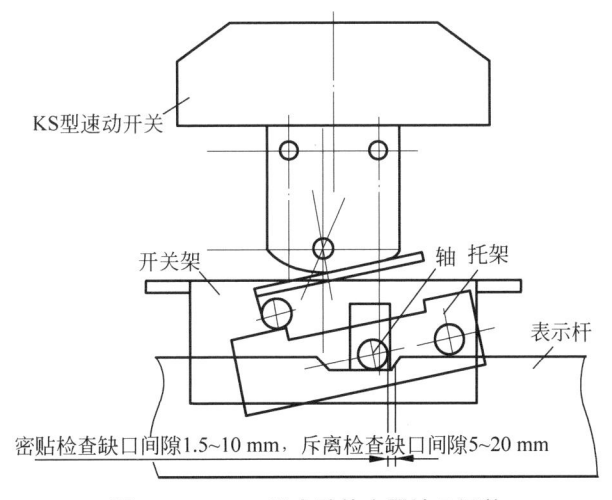

图 4-52　JM-B 型密贴检查器缺口调整

习题

1. 转辙机有什么作用？如何分类？
2. 每组道岔设一台转辙机的说法对吗？为什么？
3. 简述 ZD6 型转辙机的结构和各部件的作用。
4. 电动机在电动转辙机中起什么作用？如何使它正转、反转？
5. 简述减速器的结构和减速原理。
6. ZD6 型电动转辙机如何传动？如何对道岔起到转换、锁闭作用？如何调整道岔密贴？
7. ZD6 型电动转辙机的自动开闭器由哪些部件组成？如何实现速动？
8. 简述自动开闭器的工作原理。其接点如何编号？如何动作？
9. 表示杆有哪些作用？它在正常和挤岔时如何动作？如何调整表示杆缺口？
10. 摩擦联结器有何作用？如何发挥这些作用？
11. 挤切装置如何起到挤岔保护作用？
12. 简述 ZD6 型电动转辙机的整体动作过程。
13. ZD6 系列转辙机主要有哪些型号？各有什么特点？用于什么地方？
14. ZD7 型电动转辙机有何特点？
15. ZD6 型电动转辙机如何安装？什么是正装和反装？在什么情况下定位 1、3 排接点接通？在什么情况下定位 2、4 排接点接通？举例说明。
16. 道岔有哪几种锁闭方式？比较它们的优缺点。提速道岔要采用哪种锁闭方式？为什么？
17. 简述钩式外锁闭装置的结构和工作原理。
18. 尖轨和可动心轨用的钩式外锁闭装置有何异同？
19. S700K 型电动转辙机有什么特点？
20. 简述 S700K 型电动转辙机的结构和工作原理。
21. S700K 型电动转辙机是否一定要和 ELP319 型密贴检查器配套使用？为什么？
22. S700K 型电动转辙机有哪几种安装方式？各有什么优缺点？
23. ZDJ9 型电动转辙机有哪些特点？它与 ZD6、S700K 型相比有何异同？
24. 液压传动有什么优缺点？
25. 简述 ZY(J)7 型电液转辙机的结构和动作原理。
26. ZY7 型电液转辙机是否一定要和 SH6 型转换锁闭器配套使用？为什么？
27. 电空转辙机与电动转辙机、电液转辙机相比有什么异同？有什么优缺点？适用范围有什么不同？
28. 简述 ZK4-170 型转辙机的结构和工作原理。

第5章

轨 道 电 路

列车定位技术是对列车安全运行进行监控指挥的基础。1870年美国人鲁宾逊发明的开路式轨道电路为列车的监控奠定了基础,1872年又成功研制了闭路式轨道电路,于1873年首先在宾夕法尼亚铁路试用,从此诞生了铁路自动信号,开创了自动信号的新时代。

轨道电路是利用钢轨线路和钢轨绝缘构成的电路。它可以用来监督线路的占用情况,以及将列车运行与信号显示等联系起来,即通过轨道电路可以向列车传递行车信息。轨道电路是铁路信号的重要基础设备,它的性能直接影响行车安全和运输效率。

5.1 轨道电路概述

5.1.1 轨道电路的基本原理

轨道电路是以钢轨作为导体,两端加以机械绝缘(或电气绝缘),接上送电和受电设备构成的电路,最简单的轨道电路如图5-1所示。

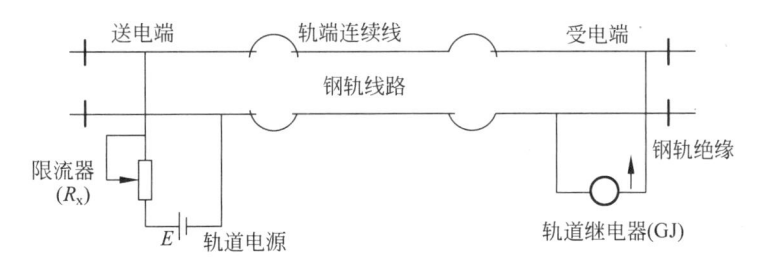

图 5-1 轨道电路组成示意图

轨道电路的送电设备设置在送电端,由轨道电源 E 和限流器 R_X 组成,限流器是一个可调电阻器,连接在轨道电路电源端,用于调整轨道电路的电压,当轨道电路被机车车辆的轮对分路时,能够防止输出电流过大而损坏电源,同时保证列车占用轨道电路时,轨道继电器可靠落下。受电设备设置在受电端,一般采用轨道继电器(GJ),用于接收轨道电路的信号电流,反映轨道电路内有无机车车辆占用和钢轨是否完整。

送、受电设备一般放在轨道旁的变压器箱或电缆盒内,轨道继电器设在信号楼内。送、受电设备由引接线(钢丝绳)接向钢轨。

钢轨是传输轨道电流的导体,在两节钢轨的接头处为了减小钢轨与钢轨夹板间的接触电阻,用轨端接续线连接。钢轨绝缘安装在相邻两个轨道电路衔接处,保证相邻轨道电路在电气上可靠隔离。两绝缘节之间的钢轨线路距离,成为轨道电路的长度。

平时,列车未进入轨道电路,即线路空闲时,电流从轨道电路电源正极—钢轨—轨道继电器—另一根钢轨—电源负极,轨道继电器中有电,使继电器保持吸起,表示轨道电路空闲,接通信号机的绿灯电路,允许列车进入轨道电路,如图5-2(a)所示。当列车进入轨道电路区段,即线路被占用时,电流同时流过机车车辆轮对和轨道继电器线圈,由于轮对电阻比轨道继电器线圈电阻小得多,使电源输出电流显著加大,限流器 R 上的压降也随之增大,送向两根钢轨间的电压降低。因而流经轨道继电器线圈的电流减小到继电器的释放值,使轨道继电器释放衔铁,表示轨道电路被占用,用继电器的后接点接通信号机的红灯电路,向后续列车发出停车信号,保证列车在该轨道电路区段内的安全运行,如图5-2(b)所示。

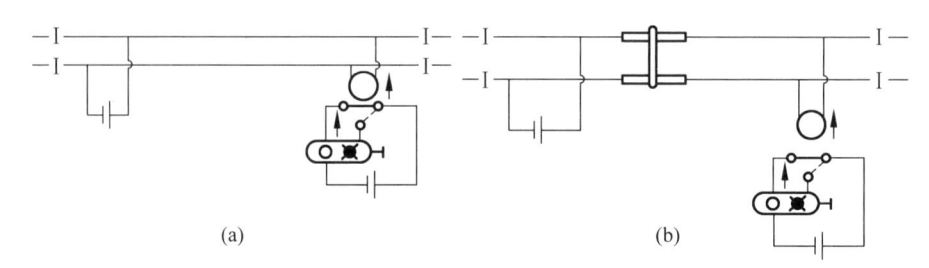

图 5-2 轨道电路基本原理图

从以上分析可见,轨道电路能否正常工作,直接关系到行车是否安全和行车效率的高低。为此对轨道电路提出了几个要求:

(1) 当轨道电路无列车占用时,轨道继电器应可靠吸起,保持正常工作。

(2) 轨道电路在任何一点被列车占用时,即使只有一根车轴进入轨道电路,轨道继电器应可靠落下。

(3) 当轨道电路设备发生故障(如钢轨折断、绝缘破损等)时,轨道继电器应立即失磁。

5.1.2 轨道电路的作用

1. 监督列车占用

利用轨道电路监督列车在区间或列车和调车车列在站内的占用,为开放信号、关闭信号、建立进路或构成闭塞提供依据,将列车运行与信号显示联系起来,构成铁路信号自动控制系统。

2. 传输行车信息

区间移频自动闭塞系统利用轨道电路中传递不同的频率信息来反映前行列车的位置,决定各通过信号机的显示,为列车运行提供行车命令。

轨道电路中传送的行车信息,还为列车运行自动控制系统直接提供控制列车运行所需要的前行列车位置、运行前方信号机状态和线路条件等有关信息,决定列车运行的目标速度,控制列车在当前运行速度下是否停车或减速。即轨道电路广泛作为传递行车信息的通道。

5.1.3 轨道电路的分类

轨道电路有较多种类,也有多种分类方法。

1. 按动作电源分类

轨道电路可分为直流轨道电路和交流轨道电路。

(1) 采用直流供电的轨道电路,称为直流轨道电路,如图 5-3 所示。一般用于交流电源不可靠的非电力牵引区段。

(2) 采用交流供电的轨道电路,称为交流轨道电路。交流轨道电路的种类很多,频带用得很宽,大体可分为三段,低频 300 Hz 以下;音频 300~3000 Hz;高频 10~40 kHz。一般交流轨道电路专指工频 50 Hz 的轨道电路。25 Hz 的轨道电路也属于交流轨道电路,但必须注明电源频率,以示区别。ZPW-2000 系列轨道电路的频率在 1689~2611 Hz,属音频范围。道口用轨道电路的频率则在 14~40 kHz,属于高频范围。

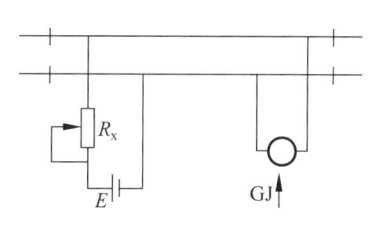

图 5-3 直流轨道电路

2. 按工作方式分类

轨道电路可分为开路式轨道电路和闭路式轨道电路。

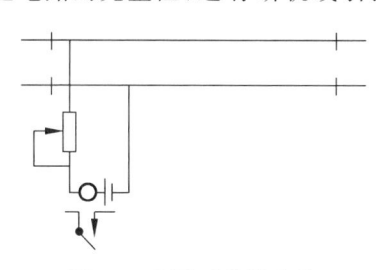

(1) 开路式轨道电路平时呈开路状态,如图 5-4 所示,它的发送设备和接收设备安装在轨道电路的同一端。轨道电路无车占用时,不构成回路,轨道继电器落下。有车占用时,轨道电路通过车辆轮对构成回路,轨道继电器吸起。由于轨道继电器经常落下,不能监督轨道电路的完整性,遇有断轨或引接线、接续线折断等故障,不能立即发现。若此时有车占用,轨道继电器也不能吸起,故开路式轨道电路不符合"故障-安全"原则。因此极少采用。

图 5-4 开路式轨道电路

(2) 闭路式轨道电路平时构成闭合回路,其发送设备(电源)和接收设备(轨道继电器)分别装设在轨道电路的两端。轨道电路上没有车占用时,轨道继电器吸起。有车占用时,因车轮分路,轨道继电器落下。当发生断轨、断线等故障时,轨道继电器落下,能保证安全,所以几乎所有线路都采用闭路式轨道电路。

3. 按所传送的电流特性分类

轨道电路可分为连续式、脉冲式、计数电码式和频率电码式以及数字编码式。

(1) 连续式轨道电路传送连续的交流或直流电流。这种轨道电路只能监督轨道是否占用,不能传送更多信息。

(2) 脉冲式轨道电路是一种传送断续电流脉冲的轨道电路。其送电端为发码器,发送脉冲电流至钢轨,受电端通过译码器译码,使轨道继电器吸起。我国铁路曾采用的极性频率脉冲(简称极频)轨道电路和不对称脉冲轨道电路就属于此类。

(3) 计数电码式轨道电路传送的是断续的电流,即由不同长度脉冲和间隔组合成电码。

电码由发码器产生,同时只能发一种电码。传到受电端,由译码电路译出,使轨道继电器动作。我国铁路曾采用的交流计数电码(包括 25 Hz、50 Hz、75 Hz)轨道电路均属此类,它可传送行车信息。

(4) 移频电码式轨道电路在钢轨中传送的是移频电流,在发送端用低频(几赫兹至几十赫兹)作为行车信息去调制载频(数百赫兹至数千赫兹),使移频频率随低频作周期性变化。在接收端将低频解调出来,控制轨道继电器。移频轨道电路可传送多种信息。

(5) 数字编码式轨道电路也采用调频方式,但可以根据编码调制载频,编码包含速度码、线路坡度码、闭塞分区长度码、路网码、纠错码等,可以传输更多的信息。

4. 按分制方式分类

轨道电路可分为有绝缘轨道电路和无绝缘轨道电路。

(1) 有绝缘轨道电路用钢轨绝缘将轨道电路与相邻的轨道电路互相隔离。大部分轨道电路是有绝缘的。一般的轨道电路即指有绝缘轨道电路。

钢轨绝缘在车辆运行的冲击力、剪切力作用下很容易破损,使轨道电路的故障率较高。绝缘节的安装给无缝线路带来一定的麻烦,有时需锯轨,会降低线路的轨道强度,增加线路维护的复杂性。电气化铁路的牵引回流不希望有绝缘节,为使牵引回流能绕过绝缘节,必须安装扼流变压器。因此有绝缘的轨道电路使用不理想。无缝线路和电气化铁路要求采用无绝缘轨道电路。

(2) 无绝缘轨道电路在其分界处不设钢轨绝缘,而采用不同的方法予以隔离。按原理可分为两种:电气隔离式、自然衰耗式。

① 电气隔离式又称谐振式,利用谐振槽路,采用不同的信号频率,谐振回路对不同频率呈现不同阻抗,实现相邻轨道电路间的电气隔离。UM71 轨道电路、ZPW-2000 系列均采用此种方式。

② 自然衰耗式,利用轨道电路的自然衰耗和不同的信号特征(频率、相位等),实现轨道电路的互相隔离,在接收端直接接收或通过电流传感器接收。钢轨中的电流可沿正反两个方向自由传输,基本上靠轨道的自然衰耗作用来衰减信号。

5. 按使用处所分类

轨道电路分为区间轨道电路和站内轨道电路。

(1) 区间轨道电路主要用于自动闭塞区段,不仅要监督各闭塞分区是否空闲,而且要传输有关行车信息。一般来说,区间要求轨道电路传输距离较长,要满足闭塞分区长度的要求,轨道电路的构成也比较复杂。

(2) 站内轨道电路,用于站内各区段,一般只有监督本区段是否空闲的功能,不能发送其他信息。为了使机车信号在站内能连续显示,要对站内轨道电路实现电码化,即在列车占用本区段或占用前一区段时用叠加方式转为能发码的轨道电路。在客运专线的小站和大站的正线,采用和区间制式一致的轨道电路。

6. 按轨道电路内有无道岔分类

站内轨道电路分为无岔区段轨道电路和道岔区段轨道电路。

(1) 无岔区段轨道电路内钢轨线路无分支,构成较简单,一般用于股道尽头型调车信号机前方接近区段、进站信号机内方、两差置调车信号机之间。

(2) 在道岔区段,钢轨线路有分支,道岔区段的轨道电路就称为分支轨道电路。在道岔区段道岔处钢轨和杆件要增加绝缘,还要增加道岔连接线和跳线。当分支超过一定长度时,还必须设多个受电端。

7. 按适用区段分类

轨道电路分为非电气化区段轨道电路和电气化区段轨道电路。

(1) 非电气化区段轨道电路没有抗电气化干扰的特殊要求。一般的轨道电路是指非电气化区段轨道电路,不必说明。

(2) 电气化区段轨道电路,既要抗电气化干扰,又要保证牵引回流的畅通无阻。因钢轨中已流有 50 Hz 的牵引电流,轨道电路就不能采用 50 Hz,而必须采用 50 Hz 以外的频率。对于有绝缘的轨道电路,必须安装扼流变压器,使牵引回流能顺利越过绝缘节。

我国电气化铁路目前站内多采用 25 Hz 相敏轨道电路,区间多采用无绝缘移频轨道电路。

8. 按轨道电路利用钢轨作为通道的方式分类

轨道电路分为双轨条轨道电路和单轨条轨道电路。多数轨道电路均利用同一线路的两根钢轨作为传输通道。一般的轨道电路均为双轨条轨道电路。

(1) 单轨条轨道电路是利用线路的一条钢轨作为传输通道,另一通道由电缆构成。例如驼峰用的移频机车信号,地面发送设备即采用单轨条移频轨道电路。因其发送的区段有车占用,两根钢轨被轮对分路,无法构成轨道电路。计轴自动闭塞区段也用单轨条轨道电路发送移频信息,供机车信号接收。

(2) 双轨条轨道电路牵引电流是沿着两根钢轨流通的,在钢轨绝缘处,为导通牵引电流而设置了扼流变压器,信号设备通过扼流变压器接向轨道;双轨条轨道电路是由两根钢轨并联传递牵引电流的,两钢轨间产生的不平衡电流比单轨条要小得多,因此对于牵引电流的阻抗较低,利于信号的传输,设备运行也相对稳定,缺点是造价较高,维修较复杂。

5.1.4 轨道电路的应用

轨道电路主要用于区间和站内。

(1) 区间的轨道电路通常是与自动闭塞制式相一致的轨道电路,按照自动闭塞通过信号机的设置划分闭塞分区,每个闭塞分区就设有轨道电路。在半自动闭塞区段,区间一般不设轨道电路,只有在进站信号机外方设有接近区段的轨道电路,通知列车的接近以及构成接近锁闭。位于区间的道口,其接近区段必须装设轨道电路。

(2) 站内轨道电路应用更为广泛。对于继电集中联锁来说,列车进路和调车进路都必须安装轨道电路,牵出线、机待线、出库线、专用线及其他用途的尽头线入口处和调车信号机前方,虽不在进路之内,也应装设一段长度不小于 25 m 的轨道电路,用来保证信号开放后机车车辆接近时完成接近锁闭,及时了解上述线路是否有车接近或占用。在驼峰调车场,除推送进路设有轨道电路外,峰下每组分路道岔、警冲标处均设有轨道电路。

对于机车信号来说,各种制式的区间轨道电路和站内电码化以后的轨道电路,是机车信号的地面发送设备,也是机车信号的信息来源。对于列车运行超速防护来说,带有编码信息的轨道电路是其车与地之间传输信息的通道之一。

5.2 轨道电路的基本工作状态和基本参数

5.2.1 轨道电路的基本工作状态

轨道电路的基本工作状态分为调整状态、分路状态和断轨状态三种。轨道电路在各种工作状态下,要受到许多外界因素的影响,其中受道砟电阻率、钢轨阻抗和电源电压的影响最大,这三个参数对各种工作状态造成的影响又各不相同。

1. 调整状态

轨道电路的调整状态,就是轨道电路完整和空闲,接收设备(如轨道继电器)正常工作时的状态。如图 5-5 所示。

在调整状态,对轨道继电器来说,它从钢轨上接收到的电流越大,工作就越可靠。但这个电流值将随着道砟电阻率、钢轨阻抗、发送电压的变化而变化。

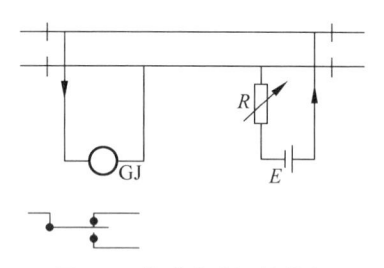

图 5-5 轨道电路调整状态

调整状态的最不利条件是:发送电压最低、钢轨阻抗最大、道砟电阻率最小,同时轨道电路长度为极限长度。在最不利条件下,轨道电路接收设备应能可靠工作,反映轨道电路的空闲状态。

2. 分路状态

轨道电路分路状态,就是当轨道电路区段有车占用时,接收设备(如轨道继电器)应被分路而停止工作的状态。如图 5-6 所示。

当列车占用轨道时,列车轮对在两钢轨之间形成的电阻,按一般电路的分析,可看成是短路状态。但轨道电路是低电阻电路,所以列车占用时,只能看成两钢轨间跨接了一个分路电阻,故称分路状态。

分路状态的最不利条件是:发送电压最高、钢轨阻抗最小、道砟电阻率最大、列车分路电阻也最大(车轻、轮对少、车轮与钢轨接触面不洁)。在分路状态的最不利条件下,轨道电路接收设备应能可靠地停止工作,反映轨道电路区段有车占用。

3. 断轨状态

轨道电路的断轨状态,是指轨道电路的钢轨在某处折断时的情况,此时钢轨虽已折断,但轨道电路仍可通过大地构成回路,接收设备中还会有一定的电流流过。为了确保安全,断轨时,接收设备应不能工作。如图 5-7 所示。

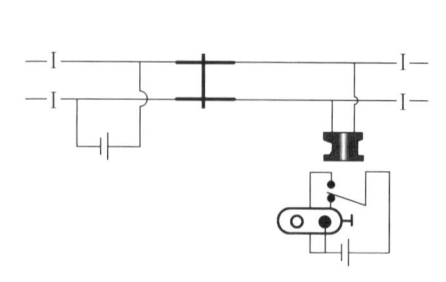

图 5-6 轨道电路分路状态

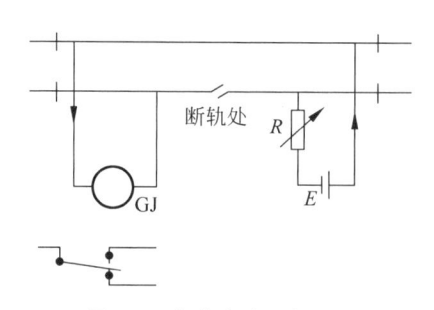

图 5-7 轨道电路断轨状态

断轨状态的最不利条件是，断轨时轨道电路的参数变化使轨道接收设备中获得最大电流。它除与钢轨阻抗模值最小、发送电压最大有关外，断轨地点和道碴电阻率的大小也有一定的影响。使接收设备中电流最大的最不利因素称为临界断轨地点和临界道床电阻。

5.2.2 轨道电路分路的几个术语

1. 列车分路电阻

列车占用轨道电路时，列车轮对跨接在轨道电路的两根钢轨上，构成轨道分路，这个分路的轮轴电阻就是列车分路电阻。它是由车轮和轮轴本身的电阻和轮缘与钢轨头部表面的接触电阻组成，由于轮缘与钢轨头部表面的接触面很小，因此车轮和车轴形成的电阻比接触电阻小很多，可以忽略不计。实际上列车分路电阻就是轮缘与钢轨头部的接触电阻。

列车分路电阻与钢轨上分路的车轴数、车辆的载重情况、列车的行驶速度、轮缘装配质量、钢轨表面的洁净程度、钢轨是否生锈等因素均有关系。它的变化范围很大，可以从千分之几欧变化到 0.06 Ω，对于轻型车辆或轨道车，变化范围还要更大。

2. 分路效应

列车分路使轨道电路接收设备中电流减小，并处于不工作状态，称为有分路效应。在分路状态最不利条件下，有列车分路时，对于连续式轨道电路，要保证轨道继电器的端电压不大于它的可靠释放值；对于脉冲式轨道电路，要保证轨道继电器的端电压不大于它的可靠不吸起值。分路效应在很大程度上决定了轨道电路的质量。

3. 分路灵敏度

分路灵敏度是指在轨道电路的钢轨上，用一个电阻在某点对轨道电路分路，若恰好能使轨道继电器线圈中的电流减小到可靠释放值（脉冲式轨道电路为可靠不吸起值），则这个分路电阻值就叫作该点的分路灵敏度。轨道上各点的分路灵敏度不一样。分路灵敏度用电阻值（Ω）来表示。

4. 极限分路灵敏度

对于某一具体轨道电路来说，它的分路灵敏度中的最小值，称为极限分路灵敏度。

5. 标准分路灵敏度

标准分路灵敏度是衡量各种轨道电路分路状态优劣的标准。我国现行规定标准分路灵敏度为 0.06 Ω，和国际上规定的分路灵敏度一致。任何轨道电路在分路状态最不利的条件下，用 0.06 Ω 电阻在任何地点分路时，轨道电路的接收设备必须停止工作，该轨道电路的分路效应才符合标准。

驼峰分路道岔区段的轨道电路标准分路灵敏度为 0.5 Ω，驼峰高灵敏轨道电路标准分路灵敏度为 3 Ω。UM71 无绝缘轨道电路标准分路灵敏度为 0.15 Ω。

5.2.3 轨道电路的基本参数

轨道电路的基本参数指的是它的一次参数和二次参数。

1. 轨道电路的一次参数

轨道电路是通过钢轨传输电流的，钢轨铺设在轨枕上，轨枕置于道碴中，所以轨道电路是具有低绝缘电阻的电气回路。钢轨阻抗(钢轨电阻 R 与钢轨电抗 L 的向量和)和漏泄导纳$\left(\text{漏泄电导 } G \text{ 与漏泄容抗 } \dfrac{1}{\omega C} \text{ 的向量和}\right)$是轨道电路固有的电气参数。轨道电路的一次参数是 ωCZ(阻抗)、y(导纳)、R(电阻)、L(电感)、G(电导)、C(电容)的总称。

1) 道碴电阻率

轨道电路漏泄电流的路径如图 5-8 所示,轨道电路的漏泄电流是由一根钢轨经轨枕和道床流往另一根钢轨的,其大小是由钢轨线路的绝缘阻抗,即道碴电阻率决定的。道碴电阻率是一个分布参数,通常指每千米钢轨线路所具有的漏泄电阻,用 r_d 表示,单位是 $\Omega \cdot \text{km}$。

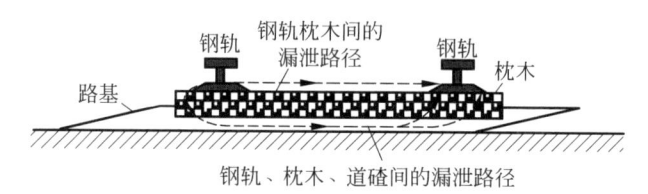

图 5-8 轨道电路漏泄电流的路径

由于漏泄电流是通过不同性质的导电介质流过的,钢轨和线路上的其他金属配件都有电子导电性;道床、轨枕均会有水分,它们都具有电子导电性,可把它们看作特殊的电解质。道碴电阻率的大小,一方面取决于道床的材料、道床层的厚度、轨枕的材质和数量;另一方面还取决于温度、湿度的变化,以及道床土壤的电导率等因素。

可以用作道碴的材料很多,我国大部分地区用碎石作为道碴,它不大吸收水分,又不易导电,有利于提高道碴电阻率。但当其中混有炉渣、煤屑、盐质溶液、金属粉末(列车制动时产生的)等杂质时,道碴电阻率就会下降。

我国使用的轨枕有木枕和钢筋混凝土轨枕。木枕经绝缘的防腐剂处理后,可提高道碴电阻率。当木枕有裂缝和腐朽等情况时,道碴电阻率要降低。每根木枕的绝缘电阻值约在几十千欧,每千米铺设 1600～2400 根时,每千米轨枕绝缘电阻在 20 Ω 左右。

钢筋混凝土轨枕,钢轨底部有绝缘垫板,它的好坏对道碴电阻率有较大的影响,其电导率受环境影响比木枕显著,而且钢轨之间呈现的电容性要增强,会使漏泄电流增大。但信号电流频率较低,电容的作用很小。每根钢筋混凝土轨枕的绝缘电阻值为 70～80 Ω,则每千米仅有 0.04～0.05 Ω,垫上绝缘垫板后可达 50～150 Ω。

但实际的道碴电阻率远低于上述数值,因为漏泄电流是经轨枕、道床和大地三条并联路径构成回路的。

在电子性和离子性导电元件的交界处,必然发生电化学反应,形成一种过渡层电阻。其大小与两钢轨的电位、环境温度和湿度有关。温度、湿度升高时,电化学反应增强,使钢轨线路的绝缘阻抗降低。所以,夏季暴雨后 8～10 min 会出现道碴电阻率的最小值。冬季,气温在零下时,道碴电阻率可达最大。道碴电阻率的最大值和最小值会相差十几倍,甚至上百倍。

我国疆土辽阔,各地地质和气候差异很大,道床的状况也较复杂。如沿海地区的盐碱道床、西北戈壁的砂道床、隧道内潮湿腐蚀的道床,道碴电阻率均低于标准值。站内到发线道床较脏,排水能力较差,最小道碴电阻率可能低于 0.2 Ω·km。

道砟电阻率越小,两钢轨间的漏泄电流就越大,轨道电路消耗电能就会增多。而且道砟电阻率变化的范围越大,轨道电路的工作就越不稳定。因此,要保证轨道电路的稳定工作,必须尽量提高最小道砟电阻率。工务部门应积极采取措施,提高道床排水能力,定期清筛道床,及时更换腐朽及破裂的轨枕,努力改善道床质量。

确定轨道电路的工程设计长度时,最低道砟电阻率的取值应符合下列规定:

(1) 客货共线铁路。

站内有砟轨道的电阻率不应大于 $0.6\ \Omega \cdot km$;区间有砟轨道的电阻率不应大于 $1.0\ \Omega \cdot km$。

(2) 高速铁路、城际铁路。

有砟轨道的电阻率不应大于 $2.0\ \Omega \cdot km$;无砟轨道的电阻率不应大于 $3.0\ \Omega \cdot km$。

2) 钢轨阻抗

每千米两根钢轨(回路)的阻抗,称为单位钢轨阻抗,简称钢轨阻抗,用 Z 表示,单位是 Ω/km。它包括钢轨本身的阻抗及钢轨接头处的阻抗。钢轨接头处的阻抗则包括接头夹板及导接线的阻抗和它们的接触电阻。接头夹板和钢轨间的接触电阻的大小与接头夹板、钢轨端部表面的污垢及锈蚀程度、螺栓的松紧、气候条件有关。它的变化范围很大。安装了钢轨接续线后,该接触电阻与接续线阻抗及接续线和钢轨间的接触电阻所并联,因此,钢轨接头处的总阻抗就显著降低,并且比较稳定。

当轨道电路中通以直流电流时,钢轨阻抗就是纯电阻,称为钢轨电阻。当轨道电路中通以交流电流时,由于钢轨的磁导系数大,集肤效应明显,使有效截面减少,有效电阻增大。阻抗在很大程度上取决于信号电流的频率,还与钢轨断面形状、电导率、磁导率有关。除有效电阻外,还存在感抗。这样,交流时的总阻抗就比直流时大很多。

2. 轨道电路的二次参数

轨道电路的二次参数包括特性阻抗 Z_c 与传输常数 γ,它们是一次参数(钢轨阻抗 Z 和道砟电阻率 r_d)的函数,所以称为二次参数。

轨道电路的钢轨阻抗和道砟电阻率是均匀分布的,属于均匀分布参数传输线,可以用分布参数传输线的基本方程来反映轨道电路送、受电端的电压、电流的关系:

$$\dot{U}_s = \dot{U}_z \mathrm{ch}\dot{\gamma}l + \dot{I}_z \dot{Z}_c \mathrm{sh}\dot{\gamma}l$$

$$\dot{I}_s = \frac{\dot{U}_z}{\dot{I}_c} \mathrm{sh}\dot{\gamma}l + \dot{I}_z \mathrm{ch}\dot{\gamma}l$$

式中,$\dot{U}_s$——轨道电路始端(送电端)电压;

$\dot{I}_s$——轨道电路始端(送电端)电流;

$\dot{U}_z$——轨道电路终端(受电端)电压;

$\dot{I}_z$——轨道电路终端(受电端)电流;

$\dot{Z}_c$——轨道电路的特性阻抗;

$\dot{\gamma}$——轨道电路的传输常数;

l——轨道电路长度。

特性阻抗:
$$\dot{Z}_c = \left| \sqrt{Z \cdot r_d} \right| e^{j\varphi_z/2}$$

式中,Z——单位钢轨阻抗值,Ω/km;

r_d——道碴电阻率,$\Omega \cdot km$;

φ_z——钢轨阻抗的幅角,rad。

对交流轨道电路来说,传输常数 $\dot{\gamma} = \beta + j\alpha$,是复数。$\beta$ 为轨道电路的衰耗常数,它反映了轨道电路电压、电流每千米的衰耗程度,单位为 $1/km$。α 为轨道电路的相移常数,它反映了轨道电路的电压、电流每千米的相移情况,单位为 rad/km。

$$\dot{\gamma} = \left| \frac{Z}{r_d} \right| e^{j\varphi_z/2}$$

对于直流轨道电路来说,$\alpha = 1$,$\dot{\gamma} = \beta = \sqrt{\dfrac{Z}{r_d}}$。

在测算轨道电路一次参数时,通常的方法是从轨道电路始、终端电压、电流的关系中,先求出二次参数,再根据二次参数求得一次参数。

5.3 轨道电路区段的划分和极性交叉

5.3.1 站内轨道电路的划分和命名

1. 轨道电路的设置原则

《铁路信号设计规范》(TB 10007—2017)规定下列线路区段应设置轨道占用检查装置。

(1) 集中联锁区内的列车进路和调车进路中的各区段。

(2) 自动闭塞区段的闭塞分区。

(3) 非自动闭塞区段,进站信号机、线路所通过信号机外方的区段。

(4) 自动站间闭塞区段,相邻的站、所区间。

(5) 道口遮断信号机外方的区段。

(6) 需要检测被车占用的其他线路区段,以及为特定目的而确定的区段。

① 集中联锁车站内的牵出线、机待线、出库线、尽头线;

② 接有岔线车站的接轨线路入口处信号机外方的区段。

2. 站内轨道电路的划分

按照设计规范要求,站内轨道电路要划分为许多区段,保证轨道电路可靠工作,满足排列平行进路的需要和便于车站作业。轨道电路划分的原则如下。

(1) 凡是设有信号机的地方,都要用钢轨绝缘将其内外方划分为不同的轨道电路区段。

(2) 凡是能平行运行的进路,应用钢轨绝缘将它们隔开,形成不同的轨道电路。

(3) 牵出线、机待线、出库线、专用线及其他用途的尽头线入口处的调车信号机前方,虽不在进路之内,也应装设一段长度不小于 25 m 的轨道电路,作为接近区段,便于及时了解上述线路是否有车接近或占用,保证信号开放后机车车辆接近时完成接近锁闭。

(4) 进站信号机内方及双线单方向运行的发车口处,最外方对向道岔处设调车信号机时,在调车信号机与进站信号机或站界标之间应设一段轨道电路,其长度不小于 50 m,便于利用该调车信号机进行折返作业时不占用区间线路。

(5) 在一个轨道电路区段内,单动道岔最多不超过 3 组,交分道岔不得超过 2 组,否则道岔组数过多,轨道电路难以调整。

3. 站内轨道电路的命名

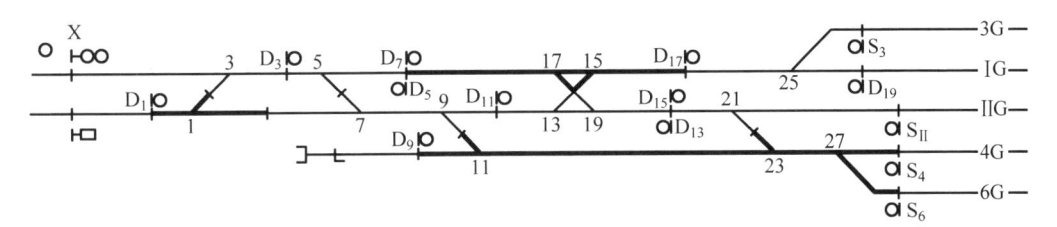

道岔区段轨道电路和无岔区段轨道电路采用不同的命名方式。

1) 道岔区段轨道电路

根据轨道区段内包含的道岔编号来命名道岔区段轨道电路:

(1) 一个轨道电路区段包含一组道岔,用其所包含的道岔编号来命名,如图 5-9 中包含 1 号道岔的轨道区段为 1DG。

(2) 一个轨道电路区段包含两组道岔,用两组道岔编号连缀来命名,如图 5-9 中包含 15、17 号道岔的轨道区段为 15-17DG。

(3) 一个轨道电路区段包含三组道岔,以两端的道岔编号连缀来命名,如图 5-9 中包含 11、23、27 号道岔的轨道区段为 11-27DG。

图 5-9 道岔区段轨道电路举例

2) 无岔区段轨道电路

(1) 股道的轨道电路区段:以股道号加字母 G 命名,正线股道的编号使用大写罗马字母,非正线股道的编号使用阿拉伯数字。例如,图 5-9 中的 3G、ⅠG、ⅡG。

(2) 进站信号机内方及双线单方向运行的发车口处的无岔区段:根据衔接的股道编号加上 A(下行咽喉)或 B(上行咽喉)表示。例如,图 5-9 中站界内方上行发车口处的无岔区段衔接股道为ⅡG,该无岔区段即称为ⅡAG。

(3) 牵出线、机待线、机车出/入库线、专用线等处调车信号机外方的接近区段:在调车信号机名称后加 G 表示。例如,图 5-9 中牵出线 D_5 信号机前方的轨道电路为 D_5G。

(4) 位于咽喉区的无岔区段:以两端道岔编号写成分数形式加 WG 表示。

(5) 半自动闭塞进站信号机外方的接近区段:以进站信号机名称加 JG 表示。

3) 区间轨道电路划分和命名

一般用防护该闭塞分区的通过信号机编号来命名。如 597 信号机防护的闭塞分区轨道电路被命名为 597G。611 信号机防护的闭塞分区有分割点,两段轨道电路按运行方向顺序命名为 611BG 和 611AG。

也有另一种命名方法:对于闭塞分区按运行方向分为 A、B、C、D 四部分,闭塞分区轨道电路从站内向站外顺序命名,如 A_1G、A_2G、…如有分割点,则命名为 $A_{31}G$、$A_{32}G$。

5.3.2 道岔区段轨道电路

在车站内道岔区段,钢轨线路被分开而产生分支,所以道岔区段装设的轨道电路也就称为分支或分歧轨道电路。

在道岔上装设轨道电路时,必须防止信号电流被辙叉等金属导体短路,同时又应要求轨道电路能通过钢轨构成回路。为此,在轨距杆、连接杆、尖端杆、密贴调整杆等连接左右轨条的导电设备上,都应加装绝缘。此外,为防止辙叉将轨道电路短路,还要加装一些切割绝缘,又称道岔绝缘。同时,为保证信号电流的畅通,在道岔区段除装设轨端接续线和引接线外,还需装设道岔连接线和跳线,把同一极性的钢轨连接起来,构成一个带有分支(直股和弯股)的轨道电路。

1. 道岔绝缘和道岔跳线

单开道岔的绝缘和跳线的配置如图 5-10 所示,交叉渡线道岔的绝缘和跳线的配置如图 5-11 所示,复式交分道岔的绝缘和跳线的配置如图 5-12 所示。

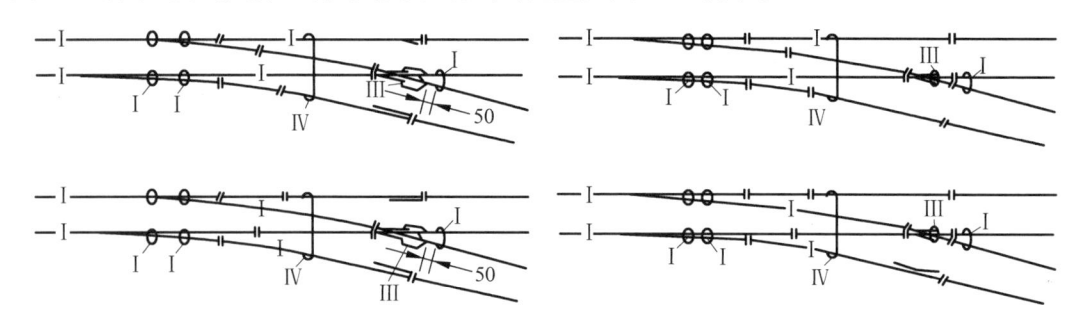

图 5-10 单开道岔跳线、绝缘的配置

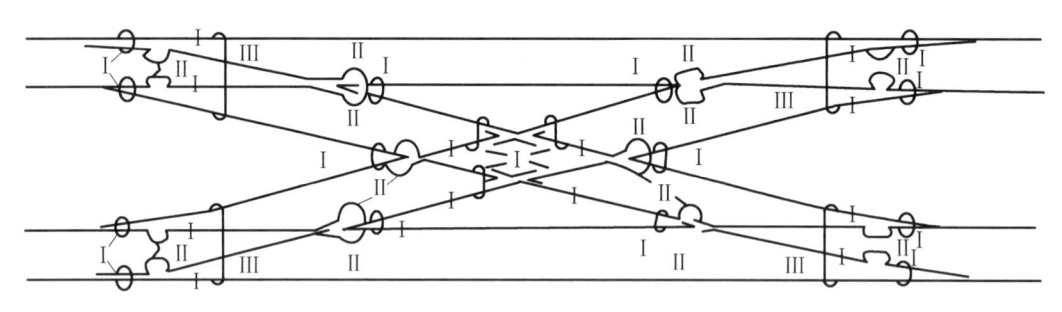

图 5-11 交叉渡线道岔跳线、绝缘的配置

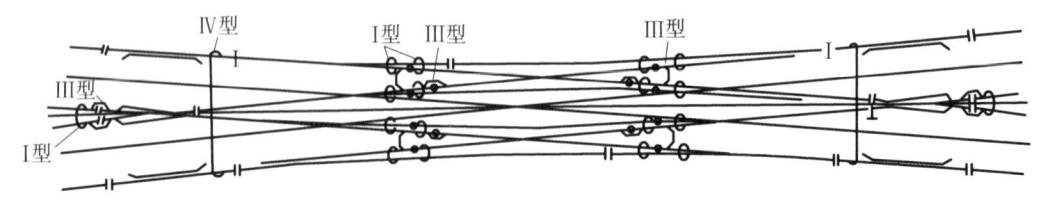

图 5-12 复式交分道岔跳线、绝缘的配置

1) 道岔跳线

为了保证信号电流的畅通,道岔区段除轨端接续线外,需装设道岔跳线。道岔跳线是镀锌低碳钢绞线两端焊在圆锥形塞钉上,FAD型防腐蚀综合绝缘护套钢道岔跳线规格如表 5-1 所列,本规格适用于非电化区段轨道电路。各类道岔所用道岔跳线如表 5-2 所列。

表 5-1　FAD型防腐蚀综合绝缘护套钢道岔跳线规格

道岔跳线型号	型号	公称长度/mm	电阻值/Ω
FAD-900	Ⅰ	900	≤0.012
FAD-1200	Ⅱ	1200	≤0.016
FAD-1500	Ⅲ	1500	≤0.020
FAD-3000	Ⅳ	3000	≤0.039
FAD-3300	Ⅴ	3300	≤0.043

表 5-2　各类道岔跳线组成表

道岔种类	跳线型号 FAD-900	FAD-1500	FAD-1500	总计
单开	5	2	1	8
交叉渡线	30	10	4	44
复式交分	18	12	2	32

2) 道岔绝缘

道岔区段轨道电路除各种杆件、转辙机安装装置等要加装绝缘外,为了防止辙叉将轨道电路短路,还要加装切割绝缘,称为道岔绝缘。道岔绝缘视需要可设在道岔直股钢轨上,也可设在道岔侧股(弯股)钢轨上。

道岔绝缘的设置应符合下列规定:

(1) 道岔区段设置道岔绝缘。

(2) 道岔绝缘宜设置于无电码化的线路分支;道岔区段不属于电码化区段时,道岔绝缘宜设置于线路直股。

道岔绝缘阻挡了流经钢轨的信号电流,使电码化信息经道岔跳线迂回,可能影响机车信号的正常工作,所以规定此时道岔绝缘设置于无电码化的线路分支。当道岔区段无须发码时,考虑到道岔绝缘受列车或车列运行时机械冲击力相对更加均匀,对提高道岔绝缘的使用寿命有利,所以此时规定道岔绝缘设置于线路直股。

2. 道岔区段轨道电路的连接方式

车站内道岔区段轨道电路的连接方式一般分为并联式和串联式两种,图 5-13 所示的电路是串联式轨道电路。这种电路的电流,要流经整个区段的所有轨条,可以检查所有跳线和钢轨的完整性,所以其安全性能较高。但其结构复杂,增加了一组道岔绝缘,且在直股和弯股两

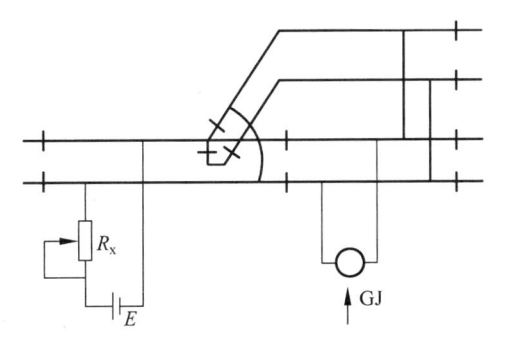

图 5-13　串联式轨道电路

根钢轨间需加装两根用电缆构成的连接线或长跳线,给施工和维修带来不便,所以它在我国未被广泛采用。

图 5-14 所示的电路是并联式轨道电路。这种电路比较简单,直股或弯股有车占用时,轨道继电器因分路均能落下。但在弯股分支线路上只有电压检查没有电流检查,当钢轨、跳线、连接线折断,列车进入弯股时,因弯股未设受电设备,轨道继电器不会失磁落下,这是非常危险的。因此,目前我国在一端与股道相连的道岔区段均采用并联式一送多受轨道电路。

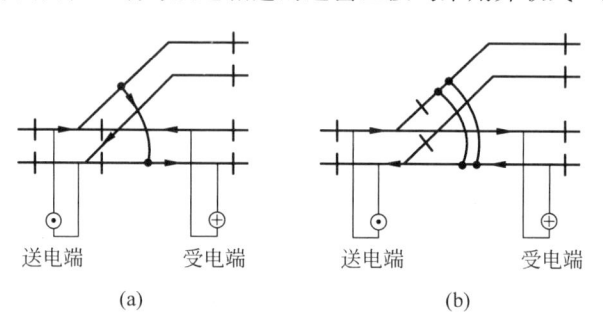

图 5-14 并联式一送一受轨道电路

当道岔绝缘与送、受电端设在同一线路上时,如图 5-14(a)所示,跳线的状态(是否折断)能够得到电流检查,可以只设一根跳线,简称"单跳线";否则如图 5-14(b)所示,平时跳线状态不能得到电流检查,为保险起见应设两根跳线,简称"双跳线"。电气化区段轨道电路各道岔均采用双跳线。

3. 一送多受轨道电路

道岔区段轨道电路不仅包括道岔的直向部分线路,还包括侧向部分线路。经多次改进后,提出了一送多受轨道电路,使各分支线路都得到检查。

一送多受轨道电路设有一个送电端,在每个分支轨道电路的另一端各设一个受电端,如图 5-15 所示。各分支受电端轨道继电器的前接点串联在主轨道继电器电路中。当任一分支被分路时,分支轨道继电器落下,主轨道继电器也落下,可以在联锁电路中用主轨道继电器的接点状态检查整个区段的占用情况。

图 5-15(a)所示为一送两受轨道电路,当弯股分支轨道电路有车占用时,DGJ_1 落下,DGJ 也落下,用 DGJ 的状态就可以监督轨道电路的状态。

图 5-15(b)所示为一送三受轨道电路,当 DGJ_1 或 DGJ_2 落下时,都会使 DGJ 落下,实现对整个轨道电路空闲与否的检查。

一送多受轨道电路在受电端均串接可调电阻器 R_s,是为了提高轨道电路的分路灵敏度,并使同一轨道电路内轨道继电器的电压基本平衡。

采用一送多受轨道电路时,应注意以下各点:

(1) 与到发线(包括场间列车行走线、外包线)相衔接的道岔轨道电路的分支末端,应设受电端。

(2) 所有列车进路上的道岔区段,其分支长度超过 65 m 时(自并联起点道岔的岔心算起),经计算不能保证可靠分路,在该分支末端应受电端。

(3) 个别分支长度小于 65 m 的分支线末端,当分路不良而危及行车安全时亦应增设受电端。

(a) 一送两受　　　　　　　　　　　　(b) 一送三受

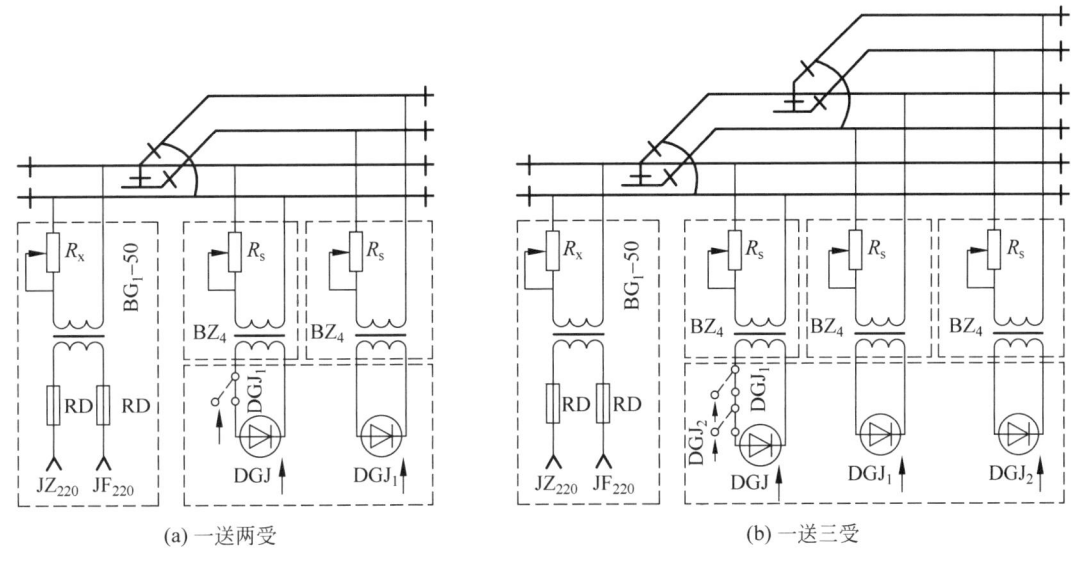

图 5-15　一送多受轨道电路

（4）一送多受轨道电路最多不应超过三个受电端，否则维修调整困难。

（5）一送多受轨道电路任一地点有车占用时，必须保证有一个受电端被分路。

5.3.3　轨道电路的极性交叉

1．极性交叉的定义

有钢轨绝缘的轨道电路，为了实现对钢轨绝缘破损的防护，要使绝缘节两侧的轨面电压具有不同的极性或相反的相位，这就是轨道电路的极性交叉，如图 5-16 所示。图中粗线表示接电源正极，细线表示接电源负极。

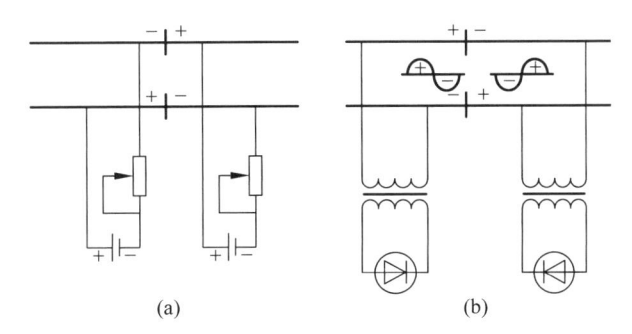

图 5-16　轨道电路的极性交叉

2．极性交叉的作用

极性交叉的目的是防止相邻轨道电路之间的绝缘节破损时，相邻区段互相干扰，引起轨道继电器错误动作。如图 5-17 所示，1G 和 3G 是两个相邻的轨道电路区段，它们之间没有实现极性交叉配置。当 1G 区段有车占用，在绝缘破损的情况下，流经 1GJ 轨道继电器的电流等于两个轨道电源所供的电流之和，因此 1GJ 会保持在吸起状态，这对行车安全来说是非常危险的。

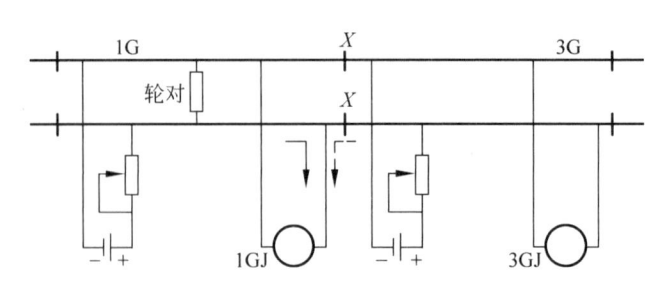

图 5-17 极性交叉的作用

若按照极性交叉来配置,在绝缘破损时,轨道继电器中的电流就是两个轨道电源所供电流之差,只要调整得恰当,1GJ 和 3GJ 都会落下,从而实现了"故障-安全"的原则。

轨道电路制式较多,采取的防护措施各不相同,但对相邻两轨道电路应保证对绝缘失效有可靠的占用检查防护的要求是相同的。

站内采用直流轨道电路时,相邻轨道区段单元设置为不同的极性。对于采用 JZXC-480 型交流连续式轨道电路来说,只要两相邻轨道电路的电流相位相反,它们的瞬间极性也相反,就得到了极性交叉的效果。25 Hz 相敏轨道电路绝缘失效的防护措施也是设置为不同的相位。

为改善轨道电路钢轨绝缘失效的防护性能和节省电缆,设计轨道电路和极性交叉时,一般采用"电源-电源"和"继电器-继电器"的布置方法,即所谓的"双送双受"的布置方法,如图 5-18 所示。

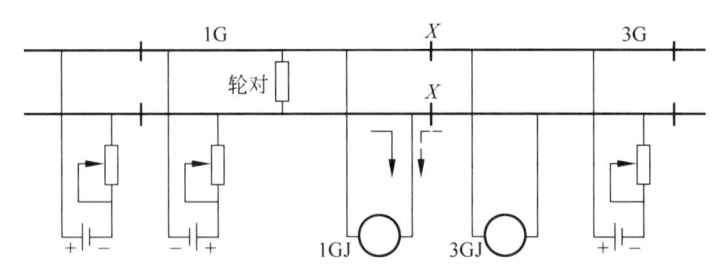

图 5-18 "双送双受"的布置方法

对计数电码轨道电路来说,因相邻区段的编码不同,无法实现极性交叉,为防止绝缘节破损后两个轨道电源相互送电,必须采用周期防护或频率防护的方法。ZPW-2000(UM)系列轨道电路采用的防护措施是相邻两个轨道电路设置为不同的载频频率。

3. 极性交叉的配置

在无分歧线路上,要配置极性交叉是比较容易的,只要依次变换相邻轨道电路的供电电源极性,就能达到所需的目的。而在有分支线路上,即有道岔处,极性交叉的配置就要复杂一些。因为道岔绝缘可以设在道岔直股,也可以设在弯股,不同的设置将影响整个车站极性交叉的配置。

下面简单介绍在车站有分歧线路上配置极性交叉的方法,该方法也简称为"封闭回路法"。

先画好车站单线平面图,如图 5-19(a)所示,按照轨道电路区段的划分原则,用绝缘节划分好轨道电路区段。然后在图中标画出道岔绝缘节,如图 5-19(b)所示,可以切割在弯股,也可以切割在直股上,用虚线表示跳线。图 5-19(b)中,6 号道岔绝缘切割在直股上,其余道岔绝缘均切割在弯股上。

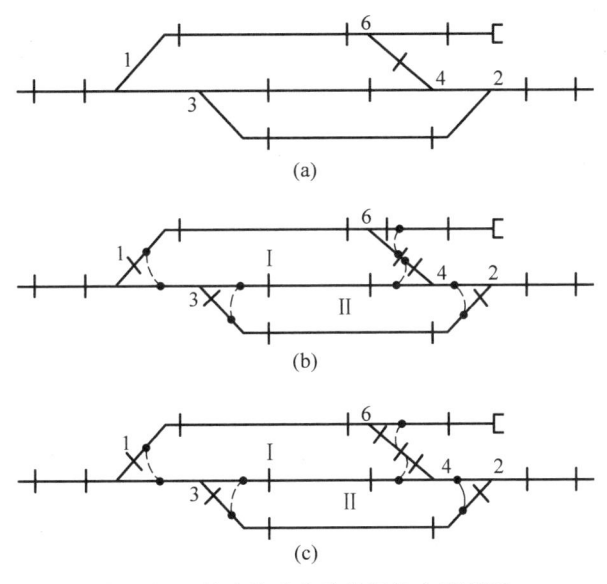

图 5-19 站内轨道电路的极性交叉配置

如图 5-19(b)所示,该车站构成了两个封闭回路(即回路Ⅰ和Ⅱ),跳线隔开的道岔绝缘不计数,当回路中的绝缘节个数为偶数时,可以实现极性交叉配置。若回路中的绝缘节个数为奇数,则不能实现极性交叉配置。在图 5-19(b)中Ⅰ回路有 5 个绝缘节,Ⅱ回路有 4 个绝缘节,则Ⅱ回路可以实现极性交叉配置,Ⅰ回路不可以。为了实现极性交叉配置,应把Ⅰ回路的绝缘节个数变为偶数,若 6 号道岔的道岔绝缘由直股切割改为弯股切割,如图 5-19(c)所示,那么Ⅰ回路就有 6 个绝缘节,Ⅱ回路保持不变。两个回路中的绝缘节个数均为偶数,则整个车站可以实现极性交叉配置。

从上述分析可以看出,道岔绝缘采用不同的切割方式,将影响整个车站极性交叉的配置。所以道岔绝缘的设置应注意:①站内电码化要求正线连续发码,必须将道岔绝缘设在弯股上。②不实行轨道电路电码化的道岔区段,可先把道岔绝缘设在直股上,这样道岔绝缘受力均匀,使用寿命会长一些。③可以通过移设不实行电码化的道岔区段的道岔绝缘(由直股切割改为弯股切割)来满足极性交叉的配置。

有的时候可能因站形复杂,各回路之间互相牵制,使个别回路的绝缘个数不能为偶数,从而无法使整个车站实现极性交叉配置,这时就应采取"人工极性交叉"的方法,如图 5-20

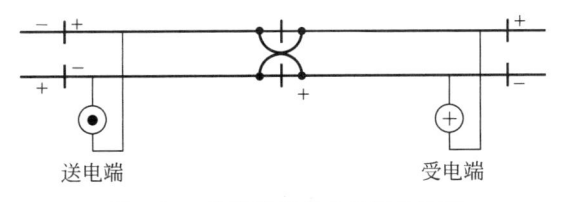

图 5-20 轨道电路的人工极性交叉

所示,一般在无岔区段增加一对钢轨绝缘和两根连线,构成"人工极性交叉",满足极性交叉配置的要求。

5.3.4 钢轨绝缘的设置

相邻轨道电路间必须设置钢轨绝缘,钢轨绝缘的设置应能满足保证安全、提高作业效率的要求。

1. 道岔区段的钢轨绝缘

在道岔区段,岔前一端的钢轨绝缘设在基本轨的接缝处。岔后一端的钢轨绝缘如图 5-21(a)所示,除设置于双动道岔渡线的绝缘节外,其他与警冲标相关的用于分割相邻轨道区段的绝缘节应设置于警冲标内方。绝缘节距警冲标沿线路方向的距离 $L_{绝-警}$,无动车组运行时不得小于 3.5 m,一般不大于 4 m;有动车组运行时不得小于 5 m。

在道岔区段,设于警冲标内方的钢轨绝缘,距警冲标不得小于 3.5 m,这是考虑到除动车组外,我国现有机车车辆最外方的车轴至车钩的最大距离 $L_{钩-轮}$ 一般不超过 3.5 m,旨在保证列车进站后,其车钩进入警冲标内方,否则可能造成侧面冲突,只有列车全部进入警冲标内方,道岔区段才能解锁,这样是安全的。若钢轨绝缘距警冲标过远,则影响到发线有效长度,所以规定 $L_{绝-警}$ 不大于 4 m。

相对于机车车辆,动车组的 $L_{钩-轮}$ 更长,我国当前投入运行的各型动车组 CRH1、CRH2、CRH3、CRH5、CRH380AL、CRH380BL 等的 $L_{钩-轮}$ 最大值为 4.25 m(CRH5 型),据此,考虑工程实践并取整,规定了有动车组运行时 $L_{绝-警}$ 不得小于 5 m。

有时为考虑平行作业的需要等原因,当钢轨绝缘必须设于警冲标内方小于 3.5 m 处时,就构成了侵入限界的绝缘,简称为"侵限绝缘",在信号设备平面布置图上要将该绝缘节符号外方画上圆圈,与其他绝缘节相区分,如图 5-21(b)所示。在联锁电路中要充分考虑"侵限绝缘"的防护问题。

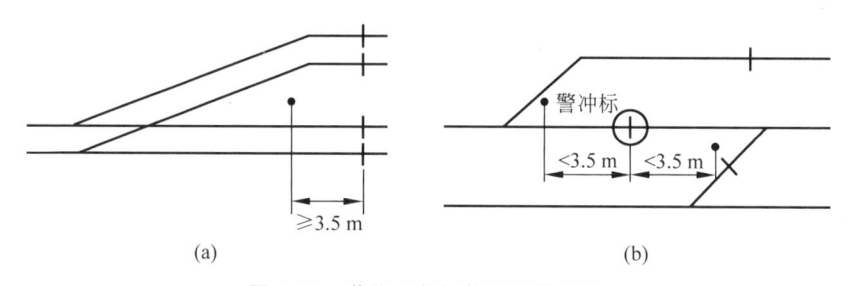

图 5-21 道岔区段钢轨绝缘的设置

除设置于双动道岔渡线的绝缘节外,其他与警冲标相关的用于分割相邻轨道区段的绝缘节,遇下列情况应设计为"侵限绝缘":

(1)设置于警冲标外方时;
(2)与警冲标并置时;
(3)设置于警冲标内方但距警冲标沿线路方向的距离小于规定的最小值(无动车组运行时为 3.5 m,有动车组运行时为 5 m)时。

2. 信号机处的钢轨绝缘

设于信号机处的钢轨绝缘,应与信号机坐标相同。当不可能设于同一坐标时,为避免安装信号机时造成锯轨、换轨等,在不影响行车的条件下,允许钢轨绝缘和信号机有一定距离。

接近信号机、进站信号机、进路信号机、出站信号机、通过信号机以及调车信号机处的机械绝缘节应与信号机并列设置,无法并列时应符合下列规定:

(1) 接近信号机、进站信号机、接车进路信号机、接发车进路信号机、线路所通过信号机以及自动闭塞区间并置的通过信号机处,绝缘节可设置于信号机前方 1 m 至后方 1 m 的范围内;

(2) 发车进路信号机、出站兼发车进路信号机、出站信号机以及自动闭塞区间单置的通过信号机处,绝缘节可设置于信号机前方 1 m 至后方 6.5 m 的范围内;

(3) 调车信号机处的绝缘节可设置于信号机前方 1 m 至后方 1 m 的范围内,调车信号机设置于到发线时,设置规定同第(2)条。

绝缘节与信号机之间的距离 $L_{绝-信}$ 与机车司机室距其最外方轮对之间的距离 $L_{司-轮}$ 相关。机车主要有两类:第一类是司机室在最前方轮对之前,包括大部分内燃机车、电力机车以及动车组等;第二类是司机室在最前方轮对之后,主要是指蒸汽机车(司机室前方还有煤水车)和单司机室的专用调车机车。

当绝缘节需设置于信号机前方时,考虑到所有的线路上均可能运行第一类机车,当司机室邻近信号机停车时,为使轮对不致越过绝缘节,避免信号机无法开放,绝缘节不能位于信号机外方太远。综合各型机车的 $L_{司-轮}$ 值和现场的作业习惯,规定此时各种信号机的 $L_{绝-信}$ 均不大于 1 m。

当绝缘节需设置于信号机后方时,考虑到相对不常见的第二类机车,对于具有发车性质的信号机,以前规定 $L_{绝-信}$ 的参数由 1 m 放宽至 6.5 m,也是综合考虑了各型机车的 $L_{司-轮}$ 值和现场的作业习惯,当司机室邻近信号机停车时,为使轮对不致越过绝缘节,避免信号机无法开放,但是绝缘节也不能位于信号机内方太远,否则当列车进入信号机内方后,信号关闭会有较长时间的延迟。

3. 两钢轨绝缘应设于同一坐标处

为保证安全,轨道电路的两钢轨绝缘应设于同一坐标处,避免产生"死区段"。所谓轨道电路死区段就是指轨道电路中,两根钢轨间经轮对压接而无分路效应的一段线路。

死区段多发生在弯道上或道岔区段。当两钢轨绝缘不能设在同一坐标时,其错开的距离(死区段)应不大于 2.5 m,如图 5-22(a) 所示。这是因为当产生死区段时,应防止车辆停留在死区段得不到检查而错误转换道岔、开放信号,导致严重的行车事故,车辆中二轴守车的轴距最小,其最小轴距为 2743 mm,所以规定死区段不得大于 2.5 m。

对于旧结构道岔,因结构原因,死区段均大于 2.5 m,但车辆中除二轴守车外其他车辆轴距均大于 5 m,且守车已很少使用,所以对旧结构道岔死区段规定不得大于 5 m。

4. 两相邻死区段间隔

为了防止两个转向架之间轴距大的车辆跨入两相邻死区段内,或一个转向架车轴在相邻轨道电路区段内,而另一个转向架车轴跨入死区段内,出现有车占用不能分路的严

图 5-22 轨道电路死区段

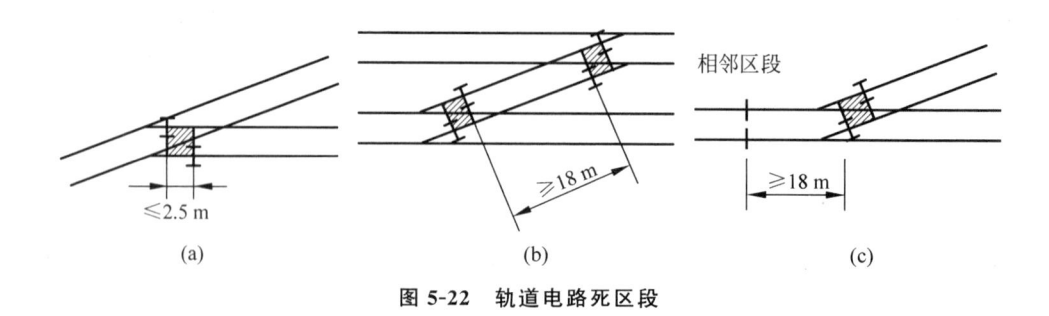

重情况,规定轨道电路两相邻死区段或死区段与相邻轨道电路的间隔一般不小于 18 m,如图 5-22(b)、(c)所示。这是考虑死区段间隔或与相邻轨道电路的间隔,必须大于车辆第二轴与第三轴之间的最大距离。车辆中内轴距最大为 16.3 m,留有一定余量,所以规定为 18 m。

5. 异型钢轨接头处

异型钢轨接头处,因槽型绝缘等尺寸不一样,不得安装钢轨绝缘。

6. 非自动闭塞区段的预告信号机处

非自动闭塞区段的进站信号机、线路所通过信号机设置预告信号机时,预告信号机处的绝缘节宜设置于预告信号机前方不小于 100 m 处。

进站预告信号机设置于进站信号机外方,其对应的轨道区段是列车自区间接近车站时的第一个轨道区段,它主要有两方面的作用:一是为车站值班员提供列车的位置信息,便于运输作业指挥;二是区分进站接车进路的预先锁闭和接近锁闭。

这是考虑站内作业繁忙,改变进路机会较多。由于改变进路,不得不关闭已开放的进站信号机。在信号机前方较近的一段距离内,信号显示效果较差。预告信号机如与绝缘节并置,当列车接近预告信号机时,如果刚好车站关闭了进站信号机,虽然此时预告信号机会由绿灯变为黄灯,但司机在此瞬间识别该显示的变化存在一定的困难,如遇进站信号机显示距离不足,则列车冒进进站信号机的可能性较大。因列车此时尚未占用接近锁闭区段,站内的接车进路处于预先锁闭状态,取消进路后道岔可能转换,存在安全风险。将绝缘节设置于预告信号机前方 100 m 处可避免上述风险,有利于司机确认预告信号机的显示变化。

非自动闭塞区段通过信号机的预告信号机及绝缘节关系与上述情况类似。

集中联锁车站中连接岔线的接轨线路入口处,调车信号机外方的电码化轨道区段长度不宜小于 400 m,其他尽头式调车信号机外方的轨道区段长度不得小于 25 m,安全线、避难线上的钢轨绝缘应尽可能设在尽头处。

5.4 工频交流连续式轨道电路

工频交流连续式轨道电路采用工频 50 Hz 交流电源,以 JZXC-480 型继电器为轨道继电器,故又称为 JZXC-480 型交流轨道电路。这种轨道电路实质上是交直流轨道电路,电源是交流电,钢轨中传输的是交流电,而轨道继电器为整流式。与交流轨道电路相比,它的优点是无须调整相位角。

工频交流连续式轨道电路因结构简单,是我国非电气化车站运用最为广泛的轨道电路制式。但该轨道电路存在诸多缺点,例如,道碴电阻变化适应范围小,极限传输长度短,分路灵敏度低,防雷性能差,形成雨天"红光带和分路不良"等影响行车的情况。所以,逐渐被相敏轨道电路等制式代替。

5.4.1　工频交流连续式轨道电路组成

工频交流连续式轨道电路的构成如图 5-23 所示。由送电端、受电端、钢轨绝缘、钢轨引接线、轨端接续线以及钢轨等组成。

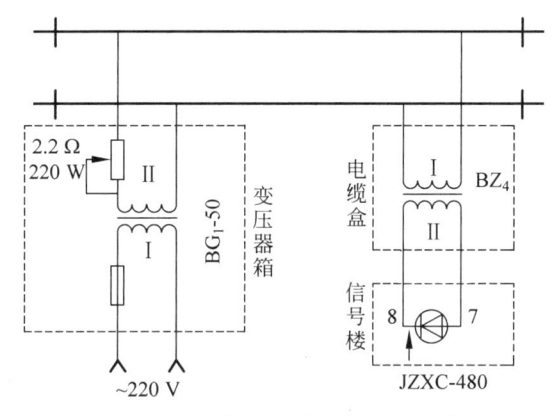

图 5-23　工频交流连续式轨道电路

送电端包括 BG_1-50 型轨道变压器、R-2.2/220 型变阻器,安装在变压器箱内,电源由室内用电缆送至送电端。

受电端包括 BZ_4 型中继变压器、JZXC-480 型轨道继电器。其中,中继变压器设在变压器或电缆盒内,轨道继电器设在室内组合架上。送、受电端视相邻轨道电路的不同组合,有双送、一送一受、双受以及单送、单受等不同情况,除双受、单受可采用电缆盒外,其他情况必须采用变压器箱。

变压器箱或电缆盒由钢轨引接线接向钢轨。

轨端接续线用于连接相邻钢轨,减小钢轨接头处的接触电阻。

钢轨绝缘设于轨道电路分界处,用于隔离开相邻的轨道电路。

1)轨道变压器

BG 型轨道变压器为降级变压器,用于轨道电路供电。常见型号为 BG_1-50,其一次侧额定电压为 220 V,额定电流为 0.25 A,空载电流应不大于 0.2 A;其二次侧额定电流为 4.5 A,二次侧连接不同的端子可获得 0.45~10.80 V 的电压,二次通过限流电阻接到钢轨轨面上。

2)限流电阻

限流电阻用来限制送端变压器二次侧电流,提高轨道电路灵敏度,并对轨道电路送电端电压具有微调作用。采用 R-2.2/220 型变阻器,阻值为 2.2 Ω、功率 220 W、额定电流 10 A、允许温升为 105℃。

3）中继变压器

通常采用 BZ$_4$ 型变压器于轨道电路的受电端,与轨道继电器配合使用,可以使钢轨阻抗和轨道变压器的阻抗相匹配。其一次、二次变比为 1∶20；它的一次接到轨面,交流电压一般在 0.7～0.9 V,它的二次端子接电缆返回室内动作 JZXC-480 型轨道继电器,交流电压一般在 14～17 V。

5.4.2　工频交流连续式轨道电路工作原理

工频交流连续式轨道电路的电源采用交流电；钢轨中的传输电流为交流电；轨道继电器接受的为交流电,其动作电流为直流电。

当轨道电路完整,且无车占用时,交流电源由送电端经钢轨传输至受电端,轨道继电器吸起,表示本轨道电路空闲。此时轨道继电器的交流端电压应在 10.5～16 V,即高于轨道继电器工作值(9.2 V)的 15%,保证轨道继电器可靠吸起。图 5-24 为轨道电路空闲时电流示意图。

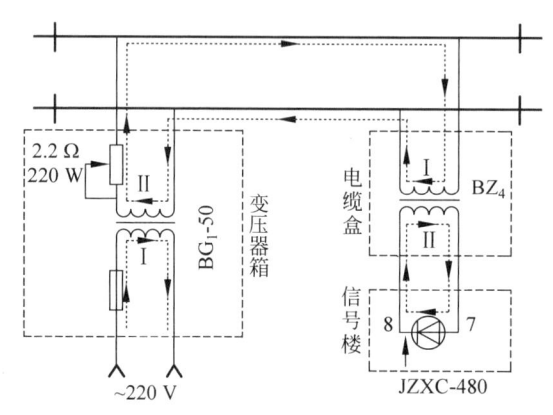

图 5-24　工频交流连续式轨道电路空闲电流示意图

当列车占用轨道电路时,轨道电路被车辆轮对分路,使轨道继电器端电压低于其释放值,轨道继电器落下,表示本轨道电路被占用分路时,轨道继电器的交流残压值不得大于 2.7 V,即轨道继电器释放值(4.6 V)的 60%,低于释放值的 40% 的安全系数,保证轨道继电器可靠释放。图 5-25 为轨道电路占用时电流示意图。

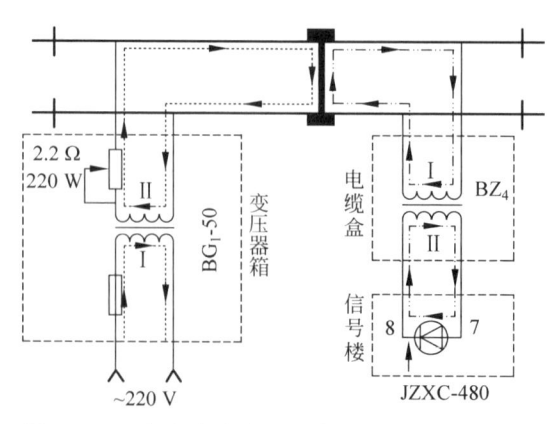

图 5-25　工频交流连续式轨道电路占用电流示意图

5.5 25 Hz 相敏轨道电路

5.5.1 电气化牵引区段轨道电路

1. 电气化牵引区段对轨道电路的特殊要求

电气化牵引区段的轨道电路必须满足以下特殊要求：

1）采用非工频轨道电路

我国铁路电气化区段均采用工频 50 Hz 牵引电流供电，两根钢轨既是牵引电流的回流通道，又是轨道电路信号电流的传输通道。因此，以钢轨作为传输信道的轨道电路应采用非工频制式的轨道电路，且该制式对 50 Hz 牵引电流的基波及其谐波干扰应具备有效可靠的防护措施，保证轨道电路设备安全可靠地工作。

2）采用双扼流双轨条轨道电路

双轨条轨道电路用扼流变压器沟通牵引电流成双轨条回流，轨道电路处于平衡状态，便于实现站内电码化，适用于站内正线和区间。单轨条轨道电路用一条 Z 型连接线沟通牵引电流，一根轨条通过牵引电流和信号电流，另一根轨条仅通过信号电流，轨道电路处于不平衡状态，工作可靠性差，且易造成站内电码化串码、掉码，故不能采用。

3）交叉渡线上两根直股都通过牵引电流时应增加绝缘节

为了确保交叉渡线上轨道电路和机车信号设备能正常工作，当交叉渡线上两根轨道都通过牵引电流时，该交叉渡线上应增加绝缘节，将上、下两道岔区段完全隔开。如图 5-26 所示。由于交叉渡线道岔型号及铺设处所线路间距的不同，在辙叉处增设绝缘节的方向也不尽相同。

4）钢轨接续线的截面加大

电气化区段钢轨接续线，除应保证通过一定电流外，还要尽量减小钢轨接头的接触电阻，使两根钢轨阻抗平衡，减少牵引电流对轨道电路的干扰及牵引电能的损耗，并且要保证设备和人身安全。因此，要求钢轨接续线有一定的截面积，且必须双套。

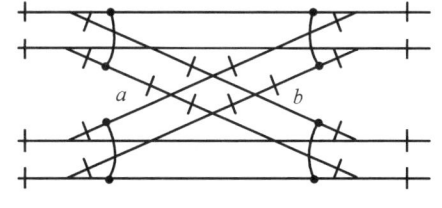

图 5-26 交叉渡线上增设绝缘节

塞钉式接续线因受震松动和氧化作用，使接触电阻增大，造成两根钢轨阻抗不平衡，因此，钢轨接续线应采用焊接式（现多数已采用"一塞一焊"这种较为安全、可靠的双套方式）。

5）道岔跳线和钢轨引接线截面加大，引接线等阻

为了减小钢轨阻抗，道岔跳线和钢轨引接线应采用截面积不小于 42 mm^2 的多股镀锌钢绞线。为了减小两根钢轨引接线因长度不同、阻抗不等对轨道电路不平衡度的影响，钢轨引接线宜采用等阻连接线。

横向连接线用于相邻股道之间的连接，扼流中心连接线/板用于相邻轨道电路的连接。

2. 电气化区段站内轨道电路制式

我国电气化铁路采用的轨道电路制式有：75 Hz 交流计数电码轨道电路、25 Hz 交流计

数电码轨道电路、移频轨道电路、25 Hz 相敏轨道电路、不对称脉冲轨道电路等。

以上各种制式除选用 50 Hz 以外的信号电流频率,均采用了相应的技术措施来防止干扰,保证轨道电路的可靠工作。

1) 75 Hz 或 25 Hz 交流计数电码轨道电路

交流计数电码轨道电路中传输的是不同脉冲和间隔的计数电码,非电化区段采用 50 Hz 电源供电,电化区段采用 75 Hz 或 25 Hz 电源供电。采用"频率-电路"两级防护措施,信号频率选为 75 Hz 或 25 Hz,具有频率防护能力,将脉动工作定为正常状态,对连续干扰具有防护功能。

早期采用 75 Hz 交流计数电码轨道电路,采用集中供电方式,由集中设置的电动发电机组,将 50 Hz 交流电变换为 75 Hz 交流电,通过专用高压线路送至沿线各站,后改为分散供电方式,在各站设晶闸管变频器,就地变频。75 Hz 交流计数电码轨道电路对脉动电流干扰及冲击电流干扰的防护能力较弱,故发展 25 Hz 交流计数电码轨道电路。

25 Hz 交流计数电码轨道电路利用铁磁分频器将 50 Hz 电源变频为 25 Hz 电源,工作稳定,在抗干扰性能和传输特性方面比 75 Hz 交流计数电码轨道电路优越得多。

交流计数电码轨道电路发码设备原采用电动发码器,译码设备原采用继电式译码器。20 世纪 80 年代后期进行微电子化改造,发码电路由微电子元件进行计数、编码,用晶闸管发码,译码电路采用 Z80 单板机。

2) 移频轨道电路

站内用的移频轨道电路亦采用频率调制方式。相邻区段采用 300 Hz、400 Hz、500 Hz 的不同载频,对绝缘破损具有可靠的防护性能。站内移频轨道电路仅作为监督轨道电路区段的空闲与占用,故只需要一种低频信息即可,调制频率为 8 Hz,频偏为 ±18 Hz。

3) 25 Hz 相敏轨道电路

25 Hz 相敏轨道电路发送端采用铁磁变频器,将 50 Hz 交流电变频为 25 Hz 交流电,对轨道电路有良好的传输特性。其采用集中调相方式,供使用的局部电源电压相位恒超前于轨道电源电压相位 90°,无须对每段轨道电路进行个别调相,接收端采用二元二位轨道继电器,局部线圈和轨道线圈分别由独立的局部分频器和轨道分频器供电,具有可靠的频率选择性和相位选择性,因而抗干扰能力强,有可靠的绝缘破损防护。

4) 不对称脉冲轨道电路

不对称脉冲轨道电路中传输的是每分钟 182 次、正负脉冲幅值比例为 (4~8) : 1 的不对称脉冲。不对称脉冲由发码器中的晶闸管通过电子电路去控制工频交流电的导通角而形成。不对称脉冲译码器采用积分式脉冲波形鉴别器,作为轨道继电器的二元差动闭磁路继电器,其有较高的瞬时功率,故分路灵敏度高,对工频正弦波和规定比例以外的各种干扰有很强的抗干扰能力。

在以上电气化区段轨道电路中,应用最广泛的是 25 Hz 相敏轨道电路。

5.5.2 扼流变压器

在电气化牵引区段,为保证牵引电流顺利流过绝缘节,在轨道电路发送端、接收端设置扼流变压器,轨道电路设备通过扼流变压器接向轨道,并传递信号信息,如图 5-27 所示。

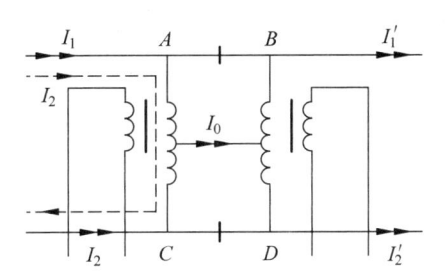

图 5-27 扼流变压器示意图

扼流变压器对牵引电流阻抗很小，而对信号电流阻抗较大，沿着两根钢轨流过的牵引电流在轨道绝缘处通过扼流变压器的上部和下部线圈，再经过其中心线流向另一扼流变压器的上部和下部线圈，然后又流向相邻轨道电路的两根钢轨中去。这样，牵引电流就越过了绝缘节。因为钢轨中的牵引电流大小相等，扼流变压器上、下部线圈的匝数也相同，因此牵引电流在上、下线圈中产生的磁通相等而方向相反，它们的总磁通等于零。所以对次级线圈的信号设备没有影响。但若两钢轨中流过的牵引电流不平衡，则扼流变压器铁芯中总磁通不为零，在次级线圈中将产生干扰，影响信号设备使用，故需增设防护设备。

而信号电流因极性交叉，在两扼流变压器中点处电位相等，故不会越过绝缘节流向另一轨道电路区段，而流回本区段，在次级线圈感应出信号电流。

一般情况下，25 Hz 相敏轨道电路用 BE 型扼流变压器及 BES 型抗干扰扼流变压器，97 型 25 Hz 相敏轨道电路用 BE_1、BE_2 型扼流变压器；移频轨道电路用 BEP 型和 BE_1 型扼流变压器，不对称脉冲轨道电路用 BEG 型和 BEG-A 型。

97 型 25 Hz 相敏轨道电路用的扼流变压器有 BE_1-400/25、BE_2-400/25、BE_1-600/25、BE_2-600/25、BE_1-800/25 和 BE_2-800/25 几种类型。

BE_1-400/25 型扼流变压器的结构如图 5-28 所示。

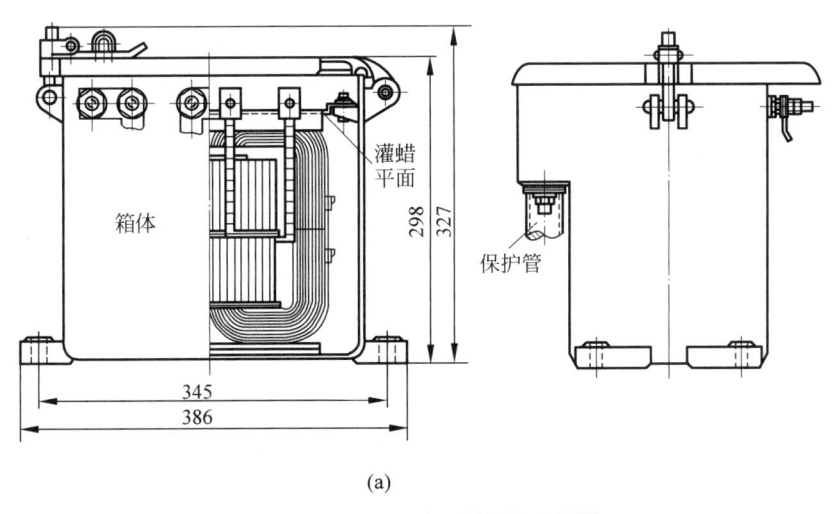

(a)

图 5-28 BE_1-400/25 型扼流变压器

铁芯线圈

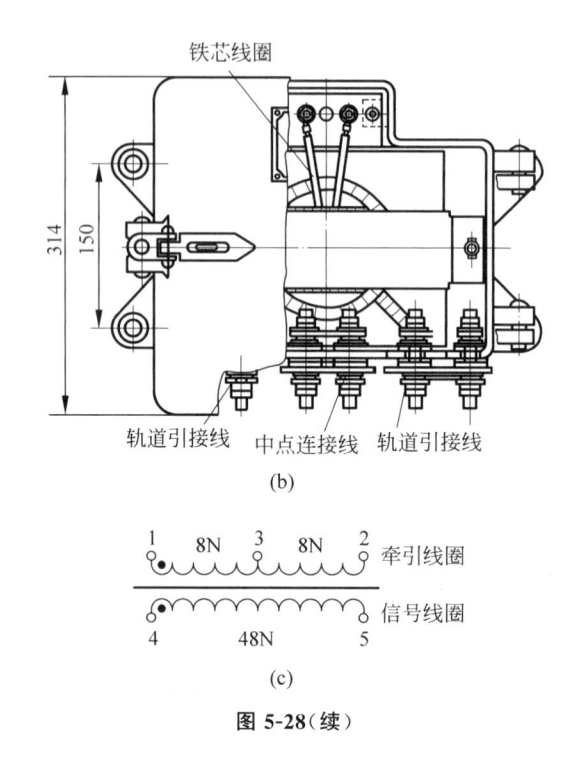

轨道引接线　中点连接线　轨道引接线

(b)

1　8N　3　8N　2　牵引线圈

4　　48N　　5　信号线圈

(c)

图 5-28（续）

5.5.3　25 Hz 相敏轨道电路原理

1. 25 Hz 相敏轨道电路技术要求

（1）适用于钢轨内连续牵引总电流不大于 800 A，钢轨内不平衡电流不大于 60 A 的交流电气化牵引区段的站内及接近区段的轨道电路。

（2）无电力机车行驶的线路可采用无扼流变压器的轨道电路。

（3）电源应采用集中调相方式。

（4）在最不利条件下，轨道继电器轨道线圈上的电压应不大于 50 V，调整和分路时的有效电压分别为不小于 15 V 和不大于 7.4 V。

（5）在频率为 50 Hz、电源电压为 160～260 V、道床电阻率最小值不小于 0.6 Ω·km，钢轨阻抗不大于 0.62∠42° Ω/km 时，极限长度范围内能可靠地满足调整和分路检查的要求，并实现一次调整。当每段轨道电路的轨道变压器兼作机车信号发码电源时，应可靠地满足机车信号入口电流的要求。

（6）一送一受和一送多受轨道电路的电压调整余量 K 应不少于 8.0%。

（7）一送一受的双扼流和无扼流变压器的轨道电路，其极限长度应达 1.5 km。

（8）凡装有空扼流的轨道电路，对空扼流阻抗进行的补偿措施，应兼顾电码化时机车信号信息的传输。

（9）采用电子设备时，应采取相应的防雷措施。

2. 25 Hz 相敏轨道电路的组成及基本原理

25 Hz 相敏轨道电路采用交流 25 Hz 电源连续供电。其受电端采用交流二元轨道继电器。从电网送入 50 Hz 电源,经专设的 25 Hz 分频器分频后作为轨道电路的专用电源。由于交流二元轨道继电器具有可靠的频率选择性,故该轨道电路不仅可用于交流电气化区段,而且可用于非电气化区段。25 Hz 相敏轨道电路的组成如图 5-29 所示。

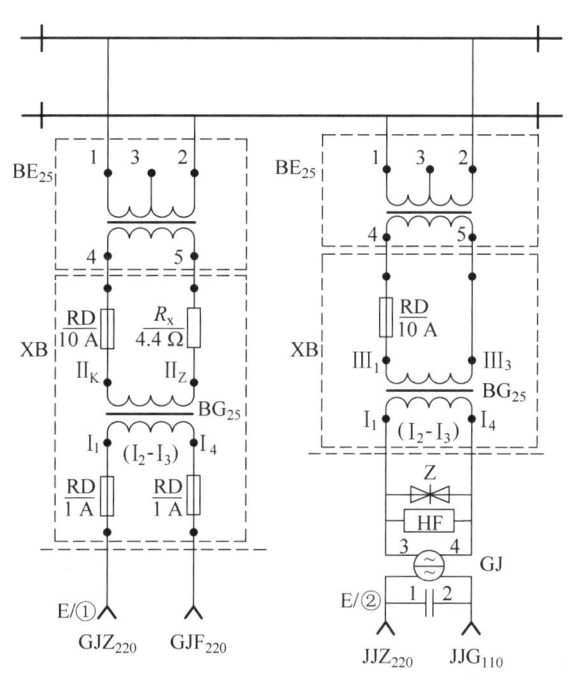

图 5-29　25 Hz 相敏轨道电路组成图

在图 5-30 中,25 Hz 电源屏(轨道分频器和局部分频器)由室内分别供出 25 Hz 轨道电源和局部电源。轨道电源由室内供出,通过电缆供向室外,经由送电端 25 Hz 轨道电源变压器(BG_{25})、送电端限流电阻(R_x)、送电端 25 Hz 扼流变压器(BE_{25})、钢轨线路、受电端 25 Hz 扼流变压器(BE_{25})、受电端 25 Hz 轨道中继变压器(BG_{25})、电缆线路,送回室内,经过防雷硒堆(Z,耐压值大于 100 V)、25 Hz 防护盒(HF)给交流二元轨道继电器(GJ)的轨道线圈供电。局部线圈的 25 Hz 电源由室内供出,当轨道线圈和局部线圈所得电源满足规定的相位和频率要求时,交流二元轨道继电器 GJ 吸起,轨道电路处于调整状态;反之交流二元轨道继电器落下,轨道电路处于分路状态。

列车占用时,轨道电源被分路,GJ 落下。若频率、相位不符合要求时,GJ 也落下。这样,25 Hz 相敏轨道电路就具有相位鉴别能力,即相敏特性、抗干扰性能较高。

25 Hz 相敏轨道电路只能用以检测轨道电路区段是否空闲,不能传输其他信息。因电源频率较低,传输损耗较低,故传输距离长。

3. 25 Hz 相敏轨道电路各部件及作用

1) 防护盒

防护盒(HF)有 HF-25 型、HF_2-25 型、HF_3-25 型和 HF_4-25 型。

HF_2-25 型防护盒电路如图 5-31 所示,由电感、电容串联而成,线圈电感为 0.845 H,电容为 12 μF。它并接在轨道继电器的轨道线圈上,谐振频率为 50 Hz,对 50 Hz 信号电流相当于 15 Ω 电阻,以抑制牵引电流干扰。对 25 Hz 信号电流相当于 16 μF 电容,对 25 Hz 信

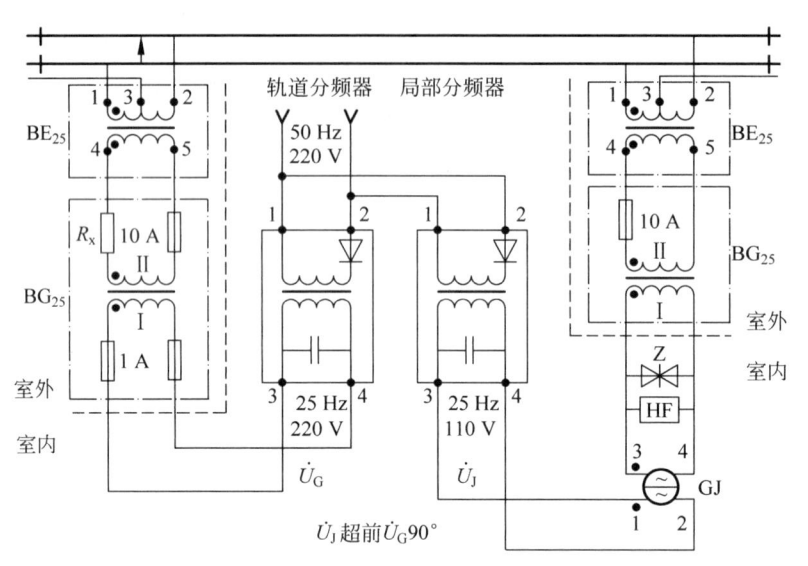

图 5-30　25 Hz 相敏轨道电路原理图

号电流的无功分量进行补偿,起着减小轨道电路传输衰耗和相移的作用。

HF$_3$-25 型防护盒的电感线圈有两个中间抽头,可选择不同的电感量,电路如图 5-32 所示。

HF$_4$-25 型防护盒的电感线圈和电容器各有五挡供选择,可根据需要予以调整,电路如图 5-33 所示。各型防护盒的电气特性如表 5-3 所列。

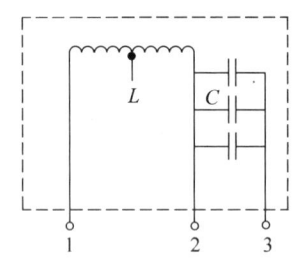

图 5-31　HF$_2$-25 型防护盒电路

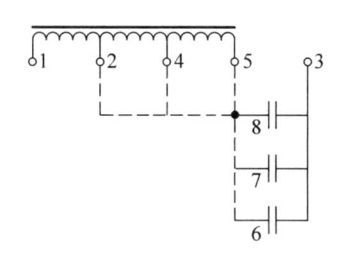

图 5-32　HF$_3$-25 型防护盒电路

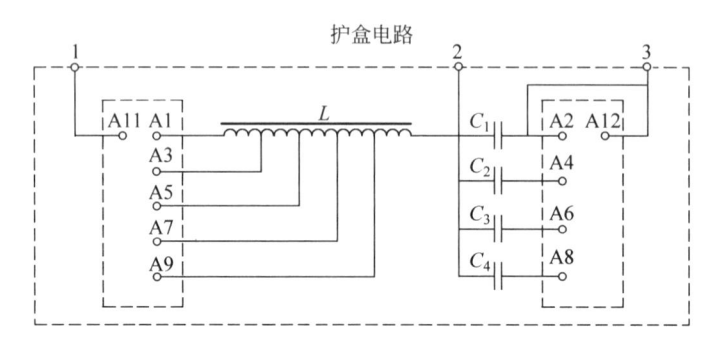

图 5-33　HF$_4$-25 型防护盒电路

表 5-3　防护盒的电气特性

型号	测试端子	连接端子	输入电压/V	输入频率/Hz	$\lvert V_L - V_C \rvert$ /V	Q	备　注
HF$_2$-25	1-3		10	50	≤3	≥18	同 HF$_2$
HF$_3$-25	1-3 3-8	2-6-7-8					同 HF$_2$
		4-7-8					可调 15°～20°
		5-8					可调 30°～40°
HF$_4$-25	1-3	A11-1				≥15	可下调 0°～30°
		A1-3、A4-12					可下调 0°～15°
		A11-5、A6-12					同 HF$_2$
		A11-7、A8-12					可上调 0°～15°
		A11-9、A8-12、A2-4					可上调 0°～30°

注：V_L—电感线圈两端的谐振电压值；V_C—电容器两端的谐振电压值；Q—谐振槽路的品质因数。

2) 防雷补偿器

防雷补偿器(QBF)有 FB-1 型和 FB-2 型。FB-1 型内设两套防雷补偿单元,如图 5-34 所示。FB-2 型内设一套防雷补偿单元。防雷补偿单元由硒堆(Z)和电容器(C)组成,即为对接的硒片盒电容器。硒堆用来防雷。电容器用来提高轨道电路局部线圈电路的功率因数,以减小变频器输出电流。

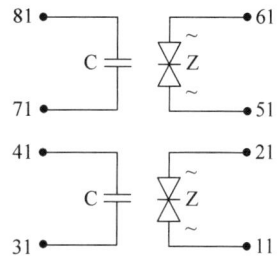

图 5-34　FB-1 型防雷补偿器

其电气特性应符合下列要求：局部耐压为 250 V,型号为 CTA、CTB、CTZA、CTZB；接收工作电压为 90 V,型号为 XT-1-22C5C。

3) 25 Hz 轨道变压器

25 Hz 轨道变压器用于 25 Hz 相敏轨道电路中,作为供电电源和阻抗匹配用,送电端和受电端用的是同一型号,主要有 BG$_1$-65/25、BG$_1$-72/25、BG$_1$-140/25、BG$_2$-130/25、BG$_3$-130/25、BG$_4$-220/25 等类型。BG$_1$-72/25 型轨道变压器的各线圈电压如图 5-35 所示。

4) 二元二位轨道继电器

97 型 25 Hz 相敏轨道电路受电端采用 JRJC$_1$-70/240 型交流二元轨道继电器,它应变速度快,便于电码化时迅速发送机车信号信息,并且工作稳定、维护方便,具有可靠的相位选择性和频率选择性,因而对于轨端绝缘破损和外界牵引电流或其他频率电流的干扰能可靠地进行防护,钢轨内不平衡电流不大于 60 A 造成的 50 Hz 的干扰都不能使轨道继电器错误动作。

5.5.4　97 型 25 Hz 相敏轨道电路

原 25 Hz 相敏轨道电路,在现场的大量使用中逐步暴露出一些待克服的技术缺陷,于是研制出新型 25 Hz 相敏轨道电路,称为 97 型 25 Hz 相敏轨道电路。

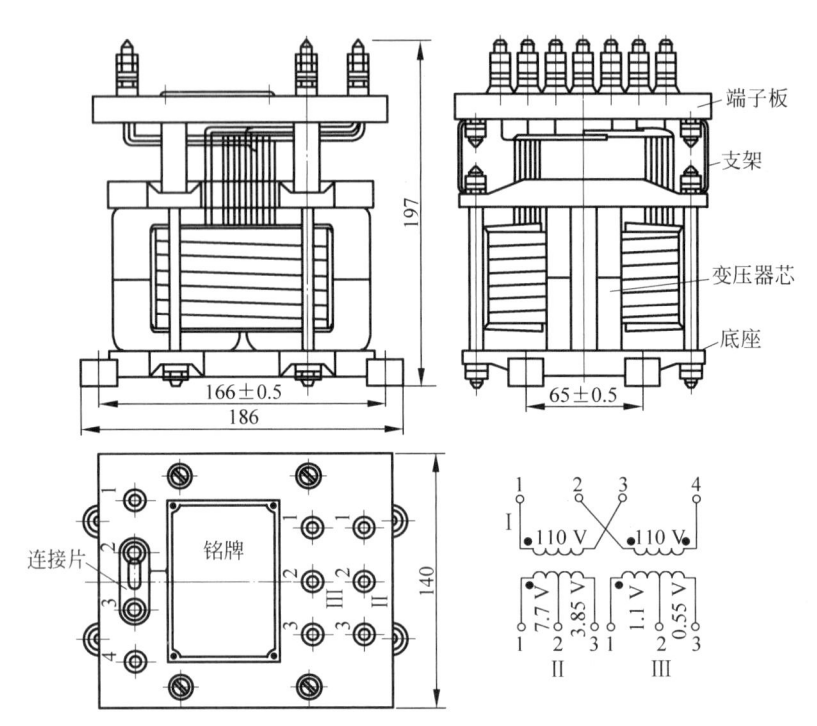

图 5-35　BG_1-75/25 型轨道变压器的各线圈电压

1. 25 Hz 相敏轨道电路存在的问题

(1) JRJC-66/345 型二元二位继电器设计不合理,危及行车安全。

由于其翼片和继电器罩工艺设计欠妥,曾出现过有车占用时因翼片卡阻而不落下的危险情况。

(2) 受电端不设扼流变压器影响轨道电路的工作。

受电端不设扼流变压器时牵引电流对轨道继电器的干扰要比设扼流变压器时大得多。

(3) 设置空扼流变压器引起电码化工作不稳定。

当轨道电路送电端实施移频化时,如果股道中部设有专供车站馈电用的扼流变压器时,机车驶过此扼流变压器之前,则会因钢轨内移频电流不足而发生机车信号闪灯的现象。

(4) 电源屏配置不合理造成浪费。

因 25 Hz 电源屏内的局部分频器和轨道分频器的容量不配套,即局部分频器容量小,轨道分频器偏大,不但给工程设计选用电源屏的型号带来不便,而且常出现局部容量不够的情况,虽然轨道容量有余,但也只得升级选用更大的电源屏,造成资源浪费。

(5) 不平衡引起的问题。

我国电气化铁路的钢轨接续线原来多采用双套塞钉式,其接触电阻不稳定,因而设计和生产扼流变压器时对其中点对称性无指标要求,产品的对称性差异很大,造成牵引电流的不平衡系数增加 2%～3%。再加上扼流变压器引至钢轨的两根引接线一长一短,其电阻值也不相等,使牵引电流不平衡的问题更严重,致使牵引电流侵入轨道电路设备的干扰量增大,严重时极易误动轨道继电器。

此外,还存在着不能适应提速、重载运输、要求股道有效长度延长等问题。

2. 97 型 25 Hz 相敏轨道电路的改进

(1) 提高绝缘破损防护性能。

钢轨牵引引接线采用焊接式,减少接触电阻,以提高绝缘破损防护性能。

(2) 取消不设扼流变压器的送、受电端的单扼流轨道电路。

在运营中发现,不设扼流变压器时,轨道继电器所受的干扰远大于设扼流变压器的区段,而且不设扼流变压器不易于轨道电路调整。为此全部增设扼流变压器。

(3) 改变扼流变压器的连接方式。

将连向钢轨的一长一短引接线设计成等阻线,使扼流变压器外部连接方式得以改善,不平衡系数控制在 1% 以内,从而使牵引电流回归系统的不平衡系数得以降低。

(4) 优化电源屏的配置。

每一区段的平均传输功率为 20 W,每个继电器局部线圈加电容补偿后的功率为 6.5 W,考虑单受和多受区段的比例。一个车站的轨道区段数和轨道继电器数按 1∶2 计算,这样就相当于轨道分频器和局部分频器供电给每一个轨道电路分别耗电 20 W 和 13 W,从而能计算出一个车站电源屏的型号配置。电源屏由原来的 300 W、600 W、1400 W 改为 400 W、800 W、1200 W,组成Ⅰ(PXT-800/25)、Ⅱ(PZT-1600/25)、Ⅲ(PZT-2000/25)、Ⅳ(PDT-4000/25)四种电源屏,分别适用于小站(20 个区段以内)、中站(20~40 个、40~60 个区段)、大站(60~120 个区段)使用。

(5) 改进二元二位继电器。

97 型 25 Hz 相敏轨道电路优化了磁路设计并提高了工艺设计水平,返还系数由原来的 0.5 增至 0.55,消除了因翼片碰撞外罩而造成卡阻的隐患。具有可靠的相位选择性和频率选择性,抗干扰性能强,便于实现电码化。

(6) 增加扼流变压器的类型。

扼流变压器由原来的仅 400 A 一种类型增加了 600 A 和 800 A 两种,分别供侧线、正线和靠近牵引变电所的区段使用。

(7) 改善移频电码化发送条件。

使固定送电端供电变压器的变比和受电端匹配变压器的变比相同,从而改善了移频发送时的匹配特性。原供电变压器的变比高达 220/7~220/4,现改为固定变比 220/15。此方法除克服了原移频机车信号有时不稳定的缺点外,还在不增加器材数量的基础上将室内原隔离变压器改为兼有隔离和供电双重功能的变压器,调整它的输出电压即可进行轨道电路的调整。它使 25 Hz 轨道电路移频化的调整和测试能集中在室内进行,极大地方便了现场调整测试和维修。

(8) 极限长度延长。

① 提高送电端输入电阻,将送电端极限电阻由 2.2 Ω 增加到 4.4 Ω,将受电端匹配变压器的变比由原来的 17 降为 15。

② 改进分频器的设计,将 25 Hz 分频器的输出电压允许波动范围由原来的 ±5% 减少到 ±3%。

通过以上几次改进措施,最终能将极限长度由 1200 m 提高到 1500 m。

(9) 系统抗干扰能力大大提高。

采取综合治理的方式大大提高了系统抗冲击干扰能力,首先设法尽可能减少电流的侵入量,其次在干扰电流侵入后设法减少其干扰。另外,侵入的干扰电流若能造成轨道继电器误动,则设法让其误动的后果不会影响其他信号设备或电路。以达到提高系统抗冲击干扰的目的。

3. 97 型 25 Hz 相敏轨道电路的电气特性

(1) 调整状态时,轨道继电器轨道线圈上的有效电压应不小于 18 V,即高于轨道继电器工作值(15 V)的 20%,以保证继电器可靠吸起。

(2) 用 0.06 Ω 标准分路电阻在轨道电路送受端轨面任一处分路时,轨道继电器端电压(分路残压)应不大于 7.4 V,而轨道继电器的释放值是 8.6 V,留有一定余量,以保证前接点可靠断开。

4. 97 型 25 Hz 相敏轨道电路的种类

97 型 25 Hz 相敏轨道电路按送、受电端是否有扼流变压器分为送、受电端均设扼流变压器和送、受电端均不设扼流变压器两种。

有回归牵引电流流过的轨道区段,应采用带扼流变压器的轨道电路。

对于没有回归牵引电流流过的轨道区段,仍需防止牵引电流对轨道电路的干扰,可采用无扼流变压器的轨道电路。无扼流变压器的轨道电路也可用于非电气化区段。根据受电端的设置情况可分为一送一受、一送两受和一送三受轨道电路。

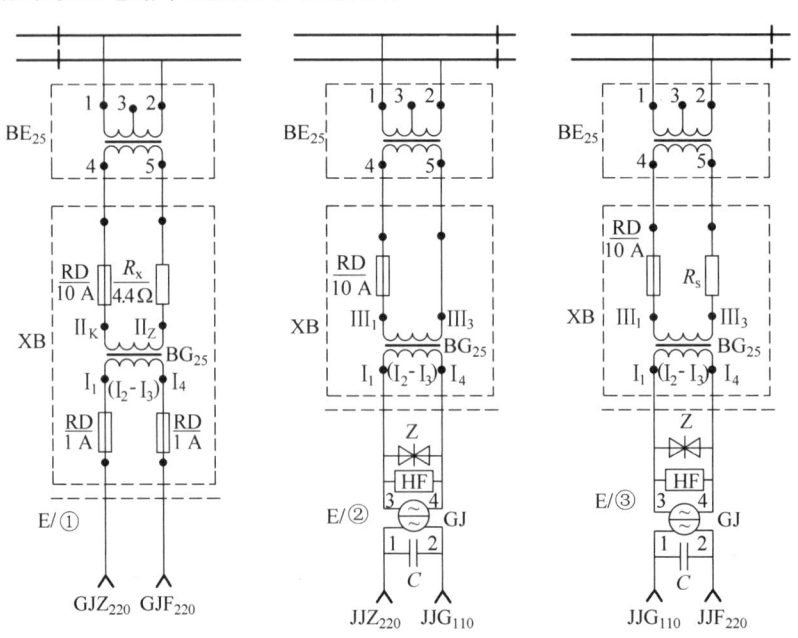

1) 25 Hz 相敏轨道电路单元

25 Hz 相敏轨道电路单元如图 5-36 所示。

图 5-36　25 Hz 相敏轨道电路单元

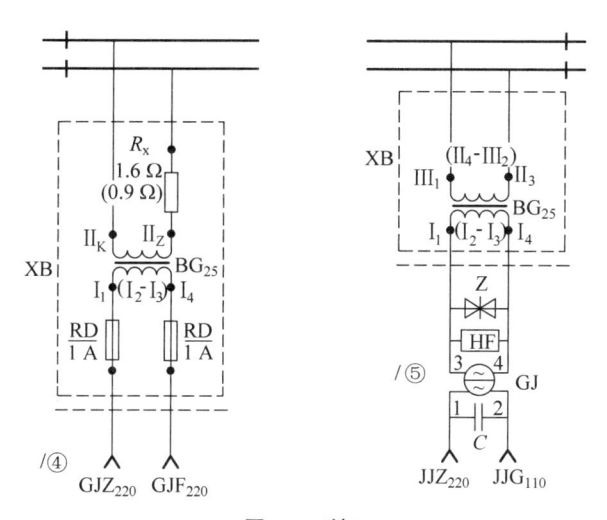

图 5-36（续）

图 5-36 中，E/①、E/②、E/③、/④、/⑤ 分别为 25 Hz 相敏轨道电路的五种单元类型，E 代表所设扼流变压器，/① 为送电端，/② 为受电端，/③ 为一送多受的分支受电端；/④、/⑤ 分别为不带扼流变压器的送电端、受电端。XB 为变压器箱。BE$_{25}$ 为扼流变压器箱。

25 Hz 相敏轨道电路原理图代号说明见表 5-4。

表 5-4 25 Hz 相敏轨道电路原理图代号说明

序号	名　　称	代号	产品型号	备　　注
1	轨道变压器	BG$_{25}$	BG$_2$-130/25	400 Hz 铁芯
			BG$_3$-130/25	50 Hz 铁芯
2	交流二元继电器	GJ	JRJC$_1$-70/240	
3	防护盒	HF	HF$_2$-25 或 HF$_3$-25 或 HF$_4$-25	
4	扼流变压器	BE$_{25}$	BE$_1$-400/25	400 Hz 铁芯
			BE$_1$-600/25	
			BE$_1$-800/25	
			BE$_2$-400/25	50 Hz 铁芯
			BE$_2$-600/25	
			BE$_2$-800/25	
5	电阻器	Rx	R$_1$-4.4/400	
6	电阻器	Rs	R$_1$-4.4/400	
7	防雷补偿器	QFB	FB-1、FB-2	

400 Hz 铁芯主要用于轨道电路实施移频化的区段，50 Hz 铁芯用于一般区段。

2）一送一受轨道电路

送、受电端均设扼流变压器的一送一受轨道电路（双扼流），如图 5-29 所示。送、受电端均不设扼流变压器的一送一受轨道电路（无扼流），如图 5-37 所示。

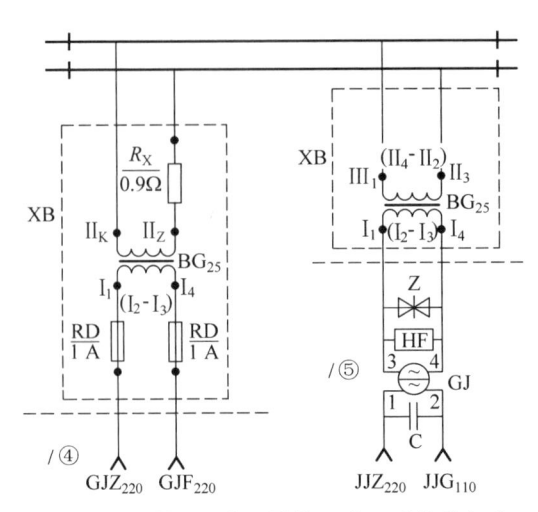

图 5-37 不带扼流变压器的一送一受轨道电路

双扼流一送一受轨道电路,当限流电阻为 4.4 Ω 时,轨道电路允许长度为 1500 m。无扼流一送一受轨道电路,当限流电阻为 0.9 Ω 时,其轨道电路允许长度为 1500 m。

因区间大多采用 25 m 钢轨,其钢轨阻抗比 12.5 m 的钢轨低,并且区间道床电阻比站内道床电阻高,接近区段轨道电路的允许长度可达 2000 m。

在电气化区段,为了使回归牵引电流畅通无阻地流回牵引变电所,相邻轨道电路的扼流变压器中点需相连。如果全部采用双扼流轨道电路,中点相连后易构成迂回电路,有可能造成轨道电路不完整或有列车占用的情况下失去检查,使轨道继电器错误吸起。图 5-38 就是一个例子,图中虚线为迂回电路的路径,1G 区段轨道继电器在有车占用或断轨情况下,可能经迂回电路而错误吸起。为了减小迂回电路对轨道电路的影响,在确保回归牵引电流畅通的条件下,应将个别扼流变压器的中点连线不连,以断开迂回电路。但必须注意,正线(包括正线上的道岔区段和无岔区段)装设的扼流变压器中点连线必须相连。

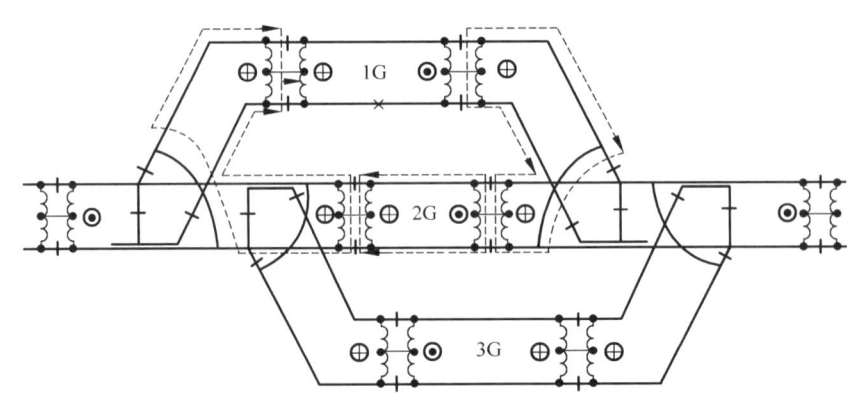

图 5-38 轨道电路的迂回电路的路径示意

一送一受轨道电路可以设长度不大于 65 m 的 3 个或 3 个以上的无受电分支,为了沟通牵引电流的回流道路,可以在其中一个分支上设置一个空扼流变压器。为连接吸上线或有些车站内接触网取电的馈电地线,也可在轨道电路区段内设置一个空扼流变压器。

对于不连接轨道继电器的空扼流变压器,其信号线圈经 BG$_2$-130/25 型轨道变压器(BG$_2$ 轨道变压器的一种)与补偿器相连,如图 5-39 所示。

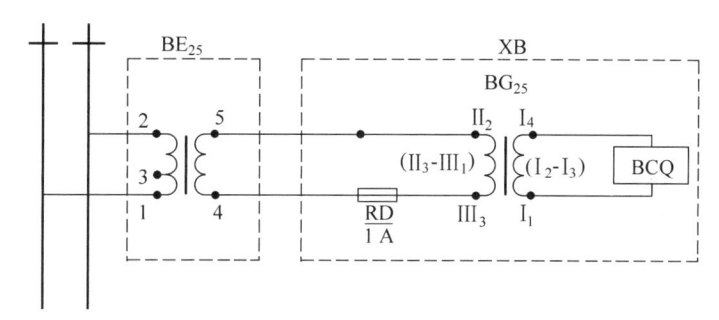

图 5-39 空扼流变压器设置电路

补偿器的作用是:对轨道电路的信号传输进行补偿,减少空扼流变压器对轨道电路信号能量的消耗,以减小轨道电路的总功耗,从而使轨道电路的供电变压器二次电压不致因增设空扼流变压器后增大太多,因此当该空扼流变压器断线后不致因轨道电路的分路检查条件被恶化而影响轨道电路的允许长度;对机车信号的信息进行补偿,以减少空扼流变压器对机车信号信息的能量消耗,从而使机车信号的工作稳定可靠。对于不同机车信号制式,补偿器的种类不同。

在一送一受情况下,轨道电路带有无受电分支及有附加扼流变压器时的允许长度见表 5-5。

表 5-5 一送一受 25 Hz 相敏轨道电路的长度 单位:m

扼流方式	分支数						无分支但有附加扼流
	1 个分支		2 个分支		3 个分支		
	无附加扼流	有附加扼流	无附加扼流	有附加扼流	无附加扼流	有附加扼流	
双扼流	700	700	600	600	500	500	1500
无扼流	1000		900		800		

3)一送两受轨道电路和一送三受轨道电路

邻接股道的道岔区段一般采用一送两受或一送三受轨道电路,以监督线路完整和有良好的分路检查。在一个区段内,所用扼流变压器总数应考虑轨道变压器供电电压和保证轨道电路分路检查的要求,一般不应超过 4 台。

为提高分路灵敏度,带扼流变压器的轨道电路,其限流电阻采用 4.4 Ω;无扼流变压器的轨道电路,则采用 1.6 Ω。在受电端串有电阻器,是为了同时满足轨道电路的调整、分路和过载三种状态。

一送两受轨道电路根据有无受电分支的数量,可有 20 种不同布置:2 个分支的 12 种,1 个分支的 6 种,无分支的 2 种。在无受电分支末端允许设一个沟通牵引电流的附加空扼流变压器。不带分支的一送两受带扼流变压器和不带扼流变压器的轨道电路分别如图 5-40 和图 5-41 所示。

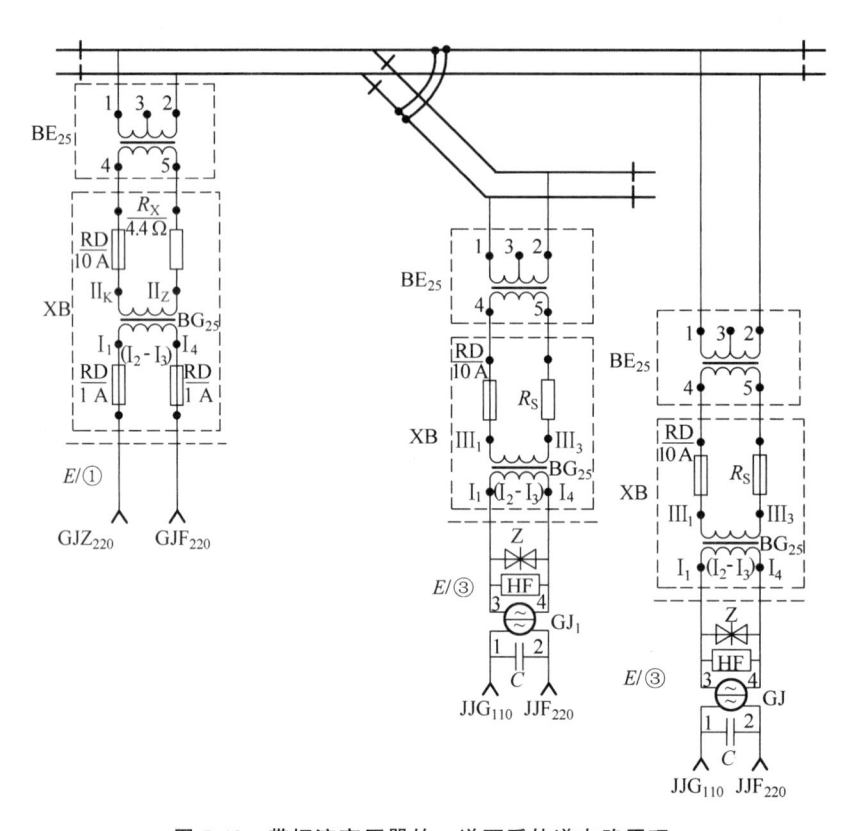

图 5-40 带扼流变压器的一送两受轨道电路原理

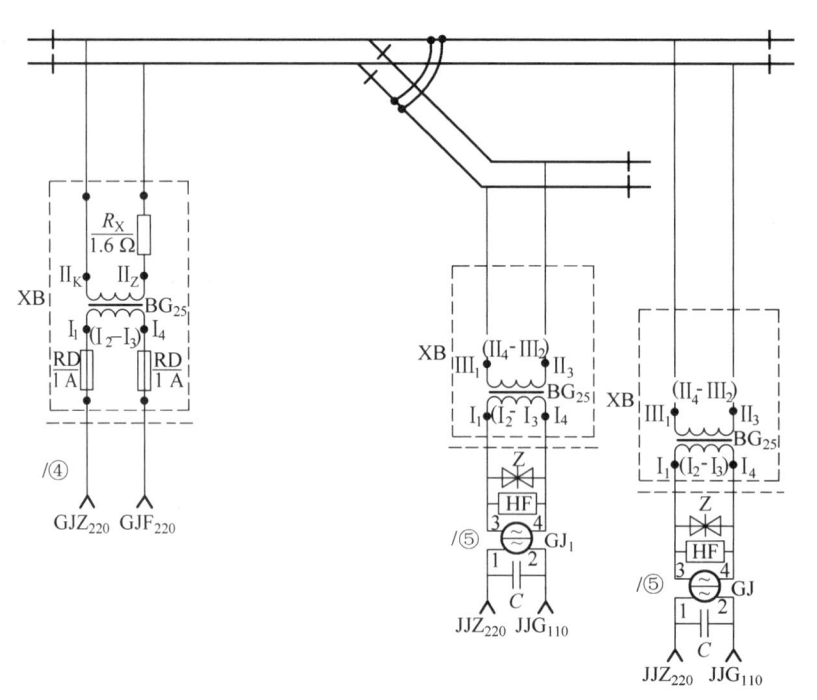

图 5-41 不带扼流变压器的一送两受轨道电路原理

一送三受轨道电路根据有无受电分支的数量,可以有 5 种不同布置:一个分支 3 种,无分支的 2 种。一送三受不带无受电分支的带扼流变压器和不带扼流变压器的轨道电路分别如图 5-42 和图 5-43 所示。

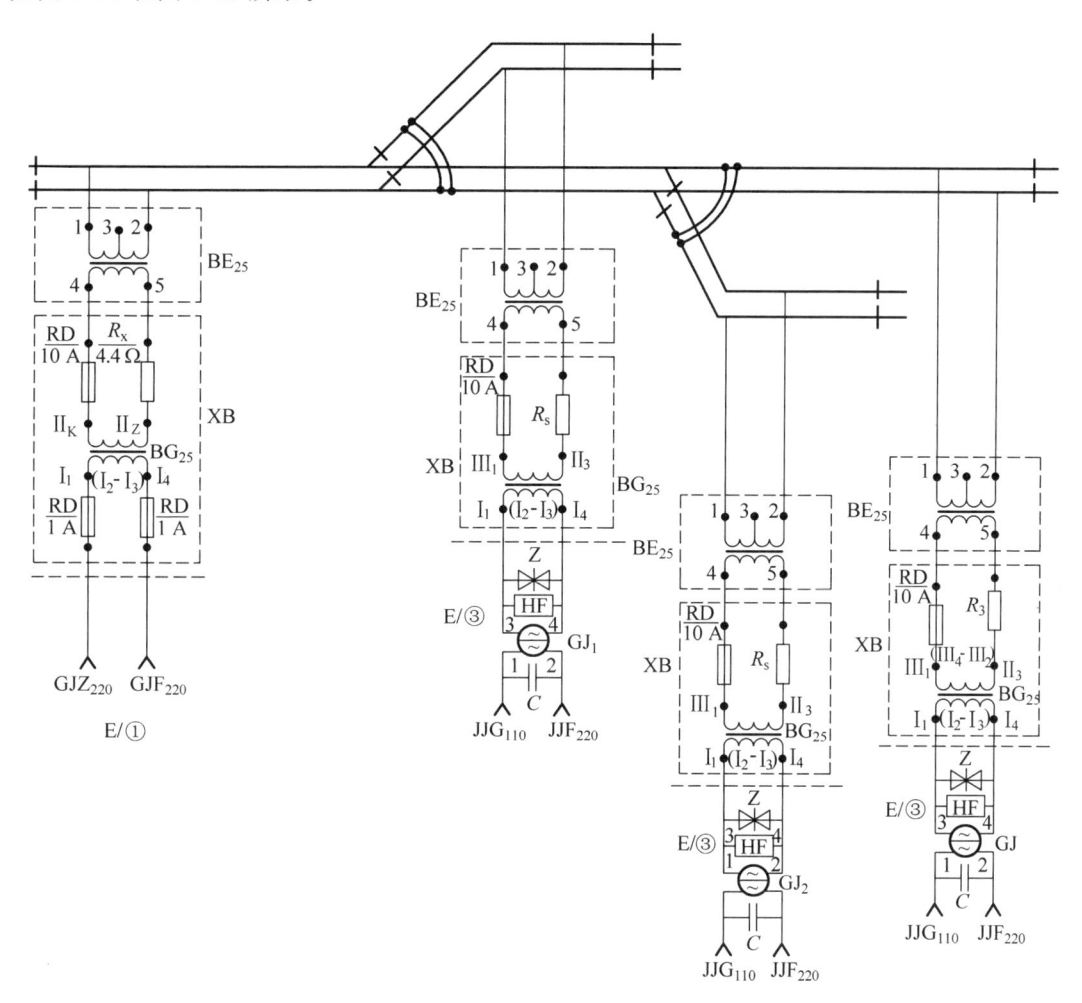

图 5-42 带扼流变压器的一送三受轨道电路原理

5. 97 型 25 Hz 相敏轨道继电器组合

采用 25 Hz 相敏轨道电路时,轨道继电器采用 JRJC$_1$-70/240 型交流二元二位继电器,需设专用的 25 Hz 相敏轨道继电器组合。

一个 25 Hz 相敏轨道继电器组合,内设三个受电端用防雷补偿器、防护盒和交流二元继电器。从正面看,组合内器材排列见表 5-6。

表 5-6 25 Hz 相敏轨道电路组合

序号	01-1	01-2	1	2(A)	3	4(B)	5	6(C)
代号	QFB	QFB	HF	GJ	HF	GJ	HF	GJ
产品型号	FB-1	FB-1	HF$_2$-25	JRJC$_1$-70/240	HF$_2$-25	JRJC$_1$-70/240	HF$_2$-25	JRJC$_1$-70/240

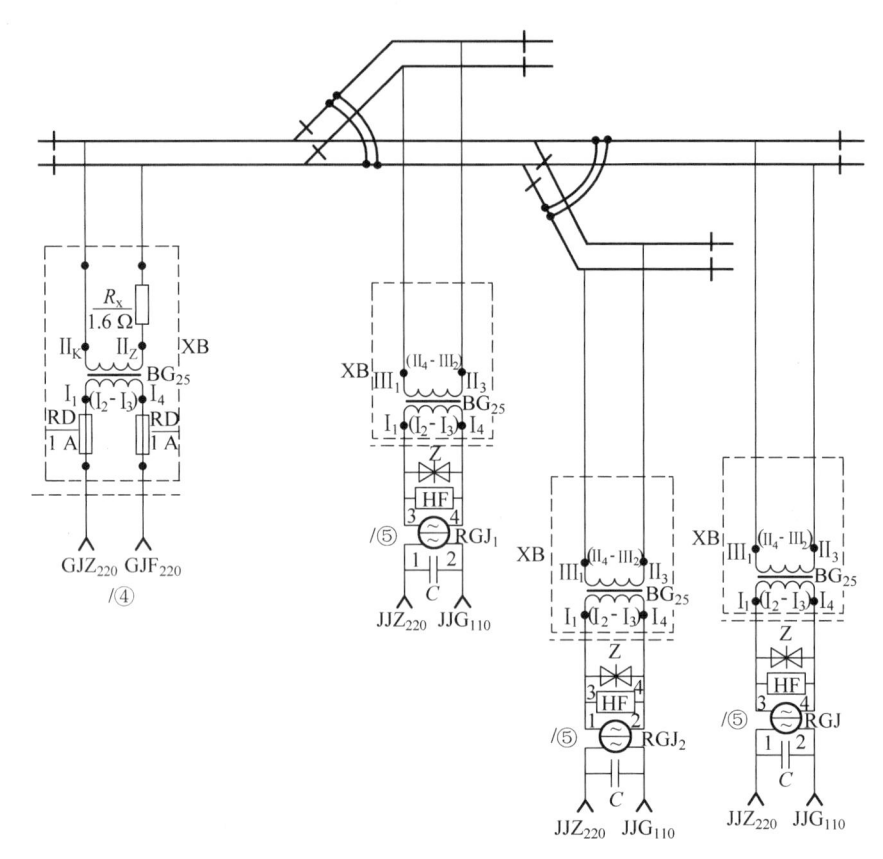

图 5-43　不带扼流变压器的一送三受轨道电路原理

一个组合架可安装 9 个 25 Hz 相敏轨道继电器组合，当一个组合架上同时安装轨道组合和安全型继电器组合时，相邻处应空开一个组合位置。

5.6　移频轨道电路

轨道电路除了可以用于检查线路空闲，还可以作为地-车信息的传输通道，用于向列车传输信息，成为机车信号和列控车载设备工作的基础。移频轨道电路就是用不同的低频信号调制的方式，把代表地面信息的低频调制信号搬移到较高频率上，形成移频信号，发送到钢轨上，机车通过轨道电路接收线圈接收移频信号，并进行信号解调，提取相关地面信息，实现机车信号显示和控制列车运行。随着低频信号的增加可传递的信息量也可以逐步增加。

移频轨道电路包括国产 4 信息、8 信息、18 信息移频轨道电路和引进的 UM71 无绝缘移频轨道电路，以及国产化的 WG-21A 型、ZPW-2000A 型和 ZPW-2000R 型等无绝缘移频轨道电路。现在广泛采用的是 ZPW-2000 系列无绝缘移频轨道电路。

5.6.1　移频轨道电路概述

移频轨道电路是移频自动闭塞的基础，又可以监督该闭塞分区的空闲。它选用频率参数作为控制信息,采用频率调制的方式,将低频调制信号 F_C 搬移到较高频率 f_0(载频)上,形成振幅不变、频率随低频信号的幅度作周期性变化的移频信号。移频信号波形如图 5-44 所示。

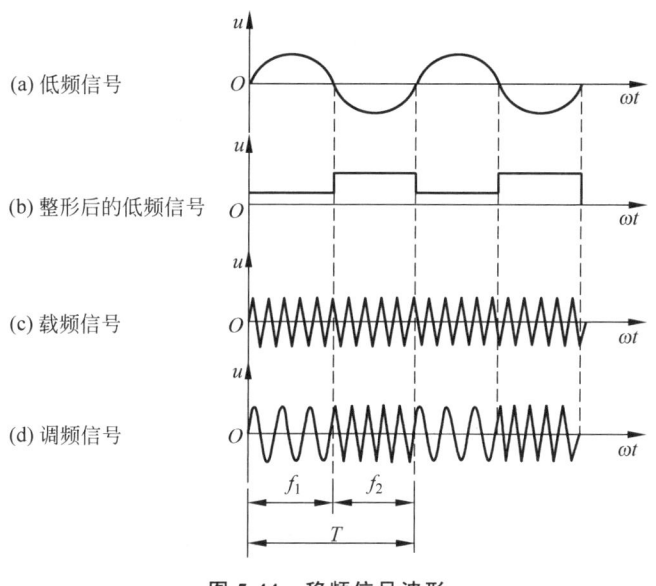

图 5-44 移频信号波形

从图 5-44 中可以看出,移频信号的变化规律,是以载频为中心,作上、下边频偏移。当低频调制信号输出低电位时,载频 f_0 向下偏移 Δf(称为频偏),即 $f_1 = f_0 - \Delta f$(称下边频);当低频调制信号输出高电位时,载频 f_0 向上偏移 Δf,即 $f_2 = f_0 + \Delta f$(称上边频)。可见,调频信号是受低频信号调制而作上、下边频交替变化,两者在单位时间内变化的次数与低频调制信号的频率相同。

国产移频自动闭塞的载频中心频率选用 550 Hz、650 Hz、750 Hz、850 Hz 四种,频偏±55 Hz。在单线区段,为了防止钢轨绝缘节破损后两相邻轨道电路产生错误动作,相邻的闭塞分区采用了不同的载频,650 Hz 和 850 Hz 两种。在双线区段,由于上、下行线路之间存在邻线干扰,所以,上行和下行线路也应采用不同的频率,上行线采用 650 Hz 和 850 Hz;下行线采用 550 Hz 和 750 Hz。

5.6.2 无绝缘轨道电路

1. 无绝缘轨道电路原理

随着铁路运输量的增加,列车重量、行车速度和行车密度也将不断提高,除此之外,高速列车还要求提高线路的质量,提升旅客乘坐舒适度。为满足这些需求,出现了长钢轨线路。长钢轨线路具有列车运行阻力小、车列震动和噪声小,钢轨线路少和机车车辆轮缘的磨损小等优点,且旅客乘坐舒服,因此,长钢轨线路在世界各国得到了广泛使用。但在长钢轨区段装设轨端绝缘有一定困难,不仅费用高,而且线路质量也相应下降。因此,在长钢轨区段装设无绝缘轨道电路,这样既不存在轨端绝缘节的故障,又可不切割钢轨。在电气化区段还可不采用扼流变压器,降低电气化区段轨道电路的不平衡系数。所以,世界各国相继研究和发展无绝缘轨道电路。我国也引进了法国的 UM 系列无绝缘轨道电路,并自行研制了 ZPW-2000 系列无绝缘轨道电路。

轨道电路无绝缘化方式,大体上可以分为两大类,一类是电气隔离式,又称谐振式。它是在轨道电路的分界处,采用电容和一部分钢轨的电感构成谐振回路,另外相邻轨道电路采用不同频率的信号电流,使轨道电路电气隔离。另一类是自然衰耗式,又称叠加式。它是利用轨道电路的自然衰耗,相邻轨道电路采用不同频率的信号电流,利用在轨面外进行滤波的原理使相邻轨道电路的工作互不影响。目前广泛应用的是谐振式轨道电路。

2. 电气绝缘节的构成原理

两个调谐单元 BA_1 与 BA_2 间的距离为 29 m,空芯线圈 SVA 位于 BA_1、BA_2 的中间。BA_1、BA_2、SVA 及 29 m 长的钢轨构成电气调谐区。电气调谐区又称电气绝缘节,用以取代传统的机械绝缘节,实现相邻轨道电路的隔离。

电气绝缘节如图 5-45 所示。调谐单元 BA 是构成电气绝缘节的主要部件。相邻轨道电路的载频不同,BA 的型号也不同。BA_1 型由 L_1、C_1 构成,BA_2 型由 L_2、C_2、C_3 构成。

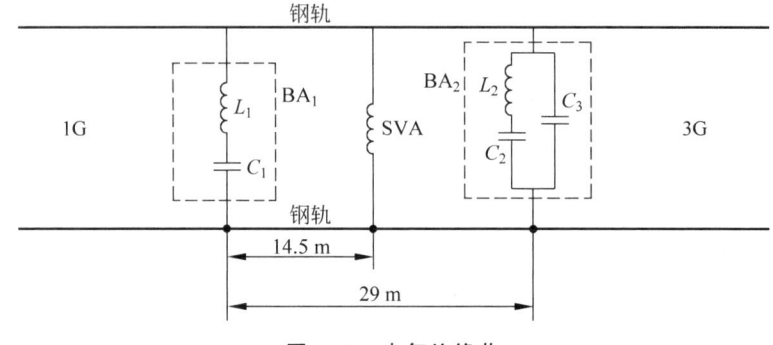

图 5-45 电气绝缘节

电气绝缘是通过谐振来实现的,载频确定后,选择 BA_1 及 BA_2 的参数,使本区段的调谐单元对相邻区段的频率呈串联谐振,只有百分之几欧姆的阻抗,移频信号被短路;而对本区段的频率呈容抗,与 29 m 钢轨的电感和 SVA 的电感配合发生并联谐振,有 2~2.5 Ω 的阻抗,移频信号被接收。这样,某种载频的移频信号只能在本区段内传送,而不能向相邻区段传送,就像有绝缘节一样,构成了电气隔离。

空芯线圈 SVA 用来平衡两钢轨间的不平衡电流,还参加调谐区的工作及保证维修安全,补偿电容用来抵消钢轨的感性,保证轨道电路的传输距离。

3. UM71 无绝缘轨道电路

UM71 轨道电路是法国铁路为防止交流电气化牵引区段牵引电流谐波干扰,于 1971 年研制的移频轨道电路。UM71 轨道电路是谐振式无绝缘轨道电路,采用调频方式,载频频率为 1700 Hz、2000 Hz、2300 Hz、2600 Hz;频偏为 11 Hz;低频频率为 10.3~29 Hz,每隔 1.1 Hz 呈等差数列,共 18 个。

1) UM71 轨道电路的组成和原理

UM71 轨道电路由设在室内的发送器、接收器、轨道继电器和设在室外的调谐单元 BA、空心线圈 SVA、带模拟电缆的匹配变压器及若干补偿电容组成,如图 5-46 所示。

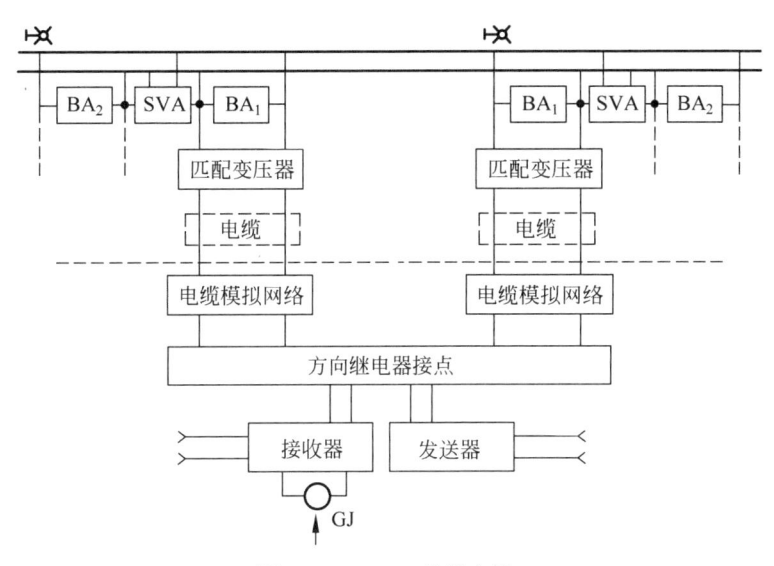

图 5-46　UM71 轨道电路

发送器利用载频频偏和低频调制信号经编码条件产生表示不同含义的移频信号,该移频信号经电缆通道传给匹配变压器及调谐单元,由轨道电路送电端经钢轨传输到轨道电路受电端。在钢轨接收端经调谐单元,匹配变压器电缆通道将信号传送到接收器,接收器对移频信号进行限幅解调及放大,动作执行环节的 GJ 继电器,用以反映列车是否占用轨道电路。

2) 各部件及其作用

(1) 调谐单元。

调谐单元 BA 是由电感线圈和电容器组成的二端网络。它共有四种型号:V_1F_1、V_2F_1、V_1F_2、V_2F_2。其中,V_1F_1 和 V_2F_1 称为 F_1 型,又称为 BA_1 型,由 L_1、C_1 两个元件构成,分别用于上、下行频率较低的载频(1700 Hz 和 2000 Hz)。V_1F_2 和 V_2F_2 称为 F_2 型,又称为 BA_2 型,由 L_2、C_2、C_3 三个元件构成,分别用于上、下行频率较高的载频(2300 Hz 和 2600 Hz)。四种型号调谐单元的电感、电容器元件参数不同。

(2) 空心线圈。

空心线圈 SVA 由直径为 1.53 mm 的 19 股铜线绕成,无铁芯,带有中间抽头。单圈可通过 100 A 电流,全圈可通过 200 A 电流。

SVA 主要用于平衡两根钢轨间的不平衡牵引回流。SVA 对钢轨中的 50 Hz 牵引回流及其奇次谐波形成 10 mΩ 左右的阻抗,可视为一条短路线,两根钢轨间存在的不平衡回流经 SVA 短路后,将不复存在。

由于空心线圈没有铁芯,不存在较大电流下磁路饱和的问题,所以平衡效果更好。

SVA 设在电气调谐区中间,还有以下作用:参与并改善调谐区的工作;保证维修安全;作为扼流变压器使用。

(3) 带模拟电缆的匹配变压器。

带模拟电缆的匹配变压器 TAD-LFS 的作用是实现轨道和电缆的阻抗匹配,保证最佳传输效果。另外,为解决各信号点离信号楼的距离不同,导致电缆长度不等,使轨道电路参数不一致而调整困难的问题,设有模拟电缆。模拟电缆与匹配变压器设在同一个盒内。

匹配变压器变比为 1∶7,钢轨侧为 1,兼有升压和降压的作用。模拟电缆有 0.5 km、1 km、2 km、4 km 四级,同一轨道电路的送电端和受电端距信号楼的电缆长度均补充至 7.5 km。

盒内的对称电感可用于抵消电缆的容性,改善传输效果。当列车在信号点处分路时,对移频信号限流,可保护匹配变压器。电感采用对称连接,有利于防雷。

盒内还有一个防雷器件和两个隔直电容。

(4) 补偿电容。

UM71 轨道电路在钢轨中传输的移频信号频率较高,钢轨相当于一个感性负载,呈现较高的电感(1.4 mH/m),使信号衰减较快,从而影响轨道电路的传输长度。为了抵消钢轨的感性,保证轨道电路的传输距离和机车信号的可靠工作,需分段加装补偿电容。在道床电阻为 1.5 Ω·km、分路灵敏度为 0.15 Ω 的条件下,轨道电路长度为 700 m,若每隔 100 m 加一补偿电容,长度可达 1500 m。电容的补偿原理可理解为将每补偿段电感 L 与电容 C 视为串联谐振,加装补偿电容后钢轨线路呈阻性,改善了轨道电路的传输性能,减小了送、受电端钢轨的电流比,保证了轨道电路入口的信噪比,改善了接收器和机车信号的工作条件。加装补偿电容后还有利于断轨状态的检查。

为了简化补偿工作,每隔 100 m 设一个补偿电容。根据分析计算和实际使用,补偿电容的电容量选为 33 μF,谐振点为 2430 Hz。

补偿电容是否完整,直接影响到 UM71 型轨道电路的调整状态,事关行车安全,必须保证它的完好状态。

UM71 无绝缘轨道电路在我国铁路干线上总长度已经超过 3000 km,并随着时间的推移而迅速发展。为了更好地适应我国铁路的基本情况,UM71 无绝缘轨道电路还需在电气牵引连接、接地规则以及与各种制式的移频轨道电路叠加等方面进行完善,实现与我国铁路现有设备的完美结合。

4. UM2000 轨道电路

UM2000 轨道电路由法国 CSEE 公司研制,用于秦—沈客运专线。区间和站内均采用它,实现了站内与区间一体化,使站内列控信息无盲区。

UM2000 是数字编码无绝缘轨道电路,与 UM71 模拟轨道电路不同的是,它将单频信息改为 27 位数字编码,其中有效信息为 21 位,信息量达 2^{21},大大增加了信息的传输量,能满足分段连续速度模式曲线列控的需要。

UM2000 轨道电路电气隔离原理与 UM71 相同,载频也相同。但用于秦—沈客运专线的电气绝缘节长度,在桥面时为 19.2 m,非桥面时为 20.24 m。

UM2000 轨道电路电气绝缘节原理图如图 5-47 所示。它在 UM71 的基础上采取了冗余措施,增加了补偿调谐单元 DB。DB 平时对轨道电路起补偿作用,当通用调谐单元 BU 故障时,DB 作为调谐单元的备用元件,起到电气隔离相邻轨道电路的作用,增加了系统的安全性和可靠性。

与 UM71 轨道电路一样,UM2000 轨道电路也采用加装补偿电容的方法来保证轨道电路的传输距离。补偿电容器电容量为 22 μF,但补偿电容的节距不是等距离的,而是根据载

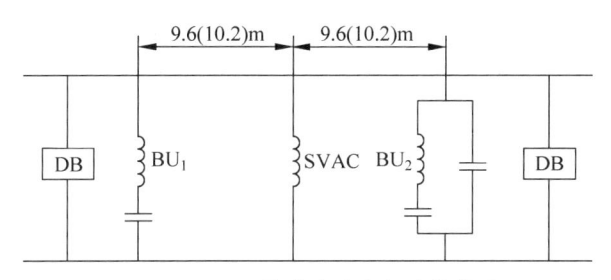

图 5-47 UM2000 轨道电路电气绝缘节原理图

频和轨道电路的实际长度计算得到的。

UM2000 轨道电路由室内设备和室外设备两部分组成。室内设备包括发送设备 CEC、接收设备 CRR、模拟电缆 CLF 和控制中心设备 SEI。室外设备包括通用调谐单元 BU、补偿调谐单元 DB、空心线圈 SVAC、匹配变压器 TAD 和补偿电容。发送设备和接收设备通过电缆或经中继后,通过电缆接至室外的匹配变压器。[①]

UM2000 轨道电路与 TVM430 构成列控系统,采用自律分散式模块化结构,在各站设车站控制中心,区间设无人值守中继站。

UM2000 轨道电路采用数字调频方式,27 位数字编码中有效位 21 位(秦—沈客运专线实际使用 18 位,预留 3 位),前 6 位为循环冗余校验码(CRC),中间 18 位为实际使用码,其中坡度信息 4 位(可按坡度划分为 16 个等级),目标距离信息 6 位(按 5 m 精度划分),速度信息 8 位,最后 3 位为预留信息位。

5. ZPW-2000A 型无绝缘轨道电路

ZPW-2000A 型无绝缘移频轨道电路充分吸收 UM71 无绝缘轨道电路的技术优势,并实现了重大技术改进和创新。它解决了 UM71 在传输安全性和传输长度上存在的问题,解决了调谐区断轨检查,实现轨道电路全程断轨检查,减少调谐区死区长度,实现对调谐单元断线故障的检查,实现对拍频干扰的防护等,延长了轨道电路传输长度,采用单片微机和数字信号处理技术,提高了抗干扰能力。

ZPW-2000A 型无绝缘轨道电路具有以下特点:

(1) 在解决调谐区断轨检查后,实现了轨道电路全程断轨的检查,大幅减少了调谐区死区长度(20 m 减小到 5 m 以内),实现了对调谐单元的断线检查和对拍频信号干扰的防护,大大提高了传输的安全性。

(2) 利用新开发的轨道电路计算软件实现了轨道电路参数的优化,大大提高了轨道电路的传输长度,将 1.0 Ω/km 道砟电阻的轨道电路传输长度提高了 44%(从 900 m 提高到 1300 m),将电气-机械绝缘节的轨道电路长度提高了 62.5%(从 800 m 提到 1300 m),改善了低道砟电阻轨道电路工作的适应性。

(3) 用 SPT 国产铁路信号数字电缆取代法国的 ZCO3 型电缆,线径从 1.13 mm 降至 1.0 mm,减少了备用组,加大了传输距离(从 7.5 km 提高到 10 km),使系统的性能价格比大幅提高,显著降低了工程造价。调谐区设备的 70 mm 铜引接线用钢包铜取代,方便

---

① CEC:集中设备控制;CRR:编码接收器或集中接收器;CLF:电缆环路滤波器;SEL:系统设备定位器或信号设备定位器;BU:平衡单元;DB:解耦盒;SVAC:单空心空气线圈;TAD:轨道调节设备或轨道对准设备。

维修。

(4) 用单片微机和数字信号处理芯片代替晶体管分立元件和小规模集成电路,提高了发送移频信号频率的精度和接收移频信号的抗干扰能力。

(5) 系统中发送器采用"$n+1$"冗余,接收器采用成对双机并联运用,提高了系统可靠性,大幅提高了"系统无故障工作时间"。

ZPW-2000A 型无绝缘轨道电路的载频为 1700 Hz-1、1700 Hz-2、2300 Hz-1、2300 Hz-2、2000 Hz-1、2000 Hz-2、2600 Hz-1、2600 Hz-2(1 为 $+1.4$ Hz,2 为 -1.3 Hz),共 8 个,频偏和低频同 UM71。

ZPW-2000A 轨道电路的载频设置应符合下列规定:

(1) 区间、站内轨道电路的载频统筹设置。

(2) 闭塞分区分界点两侧的轨道电路采用不同的载频。

(3) 区间下行线的载频按 1700 Hz、2300 Hz 交替设置,区间上行线的载频按 2000 Hz、2600 Hz 交替设置。

(4) 车站下行线及下行侧到发线宜采用 1700 Hz、2300 Hz 载频,车站上行线及上行侧到发线宜采用 2000 Hz、2600 Hz 载频;有多个发车方向的车站,载频的设置应符合列车运行的需求。

(5) 与 ZPW-2000A 轨道电路区段相邻的站内其他制式的轨道电路区段,以 ZPW-2000A 移频设备实现电码化时,发码设备的载频应与相邻 ZPW-2000A 轨道电路区段的载频不同。

ZPW-2000A 型无绝缘轨道电路的室内设备包括发送器、接收器和电缆模拟网络,室外设备包括调谐单元、空心线圈、匹配变压器、补偿电容。

ZPW-2000A 型无绝缘轨道电路有电气-电气绝缘节(JES-JES)结构和电气-机械绝缘节(JES-BA//SVA′)结构两种,两者电气性能相同。系统结构如图 5-48 所示。

1) 室外部分

(1) 调谐区(JES)。

ZPW-2000A 型无绝缘轨道电路系统,与 UM71 无绝缘轨道电路均采用电气绝缘节来实现相邻轨道电路区段的隔离。电气绝缘节长度改进为 29 m,由空心线圈、29 m 长钢轨和调谐单元构成。

调谐区对于本区段频率呈现极阻抗,利于本区段信号的传输及接收。对于相邻区段频率信号呈现零阻抗,可靠地短路相邻区段信号,防止越区传输,实现了相邻区段信号的电气绝缘。同时,为了解决全程断轨检查,在调谐区内增加了小轨道电路。ZPW-2000A 型无绝缘轨道电路的调谐区设计应注意:不得设置于不同类型道床的衔接处、钢轨伸缩调节器范围内;不宜设置于有护轮轨的区域接触网电分相区。

(2) 机械绝缘节。

由机械绝缘节空心线圈 SVA′和调谐单元 BA 并联而成,其电气特性与电气绝缘节相同。SVA′按载频分为 1700 Hz、2000 Hz、2300 Hz、2600 Hz 四种。

(3) 匹配变压器。

一般条件下,按 $0.3 \sim 1.0$ Ω·km 道碴电阻设计,实现轨道电路与 SPT 传输电缆的匹配连接。

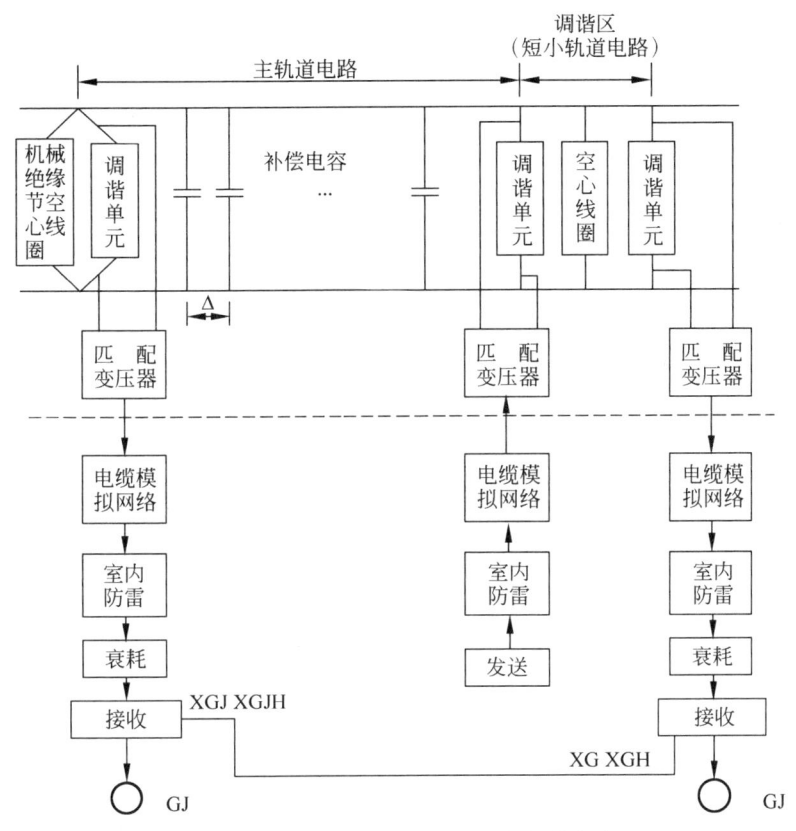

图 5-48　ZPW-2000A 型无绝缘轨道电路

(4) 补偿电容。

根据通道参数并兼顾低道碴电阻道床传输,选择电容器容量,使传输通道趋于阻性,保证轨道电路具有良好的传输性能。

(5) 传输电缆。

采用 SPT[①]型铁路信号数字电缆,线径为 1.0 mm,一般条件下,电缆长度按总长 10 km 考虑,根据工程需要,也可按 12.5 km、15 km 考虑。

(6) 调谐区设备引接线。

调谐区设备与钢轨引接线采用 3700 mm、2000 mm 钢包铜引接线各两根构成,用于调谐单元、空心线圈、机械绝缘节空心线圈等设备与钢轨间的连接。

2) 室内部分

(1) 发送器。

用于产生高精度、高稳定移频信号源。系统采用"$N+1$"冗余设计。故障时,通过 FBJ 接点转"+1"FS。

(2) 接收器。

ZPW-2000A 型无绝缘轨道电路将轨道电路分为主轨道电路和调谐区小轨道电路两部

---

① SPT:service parallel thermoplastic,并联式热塑性绝缘电缆;美国标准电线电缆的代表型号之一。

分,并将小轨道电路视为列车运行前方主轨道电路的所属"延续段",如图 5-49 所示。

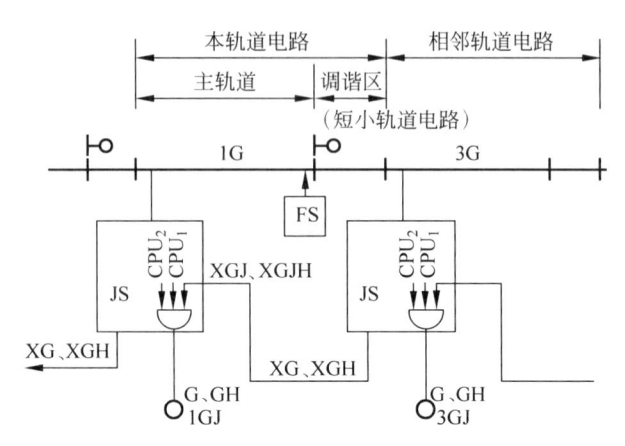

图 5-49　主轨道与调谐区小轨道电路原理

接收器除接收本主轨道电路频率信号外,还同时接收相邻区段小轨道电路的频率信号。接收器采用数字信号处理(DSP)技术,将接收到的两种频率信号进行快速傅里叶变换(FFT),获得两种信号能量谱的分布,并进行判断。

主轨道电路的发送器由编码条件控制产生表示不同含义的低频调制的移频信号。该信号经电缆通道(实际电缆和模拟电缆)传给匹配变压器及调谐单元。因为钢轨是无绝缘的,该信号既向主轨道传送,也向调谐区小轨道传送。主轨道信号经钢轨送到轨道电路受电端,然后经调谐单元、匹配变压器、电缆通道,传至本区段接收器。

调谐区小轨道信号由运行前方相邻轨道电路接收器处理,并将处理结果形成小轨道电路继电器执行条件,通过其端子 XG、XGH 送至本区段接收器端子 XGJ、XGJH,成为轨道继电器(GJ)励磁的必要检查条件之一。

本区段接收器同时接收到主轨道移频信号及小轨道电路继电器执行条件,判断无误后,驱动轨道电路继电器吸起,并由此来判断区段的空闲与占用情况。另外,接收器还同时接收相邻区段所属调谐小轨道电路信号,向相邻区段提供小轨道电路状态(XG、XGH)条件。

(3) 衰耗盘。

衰耗盘用于降低轨道电路信号的衰减,确保信号在长距离传输中仍能够保持足够的强度,以便接收和解码。

(4) 电缆模拟网络。

电缆模拟网络设在室内,按 $0.5\ m \times 2\ km$、$0.5\ km \times 2\ km$、$1\ km \times 2\ km$、$2\ km \times 2\ km$、$2\ km \times 2\ km$、$2\ km \times 2\ km$ 六节设计,用于补偿 SPT 电缆长度。电缆与电缆模拟网络补偿长度之和为 $10\ km$。

3) 系统防雷

系统防雷由发送端和接收端的"站内防雷"构成。该防雷装置设在室内,实现对从电缆引入雷电冲击的横向、纵向防护。对从钢轨引入雷电冲击保护,横向防护防雷单元设在匹配变压器轨道输入端,纵向防护防雷单元设在空心线圈中心线与地之间。完全横向连接处不设防雷单元。

5.7 驼峰轨道电路

驼峰轨道电路,主要指驼峰调车场溜放部分分路道岔所使用的轨道电路。它除监督区段是否空闲及线路是否完整外,在溜放进路自动控制中也起着十分重要的作用,它还参与进路命令的传递、执行和取消。

5.7.1 对驼峰轨道电路的特殊要求及其特点

1. 对驼峰轨道电路的特殊要求

为满足驼峰溜放作业的需要,对驼峰轨道电路有一些特殊的技术要求:应变速度要快,分路灵敏度要高,对高阻轮对以及瞬间失去分路效应的车辆应予以防护等。

鉴于车辆溜放作业的特点及溜放进路上的道岔只设区段锁闭,为了作业安全,道岔区段轨道电路的岔前绝缘节与尖轨尖端要保持一定距离,即设置保护区段。保护区段的长度应保证,当车组进入转辙机刚启动的道岔区段轨道电路至车组第一轮对到达尖轨时,转辙机已转换完毕,道岔处于密贴位置。

保护区段的长度:

$$L_{保} \geqslant v_{\max}(t_{继} + t_{转} + 0.2)$$

式中, $v_{\max}$ ——溜放车组通过保护区段的最大速度, m/s;

$t_{继}$ ——轨道继电器等动作时间, s;

$t_{转}$ ——道岔转换时间, s;

0.2——安全量。

2. 驼峰轨道电路的特点

驼峰轨道电路与一般轨道电路的不同之处是:

(1) 轨道电路长度较短,一般小于 50 m。

(2) 为适应轻车分路电阻大的情况,分路灵敏度较高(规定为 0.5 Ω),轨道继电器应可靠落下,缓放时间较短,从车辆分路开始至前接点离开时止,其时间不超过 0.2 s。

(3) 为防止轨道电路瞬间失去分路作用时轨道继电器错误吸起,采用双区段制,即把一个轨道电路分成两段。

(4) 由于它长度短,受气候影响小,可实现一次调整。

5.7.2 驼峰交、直流轨道电路

驼峰轨道电路分为直流闭路式轨道电路和交流闭路式轨道电路,如图 5-50 所示。其中图(a)为交流闭路式轨道电路,适用于非电气化区段的驼峰场;图(b)为直流闭路式轨道电路,适用于电力牵引区段的驼峰场。

该轨道电路利用硒整流器的非线性特性,有车占用时,硒片上的正向电压降低,正向电阻急剧增加,加速轨道继电器的落下,从而提高了分路灵敏度。

送电端轨道变压器采用 BG_1 型,送电端限流电阻为 R-6/65 型,轨道继电器为 JWXC-2.3

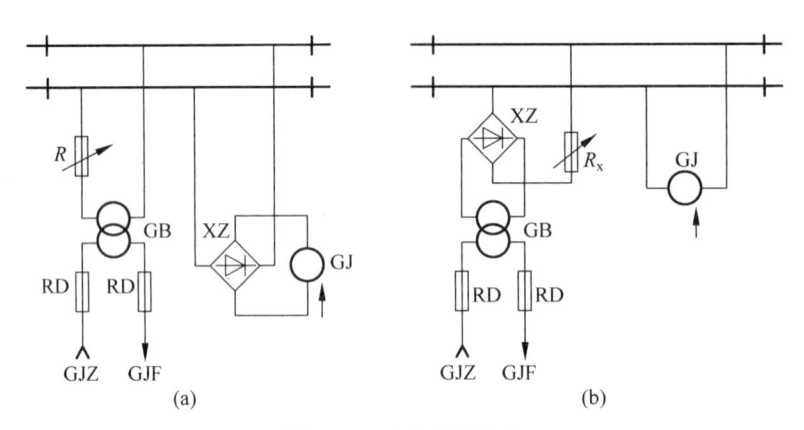

图 5-50 驼峰轨道电路

型,硒堆或整流桥选用额定正向整流电流 1 A 的器件。

5.7.3 驼峰双区段轨道电路

在分路道岔上,为防止"轻车跳动",短时间失去分路作用,造成轨道继电器错误动作,轨道电路一般采用双区段轨道电路。具体做法是在保护区段与道岔基本轨接缝处加设绝缘节,把一个轨道区段的轨道电路分割成两个区段,其中第二段轨道电路除受车轮的分路外,还受第一段轨道继电器的控制,如图 5-51 所示。岔前保护区段命名为 DG_1,设轨道继电器 DGJ_1,采用两个线圈并联,提高其车辆占用的反应速度,后面的道岔区段称为 DG,DG 区段的 DGJ 采用串联线圈。

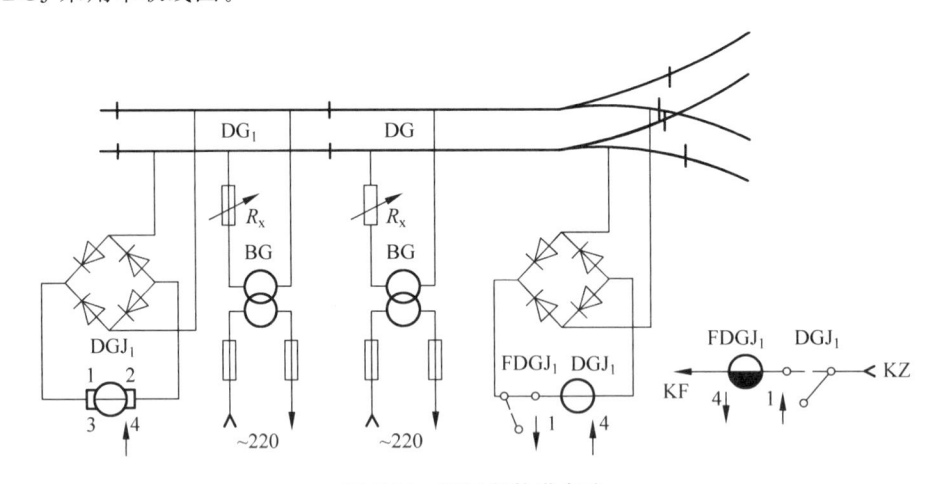

图 5-51 双区段轨道电路

平时无车占用时,DGJ_1 和 DGJ 都励磁吸起,$FDGJ_1$ 处于落下状态;当车组压入时,DGJ_1 ↓ → $FDGJ_1$ ↑ → DGJ ↓,由于 $FDGJ_1$ 采用 H340 继电器,故车组在 DG_1 跳动时,$FDGJ_1$ 并不落下,因而 DGJ 不能吸起。当车组出清 DG_1 进入 DG 区段,$FDGJ_1$ 需经一段缓放时间后才会落下,在此期间,车组早已压上尖轨,即使车组跳动也不致造成道岔四开,从而防止了轻车跳动带来的危害,所以双区段轨道电路具有防止轻车跳动的优点。

5.7.4 驼峰高灵敏轨道电路

为了进一步提高轨道电路的分路灵敏度,解决高阻轮对造成的分路不良问题,研制了高灵敏轨道电路,其电路如图 5-52 所示。驼峰高灵敏轨道电路由高压脉冲发生器、电子脉冲接收器、单闭磁轨道继电器三部分组成。脉冲接收器和轨道继电器设在室内,脉冲发生器可分散设在现场变压器箱内,也可集中设在室内。

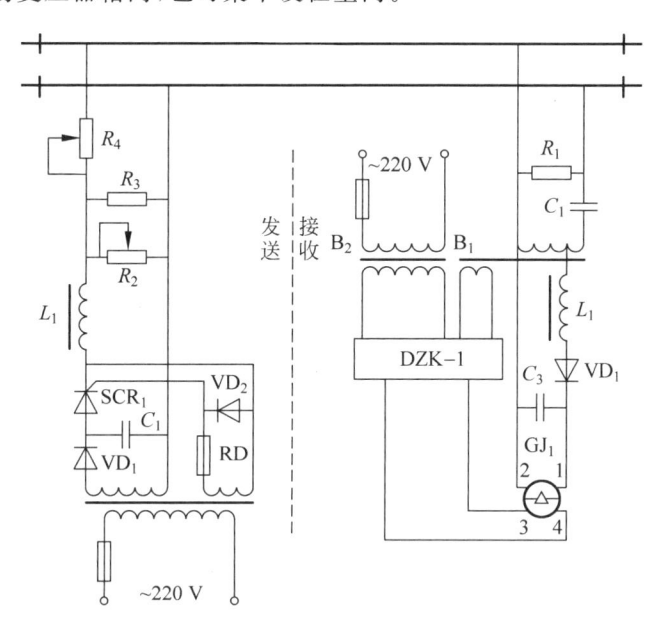

图 5-52 高灵敏轨道电路

脉冲发生器利用二极管、电容、电阻、晶闸管将 50 Hz 交流电转换成为幅度为 100 V 的高压脉冲。当电压极性使 VD_1 导通时,通过 VD_1 向 C_1 充电,由于充电电路时间常数小,C_1 电压很快充至电源电压峰值。当电源改变极性直到触发可控硅 SCR_1,使可控硅导通。C_1 向负载放电,在负载上产生电压脉冲。当放电电流小于可控硅的维持电流时,SCR_1 关闭,切断 C_1 的放电电路。待电源进入下个周期又重复上述过程,产生电压脉冲。

高压脉冲用以击穿导电不良的薄层,该电脉冲由轨道电路始端(送端),经钢轨传送到轨道电路终端(受端),区段无车占用时,由接收器接收。

脉冲接收器从轨道接收高压脉冲,经 C_1 隔直、B_1 降压,一路由 VD_1 和 C_3 整流平滑后,作为轨道电源送向轨道继电器的控制线圈 1-2;另一路驱动电子开关 DZK-1 产生局部电源,供给轨道继电器的局部线圈 3-4,轨道继电器 GJ_1 两个线圈得到同极性的电源而励磁吸起。当轨道被分路或其他原因使 GJ_1 两个线圈或其中任一个线圈失去供电,GJ_1 失磁落下。

相邻区段都为高灵敏轨道电路时,采用极性交叉的办法防止轨端绝缘的破损。由于脉冲接收器是有极性的,当轨端绝缘破损时,相邻轨道电路送来的脉冲极性相反,所以不被接收。

分路道岔区段仍采用双区段轨道电路,用来预防轻车跳动的问题。

在发送器、接收器内部分别接有压敏电阻,作横向防雷保护;在发送端、接收端与轨道连接处设有压敏电阻,作为纵向防雷保护。

除了用于驼峰的 TGLG 型高灵敏轨道电路,还有用于非电化区段以及直流电化区段的 GLG 型高灵敏轨道电路,其轨道长度不大于 1200 m,分路灵敏度为 300 m 以下区段不应小于 0.6 Ω,300 m 以上区段不应小于 0.15 Ω;应变时间不大于 0.3 s。

5.8 轨道电路的调整

轨道电路的调整,要求在选择好限流电阻阻值和电源电压后,无论道床如何变化,各种参数如何波动,轨道电路都要能稳定可靠地工作,而不需要经常去调整,这就是一次调整法。

影响轨道电路的主要因素是道床电阻。轨道继电器的端电压随道床电阻变化的关系,用表格的形式列出来,就称为调整表,用曲线描绘出来就称为调整曲线。

5.8.1 调整表

调整表是依据轨道电路的转移阻抗公式,求得不同的道床电阻值时的终端电流值,再根据终端电流值和轨道继电器的端电压的特征,用计算机编制出调整表作为现场日常维修的依据,而不必进行反复的计算。

因此,轨道电路调整,是在固定送电端限流电阻和受电端的情况下,按照调整表对送电端轨道变压器送电电压进行调整(通过轨道变压器端子的不同连接),满足轨道电路对调整状态和分路状态的要求。

调整轨道电路,固定送电端限流电阻值对可靠分路和防止送电端分路时设备过载有利;固定受端变压器和受端电阻,也有利于可靠分路和抗干扰。

表 5-7 为一送一受无受电分支的 97 型相敏轨道电路($r_\mathrm{d}=0.5$ Ω·km)调整表。

表 5-7 一送一受无受电分支的 97 型相敏轨道电路调整表

轨道电路长度 L/m	无附加扼流 R_x/Ω	R_s/Ω	U_B/V	U_Jmin/V	U_Jmax/V	有附加扼流 R_x/Ω	R_s/Ω	U_B/V	U_Jmin/V	U_Jmax/V
1500	4.4	0.0	11.7	15.2	36.5	4.4	0.0	12.8	15.3	35.1
1400	4.4	0.0	10.6	15.1	34.1	4.4	0.0	11.5	15.2	32.9
1300	4.4	0.0	9.6	15.1	32.0	4.4	0.0	10.4	15.1	30.9
1200	4.4	0.0	8.7	15.0	30.0	4.4	0.0	9.5	15.0	29.1
1100	4.4	0.0	7.9	15.0	28.3	4.4	0.0	8.6	15.0	27.5
1000	4.4	0.0	7.2	15.0	26.7	4.4	0.0	7.8	15.0	26.0
900	4.4	0.0	6.6	15.0	25.3	4.4	0.0	7.1	15.0	24.6
800	4.4	0.0	6.0	15.1	24.0	4.4	0.0	6.5	15.0	23.5
700	4.4	0.0	5.5	15.1	22.9	4.4	0.0	5.9	15.1	22.4
600	4.4	0.0	5.0	15.2	21.8	4.4	0.0	5.4	15.2	21.4
500	4.4	0.0	4.6	15.3	20.9	4.4	0.0	4.9	15.3	20.5

续表

轨道电路长度 L/m	无附加扼流					有附加扼流				
	R_x /Ω	R_s /Ω	U_B /V	U_{Jmin} /V	U_{Jmax} /V	R_x /Ω	R_s /Ω	U_B /V	U_{Jmin} /V	U_{Jmax} /V
400	4.4	0.0	4.2	15.4	20.1	4.4	0.0	4.5	15.4	19.8
300	4.4	0.0	3.8	15.6	19.4	4.4	0.0	4.1	15.5	19.1
200	4.4	0.0	3.5	15.7	18.7	4.4	0.0	3.8	15.6	18.5
100	4.4	0.0	3.2	15.9	18.2	4.4	0.0	3.5	15.8	18.0

该调整表是按照满足调整、分路两种工作状态及送/受电端设备不过载的原则而编制的。目的是使制式技术能力范围内的轨道电路实现一次调整。调整表是按照特定参数计算而得，轨道电路的实际情况和计算值有差异，本调整表只作为参考表。

调整表区别不同道床电阻、不同区段长度、不同受电端数量、不同无受电分支数量、有无附加扼流，分别规定送电端轨道变压器的应调电压U_B（作为调整标准），并相应给出轨道继电器的最低、最高参考电压U_{Jmin}、U_{Jmax}（供日常监测轨道电路运用特性的参考）。

5.8.2 调整方法

轨道电路均应在送电端进行调整，调整方法为改变轨道变压器的输出端子，找出合适的输出电压(U_B)，送电端限流电阻(R_x)应按参考调整表中相应的规定值选取。

所有受电端变压器的变比和受电端加串的电阻(R_s)，均应按参考调整表中的给出值选取。

轨道电路要做到一次调整，一般应经历一次雨季（漏泄最大时）把轨道继电器端电压调整到不低于表中所列最小值(U_{Jmin})，并确认翼片接触上止轮；晴天后再检查轨道继电器端电压应小于表中所列最大值(U_{Jmax})，并且检查能否确保分路，如分路良好，则该区段即能实现一次调整。

调整表所给出的应调电压值U_B，是对应于信号楼向轨道电路供电的电压额定值 220 V 时，各轨道区段发送变压器应输出的端电压。如果信号楼向轨道电路供电电压不是 220 V，应核算出应调电压值。但若轨道电路供电电压是经稳压给出的，则不必核算。

轨道电路的实际长度若介于调整表给出的挡别之间时，其应调电压允许就近选靠挡值。

轨道变压器实际输出电压（带载测量）不等于应调电压值时，除极限使用长度外，允许就近选靠输出端子；在极限使用长度时，只允许选定实际输出电压不大于应调电压值的端子。

例如，一段轨道电路长 850 m，为一送一受无受电分支的 97 型相敏轨道电路($r_d=0.5$ Ω·km)，从调整表中可得 $U_B=6.6$ V。再 BG_2-130/25 型变压器Ⅱ次线圈使用端子连接表，6.6 V 一栏，是连接Ⅱ$_3$-Ⅲ$_1$，使用Ⅱ$_2$-Ⅲ$_2$，或者查 BG_2-130/25 型Ⅱ次线圈Ⅱ次端子电压，有 5.28 V 和 1.32 V，两者加起来就是 6.6 V。此时 BG_2-130/25 型变压器连接Ⅱ次线圈的端子的 2-3 和Ⅲ次线圈的端子 1-2 即可。轨道电路调整后，应进行分路试验。

习题

1. 简述轨道电路的基本原理。
2. 轨道电路有哪些作用？
3. 轨道电路如何分类？如何命名？
4. 各种轨道电路在铁路信号中有哪些应用？
5. 站内轨道电路如何划分？如何命名？
6. 轨道电路由哪些部件组成？各起什么作用？
7. 道岔区段轨道电路有何特点？什么是一送多受轨道电路？
8. 什么是轨道电路的极性交叉？有什么作用？
9. 简述交流连续式轨道电路的工作原理。
10. 设置钢轨绝缘有哪些规定？什么是侵限绝缘？什么是死区段？
11. 25 Hz 相敏轨道电路如何组成？有什么特点？
12. 什么是移频轨道电路？有什么用途？
13. 简述移频轨道电路的工作原理。
14. 简述无绝缘移频轨道电路的原理。
15. 什么是轨道电路的三种工作状态？
16. 什么是分路灵敏度、极限分路灵敏度和标准分路灵敏度？
17. 什么是轨道电路的一次参数和二次参数？
18. 对驼峰轨道电路有何特殊要求？驼峰轨道电路有什么特点？
19. 简述双区段驼峰轨道电路、高灵敏轨道电路的工作原理。
20. 如何进行轨道电路调整？
21. 如何使用轨道电路调整表？
22. 轨道电路中用到哪些信号继电器？比较它们的异同。

第6章

计 轴 设 备

轨道占用检查装置主要分为轨道电路和计轴轨道检查装置。计轴轨道检查装置(axle counter train detection device),是利用计轴设备检查区段占用状态的装置,在我国的使用经验积累和应用范围都比轨道电路少很多。计轴设备不能检测非金属轮对的机车车辆,在叠加发送机车信号信息方面还需要进一步完善;另外,它易受外界环境干扰,可用性相对不高。但在某些情况下计轴轨道占用检查装置也有所应用,例如:①在道碴电阻率很低的区段,轨道电路调整状态和分路状态的矛盾变得突出,为确保分路检查性能,轨道区段易出现故障占用(俗称"红光带"),采用计轴轨道占用检查装置能提高可用性。②在自动站间闭塞区段,遇站间距离较长时,以计轴轨道占用检查装置实现区间"空闲/占用"检查更为经济。

6.1 计轴设备的基本原理及组成

6.1.1 计轴设备概述

计轴设备是利用轨道传感器、计数器来记录并比较驶入和驶出轨道区段的轴数,以此确定轨道区段的占用或空闲。在没有轨道电路的地方,如果要检测相应区段(或区间)是否处于空闲状态,不仅要检测到列车进入本区段,还必须证明驶入的列车确实已经离开该区段。由于列车可能在该区段发生脱钩,致使一部分车体离开而另一部分车体还留在本区段,所以简单的检测就会产生误判。

计轴设备的基本工作原理是:当列车驶入,车轮进入轨道传感器作用区,轮对经过传感器磁头时,向驶入端处理器传送轴脉冲,轨道区段驶入端处理器开始计轴,驶入端处理器首先判定运行方向,确定对轴数是累加计数还是递减计数。列车进入轨道区段,驶入端计轴器对轮轴进行累加计数,并发出区段占用信息,同时驶入端处理器经传输线向驶出端处理器发送驶入轮轴数,列车全部通过驶入端计轴点时,停止计数。当列车到达区段驶出端计轴点时,由于列车是驶离区段,驶出端计轴器进行减轴运算,同时将结果再传送给驶入端处理器,列车全部通过后,两端的微机同时对驶入区段和驶离区段的轮轴数进行比较运算,两端一致时,证明进入区段的轮轴数等于离开区段的轮轴数,可以认为区段已经空闲,发出区段空闲信息表示,当无法证明进入区段的轮轴数等于离开区段的轮轴数时,则认为区段仍将处于占用状态。

6.1.2 计轴设备的基本组成

计轴设备主要包括轨旁计轴点、信息传输部分、计轴处理部分和电源部分。轨旁计轴点主要用于产生车轴脉冲,包括车轮传感器和电气连接箱。信息传输部分用于传递信息,包括传输线、防雷及线路连接设备。计轴处理部分的主要功能是对计轴点产生的车轴脉冲进行计数和确定列车运行方向,比较计轴入口点和出口点所记轴数及记录计数结果,此部分包括计数、比较、监督、表示等装置。电源部分能提供可靠不间断的电能。

1. 轮轴传感器

车轮传感器的类型很多,目前大多使用电磁式有源传感器,主要有变耦合式和变衰耗式两类,电路框图如图 6-1 所示,由发送、接收传感器(磁头),发送电路,接收电路三部分组成。

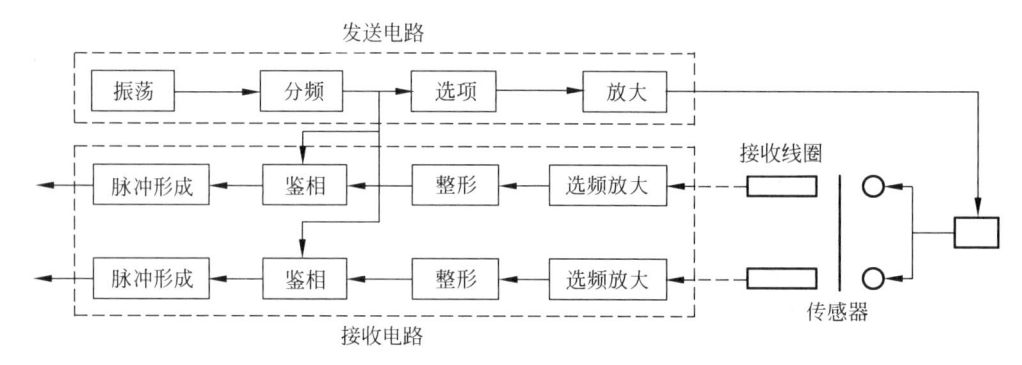

图 6-1 电磁式有源传感器电路框图

每套磁头包括两对发送和接收磁头,如图 6-2 所示,用于采集轮轴信息和鉴别列车运行方向,每对发送磁头(T)安装在钢轨外侧,接收磁头(R)安装在钢轨内侧。发送磁头的信号来自室内微机计轴箱的传感器板,然后由传感器发送电路分频、整形、功率放大,再经防雷单元隔离,由发送外线送给计轴点的两个发送磁头。通过磁场耦合,在发送磁头与接收磁头之间形成磁通桥路,从而在调谐的接收线圈上获得信号。

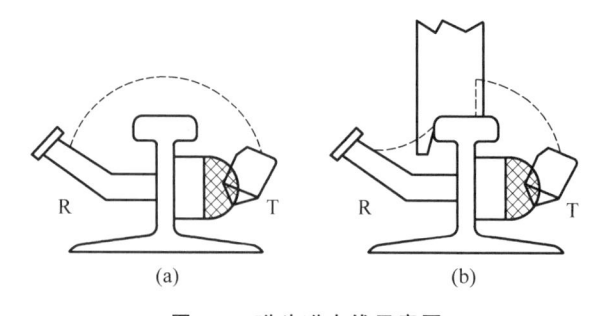

图 6-2 磁头磁力线示意图

无车轮经过传感器时,其产生的磁力线如图 6-2(a)所示,在接收线圈内感应的交流电压相位与发送电压相位相同。当轨面有车通过时,轮缘改变了磁力线方向,磁头(T)产生的磁力线如图6-2(b)所示,这样在磁头(R)中产生的感应电压相位改变180°,即车轮对载频信号进行了相位调制,在接收线圈内感应的交流电压相位与发送电压相反,这个载有"轮轴"信息的信号经传输电缆送到室内接收电路,经整形、检波后产生一个轴脉冲。

由于两对磁头产生的轴脉冲在时间上先后不同。两脉冲组合后形成具有五种形态的轴脉冲对,根据两脉冲的组合时序可确定列车的运行方向,从而产生相应的加轴或减轴运算。传感器脉冲形成过程的波形如图6-3所示。轴脉冲形成后,计轴过程完全由软件来完成。

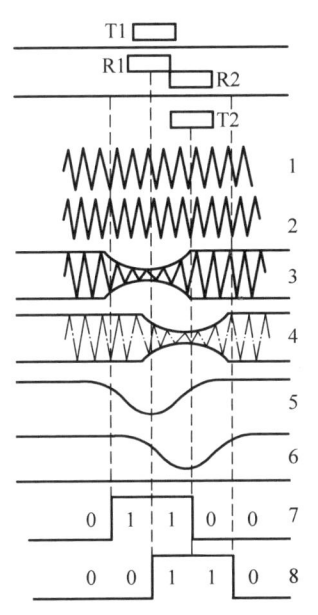

T1、T2—发送磁头;
R1、R2—接收磁头;
1—无车时R1中的信号波形;
2—无车时R2中的信号波形;
3—有车时R1中的信号波形;
4—有车时R2中的信号波形变化;
5—有车时由R1信号检出的波形;
6—有车时由R2信号检出的波形;
7—R1信号整形后的计轴脉冲;
8—R2信号整形后的计轴脉冲。

图6-3 传感器脉冲形成过程的波形

2. 计轴处理部分

计轴处理部分接收来自计轴点的轴脉冲,对轮轴脉冲进行计算和校对,防止两个线圈所计轴数不一致。区段(或区间)一端的计轴系统将本系统所计轴数送给相应区段(或区间)的另一端系统,并接收对方系统送来的轴数,根据两端系统计轴数是否一致确定区段的占用或空闲状态。计轴处理部分还要对计轴点进行监测,发现计轴点故障,显示计轴故障。另外,许多计轴设备还要为其他系统(如联锁系统、闭塞系统)提供"轨道空闲"或"轨道占用"的表示信息,一般用区间轨道继电器(QGJ)表示,因此,计轴处理部分需要根据运算结果动作QGJ,由QGJ表征轨道区段的"空闲/占用"。为了满足"故障-安全"原则,计轴处理部分需要采用安全冗余机构,即其中一个CPU出错,不能导致计轴结果出现错误,因此一般采用"2取2"结构,以两套CPU为最小系统。

3. 信息传输部分

一个区段(或区间)是否处于占用或空闲状态必须由该区段(或区间)两端计轴系统所计轴数共同判定,一般轴数相同为空闲,轴数不相同为占用。因此,两端计轴系统必须进行轴数互传,两端计轴系统的轴数互传是由传输子系统实现的。

站间通信采用专用的通道,当采用实回线点对点直连时,最大距离一般为10 km,通信接口设备为调制解调器；当采用光纤点对点直连时，最大距离一般为60 km，通信接口设备为光电转换模块；当通道采用音频话路或其他通信中继设备时，距离一般不受限制，要求通道带宽不小于64 kbit/s。

采取的安全措施包括：数据传输采用冗余方式，二组信息共用一条通道分时传递，接收端进行"2取2"确认，不一致则导向安全；信息源经CRC生成器（16位）附加循环冗余码，到达接收方后经校验器校验；采用ARQ的发送等待技术，每次通信正确与否都将得到确认；接收方对安全信息进行多次确认，防止误动；接收方在规定的时间内不能正确收到对方的信息，将视为故障状态，导向安全；采用专用通信协议，有效防止干扰或恶意侵入；为最大限度地保证系统的安全性，在信息的接收方不进行纠错。

4. 输入输出部分

该部分一般有轴数显示模块，用于为值班员提供轴信息，还包括区间轨道继电器（QGJ）驱动及计轴设备正常继电器（JZCJ）驱动等部分。

区间轨道继电器（QGJ）用于表示所监视的区段占用或空闲状态，是一个由"故障-安全"电子电路驱动的安全型偏极继电器，电路出现故障应当使得QGJ落下，以导向安全侧。为了区别"设备故障"和"区间占用"状态，一般还设有一个JZCJ，该继电器也是一个由"故障-安全"电子电路驱动的安全型偏极继电器，JZCJ落下，说明计轴系统出现故障，无法判断所属区段（区间）的空闲与占用。

《铁路信号设计规范》（TB 10007—2017）中对采用计轴轨道占用检查装置时，室内表示灯和按钮的设置有下列规定：

（1）应设置轨道区段空闲/占用表示灯；

（2）宜设置设备使用/停用表示灯、带铅封及计数器的设备使用/停用按钮，以及设备恢复使用音响；

（3）宜设置设备正常/故障表示灯；

（4）具有人工恢复空闲状态的功能时，设置带铅封及计数器的轨道区段复零按钮和预复零按钮，以及轨道区段复零表示灯和预复零表示灯；

（5）可设置轴数显示。

6.1.3　计轴设备的主要技术条件

（1）计轴设备响应时间。

① 轨道区段由占用到空闲，输出条件的响应时间不应大于2 s；

② 轨道区段由空闲到占用，输出条件的响应时间不应大于1 s。

（2）计轴设备传感器适用于43 kg/m及以上各种类型的钢轨并可靠工作；室外轨旁设备在电气化区段的钢轨牵引电流和谐波等干扰下应能可靠工作。

（3）磁头的安装应符合下列要求。

① 检测区段长度应大于最大轴距。

② 安装应符合建筑接近限界的要求。

③ 距信号机的安装位置应符合信号机处钢轨绝缘安装位置的要求。

④ 用于站间闭塞区间轨道检查的磁头应安装于进站信号机内方2~3 m处。

⑤ 磁头应安装在轨枕间的钢轨上,且应避开轨距杆等金属部件。

⑥ 两组磁头应安装于同一侧钢轨上。

⑦ 在复线区段,磁头应安装于外侧钢轨上。

⑧ 磁头安装须用绝缘材料与钢轨隔离。

⑨ 磁头安装应牢固,磁头齿与底座齿必须对准密合,各部螺栓、螺母上的扭矩应符合规定要求;底座无裂纹,外壳无损伤。

(4) 计轴设备的数据传输通道应采用不加感通信电缆、铝护套计轴综合电缆中的通信四芯组线对或者光缆,通道质量应符合有关技术标准。

(5) 计轴设备主机的电缆连接线屏蔽层不得与室外引入电缆屏蔽层接地相连,也不得与机械室内分散接地的信号地线相连。

(6) 计轴设备应有可靠电源供电,输入电源断电 30 min 以内,应保证计轴设备正常工作。

(7) 计轴设备发生任何故障,作为检查轨道区段空闲与占用状态的轨道继电器应可靠落下,并持续显示占用状态;故障排除后,未经人工办理,不得自动复位。

(8) 计轴设备的电源、传输通道、磁头等部位应有雷电防护设施。

6.2 计轴设备的应用

早在 1913 年,瑞士铁路已将计轴设备用于轨道占用检查,目前将其应用最广泛的是德国铁路。1988 年以后我国研制的 JWJ-B、C 型和 JZ1 型微机计轴设备陆续在平齐线、宝成线、北同蒲、京原线等单线铁路区段安装使用,作为区间检查的手段之一,进一步保证单线铁路行车安全。许多单线铁路将区间半自动闭塞设备与计轴设备结合构成计轴站间闭塞系统,提高了区间通过能力和行车安全性。另外,为解决区间通过能力紧张状况,还可以将计轴设备与自动闭塞方向电路相结合,在区间加装通过信号机,构成计轴自动闭塞设备,提高区间通过能力。

计轴设备不仅可以在区间闭塞中使用,在站内轨道电路使用不良的区段,如分路不良或经常红光带的区段,也可以用计轴设备替代轨道电路,在轨道电路不适宜地区,甚至可以完全用计轴设备作为区段检查设备,因此,多区段计轴技术也是计轴设备的应用方向之一。

我国铁路目前使用的计轴设备主要有 ZP30CA 型、AzS(M)350 型、JZ-H 型、JZ·GD-1 型、DK·JZ 型、JWJ-C2 型等。

6.2.1 半自动闭塞区间检查

目前,我国单线铁路区间一般不设置轨道电路,列车在区间的运行安全主要是依靠半自动闭塞设备保证的。图 6-4 所示是单线继电半自动闭塞示意图,在一个区间的相邻两站设一对半自动闭塞机(BB),并经过两站间的闭塞电话线连接起来,通过两站半自动闭塞机的相互控制,保证一个区间同时只有一列列车运行。

由于没有区间轨道电路,区间空闲检查是靠车站值班员确认列车完整到达来实现的,效率低。如果发生列车在区间断钩,车站值班员确认错误,则可能出现区间留有车辆,但闭塞设备无法检查出来,继续向区间发车的危险情况。仅靠半自动闭塞及人工实现区间空闲

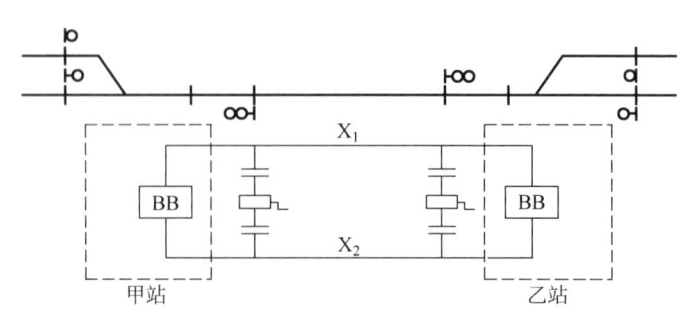

图 6-4 单线继电半自动闭塞示意图

检查是不够的,所以许多地方开始推广在半自动闭塞区段补充计轴设备实现区间空闲检查的方法。

半自动闭塞区间检查的主要工作过程是:发车站、接车站均设置轴数显示单元,区间没有车辆时,轴数显示"0 轴"。当列车离开发车站,进入区间,计轴设备开始计轴,两端站显示进入轴数。列车到达接车站,经过接车站计轴点时,轴数显示单元根据出去的轮轴数进行递减显示,如果轴数显示"0 轴",说明两端计轴设备记录的进入轮轴数与驶离的轮轴数一致,区间无车,则值班员可以复原闭塞,否则值班员必须确认列车完整到达,才能复原闭塞。在这种方法中,计轴设备只是提供给值班员区间空闲检查的一种手段,是否区间空闲,是否能够复原闭塞,还是由值班员决定。

6.2.2 计轴自动站间闭塞

计轴自动站间闭塞(automatic station blocking with axle counter)是将计轴设备的空闲检查与半自动区间闭塞设备相结合的技术,实现了站间自动闭塞。系统结构如图 6-5 所示,该系统保留 64D 半自动闭塞的所有条件,在闭塞办理过程中,64D 继电半自动闭塞设备工作,只是通过结合电路,利用计轴设备检查区间空闲的条件。它的主要功能是:当发车站办理发车进路时,站间自动构成闭塞状态,列车到达接车,经计轴检查区间空闲后,自动解除闭塞。根据两站办理发车进路情况及区间空闲条件,自动实现闭塞申请、同意接车及到达确认,取消过去人工办理闭塞、人工同意接车及人工确认到达手续,实现站间自动闭塞,提高区间运输效率,保障行车安全性。

计轴自动站间闭塞的工作过程如下:

(1) 甲站办理发车进路,联锁系统通过结合电路自动向乙站发出闭塞申请;

(2) 若乙站未办理发车进路,利用计轴设备自动检查区间有没有车辆,若两端计轴设备记录的轴数相等,驱动 QGJ 吸起,则说明区间空闲,乙站自动发回同意接车信息;

(3) 甲站闭塞设备驱动 KTJ 吸起,具备发车条件,甲站出发信号点亮,允许发车;

(4) 列车离开甲站,发车口计轴器对进入区间的列车轴数计数,发车站与接车站的计轴设备驱动 QGJ 落下,发车站驱动 KTJ 落下,区间闭塞;

(5) 列车进入乙站,接车口计轴器检查列车完整出清区间,发车站与接车站的计轴设备驱动 QGJ 吸起,闭塞自动复原。

这里两站计轴设备的计轴信息需要及时互相传输,即使列车达到接车站,但两端计轴

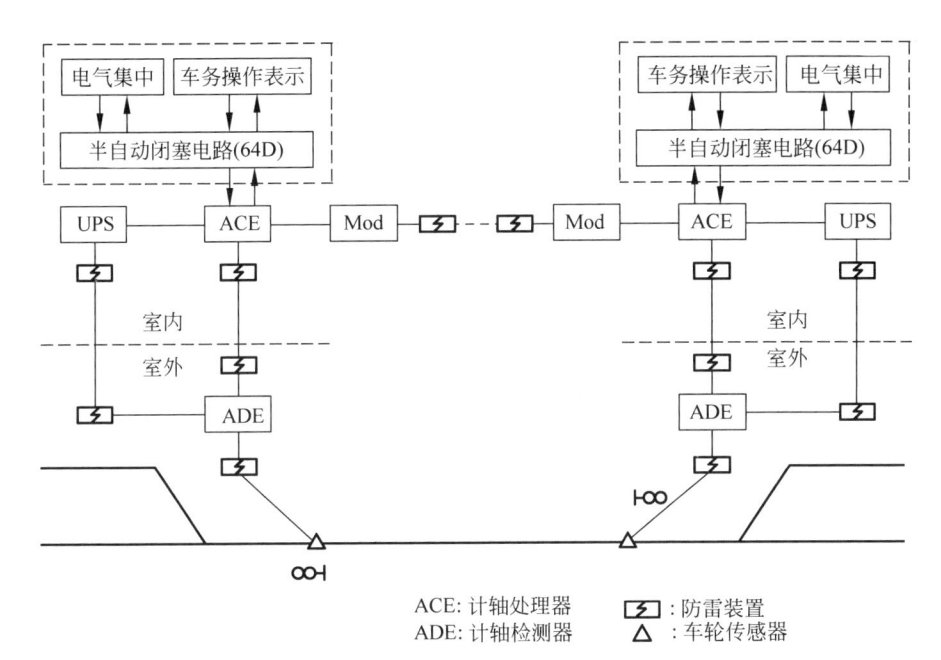

图 6-5　计轴自动站间闭塞系统构成图

器记录的轴数不一致,也不能认为列车完整出清区间,发车站与接车站的 QGJ 保持落下,闭塞不能自动复原。

通过上述过程说明可以看到列车是否完整出清区间已经从原来的人工确认变成了计轴设备自动检查,不仅提高了行车效率,更重要的是提高了行车安全。

此类系统一般要考虑计轴设备故障时恢复半自动闭塞,把半自动闭塞作为计轴自动站间闭塞的备用手段。

计轴自动站间闭塞的主要技术条件是:

(1) 列车进入自动站间闭塞区间的凭证是出站信号机开放。

(2) 当办理发车进路时,站间自动构成闭塞状态。

(3) 出站信号机开放,应连续检查闭塞状态正确及区间空闲。

(4) 两站不能同时向同一区间开放出站信号机。

(5) 列车进入发车进路后,出站信号机应自动关闭。在闭塞解除前,两站向该区间的出站信号机均不能再次开放。

(6) 列车到达接车站,补机返回发车站,经检查区间空闲后,自动解除闭塞。

(7) 区间闭塞后,发车进路解锁前,不能解除闭塞;取消发车进路,发车进路解锁后,闭塞随之自动解除。

(8) 当计轴设备发生故障,可按规定经人工办理,转为半自动方式。

6.2.3　站内多点计轴技术

站内轨道电路分路不良问题是困惑电务与车务部门多年的运输安全问题,也是我国铁路的一个共性问题。由于受轨面生锈或有附着物,以及气候、环境、材质、线路使用频率等因素影响,轨道电路分路不良是一个动态过程,随天气、季节、外界环境及线路运用频次等的变化而变化。目前,解决轨道电路分路不良的技术措施主要有采用监控防护盒提高轨道电路分路灵敏度技术方案、轨面防锈喷涂方案和计轴方案三种。其中,计轴方案是利用安装在钢轨上的计轴传感器,来探测进入和出清轨道电路区段的车轮对数,进而判断轨道电路的占用和出清,其作用与轨道电路等效。

1. 计轴检测基本工作原理

在所监视的区段两端各设置一个计轴点,记录列车(车辆)驶入和驶出的轴数,并进行结果比较,确定该区段的占用或空闲状态。如图 6-6 所示,当列车从所检查区段的一端出发,车轮驶入车轮传感器 A 作用区域时,车轮经过传感器磁头向计算机传送轴脉冲,微机开始计数,并判别运行方向,确定对轴数是累加计数还是递减计数。此时 A 计数结果为 N(列车轴数),B 计数结果为 0,微机根据轴数信息,经比较不一致后,发出区段占用信息,控制该区段轨道继电器落下。当列车驶离区段时,经过车轮传感器 B 计数为 N,经计算机比较结果一致,输出区段空闲信息,控制该区段轨道继电器吸起。

图 6-6 区段计轴检测基本原理

2. 计轴点设置及多点计轴检测原理

许多站内轨道电路比图 6-6 所示的情况复杂,例如道岔区段分一送多受区段、双动道岔区段、交叉渡线区段等。为了满足各种区段的检测,需要进行多点计轴检测,并要合理设置计轴点。一般在轨道电路中需设置绝缘节的地方要设置计轴点。

1) 两个连续区段检测时的计轴点设置

两个连续区段检测时的计轴点设置如图 6-7 所示,共需要设置 A、B、C 三个计轴点来检查两个区段 JG 和 WG 的空闲/占用状态,其中 B 计轴点为两个区段复用计轴点,这样可以减少一个计轴器。

图 6-7 两个连续区段检测时的计轴点设置图

当列车运行经过计轴点的顺序为 A→B→C 时,计轴设备作出如下判断:
当 A 轴数＝B 轴数,则 JGJ 吸起;
当 A 轴数≠B 轴数,则 JGJ 落下;
当 B 轴数＝C 轴数,则 WGJ 吸起;
当 B 轴数≠C 轴数,则 WGJ 落下。

当列车运行经过计轴点的顺序为 C→B→A 或者两个以上连续区段时,也是用同样的原理,判断各区段的占用和空闲状态。

2) 一送多受区段检测时的计轴点设置

一送多受区段计轴点设置如图 6-8 所示,由 A、B、C 三个计轴点来检查一送两受道岔区段 1DG 的空闲、占用状态。

当列车运行经过计轴点顺序由 A→B 或 A→C 时,计轴设备作出如下判断:

当 A 轴数＝B 轴数,则 1DGJ 吸起;
当 A 轴数≠B 轴数,则 1DGJ 落下;
当 A 轴数＝C 轴数,则 1DGJ 吸起;
当 A 轴数≠C 轴数,则 1DGJ 落下。

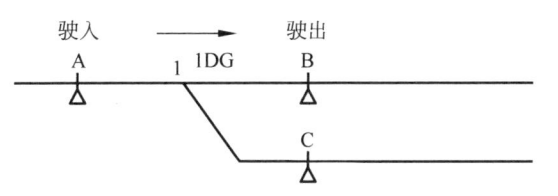

图 6-8　一送多受区段计轴点设置图

反之,当列车运行经过计轴点顺序由 B→A 或 C→A 时,系统也是使用同样的原理进行判断。

3) 双动道岔区段检测时的计轴点设置

双动道岔区段计轴点设置如图 6-9 所示,由 A、B、C 三个计轴点来检查 1/3 双动道岔的 3DG 区段的空闲、占用状态。

当列车由计轴点 A、B、C 任意一个计轴点进入 3DG 区段时,计算机通过 A、B、C 三个计轴点总的变化轴数是否相等来确定 3DG 区段的空闲和占用状态。其中计轴点 C 是判断 1DG 和 3DG 两个区段的复用计轴点。

4) 交叉渡线区段检测时的计轴点设置

交叉渡线区段计轴点设置如图 6-10 所示,由 A、B、C、D 四个计轴点来检查道岔区段 3-5DG 的空闲、占用状态。

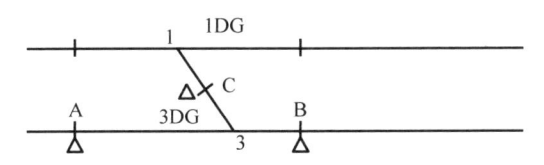

图 6-9　双动道岔区段计轴点设置图

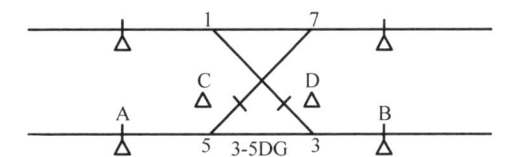

图 6-10　交叉渡线区段计轴点设置图

当列车由计轴点 A、B、C、D 任意一个计轴点进入 3-5DG 区段时,计算机通过 A、B、C、D 四个计轴点总的变化轴数是否相等来确定 3-5DG 区段的空闲、占用状态。其中,计轴点 C 和 D 是判断 1-7DG 和 3-5DG 两个区段占用还是空闲的共用计轴点。

6.2.4　计轴设备复零

当计轴设备通电、故障恢复或由于干扰造成区段轴数不相等致使计轴轨道继电器失磁落下时,需要进行人工复零操作。在复零操作之前,必须经过人工确认待复零轨道区段确实空闲,在确保轨道区段无车的情况下,才能进行计轴复零操作。一般在运转室控制台面设有总复零按钮和对应每个区段的复零按钮。区段复零按钮是带有铅封的自复式按钮。同时按下总复零按钮和对应轨道区段复零按钮,使该区段计轴轨道继电器励磁吸起,复零操作成功,计轴设备进入正常工作状态。

6.3　ZP30CA 计轴器

ZP30CA 计轴器由德国阿尔卡特 SEL 公司与北京全路通信信号研究设计院联合设计并制造,主要应用于站间闭塞。它的室外计轴器由 EAK30CA 电子盒和 SK30 磁头组成,室内配套有轴数显示器、检测盒、UPS、开关电源等，系统构成框图如图 6-11 所示，系统配置如图 6-12 所示。

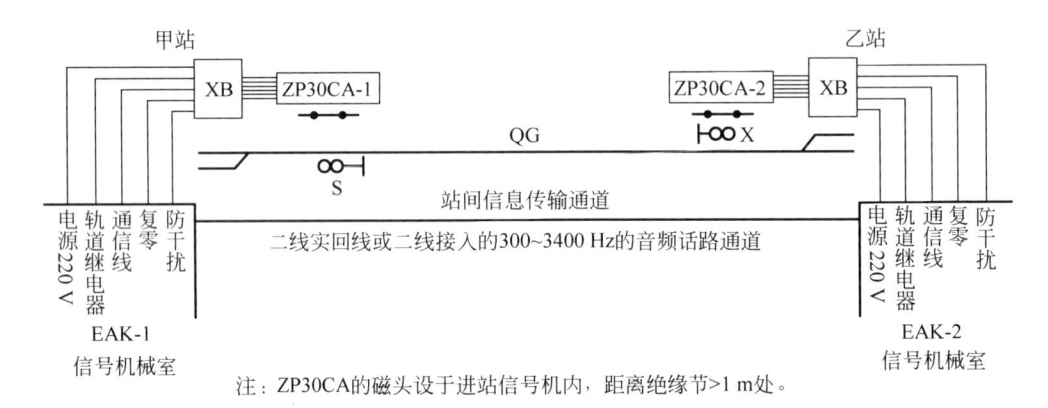

图 6-11　ZP30CA 计轴器系统构成框图

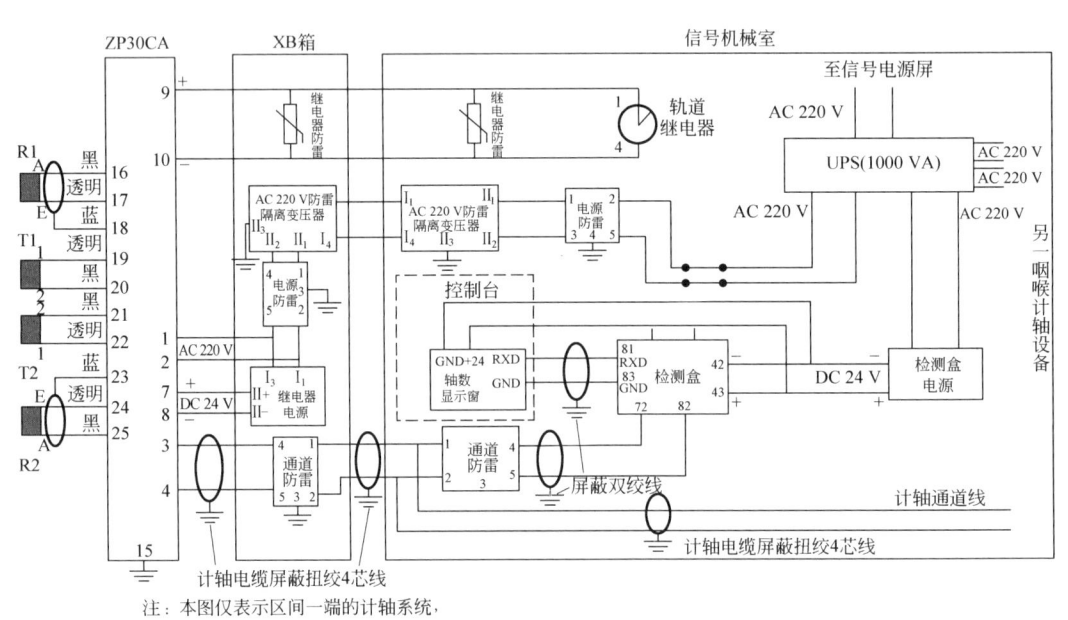

图 6-12　ZP30CA 计轴器系统配置图

ZP30CA 计轴器在被检查的区间两端各设一个计轴点，用于检查经过计轴器车辆的轴数，两个计轴点计算机分别对两端的轴数进行比较，从而确定区间是否空闲，实现区间自动检查、自动解除闭塞及防错办的功能。

带计轴区间检查的继电半自动闭塞系统由传感器（磁头）、电子盒（EAK30CA）、UPS、检测盒（JJ）、滤波器、64D 继电半自动闭塞设备及结合电路等组成，下面简要介绍其工作原理和运用情况。

6.3.1 SK30 磁头和 EAK30CA 电子盒

每个计轴点设置 1 套高频磁头(SK30),它可分为 SK_1 和 SK_2 两组,每组又分为发送磁头 T 和接收磁头 R 两部分。安装时,T 在钢轨外侧,R 在钢轨内侧。T 和 R 内各有一组线圈。工作时 T 的发送频率为 30 kHz,电压为 20 V,磁头的原理在本章第一节已经阐述,这里不再赘述。

EAK30CA 电子盒安装在轨道旁的支座上,与轨道磁头使用专用电缆连接。电子盒由 6 块板组成:2 个接口板(SEA 板),2 个计算机板(ZPR 板),1 个 MOD 板和 1 个电源板[①]。SEA 板与磁头连接读入轮轴脉冲信号,并通过 MOD 板与同一区间另一端的 EAK30CA 电子盒通信,接收状态信息并发送信息。电源板将室内送来的电源变为 2 路 24 V,供 2 个 ZPR 板使用。

磁头 R 产生的感应电压送入 SEA 板,经整流后送入 ZPR 板。无车时,ZPR 板电压为正;有车时,电压为负。这样每当有轴通过时,可接收到轮脉冲。因为每个测试点有 2 组磁头,所以当有轴通过时,2 组 SEA 板均送出轮脉冲。当 2 个轮脉冲重叠,就计为 1 个轴,轴数根据计轴方向存入加减计数器中。如先从磁头 1 送出轮脉冲,计数器加 1;先从磁头 2 送出轨脉冲,则计数器减 1。对小于 4 ms 的脉冲不予计数,提高抗干扰性能。

如图 6-12 所示,ZP30CA 计轴器为双重叠加系统,同时也是"故障-安全"系统。2 个 ZPR 板各自独立。当它们状态一致时,可对外发送指令;状态不一致时,则停止工作,并故障报警,使 QGJ 落下。当 ZPR1 和 ZPR2 内部继电器同时吸起,ZP30CA 的 9、10 端子可输出电压到室内,使 QGJ 吸起,证明区间空闲;当 ZPR1 和 ZPR2 同时落下,表明区间占用或是复零状态。在证明区间轴差为零后,ZP30CA 内部继电器方可吸起。

6.3.2 检测盒(JJ)

电子盒 EAK30CA 的监测是通过计轴检测盒(JJ)来完成的。检测盒上设有区间占用、本站故障、邻站故障、本站复零、邻站复零和工作指示共 6 个表示灯,用于检查计轴设备运用状况。监测系统配有监测软件,可用 1 台笔记本电脑,通过 RS-232 串口与 JJ 相连,从计算机上读出系统工作状态和所在区间轴数,且均为汉字显示。

6.3.3 UPS

UPS 由原有车站电源屏的 AC 220 V 供电,输出两路不间断的 AC 220 V 电源,如图 6-12 所示,一路经防雷变压器供给室外电子盒 EAK30CA 工作,另一路经检测盒电源变换为 DC 24 V 供给计轴检测盒(JJ)工作。UPS 在停电时可持续供电 0.5 h 以上,保证电力线故障转换或停电维修时,计轴设备不停用。

6.3.4 计轴设备与 64D 结合电路

计轴设备与 64D 继电半自动闭塞结合电路,包括修改原 64D 电路,增加区间轨道继电

[①] SEA 板:传感器电路板;ZPR 板:用于处理和传输计轴信号的电路板;MOD 板:实现模除运算的电路板。

器(QGJ)、计轴使用继电器(JSYJ)、计轴停用继电器(JTZJ)和列车到达继电器(LDDJ)等。这些电路实现了区间检查、列车到达接车站后自动复原的功能。

6.4　AzS(M)350型计轴设备

西门子AzS(M)350型微机计轴系统是一种小型微机计轴系统。它的核心是ZP43V型计轴点设备和AzS(M)350M型运算单元，采用SIMIC安全型计算机为控制核心，配备完善的配套电路构成其运算单元。每个运算单元可以直接连接4个西门子ZP43V型计轴点设备，同时具备检查2个轨道区段的能力，并且通过多个运算单元的有机组合来构成一个整体系统，用以检查不同规模形式的站场和区间轨道区段的空闲/占用状态。目前，西门子AzS(M)350型微机计轴设备已在许多国家和地区得到应用。

AzS(M)350型计轴设备的型号含义如图6-13所示。

```
Az  S  (M)  350
              └─── 允许列车运行的最大速度为350 km/h
         └─────── 一个运算单元可管制多个区间
     └─────────── SIEMENS(西门子)
└───────────────── 德文计轴器的缩写
```

图6-13　AzS(M)350型计轴设备的型号含义

西门子AzS(M)350型微机计轴系统包括安装在站场或区间轨道旁的ZP43V型计轴点设备(包括双置轮对传感器和车轮电子检测器)和置于室内的计轴主机西门子AzS(M)350运算单元组合。

6.4.1　ZP43V型计轴点设备

1. 设备安装

ZP43V型计轴点设备安装于铁路轨道区段的各端点位置，每个端点位置安装一套，使得这几个ZP43V计轴点共同检测这个封闭的轨道区段，现场安装如图6-14所示。

在所防护区段的每个检测点设置一对车轮传感器，相邻车轮传感器间的距离不小于1.2 m。车轮传感器安装于两轨枕间钢轨的轨腰处。发送器装于钢轨的外侧，接收器装于钢轨的内侧。车轮传感器的接收器、发送器用两个螺栓与两个屏蔽板一起固定在轨腰上，车轮电子检测器安装于轨旁的轨道箱中，轨道箱安装时其外沿距所属线路侧钢轨内侧不小于1400 mm，车轮传感器和车轮电子检测器之间用专用连接电缆连接。

2. 工作原理

ZP43V型计轴点设备的功能在于通过车轮传感器感应进出区段的车轮及其运行方向，当一个车轮进入ZP43V型计轴点双置车轮传感器发送、接收系统的作用范围时，它增强了二者之间的电磁场强度，在其接收端产生一组感应脉冲，该组脉冲信号经车轮电子检测器的内部电路对其进行预处理后，经连接电缆传输至信号楼内的由SIMIC微机系统组成的运

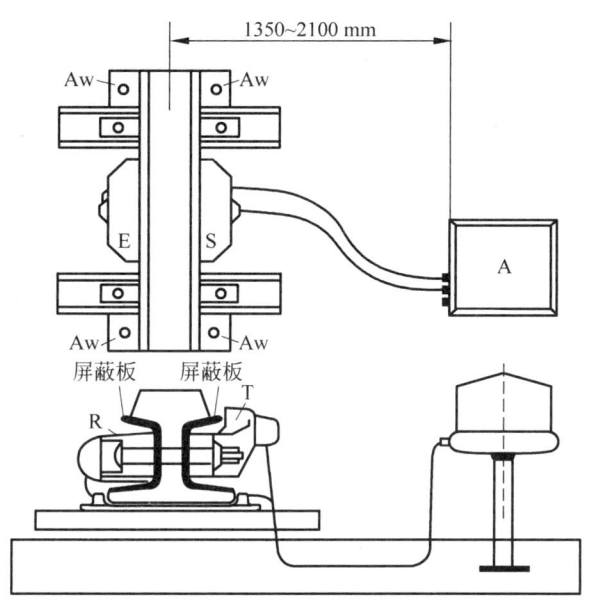

T、R：固定在钢轨上的双置传感器的发送、接收装置；A：安装于轨旁的轨道箱；Aw：传感器的保护装置。

图 6-14　ZP43V 型计轴点设备现场安装图

算单元组合。

正常工作时，信号发生器将其产生的 43 kHz 的正弦信号通过电缆发送至车轮传感器的两个发送线圈，带通滤波器将从传感器接收线圈接收的信号滤波放大和整形处理后，将两路信号调制成 3.16 kHz、6.152 kHz 的信号，然后将其耦合成一路信号传送到计轴电缆上。ZP43V 型计轴点设备的工作原理如图 6-15 所示。

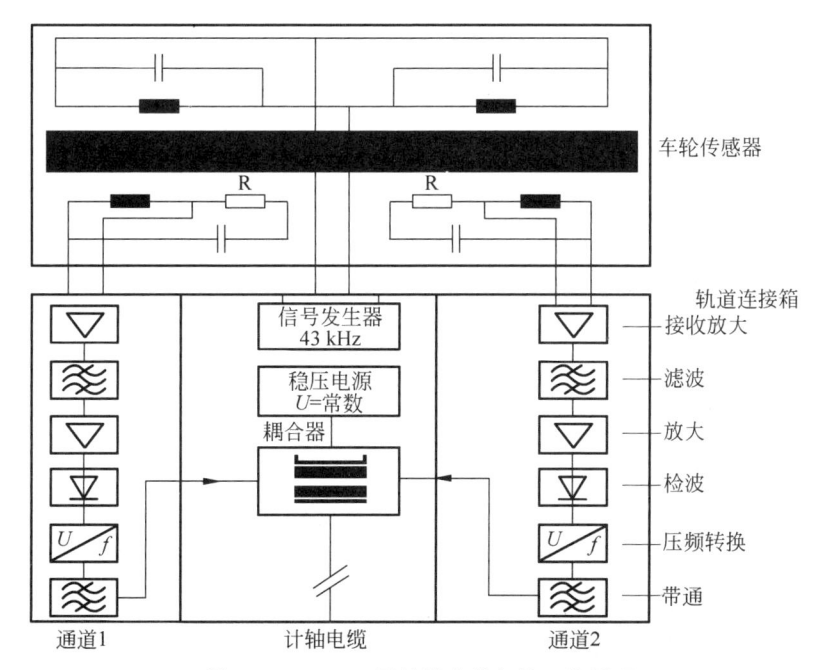

图 6-15　ZP43V 型计轴点设备的工作原理

6.4.2 AzS(M)350型运算单元

1. 基本工作原理

置于室内的西门子AzS(M)350型运算单元组合分为B型、M型和T型三种形式,它们的硬件电路板和数据传输方式不同。计轴运算单元由两个配置相同的独立的计算机组成,只有在两个计算机运算结果一致时,才允许将一个输出命令给程序控制电路,由此可以避免输出错误的信息。运算单元对轮轴脉冲信号进行处理,识别轮对、判断轮对运行方向,对内部存储器的轴数信息做相应的修改,并以此判断相应轨道区段的空闲/占用状态,判断的结果经继电器输出。

2. AzS(M)350M型运算单元

AzS(M)350M型运算单元的工作原理如图6-16所示,ZP为室外计轴点,ZP-D为运算单元间的连接线路,FM为区间空闲表示继电器,AzGrT为故障复零按钮,P为校验继电器。

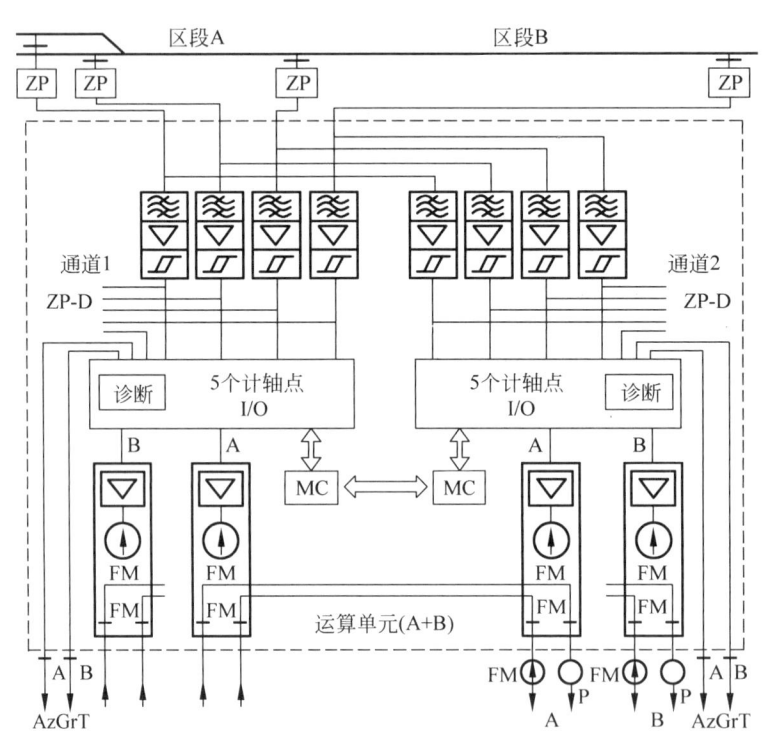

图6-16 AzS(M)350M型运算单元的工作原理

从图6-16可以看出,西门子AzS(M)350M型运算单元在设计上符合"故障-安全"原则,并具备以下功能特点:

(1)可同时检查两个轨道区段的状态,每个轨道区段的状态由两个继电器FM(区间空闲表示继电器)和P(校验继电器)共同表示,提供一组安全输出,它们将作为条件动作相应接口电路中的联锁继电器。

(2)区段占用输出响应时间低于100 ms,区间空闲状态输出响应时间为350~400 ms。

（3）AzS(M)350M 型运算单元上所连接的 5 个 ZP43V 计轴点并不是固定分配给它所检查的某个区段的，它们可以根据具体设计要求安排给某个区段，但各运算单元最多连接 5 个计轴点。

（4）在一个 AzS(M)350M 型计轴系统中，有的运算单元甚至没有连接任何计轴点，而是完全通过复用其他运算单元的计轴点来进行工作。通过使用这种复用方式，可以将任意多个 AzS(M)350M 型运算单元及其连接的计轴点有机地组成一个任意规模的计轴系统。如果一个 AzS(M)350M 型运算单元所检查的两个区段是邻接的，则这两个区段将共用邻接计轴点的信息。每个计轴点信息最多可复用 3 次。

（5）在 AzS(M)350M 型运算单元上，对应其检查的每个区段都有一组故障复零按钮 AzGrT，它们分别用于不同类型的故障后恢复 0 计数。图 6-16 中的两个 AzGrT 按钮，主要是用于由某种原因造成的某区段的轴数计数错误后恢复 0 计数。

6.4.3 ZP43V 型计轴点的复用方式

ZP43V 型计轴点的设置方式比较灵活，有三种复用方式。

1. 复用方式一

采用在 ZP43V 型计轴点轨道箱内加装计轴点复用板的方式复用计轴点信息，如图 6-17 所示。该方式主要用于计轴点的两运算单元之间相距较远的情况，比如在两个车站之间的区间上的计轴点，如果被两站上的运算单元共用时，可考虑使用此复用方式。

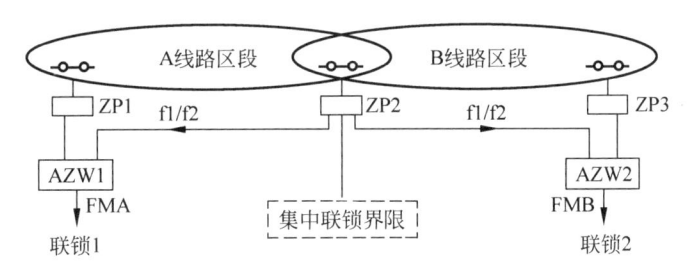

图 6-17 ZP43V 型计轴点复用方式一

2. 复用方式二

一个 AzS(M)350M 型运算单元所检查的两个区段相邻时，相邻点的计轴点是复用的，如图 6-18 所示。

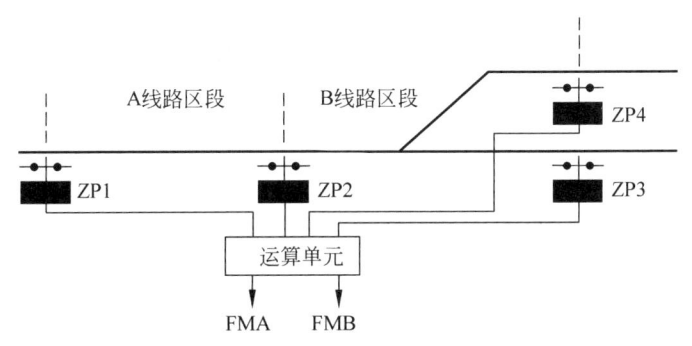

图 6-18 ZP43V 型计轴点复用方式二

3. 复用方式三

多个 AzS(M)350M 型运算单元置于同一地方,且相互距离不超过 15 m 时,可以通过相互连接的电缆复用计轴点信息,如图 6-19 所示。

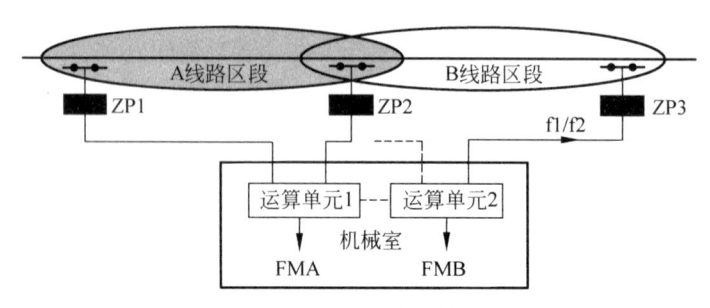

图 6-19　ZP43V 型计轴点复用方式三

6.5　JZ1-H 型和 JZ·GD-1 型微机计轴系统

6.5.1　JZ1-H 型微机计轴系统

JZ1-H 型微机计轴设备主要用于自动站间闭塞、自动闭塞的轨道区段检查,是国内最先通过中国铁路总公司(现为中国国家铁路集团有限公司)相关认证的计轴产品,并于 2014 年 8 月通过了欧标 SIL4 认证。该系统通过采集室外车轮传感器的信息,计算比较得出轨道区段的占用/空闲状态,并通过安全型继电器将此状态向相关的系统(如联锁系统)输出。

1. 系统概述

JZ1-H 型计轴系统计算判断部分是由两个独立的处理板完成,其硬件和软件完全相同,采用"2 取 2"的安全结构。两块 CPU 板采集处理相同的信息(轴信息、复位信息等),通过独立计算输出判定结果,并通过交叉回读输出结果信息,判别 2 块 CPU 板处理结果的一致性。当判定结果一致时,系统才能给出标识区段空闲的轨道继电器条件输出;否则,系统输出标识区段占用的轨道继电器条件。

系统能区分列车运行方向,适用于列车正常运行、补机折返等作业。系统分为室内设备和室外设备两部分。室外车轮传感器设在轨道区段的始端和末端,用于采集轨道上列车通过传感器的所有轴数及方向,同样设置在室外的 JCH 配合车轮传感器用于轮对信息的采集处理,JCH 将处理过的轮对信息传输至室内主机,经主机 CPU 进行逻辑判断比较后,输出区段的占用/空闲条件。

系统设有防雷措施,具有较强的抗雷电冲击能力。

系统提供预复位及条件复位两种复位方式,可在控制台设置相关复位按钮。

系统带有 RS232 标准接口,可将信息通过监测接口传至监测设备。

2. 系统构成及原理

JZ1-H 型微机计轴系统分为三部分:室外部分、室内部分、传输通道部分,系统结构如图 6-20 所示。

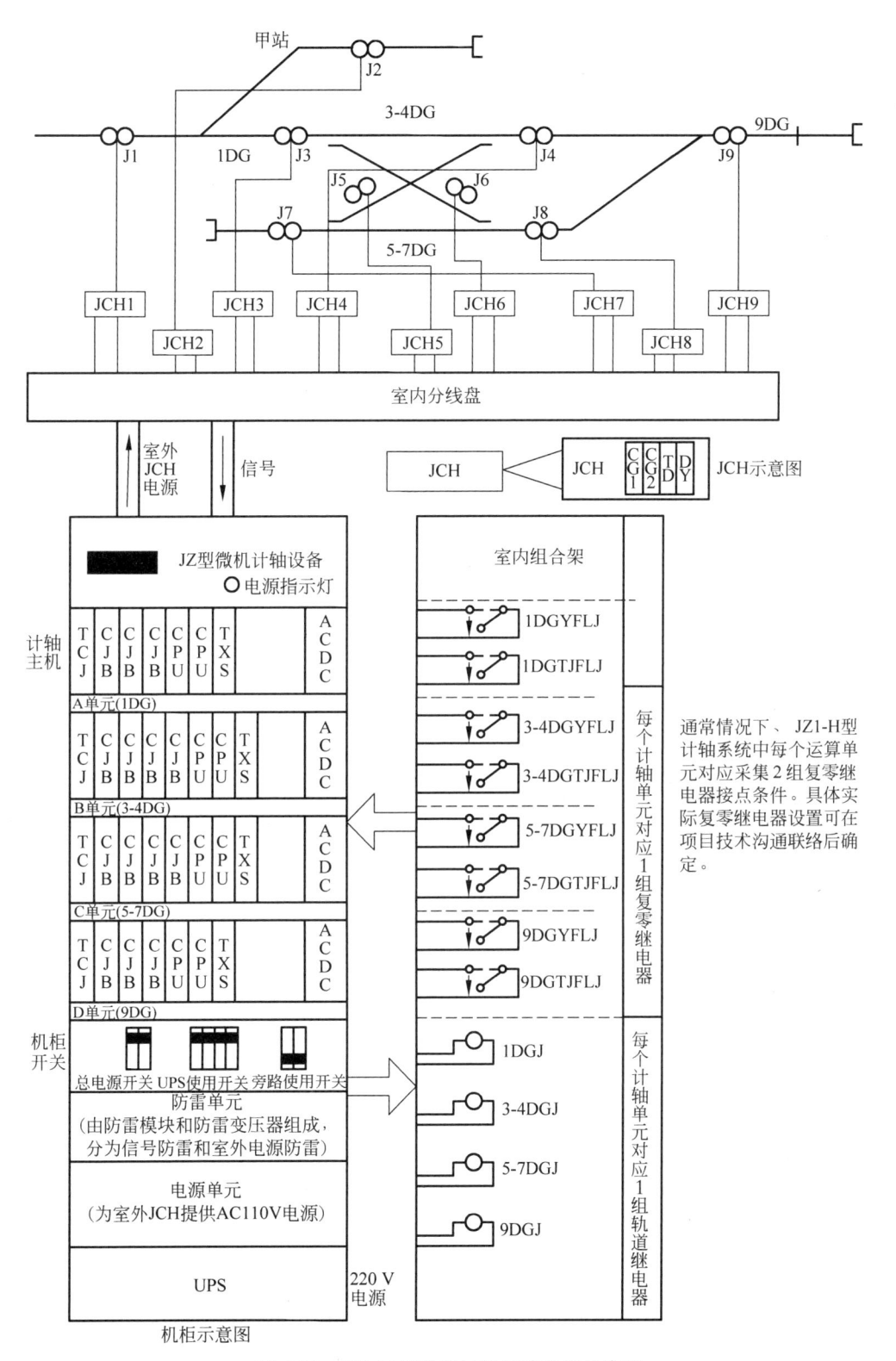

图 6-20　JZ1-H 型微机计轴系统结构示意图

室外信号源部分由电子检测盒(JCH)和车轮传感器(CC32K 型传感器)组成,JCH 配合 CC32K 型磁头共同完成对轮对信息的感应和检测,并将处理后的信息转换为 FSK 信号发送。

信号机械室内装设有计轴主机柜。主机柜包含计轴主机单元、防雷单元组合和电源单元。计轴检测点至室内主机应采用专用通道:计轴专用 PJZL23 型电缆。该电缆芯数包含 8 芯、12 芯、16 芯、22 芯、28 芯、34 芯、38 芯、44 芯等。

每个室外检测点与机械室内有两对连接线,一对为信号线,另一对为电源线,其中电源线最多可以四个检测点共用一对电缆与室内连接。当室内至室外距离大于 4 km 时,电源线需要加芯处理,减小电源损耗。

1) 室外设备

室外设备包括 CC32K 型传感器和高频电子检测盒(JCH)。

(1) CC32K 型传感器。

CC32K 型传感器采用高频调相方式,具有较高的可靠性和良好的抗干扰性能,不受钢轨上的牵引电流影响。以一个计轴点为例,它由两对传感器系统组成,每对相互独立。每对传感器系统包含一个发送传感器和一个接收传感器,接收传感器分为左接收和右接收,左接收位于钢轨内侧的左侧,右接收位于钢轨内侧的右侧,在铭牌上分别用"L"和"R"标识。车轮传感器采用打孔安装方式,安装在轨腰位置。发送传感器安装在钢轨外侧,接收传感器安装在钢轨内侧,每对传感器的发送和接收磁头对称于钢轨安装。每个传感器均配有一条用于和 JCH 连接的尾缆(磁头附带专用电缆)。尾缆一端固定灌封在传感器内,尾缆长度通常为 4 m 左右。

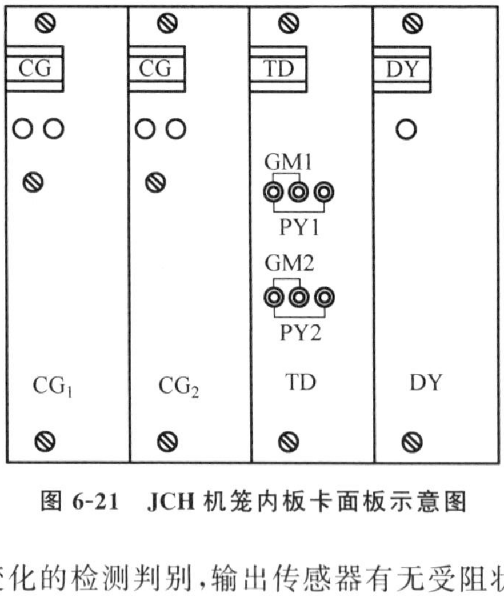

(2) 电子检测盒(JCH)。

JCH 采用标准的 3U、28T 插箱结构,并外加金属防护罩,由金属支架固定在轨边的水泥基座上。盒内内插三种 4 块欧洲标准尺寸(100 mm×160 mm)的印制单元板,以 1 个计轴点为例,分别为 CG_1、CG_2 发送/接收板,TD 通道板,DY 电源板,如图 6-21 所示。

① CG 板:传感器接收板。

板卡由发送模块、接收模块和检测模块组成。CG 板向发送磁头提供 30 kHz 和 29 kHz 的信号电压,并将轮对经过时接收磁头中感应的信号电压送回盒内,进行解调,完成对信号的相位和幅度

图 6-21 JCH 机笼内板卡面板示意图

变化的检测判别,输出传感器有无受阻状态及参数漂移监测结果的电平信息。每个 JCH 中配置 2 块 CG 板,2 块板卡互相独立,分别对应 1 对传感器。

② TD 板:通道板。

TD 板内设 3 组独立振荡源,分别受控于传感器系统 1、传感器系统 2 的受阻及无受阻电平信息,以及对应传感器系统 1 和 2 电气参数漂移监测的电平信息。经过"电平-频率"转换后的频率信息通过母板与室内运算处理单元连接。经 TD 板转换后的便于远距离传输的数字

信号(FSK[①]),送到车站信号机械室内的计轴主机进行计轴。每个JCH中配置1块TD板。

③ DY板:电源板。

DY板用于将室内远供AC 110 V电源转换为DC 24 V电源,为JCH中的CG板、TD板供电。每个JCH中配置1块DY板。

④ 母板。

电子检测盒JCH各单板通过母板进行板卡间的电气连接。每个电子检测盒配1块母板。

2) 室内设备

计轴系统室内设备分为计轴主机单元、防雷单元及电源单元。如图6-22所示,通常情况下,计轴主机与防雷单元可放置在一个主机柜中,机柜尺寸为600 mm×800 mm×2200 mm(长×深×高),若站场较大,则防雷单元与主机柜需分设在不同机柜中。

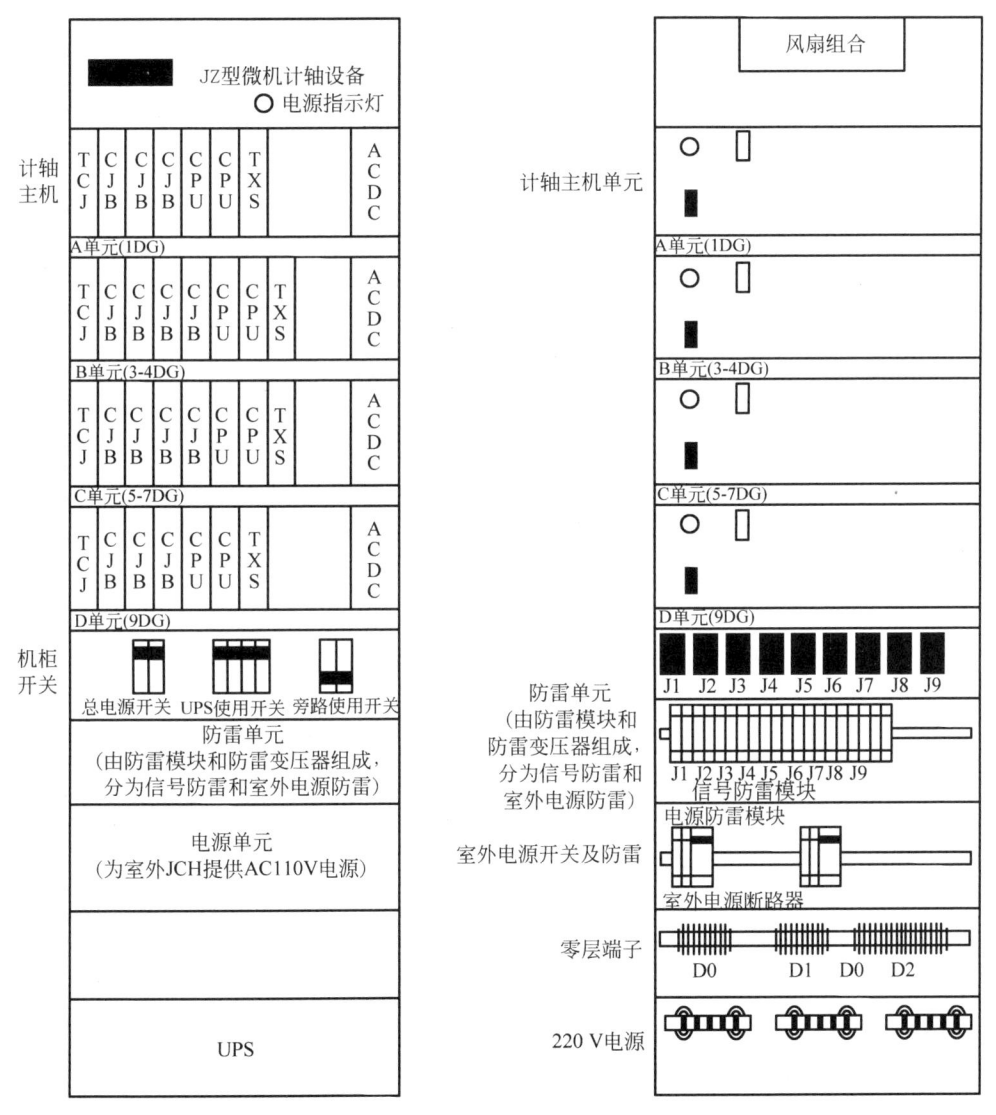

图 6-22 机柜示意图

---

① FSK:移频键控。

计轴主机单元对应有开关、保险、RS232 串口；室外供电单元由隔离变压器(220 V/110 V)及防雷模块组成，隔离变压器置于机柜内托盘上，并设有相应的断路器；机箱背部导轨处设有机柜零层端子(如 D0、D1、D2)，对应对外及对内接线；每组接入的室外信号及远供电源都通过隔离变压器、对应的防雷模块进行防护，防雷模块置于机柜背部导轨处；机箱背面设有地线端子。

(1) 计轴主机单元。

计轴主机板卡置于标准机笼内，各板卡面板如图 6-23 所示。

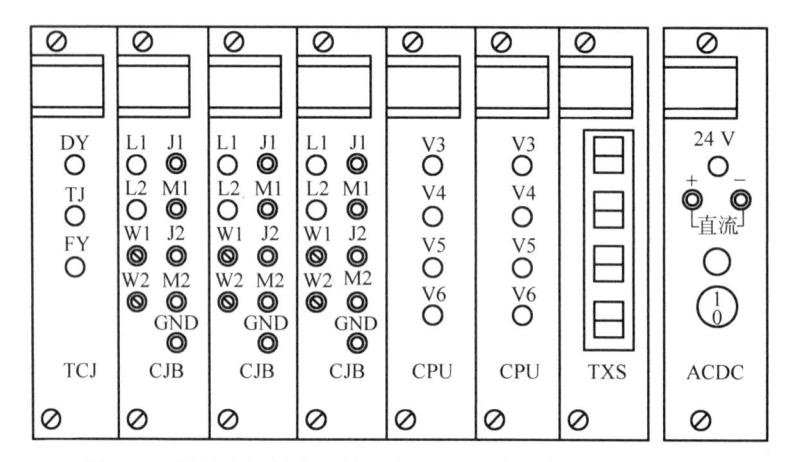

图 6-23 计轴主机板卡面板示意图(以 1 个 3 点主机单元为例)

① TCJ 板：采集板。

TCJ 板为运算单元与联锁复零继电器的接口处理板。用于采集外部复零继电器的接点条件并通过光电隔离转换成高低电平送给 CPU 板。预复零的采集处理与条件复零的采集处理由 2 套独立的电路处理完成，其原理完全相同。每套主机设置 1 块 TCJ 板。

② CJB 板：传感器采集板。

每个 CJB 板设置 2 套独立的滤波、整流、比较电路分别处理对应室外检测点的 2 对传感器轴信息，用于解调信号源设备传回的 FSK 信号，并转换成 CPU 能够识别的高低电平。每套主机的 1 个信号源对应 1 块 CJB 板。

③ CPU 板：微处理板。

每套主机设置 2 块 CPU 板。2 块 CPU 板采用相同的硬件结构及软件结构。CPU 板采集处理 CJB 板的轴信息并进行计算、判别处理后，给出区段空闲/占用条件，并将此状态通过母板传输至外部安全型继电器。

当列车完全驶离区段时，经计轴主机 2 块 CPU 板的判断比较，确认数据信息无误及区段无车，则给出区段空闲指示，相应区段轨道继电器吸合；当列车进入区段或未驶离区段时，则给出区间占用指示，相应区段轨道继电器落下。

④ TXS 板：显示板。

用于显示区段轴数和故障信息。为非安全相关部件。每套主机设置 1 块 TXS 板。

⑤ ACDC 板：电源板。

用于将 AC 220 V 电源转换为 DC 24 V 电源，为主机各板卡提供工作电源。每套主机设置 1 块 ACDC 板。

⑥ 母板。

用于主机单元各板卡的电气连接并提供外部接口端子。每套主机单元设置1块母板。

(2) 防雷单元。

计轴室内机柜设有防雷设备,保护室内计轴主机不被室外设备与电缆终端架之间的线路中产生的感生电压(如闪电或牵引电流)损坏。防雷单元采用隔离变压器与防雷模块(防雷保安器)组合。一个室外的 JCH 设置一组信号防雷单元,对室外信号进行防护,同时一组远供电源需设置一组防雷单元。

(3) 电源单元。

室内主机总电源由信号电源屏提供,输入电压范围为 AC 220 V±22 V。输出:①主机工作电源:通过 ACDC 板将 AC 220 V 转换为 DC 24 V,为计轴主机提供电源,采用隔离电源模块进行防护。②远供电源:机柜内设置隔离变压器,将 AC 220 V 电源转换为 AC 110 V 后,提供给室外信号源设备,采用隔离变压器进行隔离防护。机柜还可配置 UPS 电源(可选),为机柜提供不间断电源。

6.5.2　JZ·GD-1 型微机计轴系统

JZ·GD-1 型微机计轴系统主要用于站内轨道区段检查,室外部分采用 RSR180 型传感器,室内设备采用 JZ·GD-1 型计轴主机。系统成熟可靠,并能安全、稳定地不间断工作,通过了欧标 SIL4 安全认证。

1. JZ·GD-1 型计轴系统特点

(1) JZ·GD-1 型计轴主机采用双通道可编程微处理器系统组成"2 取 2"安全型运算器,检查和处理所有的安全信息。系统具有逻辑判断能力,通过设置能够对多种轨道区段进行处理,适用范围广。软件和硬件都采用模块化设计,结构简单,维修方便。

(2) 室外车轮传感器(RSR180)采用双传感器单体封装设计,即两套车轮传感系统封装于一体。车轮传感器的感应范围为距传感器表面垂直高度 50 mm 内,水平方向距传感器外侧约 20 mm。车轮传感器的运作基于磁力线偏转的原理,位于车轮传感器外壳中心线上的发射线圈产生的磁力线通过接收线圈,当一个轮轴顺序通过磁头传感器时,接收线圈的磁力线会按相应的顺序先后偏转,磁场强度也会相应改变。线圈中感应电流也会随之变化,室内运算单元可通过检测两个磁头电流变化的先后顺序,准确检测出轮轴,同时对不满足时序的非车轮干扰进行排除。

(3) 室外计轴点,除车轮传感器之外,没有任何其他的轨旁电子设备,因此故障处理方便,维修简便,维护费用低。

(4) 车轮传感器安装于钢轨内侧,安装方便,不用作雷电防护。车轮传感器工作于雷电 LPZOB 区域内,由于 RSR180 处于浮地工作状态,自身也具备足够的抵抗横向雷电脉冲的能力,因此室外不需要额外设置雷电防护元件,不接任何地线。

(5) 在室内,每个轨道区段配置一套计轴运算单元,没有共用的主机单元。

(6) 采用模块化设计,便于系统维护。

(7) JZ·GD-1 型计轴系统采用单区段处理模式,每个轨道区段的检测结果以轨道继电器条件方式输出,即输出轨道继电器励磁或失磁条件,该条件为计轴与联锁的接口之一。

2. 计轴设备构成及原理

JZ·GD-1 型微机计轴系统的结构如图 6-24 所示。系统包括车轮传感器(RSR180)、过电压防护板(BSI)、评估板(IMC,也叫 EB 板)、中央处理板(CPU)、条件采集板(TCJ)、显示板(TXS)和电源等单元。其中,每个 RSR180 对应一个 BSI 和 EB 板,用于评估处理传感器感应的轴信息;CPU 用于计算及判别检测区段的轴数;TCJ 板用于采集外部复位信息,经处理后送 CPU;TXS 板用于显示处理轨道区段轴数及故障信息。

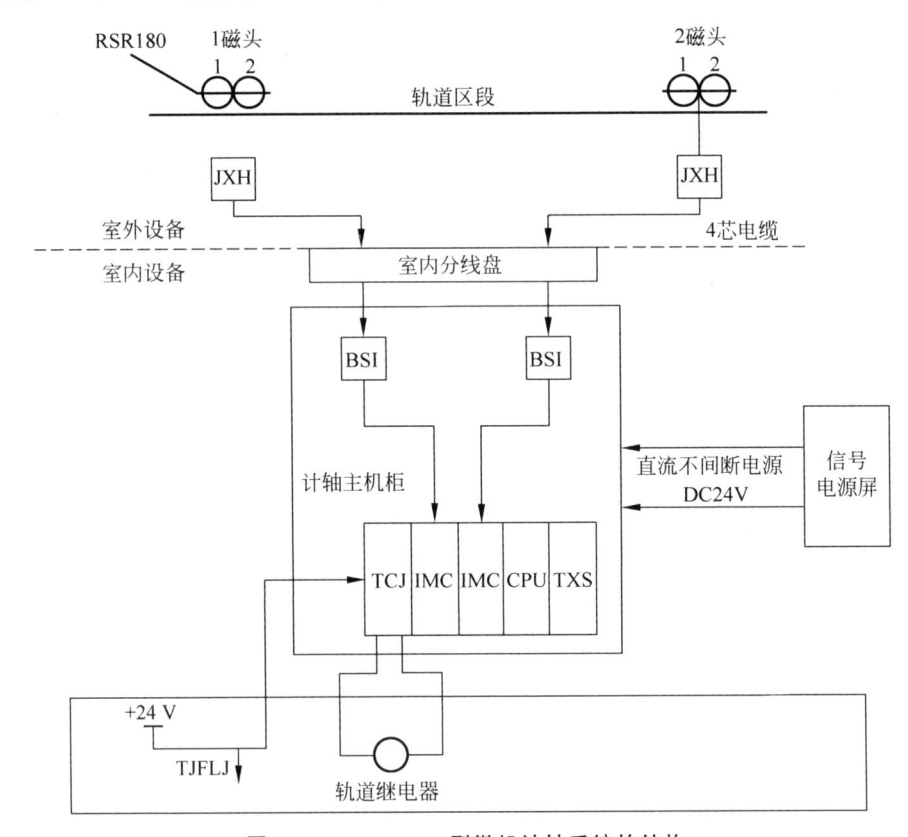

图 6-24 JZ·GD-1 型微机计轴系统的结构

一个计轴区段所有电子单元的集合称为计轴处理系统,在计轴处理系统中,线路上车轮传感器的安装点称为计轴检测点。

车轮驶过传感器作用区域时,RSR180 将所感应的电流信号通过电缆传输至室内评估板(IMC)。评估板采用双通道,对所接收到的两路传感器电流信息进行独立评估后,通过光电隔离,将轴信息以高低电平方式送至 CPU。CPU 由两套独立处理电路组成,采用"2 取 2"方式,每套电路独立实时处理经评估板评估后的轴信息(可同时处理 1~6 个检测点信息),再经两套电路将检测结果比较后输出。只有当两套处理电路均判别进入区段轴数和驶离区段轴数相等,且无故障时,输出标识区段空闲的轨道励磁条件,否则输出标识区段占用的轨道励磁条件。

复零方式可根据用户需要选用预复零和直接复零两种方式。在预复零工作方式下,对所检测区段预复零操作后,区段仍显示占用,需有列车完整通过所监视区间后,系统才输出标识区段空闲的轨道励磁条件。

1) 轨旁设备

JZ·GD-1 型计轴系统轨旁信号设备组成包括室外车轮传感器、轨旁电缆终端盒(可根据需要由工程提供或另向厂家购买)、防护胶管及安装组件。

(1) RSR180 型车轮传感器。

车轮传感器安装于钢轨腰部,标准连接线为 5 m,特殊情况下可定制不同长度的连接线。车轮传感器内包括两套传感系统,轮对运行方向检测是基于车轮传感器内两套传感系统来实现的。从系统安全性上考虑,在电气上两套传感系统是互相独立的。

车轮传感器是采用电磁感应原理来检测其周围铁磁物质有无有源车轮传感器,其突出的特点是和周围其他的媒介无关且具有较好的环境适应性。RSR180 型车轮传感器采用先进的车轮轮缘传感技术,可精确地判定车轮信息。具有较强的抗干扰能力。车轮传感器直接固定于钢轨的内侧,且无需室外电子设备,车轮传感器直接和室内设备相连,具有室外设备简单、安装紧固方便的特点。

(2) 传输电缆。

车轮传感器与室内设备要求使用星绞线进行连接,包含一对电源线和一对信号线,其中电源线和信号线可在同一个四芯组。一根电缆只能用于传输车轮传感器信号,并能够传输多个车轮传感器的信号。一个车轮传感器使用电缆的一个星绞组,如图 6-25 所示。

车轮传感器和室内设备连线,每一个车轮传感器需要两对芯线,分别为供电线和检测数据线,每个检测点需一个车轮传感器。建议每个检测点采用一个四芯星绞组电缆连接到室内相应主机上。

计轴点与运算单元之间的最大电缆长度即为传输距离。JZ·GD-1 型计轴系统的设备分布由传输距离确定。计轴系统的传输距离受限于连接电缆的环阻,电缆线环阻最高为 250 Ω,可以根据电缆线环阻来计算传输距离,表 6-1 列出了典型铜缆直径所对应的传输距离。

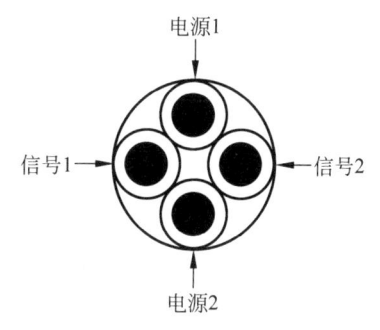

图 6-25 车轮传感器使用的星绞组电缆

表 6-1 典型铜缆直径所对应的传输距离

线径 d/mm	环阻 R/Ω	距离 s/m
0.9	250	4453
1.0	250	5318
1.4	250	10776

(3) 轨旁电缆接线盒。

车轮传感器与室外的星绞电缆在轨旁接线盒处进行接续。车轮传感器至电缆接线盒的引线距离不大于 5 m(车轮传感器自带电缆长度为 5 m,特殊情况下可选择 10 m)。

2) 室内设备

计轴室内设备主要为计轴机柜,可以安装 19 in(1 in=0.0254 m)标准机箱。根据机柜的型号不同,一个机柜最多可安装15~18个运算单元,端子排也布置于机柜内,电源输入端子排、车轮传感器输入端子排和轨道状态输出端子排布置于机柜的背面。

每个计轴机箱可以装3个运算单元,每个运算单元包括TCJ板1块、TXS板1块、CPU板2块、评估板2块(评估板在具体配置中,因可以重复使用,具体数量有一定差异,通常为1~2块)。

6.6 JWJ-C2型微机计轴设备

JWJ-C2型微机计轴设备适用于自动闭塞区段、自动站间闭塞区段及站内轨道区段的占用检测。室内设备由计轴主机(包括运算器、计轴电源及防雷组匣)组成,室外设备由车轮传感器(主传感器和辅助传感器)和轨道箱组成。

6.6.1 JWJ-C2型微机计轴设备的特点

(1) 设备的软、硬件体系采用"2取2"的安全结构,满足安全性的运用要求。
(2) 采用CAN总线传输技术,系统可靠性大大提高,可扩展性强。
(3) 采用轨旁处理轮轴信号及数字传输轴数信息的工作方式,系统抗干扰能力强。
(4) 实现了车轮传感器免调整结构,便于设备安装及运用维护。
(5) 设备故障能够通过自检故障代码提示出来,便于使用维护。
(6) 配套开发的计轴设备维护机为系统的运用维护提供了科学的监测手段。
(7) 计轴设备与64D/F半自动闭塞系统结合构成自动站间闭塞系统,也可完全脱离64D/F半自动闭塞系统,与站内联锁系统结合,独立构成自动站间闭塞系统。

6.6.2 计轴主要单元设备的构成

1. 计轴主机

计轴主机由主机机柜、运算器、防雷组匣、不间断电源及维护机或监控机等组成。计轴主机设备布置如图6-26所示。

1) 维护机或监控机

维护机用于区间计轴闭塞系统,安装在J·G型主机机柜内,由维护机主机和监控组合构成。其中维护机主机由工控机、显示器、数据采集卡、Modem卡及CAN卡等组成;监控组合由托盘和侧面接线端子组成。

监控机用于区间分界点计轴闭塞系统,安装在J·G型主机机柜内,由监控机主机和监控组合构成。其中监控机主机由工控机、显示器、数据采集卡、网卡、多串口卡及CAN(控制器局域网)卡等组成;监控组合由托盘和侧面接线端子组成。

2) 运算器(以J·YG2-4型运算器为例)

J·YG2-4型运算器安装在J·G型主机机柜内,由J·XY1型运算器机箱和6种单元卡构成。6种单元卡由左到右分别为J·DY1型运算器电源卡(PCU)、J·KC型运算器测试卡(TSU)、JD·Z型主控卡(MCU)、J·CR型输入输出卡(IOU)、J·ZG型光纤转换卡(FCU)和J·X型显示卡(DPU)。

3) 防雷组匣

J·UL 型防雷组匣用于电源防雷、通道防雷和设备供电,安装在 J·G 型主机机柜内。由电源防雷单元、通信防雷单元、空气开关、防雷隔离变压器、接线端子等器件及配线构成。

4) 不间断电源

SURT1000XLICH 型不间断电源用于提供计轴设备电源,安装在 J·G 型主机机柜内。

5) 主机机柜

J·G 型主机机柜主要用于安放运算器、防雷组匣、不间断电源、维护机或监控机。

2. 车轮电子检测器(ADE)

1) J·LC 型车轮电子检测器

J·LC 型车轮电子检测器(ADE)安装在 XB_2 型轨道箱内,由 J·XC 型检测器机箱和 6 块单元卡组成。6 块单元卡从左到右分别为 J·S 型计数卡(ACU)、J·JF-28 型发送接收卡(TRU1)、J·C 型检测卡(SDU)、J·JF-24 型发送接收卡(TRU2)、J·JF-20 型发送接收卡(TRU3)和 J·DC 型检测器电源卡(PDU)。

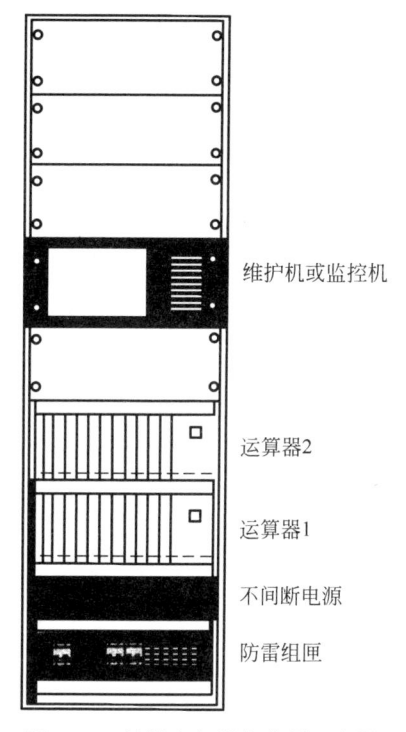

图 6-26 计轴主机设备布置示意图

2) J·LC1 型车轮电子检测器

J·LC1 型车轮电子检测器(ADE)安装在 J·XG 型轨道箱内,由 J·XC1 型检测器机箱和 7 块单元卡组成。7 块单元卡从左到右分别为 J·S 型计数卡(ACU)、J·JF1-28 型发送接收卡(TRU1)、J·C 型检测卡(SDU)、J·JF1-24 型发送接收卡(TRU2)、J·JF1-20 型发送接收卡(TRU3)、J·KC 型运算器测试卡(TSU)和 J·DC1 型检测器电源卡(PDU)。在 J·XG 型轨道箱上还装有防雷单元和接线端子排等。

3. 车轮传感器

车轮传感器成套使用,1 套车轮传感器包含 1 个主传感器和 1 个辅助传感器。

1) 主传感器

主传感器由 2 对磁头、共用的 1 套底座、引接电缆及电缆护套构成。每对磁头包括 1 个发送磁头(T)和 1 个接收磁头(R),每个磁头上带有一条 2 芯屏蔽电缆,T1/R1 磁头的工作频率为 28 kHz,T2/R2 磁头的工作频率为 24 kHz。每套主传感器包括发送底座和接收底座各 1 个,发送底座上带有 2 个电缆护套接头。

2) 辅助传感器

辅助传感器由一对磁头、一套底座、引接电缆及电缆护套构成。磁头与主传感器通用,每个磁头上带有一条 2 芯屏蔽电缆,磁头的工作频率为 20 kHz。每套辅助传感器包括发送底座和接收底座各 1 个,在接收底座上带有 1 个电缆护套接头。

4. 轴数显示器

J·XZ 型轴数显示器通过与 J·X 型显示卡(DPU)进行 CAN 通信,分别接收车站上、下行计轴处理器(ACE)传递的区间轴数信息并显示。它包括两组数码显示,分别为车站上行侧和下行侧区间显示轴数。

习题

1. 简述轮轴传感器(磁头)的基本原理。
2. 作为轨道占用检查装置,计轴设备有哪些优缺点?
3. 为什么一个计轴点设置两对轮轴传感器?
4. 简述 ZP30CA 计轴器的基本组成和工作原理,它是如何应用于站间闭塞系统的?
5. 简述 AzS(M)350 型计轴设备的基本组成和工作原理。
6. 简述 JZ1-H 型计轴设备的基本组成和工作原理。
7. 简述 JZ·GD-1 型计轴设备的基本组成和工作原理。举例说明它是如何实现站内轨道区段检查的。
8. 简述 JWJ-C2 型计轴设备的基本组成和工作原理。

第7章

应 答 器

在铁路信号系统中,检测指定的线路上是否有车辆占用是极其重要的,除轨道电路及计轴设备能够实现自动检查线路是否空闲外,近年来,随着短程无线通信技术的发展而产生的应答器、轨道感应环线等也都具有列车定位检测的功能。

除了列车定位功能,应答器、移频轨道电路和轨道感应环线等还具有向列车传输信息的能力,这些地面信息可以使运行中的列车司机、列车超速防护系统或列车自动运行系统了解与前方列车的间隔、前方线路坡度、弯道、临时限速、进路预排等信息。因此,应答器、轨道感应环线等已经成为现代铁路信号系统中的重要地面设备,得到广泛应用。本章主要以我国CTCS为背景,介绍应答器系统的有关知识。

7.1 应答器概述

随着电子技术的进步,一种可以存储和发送数据报文的高速数据传输的点式设备(intermittent device)得到广泛应用,这就是应答器(balise),当列车通过应答器时,应答器不仅可以向列控车载设备提供大量固定信息和可变信息,还可以根据其安装的物理位置检测列车的当前位置。20世纪90年代,欧洲国家研制开发了具有统一尺寸标准、类型标准、接口标准及技术参数参考标准的点式应答器(欧洲应答器,Euro-balise)。我国为了适应列控系统的发展,开展了对欧洲标准的点式应答器的应用与研究。

7.1.1 应答器的功能

应答器是一种可以发送数据报文的高速数据传输设备,用于在规定地点实现车-地间的数据交换,向车载设备提供线路数据、临时限速等点式信息,确保列车运行状态下的安全。应答器系统包括地面设备和车载设备。地面设备主要包括地面应答器;车载设备包括车载查询器天线和车载查询器主机。

应答器主要用于向CTCS-2级列控系统车载设备提供线路速度、线路坡度、轨道电路、临时限速等线路参数信息;向CTCS-3级列控系统车载设备提供位置定位、级间转换、建立无线通信等信息。

1. 应答器向列控车载设备传输信息的种类

(1) 线路基本参数:如线路坡度、轨道区段长度、轨道区段编码等;

(2) 线路速度信息:如线路最大允许速度、列车最大允许速度等;

(3) 临时限速信息:当由于施工、天气等原因引起的对列车运行速度进行限制时,向列车提供临时限速信息;

(4) 车站进路信息:根据车站情况,向列车提供接发车进路信息,以及相关的线路参数;

(5) 道岔限速信息:给出前方道岔侧向允许列车运行的速度值;

(6) 特殊定位信息:如变相点、升降弓、进出隧道、列车停位等;

(7) 其他信息:如固定障碍物信息、列车运行目标数据、链接数据等。

应答器以报文的形式发送信息,因此需要定义报文的格式和所代表的含义。我国列控系统中,应答器报文(balise telegraph)采用欧洲标准。每条应答器报文都是由一个50位的报文帧头、若干信息包及一个8位的结束包构成,共计830位,每个信息包都具有各自的格式和定义。为了保证传输的安全性和可靠性,要按照欧洲标准对其进行加扰编码,形成1023位的传输报文。应答器、应答器地面电子单元、车站列控中心中储存和传输的都是1023位的报文。

2. 应答器组

为完成传送数据报文的任务,应答器经常要成组运用,构成应答器组(balise group),应答器组由 2~8 个应答器组成。组内相邻应答器间的最小距离应为 $5.0^{+0.5}_{\ 0}$ m。

7.1.2 应答器的分类

根据应答器所传输报文是否可变,分为固定信息应答器(无源应答器)和可变信息应答器(有源应答器)。

1. 无源应答器

无源应答器安装于两根钢轨中心地面上,其原理如图 7-1 所示。它不需要外加电源,平时处于休眠状态,仅在列车通过并获得车载查询器发送的功率载波能量时被激活,同时发送调制好的数据编码信息,其编码策略具有强检错、易解调的特点。

当列车经过无源应答器上方时,地面应答器接收到车载天线传递的载频能量,使地面应答器中的信号发生器工作,然后将事先存储在地面应答器中的数据发送出去。这些信息可以包含千米标、线路坡度、限速等各种数据信息。列车接收到这些信息后,通过车载控制系统得出最佳的运行速度,以保证行车安全。列车也可以根据接收到的信息确定列车在线路上的精确位置。

2. 有源应答器

有源应答器需要外接电源,其原理如图 7-2 所示。它由地面(可变信息)应答器、地面(轨旁)电子单元(LEU)、车站信息编码设备和连接电缆组成。有源应答器接有车站信息编码设备,因此有源应答器内的数据报文可以随外部控制条件产生变化,例如设置于地面信号机旁的应答器,它可将信号机的显示状态的数据信息通过应答器传送给列车,对应信号机的不同显示,数据信息是可变的。

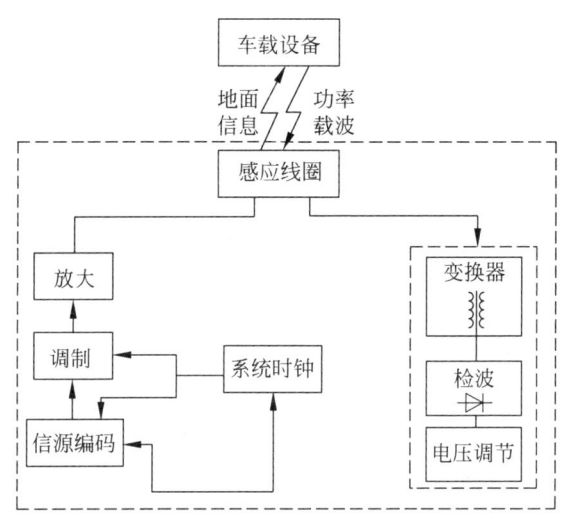

图 7-1 无源应答器原理示意图

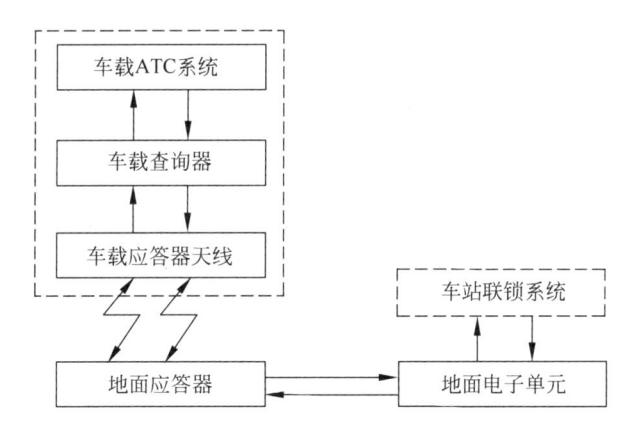

图 7-2 有源应答器原理示意图
ATC：列车自动控制

当列车接近应答器一定距离时,地面应答器内的数据应该保持不变,当列车远离应答器时,数据可以随时变化。车站的信息编码设备和车站联锁系统结合,采集联锁系统的有关信息,例如：信号机的显示、道岔的位置、临时限速等。这些信息经过编码设备编译后,通过串行接口传送至轨旁电子单元,再通过它控制地面有源应答器发送信息,为列车提供实时的信息。

应答器作为保证行车安全的信号设备,应符合安全标准。在电磁兼容性方面,应答器应具有抗电气化干扰的能力,并且应不对其他设备产生干扰；应采用模块化结构、统一接口、标准协议,能与其他信号系统结合或进行数据交换；系统的信息编码,应符合国际标准；应易于安装、调试,采用高可靠性设计,防机械冲击和振动,可满足封装密封、元器件防震、耐高温及防潮等环境要求。无源应答器的设计比有源应答器复杂,但无源应答器去除电源电路而改用外部供电时,也可当作有源应答器使用。

7.1.3 应答器的编号和名称

1. 应答器编号

每个应答器（组）都有一个编号，并且该编号在全国铁路范围中是唯一的。

在每一条报文的帧头中，都要包含该应答器（组）的编号及每个应答器在组中的位置；在链接信息包中，要提供所链接的应答器的编号。

每个应答器（组）的编号由大区编号、分区编号、车站编号、应答器单元编号共同构成。应答器编号表示为：大区编号-分区编号-车站编号-应答器单元编号（应答器组内编号）。

1）大区编号

大区编号是按全国铁路区域、以现行电务段或客运专线区域为参照而划分的，它由三位十进制数表示，编号范围为1～127。

中国铁路总公司已经分配了大区编号，在设计中需要按文件执行。新增、调整大区编号时，需要由铁路局（公司）向中国铁路总公司申请，批复后方可实施。

2）分区编号

分区编号由一位十进制数表示，编号范围为1～7。

在大区编号内，以线别和车站分布情况进行分区编号，同一线别的车站应尽量分配在同一分区内，车站数量较多时可分配多个分区，车站数量较少时，多个线别可合并在一个分区内。

中国铁路总公司对既有线 CTCS-2 级区段已经分配了分区编号，在设计中需要按文件执行。新增、调整分区编号时，需要由铁路局（公司）向中国铁路总公司申请，批复后方可实施。

3）车站编号

车站编号由两位十进制数表示，编号范围为1～60。

一般按分区内车站的下行方向顺次进行车站编号，当多个线别合并在一个分区时，线别之间车站编号留出适当余量，既有分区内增减车站时，不得影响其他车站编号。

车站编号由铁路局（公司）和工程设计部门按应答器编号规则纳入工程设计，并报中国铁路总公司核备。

4）应答器单元编号

应答器单元编号由三位十进制数表示，编号范围为1～255。

对车站管辖范围内（含区间）的全部应答器（组）进行统一编号，以列车正运行方向或用途为参照，按正线贯通、从小到大的原则进行编号，下行编号为奇数，上行编号为偶数。

当增减应答器时，应不影响应答器单元编号，同时特别要注意，相关应答器的报文内容（有链接关系的）需要做相应的改变。

5）组内编号

每个应答器组可由2～8个应答器组成，以列车正运行方向为参照，列车首先经过的应答器为1号，其他顺次编号。

应答器报文帧头中的变量 N_PIG 描述本应答器在组中的位置。

2. 应答器（组）命名

应答器编号相当于身份识别，但从该编号中很难看出其特征及安装位置，不便于维护和管理。因此,除编号外,每个应答器(组)应有其名称。应答器命名以 B 开头,后加里程标或信号机名称,其中里程标多参照区间通过信号机命名规则。

应答器编号及命名如图 7-3 所示,无源应答器的图形符号为△,有源应答器为▲。应答器名称及单元编号为 B****/***。应答器组内编号为①、②、③……

假如图 7-3 中应答器位于 045 号大区、1 号分区、23 号车站,在信号平面布置图中表示为 045-1-23,放置于车站名称(举例站)下方。

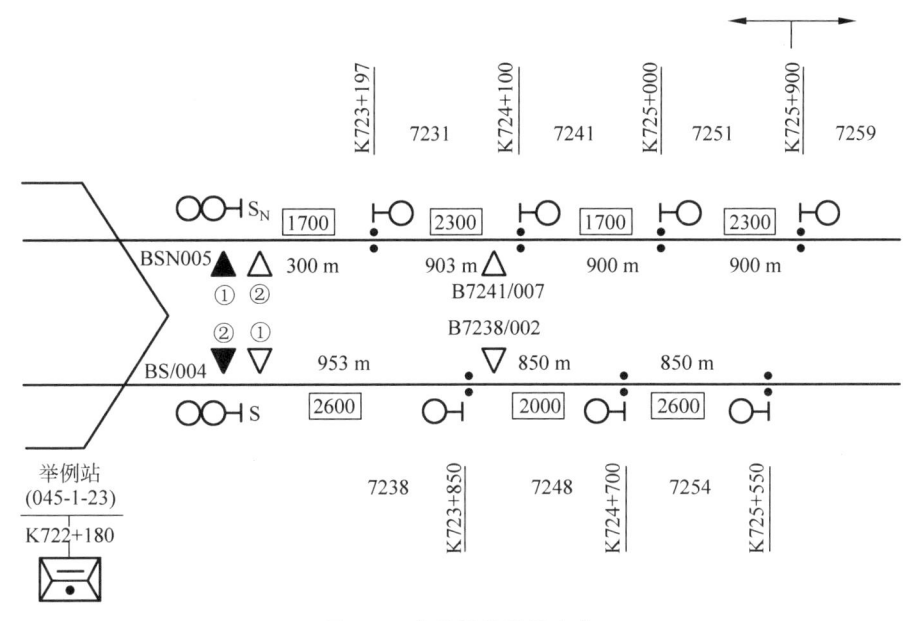

图 7-3 应答器编号及命名

7238 通过信号机处的应答器,命名为 B7238,单元编号为 002,图 7-3 中标识为 B7238/002,最终档案编号为 045-1-23-002。

上行进站信号机处的应答器组,BS 单元编号为 004,图 7-3 中标识为 BS/004,并用①和②表示两个应答器在组中的位置,最终档案编号分别为 045-1-23-004-1、045-1-23-004-2。

7.1.4 应答器的安装

应答器系统由地面、车载两部分设备组成。在列控系统应用中,为了获取地面信息,一般地面应答器有两种安装方法,一种是安装在钢轨间中央道床上,另一种是安装在一根钢轨外侧,根据应答器在地面的安装方法,车载设备应与之对应进行安装。我国 CTCS 都是把应答器安装在钢轨间中央道床上。

(1) 各应答器或应答器组中的第一个应答器应安装在距离绝缘节或调谐单元 15 m 处,前后允许偏差为 1 m。

(2) 地面应答器安装尺寸和方向如图 7-4 所示,应答器安装在轨枕中央,其表面应低于钢轨表面 93～190 mm。

(3) 为避免两相邻应答器之间上行链接信号相互干扰,其最小安装距离应满足下列要求:

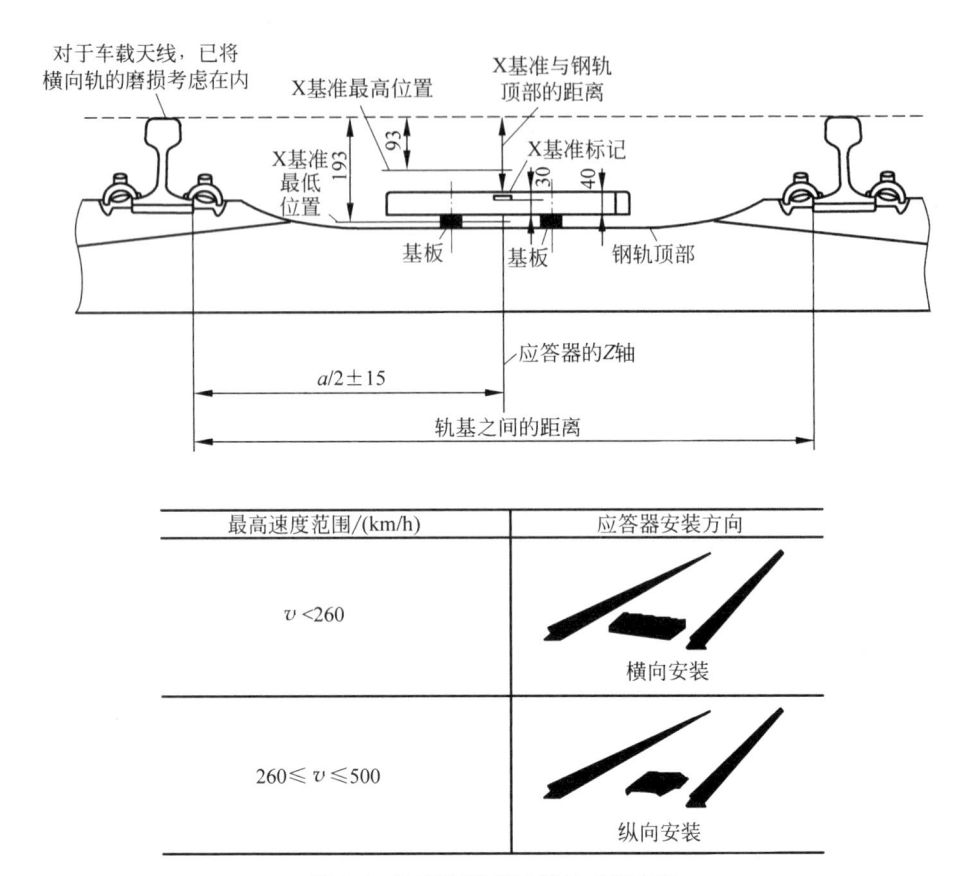

图 7-4 地面应答器安装尺寸和方向

① $v_s \leqslant 180$ km/h 时,$d=2.3$ m;
② 180 km/h$<v_s \leqslant 300$ km/h 时,$d=3.0$ m;
③ 300 km/h$<v_s \leqslant 500$ km/h 时,$d=5.0$ m。

其中,v_s 为线路允许最大列车运行速度,d 为最小安装距离。

(4) 同一应答器组中两个相邻应答器之间距离应在满足最小距离前提下尽量缩短,其最大距离不得大于 12 m(目前设计提供为 5 m,相隔一根枕木的距离为宜)。

(5) 地面应答器应尽量安装在最小曲线半径大于 300 m 的线路上。

(6) 有源应答器的地面电子单元(LEU)应集中设置在信号机械室内,LEU 与应答器间采用信号电缆或专用屏蔽信号电缆进行连接,电缆最大长度应不大于 3.5 km。

7.2 应答器系统的组成及工作原理

7.2.1 应答器系统的组成

应答器系统包括地面设备和车载设备两部分。地面设备包括地面无源应答器和地面(轨旁)电子单元(LEU)连接构成的有源应答器。车载设备包括车载天线和应答器信息接收单元(balise transmission module,BTM)。应答器系统结构如图 7-5 所示。

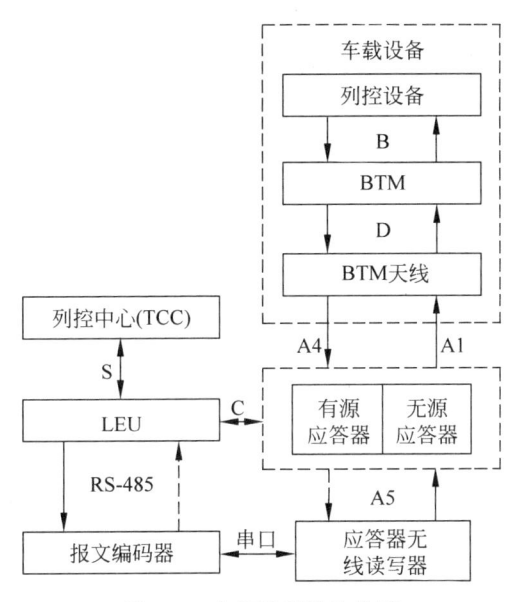

图 7-5　应答器系统结构图

1. 无源应答器

对无源应答器来说，首先要接收能源，因此无源应答器的设计比有源应答器复杂，但无源应答器去除电源电路而改用外部供电，即可当作有源应答器使用。

无源应答器由两部分组成，一是接收能源天线和发送信息天线，二是信息储存装置。列车接通应答器时，首先通过车载天线发送变频能源给地面应答器，应答器通过能源接收天线接收高频能源并转变成电能提供给信息储存装置及发送天线。信息储存装置将信息编码通过发送天线送向机车，车载设备通过接收天线收到地面数据，这样耦合一次，即完成一次传送信息任务。

2. 应答器地面电子单元（LEU）

LEU 是一种数据采集与处理单元，通过串行通信接口或其他接口与列车运行控制中心连接，周期接收列车运行控制中心发送的实时变化的信息，并连续向有源应答器发送报文，即具有报文透明传输功能。

一个 LEU 可以同时向 4 个地面有源应答器发送 4 种不同数据报文。列车接近地面有源应答器时，LEU 发送的数据报文应保持不变。LEU 能实时监测与地面有源应答器之间信息通道的状态，并及时向车站列控中心回送。当 LEU 与地面有源应答器通信中断时，不应产生危及行车安全的后果。当外部控制条件无效或通信故障时，LEU 应向有源应答器发送默认报文。

3. 车载天线（BTM 天线）

车载天线是一个双工的收发天线，既要向地面发送激活地面应答器的功率载波，还要同时接收地面应答器发送的数据报文。车载天线置于机车底部，距轨道 180～300 mm。

当天线的导体通过高频电流时，在其周围空间会产生电场与磁场，电磁场能离开导体向空间传播，形成辐射场。发射天线正是利用辐射场的这种性质，使车载主机传送的高频信号经过发射天线后能够充分地向空间辐射。当地面应答器被激活后,应答器发射另一个高频信号,在其电磁波传播的方向,天线就会产生感应电动势,此时与天线相连的接收设备输入端就会产生高频电流。接收效果的好坏除电波的强弱外,还取决于天线的方向性和与接收设备的匹配情况。

车载天线的外壳要由硬塑料做保护,防止异物撞击。车载天线具有自检和断线检查功能。

4. 应答器信息接收单元(BTM)

BTM 由电源板、发送器、接收器、解码板和三块通信板组成,用于完成对地面应答器数据信息的接收与处理。在整个列车运行期间,BTM 发送器产生 27.095 MHz 的能量信号,通过车载天线不断向地面发送,当列车经过地面应答器时,地面应答器被激活并将存储在其内的报文信息通过车载天线向 BTM 主机发送。BTM 主机接收到报文后进行解码还原、错误核对,并将解码后的数据传输给列控车载安全计算机,为生成制动模式曲线提供数据。BTM 通过电源线和通信线与外部接口连接。

7.2.2 应答器的工作原理

当机车经过地面应答器时,车载天线以 27.095 MHz 的无线射频激活应答器,应答器接收电磁能量并开始工作,以编码信息的形式向车载天线发射预置在应答器中的信息数据,应答器是以 4.234 MHz±200 kHz 的中心频率循环不间断地串行发送 1023 位传输报文,信息传输速率为 564.48 kbit/s,直至能量消失。车载天线与应答器之间的作用原理如图 7-6 所示。

无源应答器是一个信息编码调制器,由于其电源由车载天线感应而生,故其功耗要求非常严格。其基本组成原理如图 7-1 所示,当安装在列车底部的车载天线与地面应答器之间的磁场强度达到规定的范围时,应答器线圈感应到车载天线发出的功率信号,应答器电源电路通过变换器、检波和电压调节,输出系统工作所需的电压,系统进入工作状态。

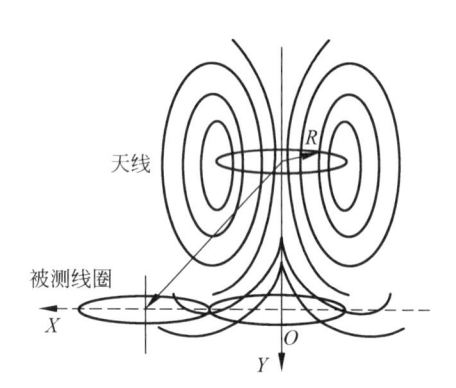

图 7-6 车载天线与应答器之间的作用原理

波形变换电路从感应线圈谐振频率信号中提取系统工作时钟,同时供给编码器和调制电路。编码器读取预置在系统 FLASH 中的信息,并给调制器输出编码条件。调制器从系统时钟获得产生 FSK 调制信号的上边频 f_1 和下边频 f_2。调制完成后的 FSK 信号要经低通滤波器整形之后放大,由天线发射出去。整个过程需要 3~5 ms。

由于发送的是相位连续的 FSK 信号,载频为 4.23 MHz,频偏高达 282 kHz,数传率为 564 kHz,FSK 信号调制指数 β 由下式计算:

$$\beta = 2\Delta f / f_i$$

式中,f_i 是以赫兹表示的数据频率;Δf 是载波的频偏。那么:

$$\beta = 2\Delta f/f_i = 2 \times 282 \text{ kHz}/564 \text{ kHz} = 1$$

在相位连续的 FSK 信号功率谱密度中,调制指数 $\beta=1$ 时,功率谱密度曲线在 f_1 和 f_2 处为 2 条线状谱。每条谱线所占功率都是信号功率的 1/4,2 条谱线共占信号总功率的 1/2,有利于降低接收的误码率。载波频偏(发射模式)取决于输入数据流的振幅,反过来也一样成立,解调后载波的数据振幅是载波偏差(接收模式)的函数,这一点对控制系统误码率(BER)是很重要的。

BER 是每个发射比特相对于每比特所包含噪声功率的函数,它们之间的关系用 E_b/N_0 表示,即每个比特的功率噪声比。可通过减少接收器噪声或提高发射功率来改善 E_b/N_0,也可提高每个发射比特的功率来改善 E_b/N_0。提高载波频偏能增加每个发射比特的功率,从而提高 E_b/N_0,降低比特差错率,但其负面影响是提高频偏会导致频宽增加,减少系统的信道数量。因此,对于无源应答器,降低 BER 只能通过减少接收器噪声和选择合适的编码模式来实现。

7.2.3 应答器系统的数据传输接口

如图 7-5 所示,应答器系统中存在多种数据传输接口,其中有源应答器与地面电子单元(LEU)之间需要有线接口,无源应答器不存在这个有线接口,也不需要 LEU。

1. 接口"A"

"A"接口为地面应答器与车载天线设备间的通信接口,其接口定义对确保不同应答器设备间互联互通及信息传输的高效、安全、可靠具有重要的意义。它具有以下功能:①车载天线设备向地面应答器提供电磁能量;②地面应答器向车载天线设备发送数据报文;③无线读写器对地面应答器读写数据报文(接口"A5")。应答器车→地传输(接口"A4")的功率载频为 27.095 MHz±5 kHz;应答器地→车传输(接口"A1")的中心频率为 4.234 MHz±200 kHz;应答器数据信号的调制方式为 FSK,平均数据传输速率为 564.48×(1±2.5%)kbit/s。

2. 接口"C"

"C"接口为 LEU 与地面有源应答器间的通信接口,它包含由 LEU 向地面有源应答器传输数据报文的接口"C1"、地面有源应答器向 LEU 回送被激活的信号接口"C4"、LEU 向地面有源应答器提供偏置电压的接口"C6",这三种接口信号同在一对专用屏蔽双绞电缆芯线中传输。接口"C"编码方式为双相差分电平编码(DBPL 编码)。地面有源应答器的接收速率与地面电子单元(LEU)发送速率相同。

有源应答器提供列车进路信息、股道长度、临时限速等动态信息。车站列控中心(TCC)采集来自联锁系统及调度中心的有关信息(如列车进站的股道号、股道长度、临时限速等),通过接口"S"传送至 LEU,再通过它控制有源应答器的发送,为列车提供实时信息。正常情况下,有源应答器接收 LEU 连续发送的报文并向列车传送,一旦与 LEU 的连接中断(电缆断线),当有源应答器被激活,在接口"C"检测不到有效信号时,将向通过列车传送自身预存信息(默认/缺省报文)。

3. 接口"B""D"

"B"接口为 BTM 与车载列控计算机设备间的通信接口,应采用 RS-485、CAN 总线或其他串行数据总线方式。

接口"D"为车载天线与 BTM 间的设备内部接口。

4. 接口"S"

"S"接口为应答器与道旁信号或车站联锁等设备间的通信接口,其中与计算机联锁设备连接采用 RS-485、CAN 总线或其他串行数据总线方式;与继电联锁设备连接可采用具有信号故障安全特性的继电器输入接口。采用主从通信方式,LEU 为从机,并采用双通道冗余方式进行通信,其通信波特率为 38400 bit/s。当采用现场总线进行通信时,其通信协议应符合 FSFB/2(第二代现场总线故障安全通信协议)或其他故障安全通信协议。继电器输入接口应符合铁路信号设备故障安全原则的要求,输入电压为直流 24 V。

7.2.4　应答器的用户报文结构及数据包分析

为适应列车不同的需求,应答器报文分长报(1023 位)和短报(341 位)两种,其中长报文的有效用户数据为 830 位,短报文为 210 位。用户数据先分为 10 位 1 组,经过扰码处理,再通过线性分组转为 11 位数据组,最后发送的编码数据还需加上若干控制位、额外形状位和校验位。编码后的报文在译码时不仅要通过数据校验,还需对数据进行有效性分析,这样可以防止随机干扰和突变干扰,以及传输过程中位滑动和位插入的干扰,保证数据的正确接收。通常使用 BCH 码(一种纠错码)来保护上传报文,该码是循环的,这意味着将任何有效的代码字一分为二并进行交换后,新的报文仍然是具有相同消息内容的有效报文。BCH 码主要用于探测错误,但是如果安全能够得到保证,也可用于纠错。该报文格式的主要优点是同步机制在报文内移动,且是奇偶位的一部分,简化了对代码的安全保护,因为在同步故障的情况下,要确定某一代码的效果是十分困难的。

1. 应答器的用户报文结构

每一条应答器用户报文都由帧标志(包头)、用户数据位和报文结束标志(结束包)构成,具体报文数据内容如表 7-1 所示。

表 7-1　应答器用户报文数据内容

帧标志(包头)50 bit	用户数据位 772 bit	结束包(11111111)8 bit

为保证应答器与动车组 ATP 车载设备的运用相匹配,应答器报文的格式采用统一的数据结构。在既有线 CTCS-2 级列控系统中,引用了欧洲定义的应答器链接包、线路坡度包、线路速度包、等级转换包、用户数据包、特殊区段包、文本信息包、地理位置信息包、调车危险包;根据 CTCS-2 级点连式列控系统的需求,参照欧洲报文定义的格式,我国自定义了轨道区段包、临时限速包、区间反向运行包、大号码道岔包和绝对停车包 5 个 CTCS 数据包。

(1) 应答器链接包(ETCS-5):提供应答器的链接信息,描述应答器的链接关系。数据包报文基准量为 69 bit,增量为 39 bit,总量为 $[69+(n-1)\times 39]$ bit,n 为链接应答器数目。

(2) 线路坡度包(ETCS-21):提供线路坡度信息。数据包基准量为 778 bit,增量为 24 bit,总量为 $[78+(n-1)\times 24]$ bit,n 为线路坡度数目。

(3) 线路速度包(ETCS-27):提供线路静态速度信息,为线路最大允许速度。数据包基准量为 86 bit,增量为 28 bit,总量为 $[86+(n-1)\times 28]$ bit,n 为线路允许速度数目。

(4) 等级转换包(ETCS-41):提供级间转换信息。数据包容量为 97 bit。

(5) 用户数据包(ETCS-44):主要是用于嵌套用户自定义的 CTCS 用户数据包,如轨道区段、临时限速、区间反向运行等。

(6) 特殊区段包(ETCS-68):可以向机车乘务员实时反映列车运行前方的一些特殊情况,如隧道、桥梁、无电区等。数据包容量为 114 bit。

(7) 文本信息包(ETCS-72):用于提供运行方向前方车站的名称,一般在列车进站外方 3 个闭塞分区开始显示,出站进入区间后,文本显示消失。该文本信息一般宜放置在进站外方 3 个闭塞分区处的无源应答器组中。

(8) 地理位置信息包(ETCS-79):用于提供接收到的应答器组的坐标信息、长短链预告或者千米标系变换,通常在每一个应答器组里都存在。

(9) 调车危险包(ETCS-132):用于在进、出站口处应答器向列车传送调车危险报文信息,可禁止列车以调车模式进入区间。在出站信号机处发送调车危险报文,可防止列车在没有排列调车进路时,以调车模式驶出股道。数据包容量为 24 bit。

(10) 轨道区段包(CTCS-1):提供线路轨道区段信息。数据包基准量为 93 bit,增量为 24 bit,总量为 $[93+(n-1)\times 24]$ bit,n 为轨道区段数目。

(11) 临时限速包(CTCS-2):提供线路临时限速信息。数据包容量为 122 bit。

(12) 区间反向运行包(CTCS-3):用于当区间反向运行,轨道电路发送轨道检查码(27.9 Hz),没有发送追踪码序时,给列车发送反向运行的起点及反向运行的长度。数据包容量为 122 bit。

(13) 大号码道岔包(CTCS-4):根据道岔区段空闲条件,给出道岔侧向允许列车运行的速度。数据包容量为 48 bit。

(14) 绝对停车包(CTCS-5):进出站有到发线信号关闭时,该处应答器发绝对停车报文。车载设备在完全监控、部分监控、调车监控、机车信号等各工作模式下接收到该报文均应触发紧急制动。车载设备在目视行车模式下不处理该信息包。

2. 应答器数据包分类

应答器按放置位置及其功能划分,主要有区间无源应答器组、进站口有源应答器组、出站信号机处有源应答器组、出站口有源应答器组、级间转换应答器组、大号码道岔应答器组。其包含的主要数据包内容如下。

1) 区间无源应答器组

区间无源应答器组在列车正、反向运行时,既有线和客运专线的数据包内容相同,具体数据内容如表 7-2 所示。

2) 进站口有源应答器组

在既有线和客运专线中,该组应答器包括有源和无源应答器。有源应答器提供列车进路等列车正向运行信息,无源应答器用于提供列车反向运行时的线路数据,并发送调车危险信息防止列车以调车模式进入区间运行。有源应答器数据内容如表 7-3 所示,无源应答器数据内容如表 7-4 所示。

表 7-2　区间无源应答器组数据内容

应答器 工作状态	用户信息报文包											
^	应答器 链接	线路 坡度	线路 速度	等级 转换	特殊 区段	调车 危险	CTCS 数据				
^	^	^	^	^	^	^	轨道 区段	临时 限速	区间反 向运行	大号码 道岔	绝对 停车
正向运行	√	√	√			√					
反向运行	√										

表 7-3　进站口有源应答器组内有源应答器数据内容

应答器 工作状态	用户信息报文包											
^	应答器 链接	线路 坡度	线路 速度	等级 转换	特殊 区段	调车 危险	CTCS 数据				
^	^	^	^	^	^	^	轨道 区段	临时 限速	区间反 向运行	大号码 道岔	绝对 停车
正线接车	√	√	√				√				
侧向接车-1		√	√				√				
侧向接车-2	√	√	√				√				
侧向接车-3	√	√	√				√				
反向发车	√					√					

注："侧向接车-1"为列车侧向接车,且无直股发车条件;"侧向接车-2"为列车侧向接车,且有直股正向发车条件;"侧向接车-3"为列车侧向接车,且有直股反向发车条件;"特殊区段"信息报文包在有特殊区段的情况下使用。

表 7-4　进站口有源应答器组内无源应答器数据内容

应答器 工作状态	用户信息报文包											
^	应答器 链接	线路 坡度	线路 速度	等级 转换	特殊 区段	调车 危险	CTCS 数据				
^	^	^	^	^	^	^	轨道 区段	临时 限速	区间反 向运行	大号码 道岔	绝对 停车
反向发车		√	√			√	√				

3) 出站口有源应答器组

在既有线和客运专线中,该组应答器中有源应答器的数据内容与进站口有源应答器数据内容相似,无源应答器的数据内容与区间无源应答器数据内容相同,且发送调车危险信息防止列车以调车模式进入区间运行。有源应答器数据内容如表 7-5 所示,无源应答器数据内容如表 7-6 所示。

表 7-5　出站口有源应答器组内有源应答器数据内容

应答器 工作状态	用户信息报文包											
^	应答器 链接	线路 坡度	线路 速度	等级 转换	特殊 区段	调车 危险	CTCS 数据				
^	^	^	^	^	^	^	轨道 区段	临时 限速	区间反 向运行	大号码 道岔	绝对 停车
正向发车	√						√				
反向正线 接车	√	√	√				√	√			

续表

应答器 工作状态	用户信息报文包											
^	应答器 链接	线路 坡度	线路 速度	等级 转换	特殊 区段	调车 危险	CTCS 数据				
^	^	^	^	^	^	^	轨道 区段	临时 限速	区间反 向运行	大号码 道岔	绝对 停车
反向侧向接车-1		√	√				√	√			
反向侧向接车-2	√	√	√				√	√			
反向侧向接车-3	√	√	√				√	√			

表 7-6　出站口有源应答器组内无源应答器数据内容

应答器 工作状态	用户信息报文包											
^	应答器 链接	线路 坡度	线路 速度	等级 转换	特殊 区段	调车 危险	CTCS 数据				
^	^	^	^	^	^	^	轨道 区段	临时 限速	区间反 向运行	大号码 道岔	绝对 停车
正向发车		√	√		√						

4) 出站信号机处有源应答器组

在既有线提速中,未设置该应答器组,但在客运专线中,为保证列车在车站内运行的安全性,以及列车在站内数据的完整性,设置了该应答器组。

当车站排列接车进路时,出站信号机处的应答器发送默认报文,其中默认报文的内容还应含有绝对停车数据包 CTCS-5。该信息包在没有排列进路时发车方向有效。有源应答器的数据内容如表 7-7 所示,无源应答器的数据内容如表 7-8 所示。

表 7-7　出站信号机处应答器组内有源应答器数据内容

应答器 工作状态	用户信息报文包											
^	应答器 链接	线路 坡度	线路 速度	等级 转换	特殊 区段	调车 危险	CTCS 数据				
^	^	^	^	^	^	^	轨道 区段	临时 限速	区间反 向运行	大号码 道岔	绝对 停车
接车进路						√					√
发车进路	√	√	√		√	√	√				

表 7-8　出站信号机处应答器组内无源应答器数据内容

应答器 工作状态	用户信息报文包											
^	应答器 链接	线路 坡度	线路 速度	等级 转换	特殊 区段	调车 危险	CTCS 数据				
^	^	^	^	^	^	^	轨道 区段	临时 限速	区间反 向运行	大号码 道岔	绝对 停车
接车方向		√	√				√				
发车方向											

5) 级间转换应答器组

该组应答器提供 CTCS-2 至 CTCS-0/1 或 CTCS-0/1 至 CTCS-2 转换处的线路信息。其由 3 组应答器组成,分别是正向预告点应答器组、执行点应答器组和反向预告点应答器组,由于均提供线路固定信息,所以采取成对无源应答器提供该信息。预告点应答器组数据内容如表 7-9 所示,执行点应答器组数据内容如表 7-10 所示。

表 7-9 级间转换处预告点应答器组数据内容

应答器 工作状态	用户信息报文包							CTCS 数据			
	应答器链接	线路坡度	线路速度	等级转换	特殊区段	调车危险	轨道区段	临时限速	区间反向运行	大号码道岔	绝对停车
CTCS-0/1 至 CTCS-2	√	√	√	√			√				
CTCS-2 至 CTCS-0/1	√	√	√	√			√				

表 7-10 级间转换处执行点应答器组数据内容

应答器 工作状态	用户信息报文包							CTCS 数据			
	应答器链接	线路坡度	线路速度	等级转换	特殊区段	调车危险	轨道区段	临时限速	区间反向运行	大号码道岔	绝对停车
CTCS-0/1 至 CTCS-2	√	√	√	√			√				
CTCS-2 至 CTCS-0/1		√	√	√			√				

6) 大号码道岔应答器组

该组应答器根据道岔区段空闲条件,给出道岔侧向允许列车运行的速度;且根据道岔区段空闲条件的不同,同一大号码道岔其侧向允许列车运行的速度可以有多个等级。当大号码道岔侧向允许列车运行的速度小于或等于 80 km/h 时,应答器可以不给出"大号码道岔"报文。当列车进路为道岔正向时,该应答器发送默认报文,默认报文的内容与区间无源应答器相似。其数据内容如表 7-11 所示。

表 7-11 大号码道岔应答器组数据内容

应答器 工作状态	用户信息报文包							CTCS 数据			
	应答器链接	线路坡度	线路速度	等级转换	特殊区段	调车危险	轨道区段	临时限速	区间反向运行	大号码道岔	绝对停车
正向运行	√	√	√				√			√	
反向运行	√										

3. 应答器的链接关系及数据覆盖范围

在 CTCS-2 级列控系统中,信息内容涉及行车安全的应答器组之间建立链接关系。当列车正向运行时,一个应答器组与同一运行方向连续两个相邻应答器组建立链接关系;当列车反向运行时,一个应答器组应与同一运行方向相邻一个应答器组建立链接关系,如图 7-7 所示。

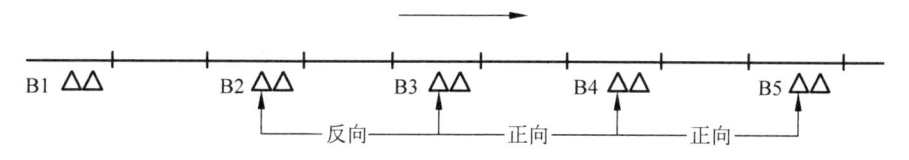

图 7-7 应答器链接关系示意图

列车正向运行时,一个应答器组链接其运行方向连续两个相邻应答器。若丢失一个应答器的数据包,不影响列车正常运行;仅在连续丢失两个应答器数据包的情况下,列车采用常用制动或紧急制动。

区间无源应答器的数据范围为链接同一方向相邻两个应答器组,再加上一个制动余量。对于既有线提速 200 km/h 区段,其制动余量按 4.5 km 计算;对于设计最高速度 250 km/h 的客运专线,其制动余量按 7 个闭塞分区计算。区间无源应答器组数据覆盖范围如图 7-8 所示。

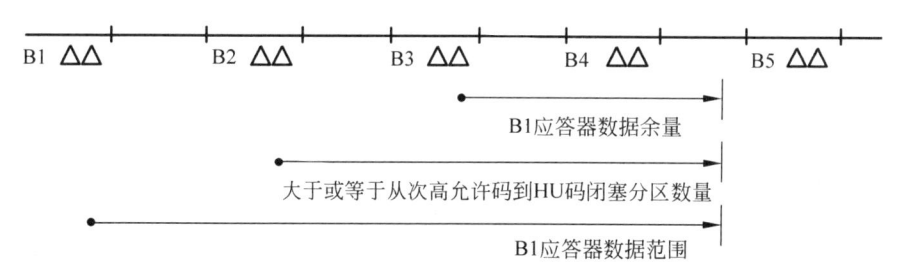

图 7-8 区间无源应答器组数据覆盖范围

列车在站内运行时,需有站内设置的应答器提供线路静态数据及进路等相关动态数据。站内设置的应答器,其链接关系及数据覆盖范围与区间无源应答器类似,均为链接同方向的相邻两个应答器组,再加一个制动余量。

列车反向运行时,按站间自动闭塞运行,区间运行的应答器数据内容由进站口应答器组内无源应答器提供,其数据覆盖范围如图 7-9 所示。

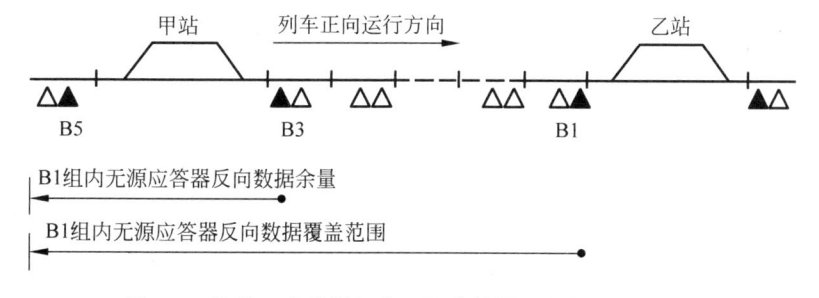

图 7-9 进站口应答器组内无源应答器反向数据覆盖范围

当区间轨道区段较多,且进站口应答器组内无源应答器的容量无法满足时,需增加反向中继,此时,进站口的无源应答器与反向中继的数据覆盖范围都将缩小,以满足数据包的容量,具体数据范围为到下一个提供反向线路数据的应答器组再加上一个制动余量。

7.3 应答器的设计和应用

7.3.1 我国 CTCS 列控系统应答器的设置原则

(1) 用于识别运行方向的应答器组应至少包括 2 个应答器,用于修正列车位置的应答器组可只用 1 个应答器。

(2) 在区间闭塞分区入口处设置 2 个及以上无源应答器构成应答器组,提供线路参数和运行方向。300~350 km/h 的客运专线应在每个闭塞分区设置,200~250 km/h 的客运专线可间隔 1 个闭塞分区设置。

(3) 进站信号机(含反向)处设置由有源应答器和无源应答器组成的应答器组,提供进路参数、临时限速、调车危险等信息。

(4) 出站信号机处设置由有源应答器和无源应答器组成的应答器组,提供绝对停车、进路参数、临时限速、调车危险等信息。

(5) 区间中继站处设置 1 个有源应答器,提供临时限速等信息。

(6) 应答器组内相邻应答器间的距离为 (5 ± 0.5) m。设置在闭塞分区入口处、进站信号机处的应答器组距调谐单元或机械绝缘节 (20 ± 0.5) m(从最近的应答器计算)。

(7) 出站信号机处应答器组安装在出站信号机前方 85 m 处。当信号关闭时,该应答器组发送绝对停车报文,车载设备在各工作模式下接收到该报文均应触发紧急制动停车。

(8) 在大号码道岔(18 号以上)前产生 U2S 码的闭塞分区入口处应设置由有源应答器和无源应答器组成的应答器组,根据道岔区段空闲条件,给出道岔侧向允许列车运行的速度。

(9) 集中设置在信号机械室内、控制正线有源应答器的 LEU 设备应采取冗余措施。LEU 应具备应答器电缆的断路及短路监测功能。

7.3.2 既有线 CTCS-2 提速区段应答器的设置

在既有线 200 km/h 提速 CTCS-2 区段中,线路最高运行速度为 200 km/h,最高码序为 L3,常用制动余量取 4.5 km。应答器的布置在位置加以限定的基础上,兼顾了应答器的容量要求,以及车载处理的逻辑要求。

这一方案的布置原则是:每个应答器正、反向连接两个应答器,同时加上常用制动距离(200 km/h 线路为 4.5 km),并且数据范围宜满足列车运行在应答器未丢失情况下,能够生成从最高的允许码到 HU 码的控车模式曲线所需的闭塞分区数量。

(1) 原则上顺着列车运行方向,在坡度变化较少、线路状况较好(无或者较少分割点)的区段按间隔三个闭塞分区预布。

(2) 线路状况复杂、坡度变化频繁的区段按间隔两个甚至一个闭塞分区布置。确保当两个相邻且数据冗余的链接应答器(组)失去链接关系时,列车运行应不受影响;当三个相邻且数据冗余的链接应答器(组)失去链接关系时,列车应采取常用制动,且冗余数据应满足制动距离要求。

(3) 进站口和出站口有源应答器和无源应答器成组设置,用以确定列车运行方向。有源应答器主要提供临时限速信息,无源应答器提供线路固定信息。有源应答器靠近站舍,进站口无源应答器用于反向行车,通过容量检算,若容量溢出,需在区间中间位置增加反向中继。

(4) 在 CTCS-0/1 至 CTCS-2 或 CTCS-2 至 CTCS-0/1 级间转换处,设置三组由两个无源应答器组成的应答器组,分别为正向预告点应答器组、执行应答器组和反向预告点应答器组。

(5) 应答器组内相邻应答器间的距离为(5 ± 0.25) m。

(6) 设置在闭塞分区入口处、进站信号机处的应答器组距调谐单元或机械绝缘节的距离宜为(15 ± 0.25) m(从最近的应答器计算)。

既有线提速的 CTCS-2 区段主要包含以下几种类型的应答器布置。

1. 区间有绝缘信号点应答器(组)布置

按列车正向运行方向布置,应答器组内最后一个应答器布置在距绝缘节 15 m 处,组内相邻两个应答器间距为 5 m,如图 7-10 所示。

2. 区间无绝缘信号点应答器(组)布置

按列车正向运行方向布置,应答器组内最后一个应答器距调谐单元(BA)不小于 15 m(如果在两根轨枕间,安装在远离 BA 的轨枕上,如遇到护轮轨需商定调整),组内相邻两个应答器间距为 5 m,如图 7-11 所示。

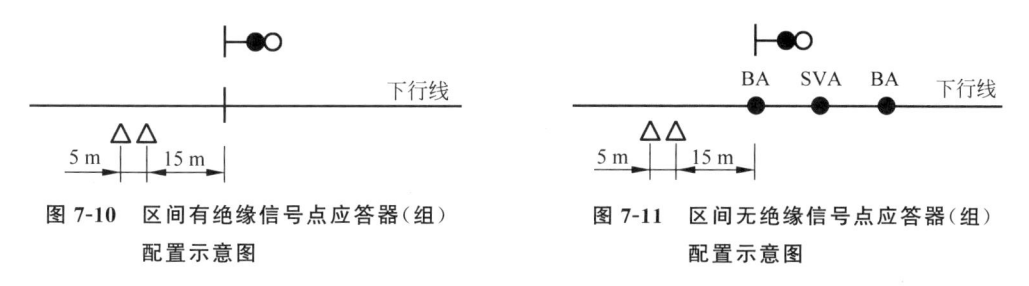

图 7-10 区间有绝缘信号点应答器(组)配置示意图

图 7-11 区间无绝缘信号点应答器(组)配置示意图

3. 进、出站口应答器(组)布置

进站口和出站口有源应答器和无源应答器成组设置,用以确定列车运行方向。有源应答器主要提供临时限速信息,无源应答器提供线路固定信息。有源应答器设置靠近站舍,正向运行时,组内最后一个应答器分别布置在进站信号机处绝缘节和反向进站信号机处绝缘节外方 15 m 处,应答器组内相邻应答器间距为 5 m,如图 7-12 所示。

4. 级间转换应答器(组)布置

级间转换应答器设置于区间列车较少使用制动的区段,距进、出站端距离大于 450 m,包含预告点应答器组、执行点应答器组和反向预告点应答器组。执行点应答器组内最后一个应答器距调谐单元(BA)15 m,组内相邻两个应答器间距为 5 m。预告区段长度应满足即

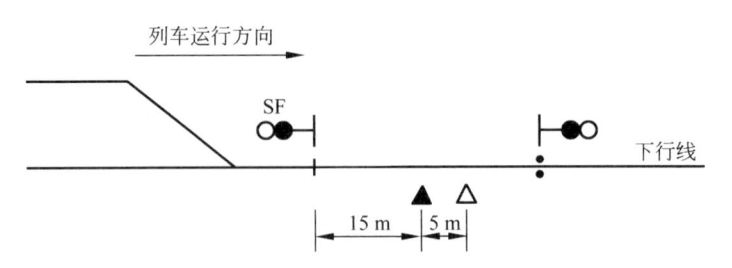

图 7-12　进、出站口应答器(组)配置示意图

将转换的列控系统设备投入正常工作和司机确认所需要的时间,一般按 5 s 设计,距执行点约 240 m,如图 7-13 所示。

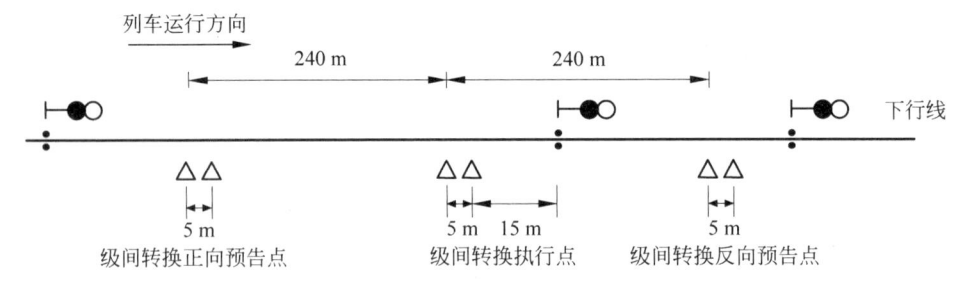

图 7-13　级间转换应答器(组)配置示意图

5. 大号码道岔应答器(组)布置

在大号码道岔前发送 U2S 码的轨道电路入口处应设置一个有源应答器(组),如图 7-14 所示。

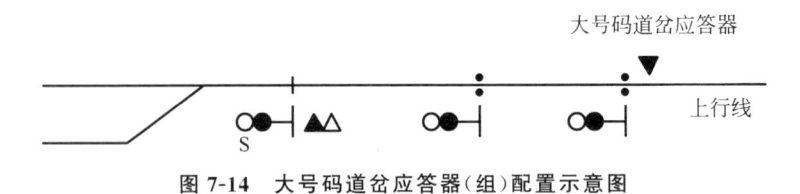

图 7-14　大号码道岔应答器(组)配置示意图

7.3.3　客运专线应答器的布置

在客运专线(以线路最高运行速度 250 km/h 为例)中,最高码序为 L5,经计算常用制动余量取 7 个闭塞分区(每个闭塞分区长度约为 1300 m)。区间应答器成对布置,极大满足了容量问题。故在布置的时候,可不考虑容量。同时由于应答器组链接的第一组、第二组应答器间间隔两个闭塞分区,数据覆盖范围满足了从最高的允许码到 HU 码(列控中使用的一种码,HU 码主要用于站内列车或通过信号机)的控车模式曲线所需的闭塞分区数量,即不存在码序检查问题,无须进行码序检查。布置原则是:

(1) 每间隔两个闭塞分区入口处设置 2 个无源应答器构成应答器组。

(2) 进站信号机(含反向)处设置由 1 个有源应答器和 1 个无源应答器组成的应答器组,提供临时限速、接车进路参数、调车危险及发车方向的区间轨道电路和线路参数等信息。

（3）用于识别运行方向的应答器组至少包括 2 个应答器；用于修正列车位置的应答器组可用 1 个应答器。

（4）侧线出站信号机处设置 1 个有源应答器和 1 个无源应答器组成的应答器组，提供绝对停车信息和发车进路信息等。

（5）级间转换区段成对设置预告点应答器组、执行点应答器组和反向预告点应答器组。

（6）应答器组内相邻应答器间的距离为 (5 ± 0.25) m。

（7）设置在闭塞分区入口处、进站信号机处的应答器组距调谐单元或机械绝缘节的距离宜为 (20 ± 0.25) m（从最近的应答器计算）。应答器的布置如图 7-15 所示。

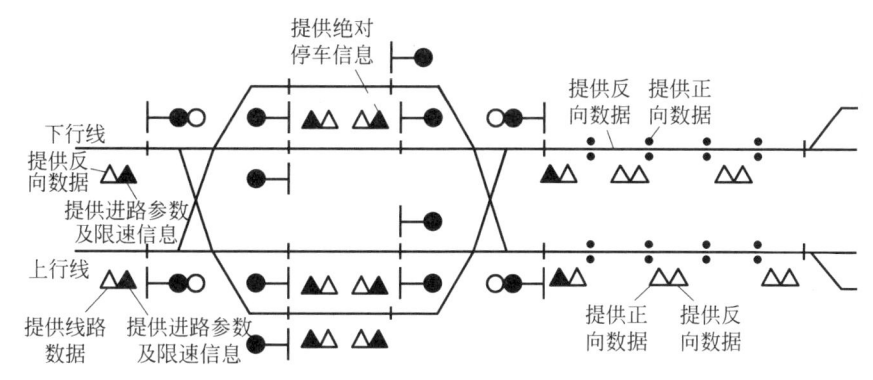

图 7-15　200～250 km/h 的客运专线应答器配置示意图

7.4　轨道感应环线

7.4.1　轨道感应环线的基本概念

在轨道上高速行驶的列车需要了解运行前方许多情况，也需要将本列车运行状况反映给调度中心，因此，列车需要与地面交换信息，最好是连续不断地与地面交换信息。要实现这个目标，点式应答器由于其点式布置，无法完成，轨道电路由于其传输特性限制，也很难完成。因此，人们考虑采用车与地面的感应信息交换方式。如图 7-16 所示，德国在 20 世纪 60 年代开始研究轨道交叉感应环线方法，实现了车-地信息传输，20 世纪 80 年代开始推广应用，先后研发了 LZB72、LZB100、LZB80、LZB500 等系列产品，其他发达国家也相继应用了轨道交叉感应电缆方法。在地铁系统中甚至用轨道交叉感应电缆方法实现了移动闭塞控制。我国铁路的秦沈客运专线也部分应用了轨道交叉感应电缆技术，许多地铁线路依靠轨道交叉感应电缆方法实现列车控制。

7.4.2　轨道感应环线的基本工作原理

轨道感应环线系统，是指地面沿着轨道布置有感应环线，列车上安装了感应线圈，列车在轨道上行驶与感应线圈相互感应，就可以构成与地面的连续、双向信息交换。

其基本工作原理如图 7-17 所示。在轨道上铺设交叉感应回线，并对回线通以一定频率的正弦信号，然后通过车载感应线圈和地面交叉感应回线的电磁耦合完成信号和数据的传

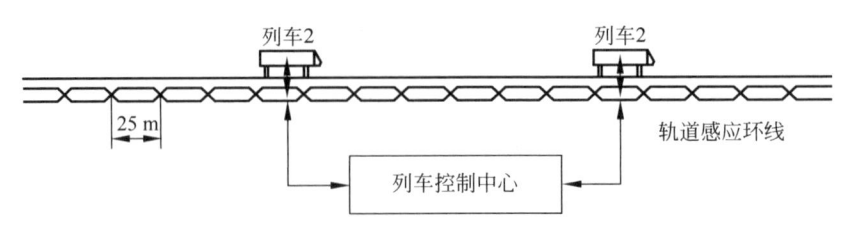

图 7-16 轨道交叉感应环线图

输。从地面向机车传输信息的频率为 (36 ± 0.4) kHz、传输速率为 1200 bit/s,机车向地面的传输频率为 (56 ± 0.2) kHz、传输速率为 600 bit/s。地面向列车传递各种速度数据、线路速度、目标速度、目标距离等信息。列车向地面主要传递列车位置确认信息及列车其他数据(如列车长度、速度、机车类型等)。采用这种方式,通过地面控制中心系统及车载列控设备可以实现列车的闭环控制。

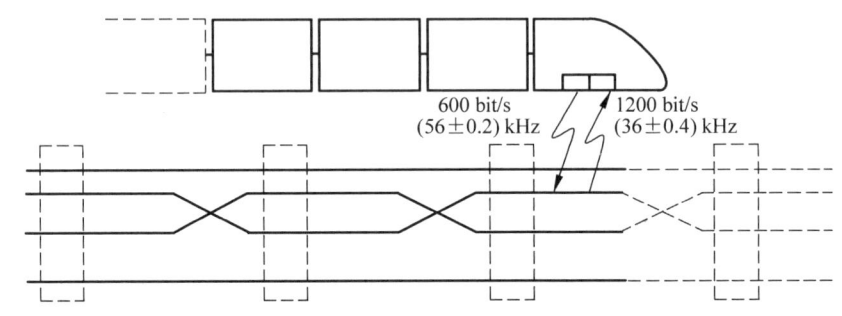

图 7-17 车载感应线圈和地面交叉感应回线的数据传输原理图

这种感应环线的两根电缆每隔一个轨道长度要相互交叉一次,如图 7-16 所示,主要作用为:

(1) 可以避免牵引电流对感应环线的干扰。

(2) 与其他双绞电缆一样,交叉可以减少累积感应干扰。

(3) 可以传递列车定位信息。

交叉回线将交变电信号送到沿钢轨线路铺设的交叉回线上,在回线上产生交变电磁场,车载设备在经过每个交叉时能够检测到信号相位的变化,当列车驶过一个交叉点时,利用信号相位的变化引发地址码加 1,由车载计算机根据地址码计算出列车的地理位置,这样就可以用绝对地址信息对机车里程计产生的定位记录进行误差修正,减少由于车轮滑行及空转造成的位置误差。因此,利用极性交叉可以实现列车的定位。

7.4.3 轨道感应环线的应用

1965 年开始,德国西门子公司开发了世界上首次实现连续速度控制模式的列车运行控制自动系统(LZB 系统),该系统利用轨道电缆作为车-地间双向信息传输的通道,利用轨道电路来检查列车占用。1965 年在慕尼黑—奥斯堡间首次运用,1992 年开通了西班牙马德里至塞维利亚 471 km 高速线。

1. LZB 系统的结构

LZB 自动列车运行控制系统主要由两大部分组成：地面设备和车载设备。系统组成如图 7-18 所示。

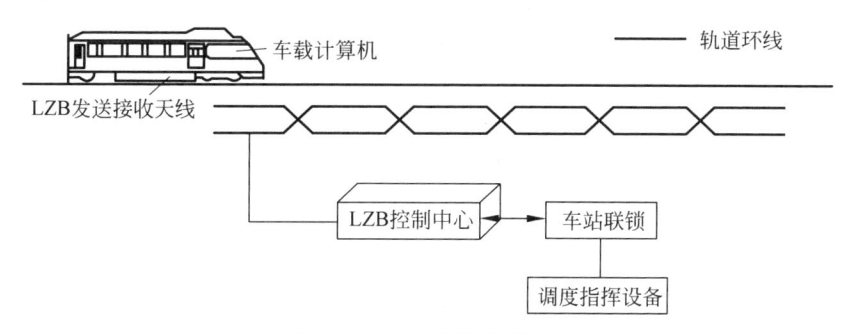

图 7-18　LZB 系统结构图

1) 地面设备

地面设备主要由 LZB 控制中心、轨间感应环线和轨旁单元等组成。

控制中心主要是接收和发送相关的列车运行控制信息。

控制中心通过轨间感应环线等设备接收的信息包括：信号开放条件、线路条件、区间临时限速、列车信息（制动类别、列车长度、制动能力等）、列车动态信息、上一个控制中心传递来的控制权。

控制中心发送的信息包括：向列车发送控制命令，向下一个控制中心转移控制权，向调度监督中心报告列车位置、列车速度等辅助信息。

2) 车载设备

车载设备主要由车载计算机单元、感应接收线圈等设备组成，按"3 取 2"原理配备。车载计算机控制单元是控制系统的核心，控制单元主要通过车载感应线圈与地面轨道环线之间相互交换信息，从地面接收相关控制信息，同时可以通过感应线圈向地面传递列车的运行速度等信息，实现了地面-列车双方向信息传递。LZB 系统车内设有主体化机车信号，在机车上显示列车实际速度、目标速度、目标距离、应有速度等。

2. 列车控制的基本原理

如图 7-19 所示，地面控制中心按地理位置存储了各种地面信息（线路坡度、曲线半径、缓行区段的位置与长度等），此外，沿线的信号显示、道岔位置及列车的有关信息（车长、制动率、所在位置、实时速度等）不断地经过轨间电缆传输到地面控制中心。地面控制中心根据线路状况、列车运行的位置和前后列车之间的运行间距计算出列车允许的最高运行速度、目标速度及制动曲线，并通过轨间电缆将上述控制信息传递给机车，车载计算机依据地面控制中心的控制信息来控制列车的运行，如果列车的运行速度低于最大允许速度，则车载防护系统 ATP 不启动，如果列车的运行速度超过最大允许速度，则车载防护系统 ATP 启动，对列车进行制动，以降低列车运行速度。地面控制中心计算出的最大允许速度是根据线路状况、列车运行的位置和前后列车之间的运行间距随时改变的。还有一种方法是：地面控制中心不对列车的允许运行速度进行计算，而仅仅将线路状况、列车运行的位置和前后列车之间的运行间距等信息通过轨间电缆传递给机车，由车载计算机计算出列车的最大允许速度,并由车载计算机来控制列车的运行。为了实现断轨检查和区段占用检查,LZB系统还设置了音频轨道电路。

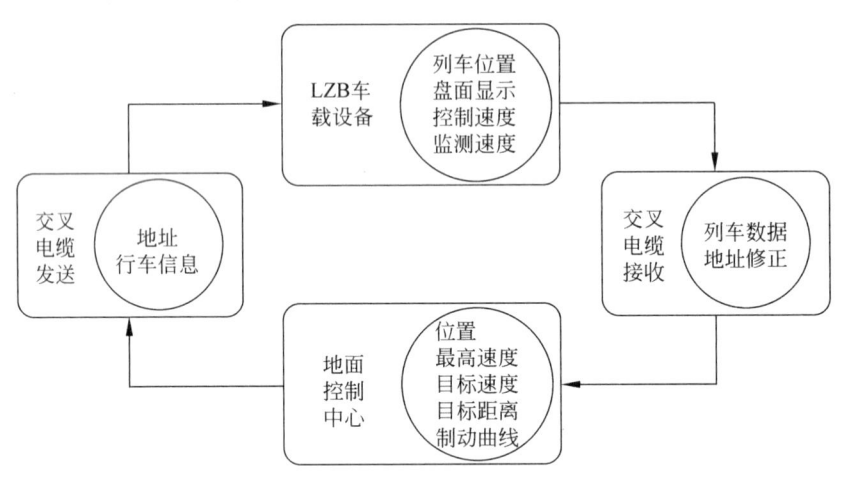

图 7-19 LZB 系统控制原理图

LZB 系统由地面控制中心、传输设备、轨道电路和机车装置组成。

(1) 地面控制中心采用 16 位微型计算机,储存线路参数等固定信息以及区间允许最高速度、限速区段等数据。

(2) 轨道电缆铺设在轨道上,实现地-车双向通信,地面向机车发送呼叫的电码长 83.5 位,载频为 36 kHz,传输速率为 1200 bit/s;电缆每 100 m(或 50 m)交叉一次,交叉点形成零电平用于列车定位。

(3) 机车装置向地面发送载频为 56 kHz 的电码,速率为 600 bit/s,码长 41 位。

(4) 列车占用检查采用 FTGS/FTGL 两种音频轨道电路,其频率范围为:

FTGS917 型使用 9.5～16.5 kHz,用于车站;

FTGS46 型使用 4.75～6.25 kHz,用于车站;

FTGL48 型使用 4.75～8.25 kHz,分 4 个频率用于区间。

3. LZB 自动列车控制系统的特点

LZB 连续式自动列车运行控制系统根据信号命令、列车运行信息、地面线路条件等因素制定机车运行速度曲线,实时传递给机车,机车接收到相关信息后,根据速度运行曲线自动控制列车运行。

轨间环线传递车-地信息的方式是一种既能保证行车安全,又能提高运行效率的准移动闭塞制式,它采用在钢轨中间敷设交叉环线(地铁一般 25 m 交叉一次,大铁路一般 100 m 交叉一次),实现车-地信息的双向传递,车-地之间传递的是数字编码信息,是一种数字化的信息方式,这种方式的信息传输量大,较少受到外界气候条件对信息传递的干扰和影响,提高了系统的可靠性。

LZB 连续式自动列车运行控制系统的列车运行间隔时间比较短,前后车辆时间间隔可以小于 120 s,列车自动运行准点率比较高,地面信号机数量少,司机以地面控制信息作为主要的运行控制命令,行车指令连续显示,列车行驶速度连续监控,适用于大容量运输系统。

4. 轨间感应环线

车-地信息利用敷设在钢轨中间的交叉感应环线进行,可以避免外界环境的影响和抗牵引电流的干扰,轨间电缆每隔一定距离(例如地铁中一般每隔 25 m,铁路上可以采用每隔 100 m)作一个交叉,一个中继器最多可以控制 128 个电缆环路,所以一个中继器的最大控制距离为：128×25 m＝3200 m(以地铁为例)。具体原理如图 7-20 所示。

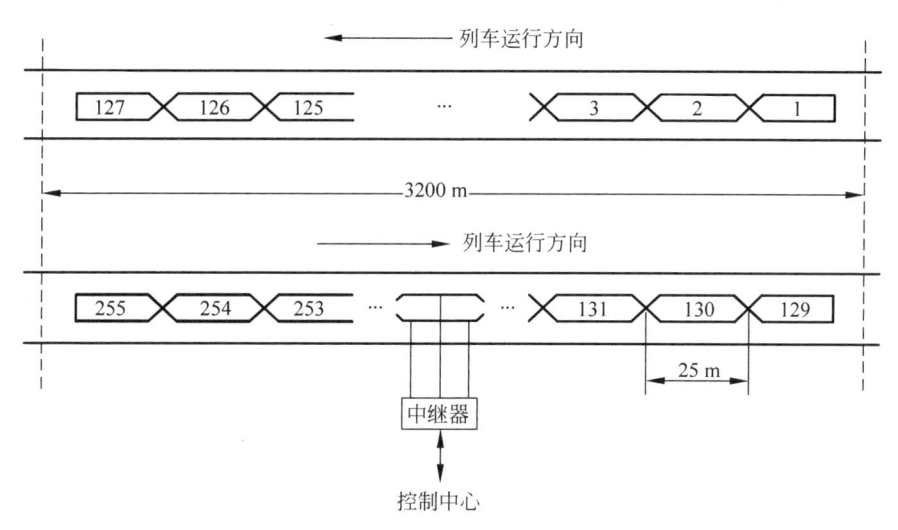

图 7-20 轨间感应环线布置图

如图 7-21 所示,地面控制结构是由控制中心和沿线设置的若干中继器采用两级控制方式来实现的。

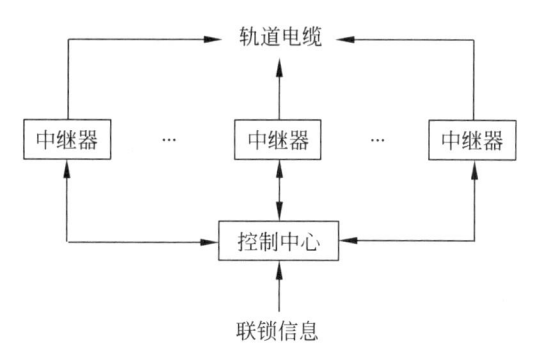

图 7-21 地面控制结构图

中继器是控制中心与轨间电缆的中间环节,它的功能是把控制中心的命令通过轨间电缆传递给机车,将机车信息传输给控制中心,实现控制中心与轨间电缆之间的信息交换。中继器需要完成频率变换、电平变换、功率放大及抑制干扰等任务,其工作原理如图 7-22 所示。

列车运行具体位置的确定是通过地址码来实现的,采用 14 位电码结构来表示列车的位置信息,如图 7-23 所示。其中最高位为列车运行方向码,第 11～13 位为对应中继器的代码,第 4～10 位为表示列车处于具体环路的粗地址码,当列车每驶过一个交叉点时,利用信

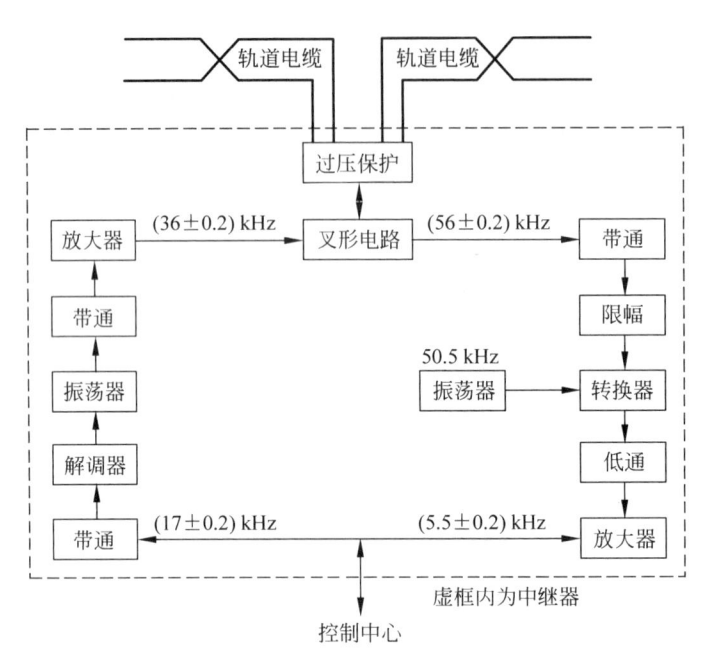

图 7-22 中继器的工作原理图

号极性的变化,粗地址码就会加 1,第 1~3 位为细地址码,当列车每驶过 $25\ \text{m} \times 1/8$,细地址码就会加 1。当控制中心接收到地址码后,通过解码确定列车的具体位置。

图 7-23 用于列车定位的地址码结构图

例如,控制中心接收到的地址码为:
$$00100001011010$$
解码:
(1) 列车为下行方向。
(2) 中继器代码为:010(4#中继器)。
(3) 粗地址码为:0001011(十进制的 11),即列车处于第 11 环路。
(4) 细地址码为:010(十进制的 2),即列车处于 11 环路的 $25\ \text{m} \times 1/8 \times 2 = 6.25\ \text{m}$ 处。
最终定位为:
$$25\ \text{m} \times 128 \times 4 + 25\ \text{m} \times 11 + 6.25\ \text{m} = 13081.25\ \text{m}$$

这个距离就是列车距离控制中心的距离,各个列车的具体位置确定下来以后,车载防护系统 ATP(自动制动装置)根据计算出的或地面控制中心传递的列车最大允许速度来控制列车的运行,防止列车超速。

LZB 系统由于车-地信息传递采用轨间电缆,数据传输受外界的影响比较小,避免了牵引电流的干扰,数据传输不受隧道、高山、森林和其他通信信号的干扰,但是信息传输要另外敷设轨间电缆,不利于机械化养护,造价成本较高,受防盗及工务线路养护等因素的限制,更加适合在地铁、轻轨运输系统使用。

习题

1. 简述应答器的基本工作原理。
2. 应答器的主要用途是什么?试述应答器传输信息的种类。
3. 有源应答器与无源应答器有什么区别?
4. 地面电子单元的主要功能是什么?
5. 简述车载应答器传输模块的功能和工作原理。
6. 如何检查地面应答器的报文是否正确?
7. 描述应答器的报文格式和位数。
8. 报文中信息包有哪几类?分别简述其数据内容。
9. 举例说明应答器的命名原则和应答器编号的构成。
10. 进站信号机处应设置什么类型的应答器,提供哪些信息?
11. CTCS级间转换应答器组包括哪些应答器?预告区段长度如何确定?
12. 试比较应答器与轨道环线的优缺点。
13. 轨道感应环线为什么要交叉?

第8章 信号电源屏

电源是铁路信号设备工作的基础，虽然信号设备各不相同，使用条件各异，但总的来说，对电源的可靠程度都有较高要求，对供电电压及其频率的稳定性也有一定要求，即要求保证供电的安全。

信号电源屏是将电源引入、配电、变压、稳压、整流及电源防护等元器件组装在一起的柜状设备，是电气集中联锁、自动闭塞、驼峰信号设备等的供电装置。电源屏必须保证不间断地供电，并且不受电网电压波动和负载变化的影响，还要保证供电安全。

8.1 电源屏概述

8.1.1 信号设备对供电的基本要求

信号设备对供电的三大基本要求是：可靠、稳定和安全。

1. 要求电源可靠

信号电源原则上应与城市轨道交通其他部门的电源结合考虑，以统一和简化供电系统，便于维护管理。但根据其重要性和管理分工的不同，也有单独设置供电系统的情况。

为了保证供电可靠，按信号设备与行车的关系划分供电等级以便管理，并设置备用电源。对供给的电源，按其可靠程度分为三类。

第一类电源是能取得两路可靠的独立电源，其中一路为专盘专线，或虽不能取得专用电源，但能由其他重要线路接引供电；供电容量满足信号设备的最大用电量；电压、频率的波动在容许范围之内，或电压波动虽较大但能稳压。

第二类电源只能取得一路电源，但质量较好，供电容量、电压和频率的波动情况与第一类电源相同。

第三类电源是不能满足第一、二类电源条件的其他电源。

按因事故停电所造成的后果，可将信号供电的负荷等级划分如下：

(1) 一级负荷：凡发生停电就会造成运输秩序混乱的负荷；

(2) 二级负荷：凡偶尔短时停电不会马上打乱行车计划，但停电时间长了也会影响运输秩序的负荷；

（3）三级负荷：其他。

信号设备中的联锁系统、列控设备等都是一级负荷。

一级负荷由第一类电源供电时，一般不需另设备用电源，但要求自动或手动转换两路电源时，供电中断时间不大于 0.15 s，以免在电源转接过程中使原吸起的继电器落下而影响行车。各种采用计算机的信号系统，为保证不中断供电，需使用 UPS。

2. 要求电源稳定

为使电源可用，必须规定信号设备供电电压的允许波动范围及交流电源的频率波动范围。三相交流供电时各相负载应力求平衡，以提高供电效率和设备利用率，减小电压波形的畸变。

供电电压、频率的允许波动范围及允许的负荷功率因数在正常情况下应符合下列标准：

（1）交流供电电压波动，一般为在 380 V 供电母线上±10%，因一般供电变压器输出为 400 V，已提高了 5%，所以实际上允许的交流供电电压波动范围为 −15%～+5%。

（2）直流供电电压波动，一般为±10%。但对于电子设备，还必须采用专用的稳压设备。

（3）频率波动一般为±(0.5～1) Hz。

（4）负荷功率因数不低于 0.85。

3. 要求电源安全

为了保证供电安全，信号电源设备必须采取以下措施：

（1）信号设备的专用低压电源都要对地绝缘，以免在发生接地故障时造成电路错误动作。供电变压器的初级和次级间应用铜板隔离接地，以免初次级间击穿漏电而影响安全。

（2）信号设备的供电种类和电压等级较多，必须分路供电，并用变压器隔离，力求发生故障时缩小故障范围，避免故障扩大化。

（3）使用电缆供电时要考虑电缆芯线间的分布电容形成串电的问题，必要时应分开电缆供电。

（4）一般交流电源均由架空线路供电，必须考虑防雷，防止浪涌电压影响，以及安全接地问题。

（5）信号设备的保安系统如采用断路器组成，断路器的容量应经计算确定，并应满足动作的选择性（分支断路器先动作，总断路器后动作）及灵敏度（动作时间）的要求。

（6）高压（交流 380/220 V、直流 100 V 以上）设备要隔离。以保证人身安全。

8.1.2 铁路信号设备的供电概况

1. 车站联锁设备的供电概况

1）大站继电集中联锁的供电概况

大站继电集中联锁是一级负荷，信号楼应引入两路可靠的独立电源，一般将两路电源降压后同时引入信号楼，在低压侧进行自动切换。

（1）第一种供电方式，信号楼两路电源由车站环状供电系统供电。在正常情况下，高压环状线路要在信号楼两个降压变压器之间设两组分段隔离开关，即高压环状线路要在此处开口,使两路电源能同时降压引入信号楼。此种方式适用于有两路独立电源引入的铁路地区变配电所。

(2) 第二种供电方式,适用于只有一路电源引入的铁路地区变配电所。必须再找一路电源,如能从地方供电部门、工矿企业引来一路独立电源,则在信号楼附近设一台信号专用变压器即可;如不能从地方解决第二路电源,就考虑从牵引变电所、接触网、自动闭塞电线路解决第二路电源。

(3) 大站继电集中联锁设备由大站电源屏供电。大站电源屏引入三相四线 380/220 V 交流电源,在屏内自动或手动完成两路电源的切换,具有交流稳压装置,能供给大站继电集中联锁所需的各种交、直流电源。

2) 中、小站继电集中联锁的供电概况

在自动闭塞区段,中、小站继电集中联锁通常由自动闭塞高压线路接引供电。在非自动闭塞区段,中、小站继电集中联锁为二级负荷,一般只接引一路第二类电源供电,此外还应考虑在计划停电检修时,能采用备用电源的条件。

为建设成段电气集中联锁,在非自动闭塞区段应架设信号专用电力线路,专为沿线各站继电集中联锁供电。

中、小站继电集中联锁采用中、小站电源屏供电。它们是单相引入,能进行两路电源的自动、手动切换,有交流稳压装置;能供给中、小站继电集中联锁所需的各种交、直流电源。

在电气化区段,由于电源波动和牵引电流的影响,对电气集中联锁的供电还必须考虑以下几点:

(1) 为取得可靠的 50 Hz 电源,往往直接由 25 kV 接触网接引供电,由此引起两个需要解决的问题:第一,由接触网接引的是单相电源,对大站电源屏需做相应改动;第二,因受牵引电流的影响,电压波动较大,为满足信号设备用电要求,要增设交流稳压装置,一般使用 CW-10/220 型交流稳压器,它采用晶体管电路控制桥式饱和电抗器来稳压。

(2) 为防止牵引电流对信号设备的干扰,轨道电路必须采用与 50 Hz 不同的频率电源。如果采用 25 Hz 相敏轨道电路,由铁磁变频器或者电子变频器产生 25 Hz 轨道电源和局部电源。

2. 区间闭塞设备的供电概况

1) 半自动闭塞的供电概况

半自动闭塞的电源分为线路电源和局部电源,前者用于向邻站发送闭塞信号,后者供本站闭塞电路用。当站间距离小于 11.4 km 时,两者可以合用。

在继电集中联锁的车站,局部电源由继电集中的继电器电源供给,主要是线路电源的供给,有的电源屏设置了半自动闭塞电源,而有的电源屏未设半自动闭塞电源。凡是未设这种电源的,都必须在半自动闭塞组合内设一台整流器供给半自动闭塞电源。原采用 ZG-130/0.1 型,现研制了专用的 ZG1-42/0.5 型整流器。

2) 自动闭塞的供电概况

自动闭塞是一级负荷。自动闭塞的用电点是沿铁路线均匀分布的,一般每隔 1~2 km 就有一个信号点需要供电。各信号点的主要负荷有信号机、轨道电路、继电器和电子元件等。另外,在自动闭塞区段的车站一般都采用继电集中联锁。为了保证自动闭塞区段的可靠供电需沿铁路修建一条信号专用 10 kV 电力线路。此电力线路除供自动闭塞及该区段的其他信号设备用电外,一般不供其他负荷用电,以免受其他负荷影响而降低供电的可靠性和质量。

只有在保证信号设备用电的条件下,才允许兼供下列负荷用电:
(1) 通信设备。
(2) 无电源中间站的车站值班员室的照明设备。

以前,自动闭塞采用分散安装的方式,在各个信号点处必须接引供电,先后采用过低压联络供电方式和低压双回路集中供电方式。目前自动闭塞均采用集中安装方式,各信号点的设备(除信号机外)都集中安装在相近的车站继电器室内,因此,在各信号点无须由高压电线路引入电源,只要在车站引入即可。

为保证供电可靠和符合质量要求,在自动闭塞供电系统中要考虑以下问题:
(1) 变电所可能设置于当地有第一、二类电源的车站,每个变电所通常只接引一路专用电源,相邻变电所的电源应相互独立。
(2) 供电臂不宜太长,以缩小故障停电影响的范围;也不要太短,否则将增加变电所的数量,投资、定员也要相应增加。一般长度为 40~70 km。
(3) 电气化区段的自动闭塞变电所尽可能布置在牵引变电所所在车站,以便从牵引变电所的低压自用母线或 10 kV 母线上接引电源。
(4) 自动闭塞是单相负荷,为了减小对通信线路的干扰,供电臂上各相负荷的分配应力求平衡。

机车信号车上设备,内燃机车上由蓄电池(50 V 或 110 V)浮充供电,电力机车上由控制屏引出 50 V 直流电源。

3. 调度集中和调度监督设备的供电概况

调度集中、调度监督分机设在各个继电器室或信号楼内,由所在车站电源设备供电。调度集中、调度监督总机设在调度所内,必须引入两路可靠的独立电源供电。

4. 驼峰调车设备的供电概况

驼峰信号设备包括的设备种类较多。其中驼峰电气集中设备包括信号机、转辙机、轨道电路、继电器、控制台等,与车站电气集中基本相同。根据溜放作业的需要,采用驼峰道岔自动集中来控制溜放进路,采用车辆减速器作为调速工具,需要计算机及各种基础设备。

驼峰电气集中设备、道岔自动集中设备以及驼峰的空气压缩机、油泵和峰顶照明、调速设备均为一级负荷,必须取得两路可靠的独立电源。

空气压缩机组或油泵组功率较大,又很重要,因此一般在空压室或液压室附近设室内变电所(称驼峰变电所)。该变电所内设两台电力变压器互为备用,每一路电源容量应能单独担负设备的全部用电量。

空压室或液压室的配电系统,除供本室的动力和照明用电外,驼峰信号楼的电源一般由此接引构成环状供电,也有直接由驼峰变电所接引供电的情况。

(1) 驼峰信号设备供电方式。为满足信号用电要求,必须由两路可靠的独立电源供且在低压侧自动切换。

（2）驼峰变电所的方式。驼峰变电所由地区环状线路或地区变配电所引入两路高压电源经降压后供驼峰信号、动力及照明用电。根据需要，也可将环状线在驼峰变电所处连接起来。

（3）地区变配电所和驼峰变电所合建的方式。在地区变配电所内设两台降压变压器，降压后经低压配电装置，对驼峰信号楼和空压室或液压室各引出两路低压线路。这种方式适用于地区变配电所离驼峰信号楼较近的场合。

驼峰信号设备由驼峰电源屏供电，驼峰电源屏设置蓄电池作为备用电源。

车辆减速器低压配电系统均采用 BSL-1 型低压配电屏，根据动力电源的容量及电动机的功率选用不同的屏内结构。

空压室供电屏由五面 BSL-1 型配电屏组成。两面 BSL-1-10 型屏为引入电源用。BSL-1-10 型屏为转接屏，用来转接两路电源。两面 BSL-1-43 型屏为馈电屏，每面屏可馈出四路电源。

液压室供电屏由三面 BSL-1 型低压配电屏组成。两面 BSL-1-38 型屏分别为主电源和备用电源引入屏，能做到同时只由一路电源供电，在一路故障停电后自动转至另一路；另一面为 BSL-1-49 型屏，有五路馈出线路。

8.1.3　信号电源屏的分类

信号电源屏是电气集中联锁、自动闭塞、驼峰信号设备等的供电装置。它将变压器、稳压器、整流器等组合起来，由工厂生产，以简化施工和维修。电源屏必须保证不间断地供电，并且不受电网电压波动和负载变化的影响，还要保证供电安全。

（1）按用途分类，信号电源屏可分为继电器联锁电源屏、计算机联锁电源屏、驼峰电源屏、区间电源屏、25 Hz 轨道电源屏、三相交流转辙机电源屏等。

① 继电器联锁电源屏是 6502 电气集中联锁的供电装置，主要供给继电集中联锁所需要的各种交、直流电源。按容量分为 5 kV·A 中站电源屏、10 kV·A 中站电源屏、15 kV·A 大站电源屏和 30 kV·A 大站电源屏。

② 计算机联锁电源屏是为了满足计算机联锁对电源的较高要求而设计的供电装置，它的电路结构基本上与继电器联锁电源屏相同，只是增加了计算机所用电源。计算机联锁电源屏按容量分为 5 kV·A、10 kV·A、15 kV·A、20 kV·A 和 30 kV·A 5 种。

③ 驼峰电源屏是驼峰信号设备的供电装置，在驼峰调车场，继电器和转辙机供电有其特殊要求，在两路引入电源转换时不允许断电，应保证转辙机正常转换，因而必须设置直流备用电源，且能浮充供电，驼峰电源屏视所采用的转辙机类型不同，分为电动机型和电空型两种；按容量分为 15 kV·A、30 kV·A 两种。

④ 区间电源屏是多信息移频自动闭塞供电装置，现自动闭塞均采用集中设置方式，由区间电源屏供给本站管辖范围内区间各信号机点灯电源和移频轨道电路电源。具体又分为 8 信息移频电源屏、18 信息多信息电源屏、18 信息无绝缘多信息电源屏、UM71 区间电源屏（三相、单相）几类。

⑤ 25 Hz 轨道电源屏是专用的电气化区段 25 Hz 相敏轨道电路用的电源屏，它提供 25 Hz 的轨道电源和局部电源。按变频原理，25 Hz 轨道电源屏分为铁磁变频式和电子变频

式;按容量又分为小站(800 V·A)、中站(1600 V·A)、中站(2200 V·A)、大站(4000 V·A)4种,分别适用于不超过20、40、60和120个轨道区段的车站。

⑥ 三相交流转辙机电源屏是专供提速区段交流转辙用的电源屏,如S700K。ZYJ7转辙机均采用380 V交流电源,由该电源屏供电。按容量该电源屏分为5 kV·A、10 kV·A、15 kV·A、30 kV·A 4种。

(2) 按技术分,铁路信号电源屏有以下3种:

① 传统的工频电磁式变压器交流电源、硅整流方式的直流电源、工频50 Hz分频为25 Hz的变压器相敏轨道电源,配置断路器、西门子接触器后的普通电源。硅整流方式的直流电源和磁饱和式交流电源技术已相对滞后,工频50 Hz分频25 Hz的变压器相敏轨道电源效率低、响应速度低,因此这种类型的电源设备正逐步退出铁路信号电源市场。

② 工频数字型(微电脑补偿型)交流稳压电源、高频直流开关电源、电子分频式25 Hz轨道电源,配置断路器、西门子接触器的"智能"电源屏。这类产品目前正在应用,但从技术上来说也是属于过渡型产品。

③ 计算机技术的引入,提出了净化电源的要求。铁路信号智能电源屏也在向动力供电和信息系统供电的综合UPS不间断供电方向发展。由于调频、逆变技术的应用,具有辅助智能、遥信遥测功能,全高频、全模块化简约技术的新一代铁路信号智能电源产品将在铁路信号供电中应用。

各型电源屏(除三相交流转辙机、25 Hz轨道电源屏)的最主要区别是采用不同的交流稳压器。采用的交流稳压器不同,具体电路就有很大的区别。用于电源屏中的交流稳压器,属于第一类的有感应调压器、自动补偿式稳压器,都有控制电路,而感应调压器还需要驱动电动机;属于第二类的交流稳压器和参数稳压器,它们都是基于铁磁谐振原理构成的交流稳压器,不需要控制电路,相对而言结构比较简单。

8.1.4 信号电源屏的技术标准

为规范信号电源屏的技术标准,我国铁路部门颁布过多套技术标准。当前主要使用《铁路信号电源系统设备 第3部分:普速铁路信号电源屏》(TB/T 1528.3—2018)。信号电源屏的技术要求主要有如下几点。

1. 输入电源

电源屏应由两路独立的交流电源供电,两路输入电源允许偏差范围,单相电压为AC 220^{+33}_{-44} V,三相电压为AC 380^{+57}_{-76} V,频率为(50±0.5)Hz,三相电压不平衡度小于或等于5%,电压波形失真度小于或等于5%。

2. 输入电源的供电方式及转换时间

1) 供电方式

(1) 一主一备供电方式。一路是可靠性较高的输入电源,另一路是备用电源。正常时由电源屏向电源屏供电;当主电源断电时,备用电源自动投入运行。两路电源应能自动或手动相互转换。

(2) 两路同时供电方式。两路电源同时向电源屏供电;当任一路电源断电时,另一路自动承担全部负荷供电。

2) 转换时间

无论何种供电方式,两路电源的切换时间(包括自动或手动)不大于 0.15 s。

3. 电气参数

1) 额定工作电压

电源屏常用的额定工作电压优选值为:

(1) 输入回路:AC 220 V,380 V。

(2) 输出回路:AC 6 V,12 V,24 V,36 V,48 V,110 V,127 V,180 V,220 V,380 V;DC 6 V,12 V,24 V,36 V,48 V,60 V,110 V,220 V。

2) 额定功率

电源屏常用的额定功率优选值为:

2.5 kV·A,5 kV·A,10 kV·A,20 kV·A,25 kV·A,30 kV·A,50 kV·A,60 kV·A。

3) 额定工作制

正常情况下,继电器电源、信号机点灯电源、轨道电路电源、道岔表示电源、稳定备用电源、不稳定备用电源为不间断工作制;电动转辙机电源为短时工作制;闪光电源为周期工作制。

4. 悬浮供电及隔离供电

电源屏的交流、直流输出电源应采用对地绝缘的悬浮供电,输出电源端子对地绝缘电阻应符合要求。

5. 闪光电源

电源屏的输出闪光电源,其通断比约为 1∶1,其闪光频率作为室内表示使用时,宜采用 90～120 次/min;作为室外表示使用时,宜采用 50～70 次/min。

6. 三相电源供电及相序检测

电源屏的输出供给各种负荷的容量应合理分配,当输入为三相交流电时,各相的负荷应力求平衡。

当车站装有三相交流转辙机时,电源屏的三相交流输出电源供电必须设置相序检测装置,在三相断相或错相时发出报警信号。

7. 不间断供电

对于有不间断供电要求的场合,应设置不间断供电电源,电源屏的不间断供电功能应符合《信息技术设备用不间断电源通用规范》(GB/T 14715—2017)的规定。

8. 过流、短路保护

电源屏的各供电电源、各功能模块必须具有过流及短路保护功能。

(1) 当采用断路器作为过流保护时,断路器应符合《低压开关设备和控制设备 第 2 部分:断路器》(GB/T 14048.2—2020)的规定。

(2) 过流保护器件应能满足额定电流下长时间正常工作的要求。

(3) 当负荷发生短路故障时,保护器件应立即切断电源供电。

(4) 电源屏的短路保护器件之间应具有保护选择性,即在任何一个输出回路短路时应利用安装在该故障回路的开关器件使其消除,而不影响其他回路正常供电。

9. 雷电防护

电源屏应考虑对雷电感应过电压的防护措施(不考虑直接雷击电源屏的防护)。

电源屏的雷击防护应满足以下要求：

(1) 电源屏防雷元器件的选择应考虑将雷电感应过电压限制到该电源屏的冲击耐压水平以下。

(2) 防雷元器件的选择不影响被防护电源屏的正常工作。

(3) 采用多级保护时,多级防护元件要合理配置。

(4) 被保护电源屏与防护元件间的连线应尽量短,防护电路的配线与其他配线应分开,其他设备不应借用防雷元件的端子。

电源屏防雷系统应统筹考虑,雷电防护器件可设在电源屏外。

10. 保护接地

(1) 电源屏的变压器铁芯、电流互感器的二次回路、电机以及其他金属外壳部件应在电气上相互连接,并连接至保护接地端子。

(2) 电源屏的保护电路可由单独设置的保护导体或可导电的结构构成,接地端子与各保护接地的接触电阻值应小于或等于 0.1 Ω。

(3) 所有电路元件的金属外壳必须用螺钉与已经接地的金属构件良好搭接。

(4) 保护导体应能承受设备运输时的震动、安装时所受的机械应力、在短路故障时所产生的机械应力和热力,其接地连续性不能被破坏。

(5) 保护接地端子除便于接线之外,不得兼作他用,而且当外壳或任何可拆卸的部件移去时,仍应保证电器与接地导体之间的连接,保护接地端子的螺丝钉应不小于 M6,保护接地端子不允许连接到三相电源的中性线上。

11. 温升

电源屏的绝缘、元器件、端子、操作手柄的温升不应超过规定的限值。

12. 介电性能

绝缘电阻：在温度为 15～35℃、相对湿度为 45%～80% 的气候条件下,电源屏输入、输出端子对地的正常绝缘电阻应不小于 25 MΩ。

经过交变湿热试验后,其潮湿绝缘电阻值不小于 1 MΩ。

电源屏额定冲击耐受电压应按规定执行。

工频耐压试验电压应按规定的要求进行。

13. 噪声

在额定输入电压及额定负载的条件下,电源屏的整机噪声不超过 65 dB。

14. 指示灯、指示仪表、报警

1) 指示灯

电源屏应设置清晰可见的指示灯,包括两路电源表示、两路电源中工作电源表示、主屏工作表示和备用屏有电表示(采用主屏工作方式的电源屏)、各种输出电源正常工作状态指示、输出电源故障指示。

指示灯应安装在电源屏前面或模块前面显著位置。

指示灯的颜色规定为：白色表示输出回路工作、工作状态指示、输出回路工作；红色表示输入有电、电源故障。

2）指示仪表

电源屏应设灯光、声音报警。两路输入电源转换报警是向控制台提供主副电源工作状态。对输出电源故障、三相电源断相、三相电源错序(有相序要求的输出回路)、稳压(调压)装置故障应设有声音报警。

15. 智能化监测

智能化电源应具备：电源屏实时测试数据，故障信息处理、事故追忆、声光报警及紧急呼叫，电源屏输入、输出电压变化的日、月、年曲线，日常报表管理及历史数据保存，监测系统的远程组网及故障诊断，模块工作状态等基本监测功能。

16. 寿命和可靠性

电源屏内的关键部件，如接触器、继电器、断路器、开关等，其机械寿命应符合《绝缘材料 电气强度试验方法》(GB/T 1408)和相应产品标准的规定，变压器的电寿命应为 15 年。UPS 的平均无故障时间(MTBF)为 3000 h，高频开关电源的 MTBF 为 65000 h。

17. 冗余及维护

电源屏各供电电源必须设有备用设备，当任一供电回路出现故障或进行维修时，应能转换至备用供电回路，继续保持供电。可采用如下方式：

(1) 1+1 主备方式。每一供电电源均设有一条备用回路。

(2) $n+1$ 主备方式。n 个供电回路共用一条备用回路。

电源屏应便于维护，易于在线维修及更换故障部件。

8.1.5　信号电源屏的发展概况

信号电源屏最初于 20 世纪 60 年代后期出现在我国铁路，时间虽然不长，几经改进，正逐渐完善，而且不断得到发展。

信号电源屏主要是随着交流稳压器的发展而发展的。早期的电源屏曾采用过饱和电抗器、自耦变压器式稳压器等交流稳压设备，后因稳压性能较差，或因可靠性不高，而于 20 世纪 70 年代改用感应调压器进行交流稳压，20 世纪 90 年代又采用参数稳压器、无触点补偿式稳压器，它们的稳压性能有所改进。

信号电源屏内采用的控制电路由最初的铁磁三倍频率器改用晶体管分立元件组成的差动放大电路，进而改用由集成运算放大器组成的比较放大电路。CJ10 型交流接触器改为交流电源转换接触器、西门子或施耐德接触器，中间继电器改为电源屏用信号继电器。20 世纪 90 年代还用断路器代替熔断器，用隔离开关代替闸刀开关，大大提高了可靠性。电源屏在结构、工艺方面也不断有所改进。

从 2000 年开始，出现了智能型电源屏。它采用微型计算机技术，完成对电源系统的自动监测，并可远程监控；引入高频电力技术，对各种输入、输出单元和交、直流电源进行模块化，提高了供电质量和可靠性，实现了无维修化，使信号电源技术有了突破性的发展，以满足不断发展的信号设备的供电需要。

8.2 智能型铁路信号电源屏

进入20世纪八九十年代后,我国铁路信号技术加快了发展步伐,出现了许多先进的信号技术,而作为信号系统的供电设备,却严重滞后于信号技术的发展,存在较多的问题,主要表现在:

(1) 以车站电气集中为供电核心的信号电源屏,已经不能满足各种信号技术的要求,因而派生出多种单一功能的各类电源设备,如25 Hz轨道电源屏、区间电源屏、计算机联锁电源屏、三相转辙机电源屏、USP等,集中在电源室(或继电器室),使电源室的面积不断扩大,制式混杂。

(2) 各种电源屏的稳定性、可靠性差,智能化程度低,尽管一些改进型的电源屏采用了可靠性较高的元器件,但整体结构和工作方式基本不变。系统技术落后,故障率高,难于维护和管理。

(3) 在两路输入电源转换的过程中,部分电源回路与电气集中结合不严密,影响行车安全。轨道电路电源,尤其是25 Hz相敏轨道电路电源,在两路输入电源转换过程中由于瞬间停电,会造成轨道继电器及其复示继电器落下,从而使控制台闪红光带或关闭已开放的信号机。继电器电源经稳压、变压、整流后,若电源信号间断,则会使继电器落下,来电后不能自动恢复,使信号机关闭。站内轨道电路电码化、自动闭塞、站内与区间结合电路等正逐渐采用微型电子技术,在电源转换时,会造成设备复位而重新自检,这也会导致站内和区间的信号机关闭。

鉴于以上弊端以及现代信号技术发展的需要,亟须研制新型信号电源系统,因此智能型电源屏应运而生。智能型电源屏虽有多种制式,但共同点是具有自动监测功能和模块化结构。

8.2.1 智能型铁路信号电源屏技术特征

智能型铁路信号电源,是指对信号电源运用计算机技术,使其具有对铁路信号设备系统的运行状态、允许故障、参数进行实时监测、显示、记录、存储、故障报警和管理等功能。

智能化电源屏制式众多,但具有共同的技术特征,即设有监测模块,具有自动监测功能,实现了电源系统的实时状态、故障监测及远程监控和管理。

此外,各种智能型电源屏都不同程度地实现了模块化,即将各种交、直流电源按用途设计成不同的模块,用户根据需要选择模块,构成供电系统。

智能型铁路信号电源屏广泛采用电力电子技术,包括无触点切换技术、逆变技术、锁相技术、软开关技术、功率因数补偿技术、并联均流冗余技术、安全防范技术等,以保证供电系统的可靠性。

1. 基础功能

1) 基本供电功能

按照铁路信号供电的标准,根据不同规模的铁路信号站场、区间设备用电要求,选配不同频率、交直流、容量的单元模块,组成满足不同信号设备用电要求的电源屏。

2) 辅助管理功能

应用计算机和通信技术,实现系统和模块的监测,控制管理,故障报警和记录、分析。

另外,铁路信号可靠性技术的提升,对智能电源设备又提出了新的要求:电源屏必须实现二路引入电源切换不大于 0.15 s 时稳定工作;具有电源输出零中断功能,有效去除脉冲及浪涌干扰;当电源屏电源模块出现故障时,模块可以带电热插拔更换,且不影响信号设备正常工作。这是用户对电源屏的基本要求,也是铁路运输高速、重载发展对供电提出的新要求。

2. 主接线结构分析

主接线结构连接各模块构成一套完整的信号电源系统,是实现系统先进性、安全性和可靠性的关键技术,也是电源屏的设计方案框架,因此研究和制造时应严格按照标准和规范进行。

目前使用的信号智能屏,其主要接线结构可分为 5 个单元:

(1) 输入电源单元,包括单路或二路输入电源,单相或三相的匹配、逆变、稳压、转换技术方式。

(2) 输出电源单元,包括实现输出不同电压、电流、频率的交直流电源方式。

(3) 智能检测和管理单元,包括系统各部运行的工况监测,故障现场和远程报警、记录分析。

(4) 输入、输出接口防护单元,包括系统内外电磁防护和浪涌抑制、谐波干扰和雷电防护。

(5) 前置单元,包括蓄电池的使用和维护管理。

实现主接线结构的方式有:

(1) 二路输入电源引入后利用交流接触器相互切换方式。

(2) 二路输入电源经整流变换、合并母线实现零中断时间的方式。

(3) 二路输入电源加前置 UPS 电池组,具有零中断时间的方式。

(4) 输出电源设备按不同类设备供电要求分别供电的方式。

(5) 输出电源设备交、直流均分别供电,采用 $n+m$ 备用,实现均流+热备份方式。

(6) 输入、输出电源单元部分模块化的接线方式。

(7) 输入、输出电源单元完全模块化的接线方式。

(8) 辅助管理功能采用集中采集、集中监测的方式。

(9) 辅助管理功能采用分散采集、集中监测的方式。

目前所使用的铁路信号电源屏(系统)产品,基本是使用以上 9 种主接线结构方式。

3. 单元模块

单元模块是构成电源系统的基础,其技术指标和质量决定着系统的先进性、安全性和可靠性。在第 1 代铁路信号智能电源系统诞生时,已经提出了系统网络化、模块组合化的技术发展方向。但是由于当时的技术、价格等多方面的原因,仅仅实现了单元模块化的设计结构,还未能做到每个单元模块真正物理意义上的模块化。只有实现完全模块化设计,才能真正实现电源屏的智能化。

随着电力电子技术的成熟应用和成本的降低。单元模块可实现功率合理的模块化、标准化,性能价格比的优化。高性能的功能和监测管理为一体的智能单元模块采用了 AC-DC-AC、DC-DC、AC-DC 逆变和调频技术,以及单元 CPU 技术。每个模块自身具有波形频率稳定、稳压、并联输出、工况自检功能,可以灵活地设计为大功率和小功率模块、交流模块、直流模块、25 Hz 模块。通过合理接线结构、合理配置电池组,可以组成三路供电的不间断供电系统,应用范围可以扩大,可作为信息化和智能化铁路运输指挥系统的通信、信号、信息所需要的综合集中供电系统。

8.2.2 智能型铁路信号电源屏分类

1. 按监测技术分类

1) 按监测模块采用的监测技术分类

各种智能型电源屏的监测模块采用了不同的监测技术,主要有可编程控制器(PLC)技术、单板机技术、工控机技术等。

2) 按监测系统的构成分类

按监测系统的构成分类,可分为一套屏设一个监测模块和一面屏设一个监测模块两类。

一套屏设一个监测模块的方案是:以单个电源模块和进出线配电板为单元,设置 CPU 采集板,将本单元采集到的开关量、模拟量转换为数字量,通过通信总线将信息传送至一套屏的监测模块;监测模块将显示信息存储后,再通过有线通信系统和无线移动通信系统,将信息向上级管理部门传送,使系统具备了远程监测功能。

2. 按电源屏中主电路的组合技术分类

按主电路(传送电能的电路)的组合技术,智能型电源屏可分为采用工频电磁技术的智能型电源屏、工频电磁技术和高频电力电子技术相结合的智能型电源屏、全高频电力电子技术的智能型电源屏。

1) 采用工频电磁技术的智能型电源屏

采用工频电磁技术的智能型电源屏是指电源屏的稳压、整流、分频、隔离部分,均采用基于工频电磁系统的铁磁稳压器、相控整流器、铁磁分频器、E(R)型隔离变压器等器件组成。

此类电源屏在原电源屏的基础上增加了智能监测功能,对能够模块化的部分进行了模块化。在主电路系统中,两路电源以一主一备的切换方式工作,各输出电源模块为 1+1 备用方式。

该类电源屏的特点是价格较低;但技术落后,故障较多,整机效率低,重量大,噪声大和温升高。两路电源切换和主备模块切换时,输出电源会瞬间中断供电。

2) 工频电磁技术和高频电力电子技术相结合的智能型电源屏

此类电源屏在原电源屏的不同部位、不同回路中,分别采用了工频元器件和高频电力电子器件。目前,有两种主接线结构。

(1) 第一类结构是:在主电路系统中,两路电源以一主一备切换方式工作。继电器电源、自动闭塞电源,采用高频开关电源技术,实现了模块并联均流。两路电源切换时供电不中断。信号点灯电源、50 Hz 轨道电源采用工频电磁技术,两路电源切换时输出电源会瞬间中断(小于 0.15 s)。直流转辙机电源、25 Hz 轨道电源和局部电源,有采用电力电子技术的,也有采用电磁技术的。

该类电源屏的价格较低,技术比较先进,工作较可靠,效率较高,直流输出电压连续可调,两路电源切换时直流部分供电不中断。但技术的完整性和系统性不够,交流部分技术比较落后,效率低,重量大、噪声大,两路电源切换还会瞬间中断供电。

(2) 第二类结构是:在主电路系统中,两路电源同时工作,分别采用参数稳压器稳压、整流后并联工作。各种交、直流输出电源均以该直流母线为平台,采用高频电力电子技术变换后获得所需的交、直流输出电源。输出部分模块化,各种模块均采用 $n+m$ 的并联均流技术,整个系统做到了两路电源切换时供电不中断。其中继电器电源、自动闭塞电源、直流转辙机电源采用了高频开关变换技术。信号点灯电源、50 Hz 轨道电源和局部电源采用了高频逆变锁相技术。

该类电源屏的可靠性较高,对电源的适应能力强,任一路电源和任一路模块故障都不影响系统正常工作。但技术的完整性和系统性不够,交流稳压部分采用的工频器件效率低、重量大、噪声大和温升高、不易模块化;输出模块功率密度高,不利于散热;220 V 的交流模块共用一组调制电路,没有做到模块功率器件和控制器件完全并联;整机价格较高。

3) 全高频电力电子技术的智能型电源屏

全高频电力电子技术的智能电源屏是指电源屏各部分的功能器件全部由高频调制的电子电路组成。该电源屏又分为有切换点和无切换点两种类型。

(1) 有切换点的智能型电源屏。两路电源一主一备切换工作。系统存在两路电源切换和交流部分主、备模块切换两个切换环节。

在主电路系统中,继电器电源采用了高频逆变锁相技术,但是交流模块不能并联均流,采用了一主一备的 1+1 工作方式,主模块故障时,由继电器电路切换至备用模块工作。

该类电源屏全部采用高频电力电子技术,可靠性较高,噪声小,直流输出电压连续可调,直流电源在两路电源切换时供电不中断。但系统中存在两级有接点的切换环节,两路电源切换或主备模块切换时,有可能使交流输出电源瞬间中断供电。电源切换环节本身是一个故障点,可能影响系统的可靠性;该电源屏价格较高。

(2) 无切换点的智能型电源屏。整个系统中没有带接点的切换环节,成为静态的供电系统。两路电源同时工作。所有直流电源全部采用高频开关电源技术,所有交流电源全部采用高频逆变锁相技术。交、直流模块全部采用 $n+1$ 或 $n+m$ 并联均流冗余技术。

该类电源屏实现了对智能型电源屏产品的技术整合,全部采用成熟的高频电力电子技术,适应电源能力强;安全可靠,环保节能,整机功率密度高;重量轻,噪声低,寿命长;全部模块化结构,扩容方便,现场无维护;直流输出电压连续可调,交、直流模块均为 $n+1$ 或 $n+m$ 并联均流冗余,大大降低了系统的备用容量和整机的价格;系统中一路电源中断或断相、错相,任何一个模块故障,都不影响系统的正常工作;在没有蓄电池的情况下,不应用电容器储能的方式,实现了两路电源切换时供电零中断,彻底解决了多年来由于两路电源切换而引发的各种故障;系统预留了蓄电池接口,可扩展为分布式 UPS 电源系统,这一性能特别适合要求电源不能中断的干线铁路、客运专用铁路、大型编组站、城市轨道交通系统中的信号设备使用。但在该系统中应用了多项高新电力电子技术,价格较高。

3. 按稳压方式分类

按智能型电源屏的稳压方式分类,智能型电源屏可分为不间断供电、分散稳压、集中与分散稳压相结合三种类型。

1) 不间断供电方式

两路电源经转换、整流、滤波后成为直流母线电源,然后通过 DC/AC 逆变器和 DC/DC 开关电源分别向各交流、直流负载供电。直流母线电源同时给蓄电池浮充电,两路输入电源转换或停电时由蓄电池供电。对于计算机联锁的微机电源采用 UPS,其稳压在逆变器、开关电源、UPS 中实现。

该方式因有蓄电池供电,可基本实现输出电源的不间断供电,但造价高,并需经常维护。

2) 分散稳压方式

两路电源经转换后对各模块供电,交流电源模块采用参数稳压器功率,直流电源模块采用开关电源稳压,即稳压分散于各模块之中。

该方式的部分分散稳压提高了系统的可靠性,但参数稳压器功率因数低,空载时温升高,对于三相供电系统易发生共振,而且输出电压不易根据实际需要调整。

3) 集中与分散稳压相结合的方式

两路电源经转换后对各模块供电,交流部分采用无触点补偿式稳压器稳压,再对各交流电源模块供电,直流电源模块采用开关电源供电。

该方式的交流部分集中稳压,效率高,功率因数接近 1;输出交流回路可根据实际需要调整,但对交流稳压器的可靠性有较高要求。

8.2.3 PNX 系列智能型信号电源屏

智能型电源屏制式繁杂,标准不一,给现场维护带来相当的困难。因此,铁道部已经制定智能型电源屏技术条件,要求生产厂家严格按该技术条件组织生产,加强工艺和质量管理,提高产品可靠性,并保证日常维修检测方式一致和电源模块的互换性,方便现场使用和维护。

PNX 系列智能型信号电源屏是在深入研究铁路信号电源的性质和特点、铁路发展的需要,考虑信号电源设备的抗干扰、综合管理、信息传输和共享、安全可靠、少维护免维修等问题的基础上,根据各种铁路信号的供电要求,应用先进的电力电子技术,以及电工、网络、电磁兼容、计算机等技术和通用标准技术研制而成的。它实现了综合化、智能化、模块化、标准化、网络化,并可根据实际需要,应用模块化的结构组成具有智能工况管理的符合不同制式信号设备供电要求的电源系统。

1. PNX 系列智能型信号电源屏的类型

PNX 系列智能型信号电源屏分为 PNX_1、PNX_2、PNX_3 三个系列。其中 PNX_1 系列以工频技术为主,PNX_2 系列则是工频技术和高频电力电子技术相结合,PNX_3 系列以高频电力电子技术为主。

1) PNX_1 型铁路信号智能电源屏

PNX_1 型铁路信号智能电源屏采用的是工频技术,其稳压、整流、分频、隔离均采用工频的补偿式稳压器、相控整流器、铁路分频器、E(R)型隔离变压器等器件。在主回路系统中，两路输入电源以一主一频切换方式工作。各输出电源模块为 $1+1$ 或 $n+m$ 方式备用。监视方式为单机大屏幕液晶显示，分散采集集中监控。直流电源模块采用硅整流器。25 Hz 交流电源采用"田"字形工频变频器。交流模块采用补偿式稳压器，故障自动旁路。

2) PNX$_2$ 型铁路信号智能电源屏

PNX$_2$ 铁路信号智能电源屏是工频技术和高频电力电子技术相结合的系统。它在不同部位、不同回路中分别采用工频元件和高频电子器件组合而成。在主回路系统中，两路电源以一主一备切换方式工作。交流供电回路采用补偿式交流稳压器。根据负载性质不同，直流模块分别采用交流稳压加上整流滤波和开关电源。25 Hz 交流电源模块采用"田"字形变频器。监测显示系统为工控液晶显示器。

3) PNX$_3$ 型铁路信号智能电源屏

PNX$_3$ 型铁路信号智能电源屏全部采用高频电力电子技术，无切换接点。两路输入电源经 AC/DC 变换后，在直流部分以 DC350 V 电压将两路电源并联工作。预留蓄电池第三电源接口，可组成三电源不间断的主回路系统。交、直流输出电源全部以 DC350 V 母线为平台，经 DC/AC、DC/DC 变换后获得。两路电源、主备屏、主备模块均无切换接点，各模块采用 $n+1$ 并联均流冗余技术。监测系统以智能监测和综合模拟显示相结合。

4) 型号含义

PNX 型铁路信号电源屏的型号含义如图 8-1 所示。

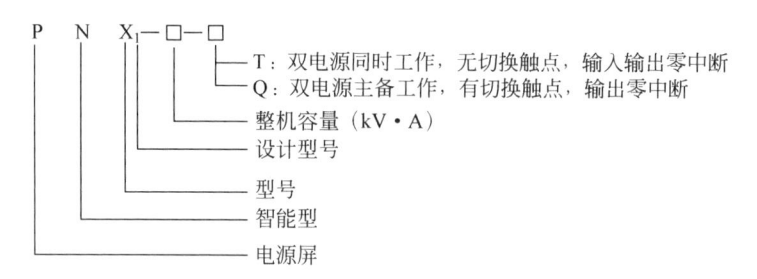

```
P N X₁-□-□
        │  │ └── T：双电源同时工作，无切换触点，输入输出零中断
        │  └──── Q：双电源主备工作，有切换触点，输出零中断
        │ └───── 整机容量 (kV·A)
        └────── 设计型号
              ── 型号
              ── 智能型
              ── 电源屏
```

图 8-1 PNX 型铁路信号电源屏的型号含义

2. PNX$_2$ 型信号智能电源屏

1) 特点

PNX$_2$ 型信号智能电源屏具有如下特点：

(1) 全模块化结构。各模块独立操作、独立显示（LED 数码管）和完全隔离，全插接化，多种冗余方式和模块的热插拔功能，保证了系统的不断电更换和故障模块化检修。

(2) 交流供电回路采用分散补偿式交流稳压方式。各交流模块分散稳压，补偿式交流稳压器的稳压性能好，能承受任何性质的负载及瞬间 1～1.5 倍过载。交流稳压电源内部设直供输出回路，稳压电源故障时，可自动旁路无间断输出。调度集中电源等重要的交流供电回路采用不间断电源模块交流并联输出，保证了电源输出电压的高精度和高可靠性。

(3) 直流供电回路采用并机均流冗余技术。各直流供电回路采用并机均流冗余技术，故障模块自动退出，其余模块自动共同承担全部负载而可靠工作。

（4）25 Hz 电源模块采用"田"字形变频器。25 Hz 电源模块采用"田"字形变频器加上相位控制、手动主备模块转换、主备模块互锁等技术，保证了输出的可靠性和相位的准确性。

（5）保护、报警功能齐全。电网断电、缺相、相序错误、各模块故障、输出回路故障均集中报警。

2）组成

PNX$_2$ 型铁路信号智能化电源输入由三相输入转换模块、监测模块和各交、直流电源模块以及变压器、变频器等组成。PNX$_2$ 型铁路信号智能电源屏对于不同车站的需求，有不同的配量和不同的容量，现以 PNX$_2$-40ST 型为例予以介绍。PNX$_2$-40ST 系统由 A、B、C、D 四面屏组成，是 40 kV·A 的车站综合供电系统，提供计算机联锁、自动闭塞、调度集中用的各种电源。

（1）A 屏。

A 屏内完成两路电源的转换，设置监控模块，供出四束信号电灯电源、两束自动闭塞间联系电源、两束微机净化电源，两路电源转换采用 30 kV·A 两路电源输入单元标准电路，此输入电源供本屏和 B 屏使用，监控模块设于本屏，通过通信线采集本屏及其他各屏的供电信息。

① 信号点灯电源由 4 个 MJW-A 型交流稳压电源模块分别供出四束信号点灯电源，每束为 AC 220V/5 A。每个模块输出端设隔离开关，发生故障时扳动隔离开关，与设在 D 屏中的内部备用电源模块实现 $n+1$。信号点灯电源输出端设防雷元件。

② 微机净化电源由两个 MJW-A 型交流稳压电源模块分别供出两束微机净化电源，每束为 AC 220 V/20 A。每个模块输出端也设隔离开关，与设在 D 屏中的内部备用电源模块实现 $n+1$。

③ 站间联系电源由两个 ME-E2 型闭塞模块供电，两模块输出并联，再分成两束，每束 DC 48 V/2 A，与设 D 屏中的备用电源内模块实现 $n+1$。由两路电源输出单元标准电路引出两路电源转换表示接点，由监控模块引出电源故障报警点。

（2）B 屏。

B 屏提供交流转辙电源、道岔表示电源、继电器电源和不稳压备用电源、区间轨道电路电源、电码化电源。B 屏的三相电源由 A 屏引来。

① 交流转辙机电源采用 I 型 15 kV·A 交流转辙机标准电路。输出端设防雷单元。

② 道岔表示电源由 MJW-A 型交流稳压电源模块供出，为 AC 220 V/5 A。模块输出端设隔离开关 QS1，和 D 屏中的内部备用电源模块构成 $n+1$，其输出端也设防雷单元。

③ 继电器电源由两个 MZ-E4 型开关电源模块供电，为 AC 220 V/10 A。输出端设隔离开关 QS2，和 D 屏中的内部模块备用电源实现 $n+1$。

④ 区间轨道电路电源和电码化电源由 3 个 MZ-E4 开关电源模块供电，各模块输出端并联，接至直流配电单元，再分成四束区间轨道电路电源，每束 DC 24 V/25 A，两束电码电源，每束 DC 24 V/20 A。

(3) C 屏。

C 屏内完成两路能源转换，采用 15 kV·A 两路电源输入单元标准电路。两路电源输入端设防雷元件，此输入电源供本屏和 D 屏使用。

① 直流转辙机电源采用分散稳压 DC 220 V/16 A 直流转辙机标准电路，输出 DC 220 V/16 A。输出端设防雷单元。

② 调度集中电源由两个 MJW-C 型不间断电源模块供电，两模块并联输出，为 AC 220 V/10 A。

(4) D 屏。

D 屏提供区间信号电灯电源、25 Hz 轨道电路的轨道电源和局部电源及稳压备用电源。D 屏的输入电源由 C 屏供给。

① 区间信号电灯电源由 2 个 MJW-A 型交流稳压电源供电，两模块分别供出一路区间信号电灯电源，每路 AC 220 V/3 A，各模块输出端设隔离开关，和本屏中的内部备用电源模块实现 $n+1$ 冗余。

② 25 Hz 轨道电路电源采用 25 Hz 标准电路。

③ 稳压设备电源由 MJW-A 型交流稳压电源模块供电，为 AC 220 V/5A，输出端设隔离开关，和本屏的内部备用电源模块实现 $n+1$ 冗余。

④ 内部备用电源模块采用 MJ-E_1 不稳压模块，A 屏中的信号电灯电源、微机净化电源，B 屏中的道岔表示电源、不稳压备用电源以及本屏中的区间信号点灯电源、稳压备用电源作为备用电源。

3) 模块

(1) 模块种类。

模块主要有输入转换模块、交流稳压电源模块、交流不稳压电源模块、25 Hz 轨道电源模块、直流电源模块和监测模块。

① 输入转换模块 MH 用于两路电源转换，有Ⅰ、Ⅱ、Ⅲ型，分别为 10 kV·A、15 kV·A、30 kV·A，可用于三相交流电源的转换，也可用于单相交流电源转换。

② 交流稳压电源模块 MJW 采用补偿式交流稳压器，提供 AC 220 V 稳压电源，其中 MJW-A 型为信号点灯电源、道岔表示电源、稳压备用电源供电；MJW-C 型为微机净化电源供电；MJW-G 型是不间断电源模块，为调度集中电源供电；MJW-E 型为直流转辙机提供交流稳压电源，再经 DC 220 V 变换模块转换为直流电。

③ 交流不稳压电源模块 MJ 可分为 MJ-F 和 MJ-G，前者为不稳压备用电源，作为 $n+1$ 的内部备用电源，后者为交流转辙机电源供电。

④ 25 Hz 轨道电源模块 MJL-C_4 和 MJL-C_5，它们和"田"字形变频器配合，分别供给 25 Hz 轨道电源和 25 Hz 局部电源。

⑤ 直流电源模块可分为 MZ-E_2 型、MZ-E 型开关电源模块和 MZ-E6 型 DC 220 V 变换模块。MZ-E_2 型是闭塞模块，为站间联系电源供电；MZ-E_4 型为继电器电源供电；MZ-E_6 为直流转辙机电源供电。

⑥ 监测模块 MJK 用于对电源屏进行监测、数据远传、报警呼叫。

各模块上均设置三位数码管电压、电流表，以及"有电""工作""故障"和其他相关指示灯，可直观显示各模块的工作状态。

（2）模块冗余方式。

① 单模块供电的 $n+1$ 备用方式。

信号点灯Ⅰ～Ⅳ,微机净化Ⅰ、Ⅱ,道岔表示电源,不稳压备用电源,区间信号点灯电源Ⅰ、Ⅱ,稳压备用电源,均由单模块供电,与内部电源组成 $n+1$ 备用方式。

内部备用电源可保证在任何一路主用交流电源故障需维修时,做到对负载的隔离供电,避免负载故障影响整个电源引入的工作,但应注意避免将两路以上的交流回路同时接至备用电源。

当上述交流电模块发生故障时,将后盖板上对应故障模块的双投隔离开关扳向下方"维护"位置,将电源输出转至备用模块,然后拔下故障模块,插上新模块,合上该模块前面板上的输出和输入断电器,再将后盖上的双投隔离开关扳向上方"正常"位置。

② 并机冗余方式。

站间联系电源、调度集中电源、继电器电源由两个模块并机冗余输出。区间轨道电源、电码电源由3个开关电源模块均流并机冗余输出,保证输出电源的不断供电。直流转辙机电源由 2 个 DC 220 V 变换模块并联冗余输出。

并机冗余的交流电源模块故障时,只需断开故障模块的输入、输出断电器,直接更换模块。

开关电源模块故障时,故障模块自动退出工作,其他模块继续供电。此时直接拔下故障闭合模块的输出断电器,新模块即投入工作。

③ "1+1"热备方式。

交流转辙机模块、闪光表示模块采用"1+1"热备方式,可自动、手动进行转换。正常工作时由其中一个模块给负载供电,发生故障时自动切换到另一模块供电,故障模块退出工作,此时只要断开故障模块的输入、输出断路器,即可直接更换模块。

④ "2+1"热备方式。

25 Hz 轨道电路的轨道电源、局部电源模块采用"2+1"热备方式,正常工作时由其中两个模块(一个轨道电源模块和一个局部电源模块)给负载供电,发生故障时自动切换到备用模块,故障模块退出工作。此时断开故障模块的输入、输出断路器,可直接更换模块。

3. 标准电路

1）两路电源输入单元电路

两路电源输入单元电路完成两路电源的转换,分 10 kV·A、15 kV·A、30 kV·A 3 种类型,分别采用 MH-Ⅰ、Ⅱ、Ⅲ转换模块。它们的转换原理相同,两路电源转换原理如图 8-2 所示。

Ⅰ路输入电源和Ⅱ路输入电源分别引至转换模块 MH_1、MH_2,两个转换模块互相检查对方的继电器 KM_1 的常闭触头,只有另一路电源在不供电状态,本路电源才供电,以完成两路电源的自动转换,两个 KM_1 的常开触头 43-44 引出,作为两路电源转换的表示条件。

先闭合转换模块Ⅰ的输入断路器由Ⅰ路电源供电,再闭合转换模块Ⅱ的输入断路器,Ⅱ路电源处于备用状态。若先闭合转换模块Ⅱ的断电器,则Ⅱ路电源供电。两路电源通过转换模块进行切换工作时,工作指示灯和三相电源指示灯点亮。

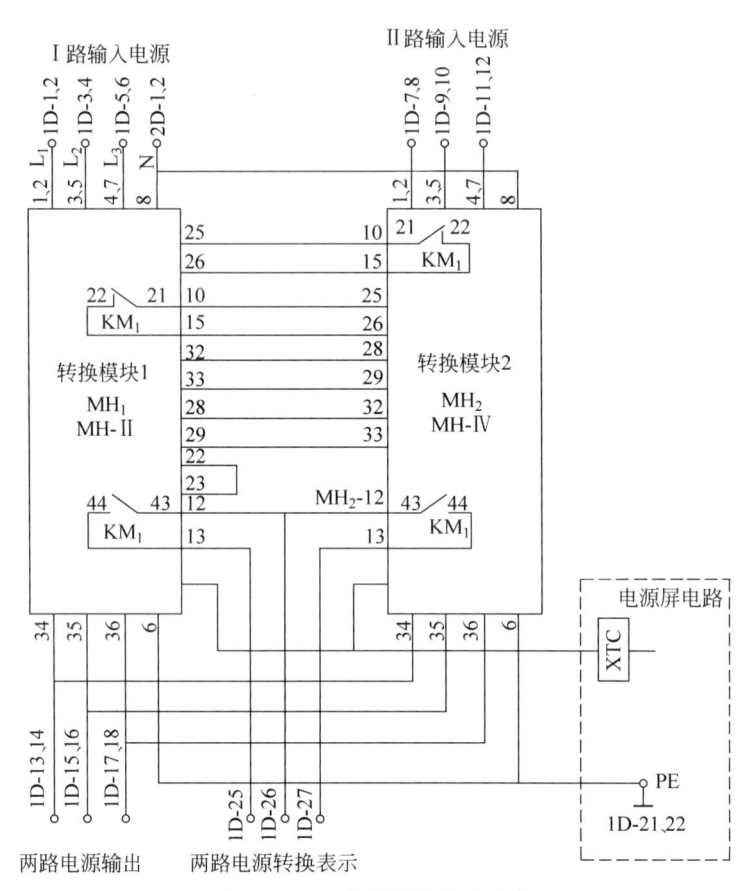

图 8-2 两路电源输入单元电路

输入转换模块内设有相序检查电路,当三相输入电源相序与检测电路设置的相序不一致时,有报警指示,这时需调整输入电源的相序。

2) 交流转辙机的电源电路

交流转辙机的电源电路采用 I 型 15 kV·A 交流转辙电源电路,由 2 台变压器 TJG$_1$、TGJ$_2$ 和 MJ-G$_1$、MJ-G$_2$ 组成,如图 8-3 所示。

三相交流电源经 MJG$_1$ 中的断路器 1QF 和 2QF 引至 TJG$_1$、TGJ$_2$ 的一次侧,即 TJG$_1$、TJG$_2$ 的输入端,它们的输出并联,为三相 AC 380 V/28.4 A。

3) 直流转辙机电源

直流转辙机电源采用分散稳压的 DC 200 V/16 A 直流转辙机标准电路。该电路由 3 个 MUW-E 型交流电源稳压模块 MJW$_1$、MJW$_2$、MJW$_3$,2 台三相变压器 TDS$_1$、TDS$_2$,2 个 MZ-E$_6$ 型 DC 220 V 变换模块 MDS$_1$、MDS$_2$ 组成,如图 8-4 所示。

MJW$_1$、MJW$_2$、MJW$_3$ 分别由三相电源 U、V、W 输入,各相电源稳压,它们的输出分别接至 TDS$_1$、TDS$_2$ 的 A、B、C 相。TDS$_1$ 对 MDS$_1$ 供电。MDS$_1$、MDS$_2$ 的输出并联供电。

MJW$_1$、MJW$_2$、MJW$_3$ 的输出端分别接有断电器 QS$_1$、QS$_2$、QS$_3$,其断电器因过流断开时,由输入电源(未经稳压)直接对变压器供电。

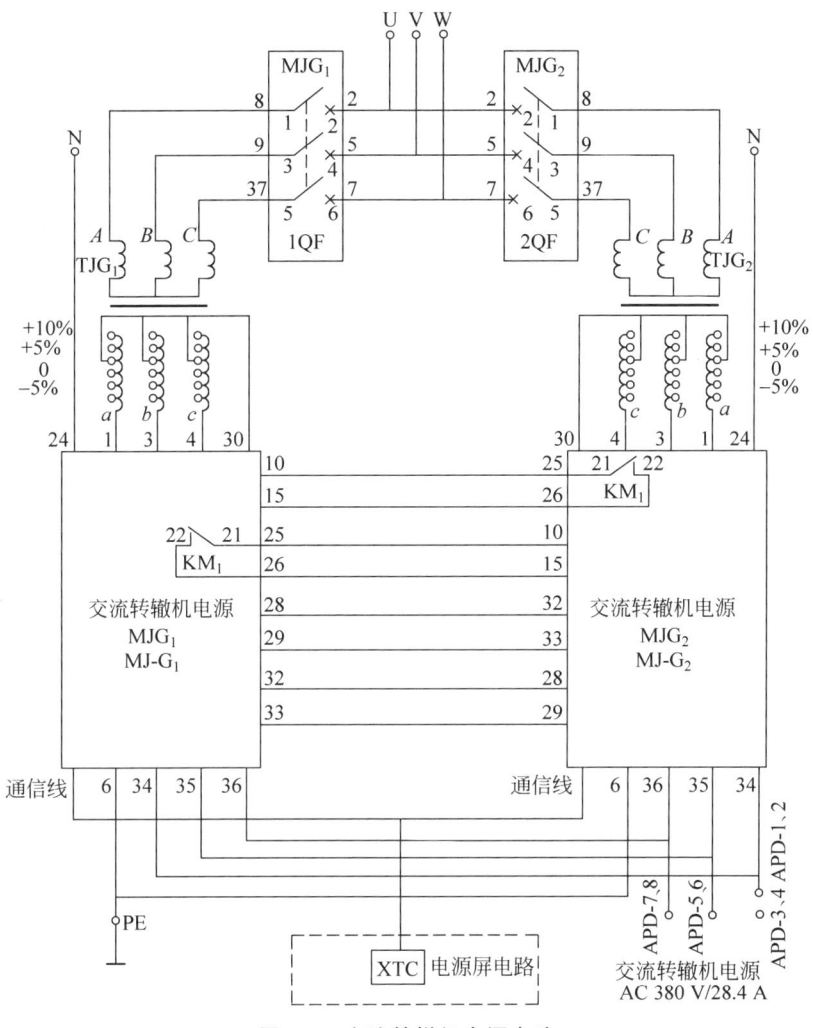

图 8-3 交流转辙机电源电路

4）25 Hz 轨道电路电源

25 Hz 轨道电路电源采用 25 Hz 标准电路，由两个 MJL-C$_4$ 型 25 Hz 轨道电路模块 MFG$_1$、MFG$_2$，两个 MJL-C$_5$ 型 25 Hz 局部电源模块 MFJ$_1$、MFJ$_2$，两台 BP-1200/25 变频器 TFG$_1$、TFG$_2$，两台 BP-800/25 变频器 TFJ$_1$、TFJ$_2$ 组成，如图 8-5 所示。

AC 220 V 交流电源送至各模块。TFG$_1$ 变频器和 MFG$_1$ 模块、TFG$_2$ 变频器和 MFG$_2$ 模块分别构成 25 Hz 轨道电路Ⅰ和Ⅱ系统，它们的输入端并联在一起，分成 4 束 25 Hz 局部Ⅰ、Ⅱ系统，它们的输出端并联在一起，分成两束 25 Hz 局部电源，每束输出为 AC 110 V/3.64 A。

25 Hz 局部电源模块的输出送至 25 Hz 轨道电源模块，保证局部电源超前轨道电源 90°。

5）监测系统

PNX$_2$ 型智能信号电源系统采用三级集散式监测方式。

第一级为各电源模块嵌入式微控制的监测单元，实时监测各模块的工作状态，并将监测信息通过 RS-485 接口上传至监测模块。

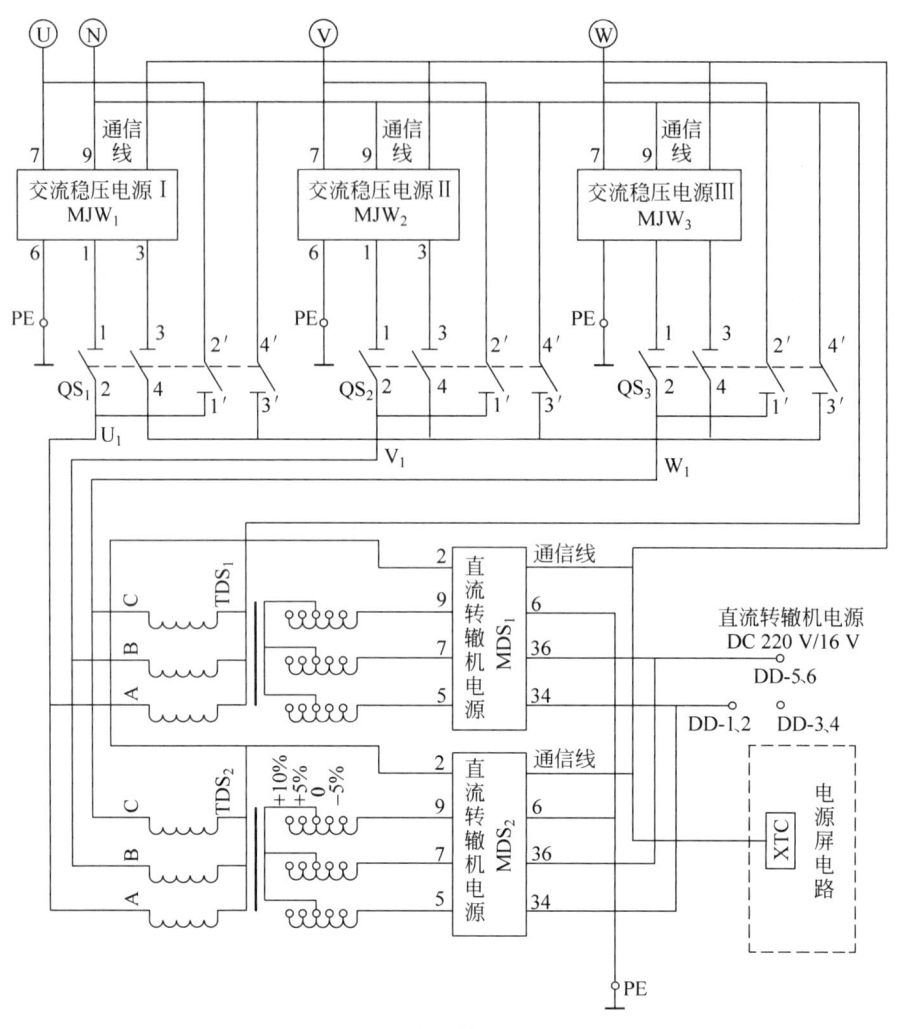

图 8-4 直流转辙机电源

第二级为监测模块,以 32 位嵌入式工控 CPU 为主控器,以 Windows 操作系统为平台,对从各个模块检测到的信息集中处理,进行显示、保存和上传。监测模块实现实时记录、历史记录、故障报警记录的完全保存,不仅实现了实时数据的实时显示、刷新,而且每 30 min 自动保存数据,并可实现数据的无限期保存。通过 RS-232 接口和 RJ-111 电话接口,可进行数据远程传送。监测模块前面板采用大屏幕液晶显示器,实现全中文菜单操作。

第三级为远端或本地计算机监测,对电源系统的数据予以调用、整理和打印。通过本地计算机、modem 或其他传输资源(公务信道、专用信道等)联结监测中心,实现信号电源系统的集中监测组网。

监测模块实时采集和显示各模块输出回路的工作状态、输出电压电流,并显示各直流配电断路器的状态。

监测模块的前面板设有操作键盘,可对监测程序进行操作。电源屏正常上电,按"电源"键开机,模拟自动启动,进入监测状态,可根据监测模块使用说明书进行操作。转动前面板上的轨迹球,可进行更方便、更快捷的设置。但在非系统维护必要时,不要随意更改系

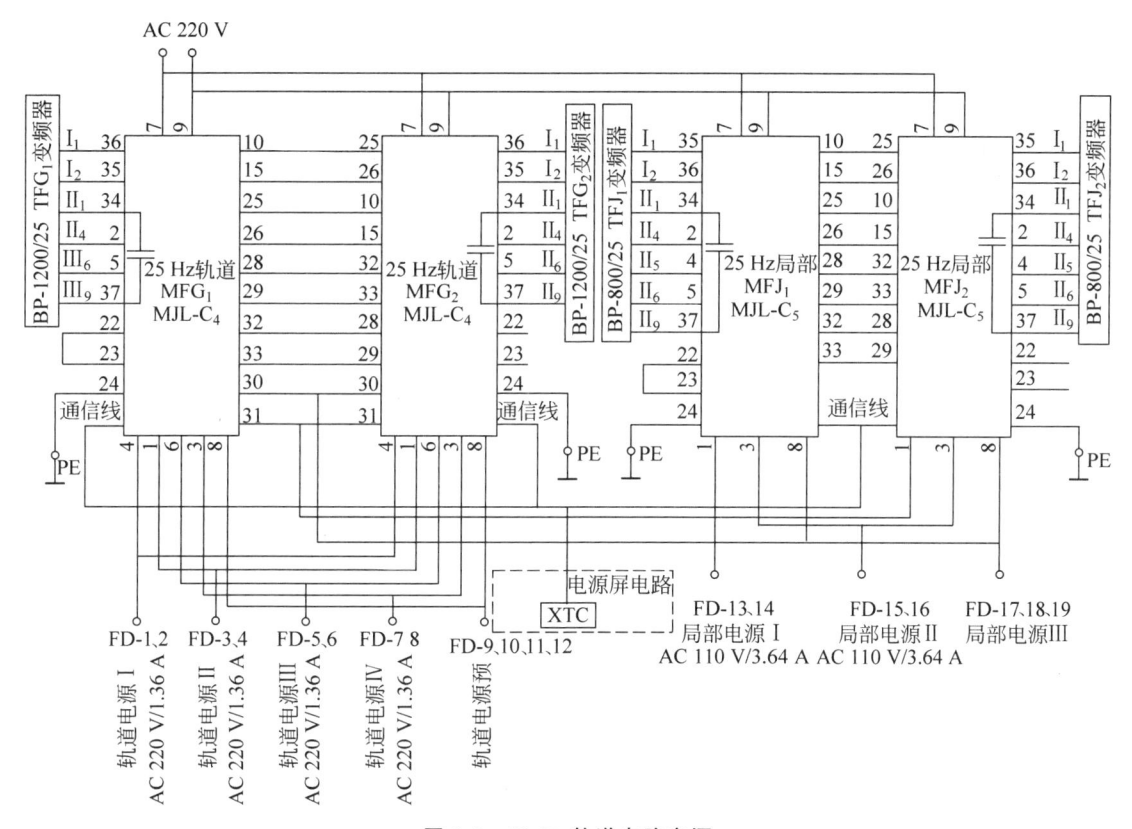

图 8-5　25 Hz 轨道电路电源

统设置。监测模块采用自动转换开关(ATS)电源,若点按电源开关,将使监测模块直接关机,丢失当前数据。要关闭监测模块时,应先保存当前数据。

8.2.4　PDZ 系列、DS 系列铁路信号智能电源屏

1. PDZ 系列铁路信号智能电源屏

1) 组成

PDZ 系列综合信号智能电源系统一般 10 kVA 以下的 1~3 屏为一套,15~30 kVA 的 3~5 屏为一套,由稳压整流屏、交直流屏组成。其中包括稳压整流单元、过欠压保护单元、防雷单元、开关电源模块、输入输出控制单元和微机监测单元,分设于各屏中。

稳压整流屏引入两路交流电源,经稳压、整流后构建 DC 330 V 直流母线平台,并设有微机监测单元。

交直流屏按容量分为 1~4 屏,现以 3 屏一套的为例予以介绍:

交直流屏分 A、B、C 三屏,交直流 A 屏进行 DC/DC 变换,输出直流转辙机电源、继电器电源、站间联系电源和闭塞电源;进行 DC/AC 变换,输出 25 Hz 轨道电源和局部电源、信号点灯电源、区间信号点灯电源,并设有微机监测单元。

交直流屏 B 进行 DC/DC 变换,输出区间轨道电源、站内电码化电源;进行 DC/AC 变换,输出道岔表示电源、计算机联锁电源、调度监督电源、微机监测电源、计轴电路电源和稳

压备用电源。

交直流 C 屏也称为交流转辙机屏,目前存在两种运用方式:①引入直流总线 DC 330 V,由信号源控制高频开关电源模块,经 DC/AC 变换,交流并联冗余输出 AC 380 V 交流转辙机电源。②引入两路三相交流电源,经主、备用隔离变压器模块,输出 AC 380 V 交流转辙机电源,输出电路设有相序监督检查继电器。

2) 特点

(1) 采用两路交流电源输入的 H 型供电控制电路,既适用于三相电源输入,也适用于单相电源输入。

(2) 两路输入电源经交流净化、稳压、整流后,以直流总线并联技术,供给不同的高频开关电源模块,再经 DC/AC、DC/DC 变换后,分别隔离输出各类电源。

(3) 相当于一个性能优越的 UPS 电源,以两路输入电源来保证不间断供电,如增设蓄电池组,可进一步提高供电可靠性。

(4) 交、直流输出电源均采用正弦脉宽调制的高频开关技术、单相交流逆变输出并联和锁相跟踪技术。各种电源模块按"1+1"或"$n+m$"冗余热备方式工作。配置灵活,扩容方便。

(5) 系统设两个监控单元,一个在稳压直流屏中,另一个在交直流屏中,分别监测系统的输入输出电压、电流和各高频开关电源模块的工作状态。

3) 基本工作原理

系统包括输入配电、稳压整流、DC/AC、DC/DC、监控单元和防雷单元电路等,工作原理如图 8-6 所示。

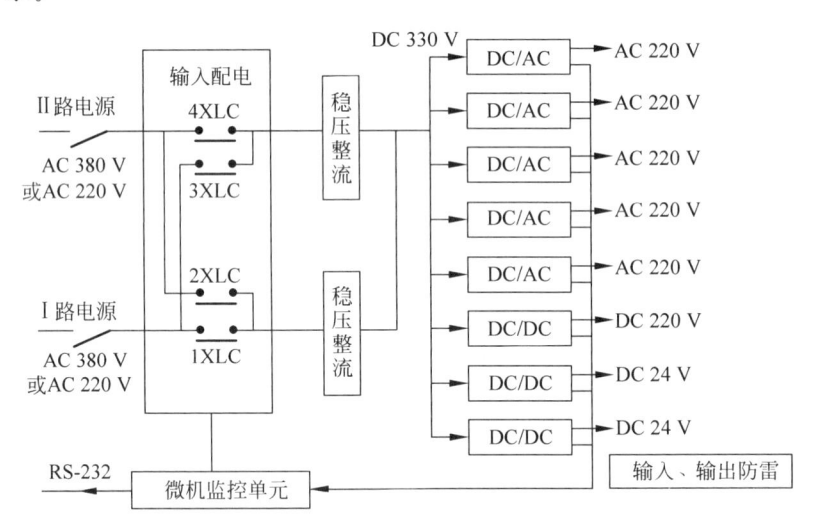

图 8-6 系统工作原理

(1) 输入配电电路。

两路输入电源接至稳压整流屏输入端,两路电源分别给两组稳压整流单元供电,各承担 50% 的负荷供电。若 I 路电源断电,则通过接触器进行切换,由 II 路电源承担全部负荷供电。若 II 路电源断电,则由 I 路电源承担全部负荷供电。此即 H 型供电方式。

当一路电源断电,而另一路电源 A 相或 B 相断电时,仍能凭借另两相的供电保持系统的不间断供电。

若输入为单相电源,则将三相输入端子封连起来即可。

(2) 稳压整流电路。

稳压整流电路设在稳压整流屏中,对输入交流电源进行稳压、隔离、整流,将交流电源变换成 DC 330 V 电源,并接至汇流排上,向各交直流屏引接 DC 330 V 电源。

(3) 开关电源模块及配置。

DMA-220 高频开关电源完成 DC/AC 变换,输出 AC 220 V 电源,为信号点灯、区间信号点灯、道岔表示、计算机联锁、微机监测、调度监督、计轴电源及 25 Hz 轨道电源、局部电源供电,还供出稳压备用电源。

DMZ-024 高频开关电源完成 DC/DC 变换,输出 DC 24 V 电源,为继电器、区间轨道电路、站内电码化电路及系统内部供电。

DMZ-220 高频开关电源完成 DC/DC 变换,输出 DC 220 V 电源,为直流转辙机供电。

DMZ-072 高频开关电源完成 DC/DC 变换,输出 DC 24～100 V(连续可调)电源,为闭塞、站间联系电路供电。开关电源模块设于交直流屏中,DC 330 V 电源经断路器接至各母板,由高频开关电源进行 DC/AC 或 DC/DC 变换,变换后的交、直流电源经断路器输出。

(4) 监控系统。

系统设两个微机监控单元。微机监控单元 1 设于交直流屏 A 屏中,用于各种输入、输出电源检测参数显示、故障报警和存储,设置检测参数和预留 RS-232 通信接口。微机监控单元 2 设于稳压整流屏中,主要用于检测各高频开关电源的工作状态。

监控单元符合"故障-安全"原则,即其工作与否或发生故障时,均不影响电源系统的正常工作。

《铁路信号智能电源屏技术条件》(暂行)实施以后,人们对 PDZ 系列铁路信号智能电源屏进行了改进,两路交流电源输入不再采用 H 型供电方式,而采用输入配电一主一备的工作方式,将车站所用电源和区间所用电源分别供电。

2. DS 系列铁路信号智能电源屏

1) 分类

(1) 按用途分类。

DS 系列铁路信号智能电源屏按用途可分为继电联锁智能电源屏、计算机联锁智能电源屏、驼峰信号智能电源屏(包括驼峰峰尾停车器电源屏、驼峰电空型电源屏、驼峰电动型电源屏)、25 Hz 轨道智能电源屏、区间智能电源屏、提速电源屏或以上几种类型的综合智能电源屏。还有地铁信号智能电源屏、城市轻轨信号智能电源屏。

(2) 按系统容量分类。

联锁用电源屏按系统容量可分为 5 kV·A 电源屏、10 kV·A 电源屏、15 kV·A 电源屏、20 kV·A 电源屏、25 kV·A 电源屏、30 kV·A 电源屏或根据现场供电需要组成的电源系统。

25 Hz 轨道电源屏可分为 800 V·A 电源屏、1600 V·A 电源屏、2000 V·A 电源屏、4000 V·A 电源屏、6000 V·A 电源屏。

区间电源屏可分为 5 kV·A 电源屏、8 kV·A 电源屏、10 kV·A 电源屏或用户特殊需要容量的电源设备。

(3) 按输入电压形式分类。

按输入电压形式可分为单相电源系统信号智能电源屏、三相电源系统信号智能电源屏。

2) 特点

(1) 模块化。

DS 系列智能电源屏采用模块化结构，系统容量能灵活配置，易于扩容，能适应不同站场规模和不同联锁制式的车站及不同长度自动闭塞的需求，并预留了一定的模块插接空间，能满足车站及区间一段时期内的扩容要求。

(2) 高可靠。

DS 系列智能电源屏采用输入配电一主一备的工作方式，正常情况下由可靠性高的Ⅰ路电源供电，Ⅱ路电源备用，当Ⅰ路电源故障时，自动切换到Ⅱ路电源供电，同时为满足现场各种供电环境的不同需求，DS 系列电源系统可设置主路电源跟踪功能（用户可根据需要自行设定）。两路电源切换环节除具有自动和手动转换功能外，还具有维修直供功能。

DS 电源系统根据不同的供电要求采用了不同的冗余技术，保证系统运行的可靠性。交流供电回路采用数字补偿式交流稳压电源，交流电源模块为"1+1"冗余热备配置，当主用模块出现故障时可自动退出并自动转换至备用模块工作；直流模块采用"$n+m(m>n/3)$"均流冗余技术，当任一直流模块出现故障时，可自动退出，冗余模块继续向负载供电。模块内设有防浪涌干扰电路，可有效去除干扰脉冲。功率半导体器件全部高频软开关化，使模块的可靠性有本质的提高。交流模块为冗余热备份，直流电源模块为并联冗余工作方式，可实现不间断供电。

(3) 智能化。

监控系统功能全面，操作简单，显示直观，各种信息表示清晰，有利于故障的分析判断；监控系统软、硬件按模块化设计；各机柜配置监测分机，通过监测分机连接各功能模块、机笼和监控模块；监控模块对供电系统各供电回路参数（电压、电流工作状态）实时在线监测，供电系统工作或故障时，可通过监控模块显示屏和键盘进行人机对话，利用监控模块的屏幕显示声光报警、设置等功能，进行当地预报、记录、调看系统工作状态、历史故障查询等；设置密码，阻止误操作、错误数据对系统的破坏。

监控模块可通过 RS-232、RS-485 方式与微机监测系统连接，提供各种模拟量及开关量的检测数据，实现信号电源的远程监控和灵活组网。

监控系统工作或故障时，不影响供电系统的正常工作。

(4) 不间断供电。

采用续流技术的直流电源、闭塞电源、25 Hz 电源在输入两路电源转接期间可实现输出不间断供电。

驼峰智能电源屏采用 UPS 供电和蓄电池储能可使转辙机在两路输入电源失电时输出不间断供电，保证转换到底。

(5) 设置双套测量和报警电路。

电源模块设有电压表、电流表及工作状态指示灯，并输出监控信息至监测主机，系统设置输入电源电压、电流测量（可通过监测主机查询）、工作状态（有电、供电）指示灯，输出电源工作状态绿色指示灯及故障状态红色报警指示灯和蜂鸣器故障接警。

监控系统正常时,可通过监控单元查询各供电参数及故障历史记录。电源故障时,通过监控单元查询故障信息,确定故障类别,屏内声光报警,并将故障条件引至控制台,且通过信号微机监测系统将各种信息传输至维修终端。

(6) 完善、有效的保护技术。

交流电源模块具有过流、短路保护;直流电源模块具有过压、短路、限流、软启动等保护技术,且具有短路消除自动恢复的功能。

具有多级防雷设计,一方面阻止雷电流侵入电源系统危及信号设备的安全,另一方面保护电源设备本身。防雷器件采用模块化结构,可在线插拔更换故障模块。配置遥信接点可以实时在线检测防雷元件工作状态,提高系统安全性、可靠性。

防雷器件采用模块化结构,可在线插拔更换故障模块。

(7) 综合化设计。

其包含铁路信号电源所有负荷种类模块,即不同电压等级、频率、交流、直流等电源模块系列,可根据不同车站的具体情况,灵活组合,构成不同功能、不同容量的电源系统,并根据发展的需要进行扩容。

(8) 标准化设计。

① 结构标准化。

DS 系列智能电源屏采用标准尺寸机柜、模块、机笼为标准化设计,封闭式,外壳防护等级为 IP20,采用等电位一点接地方式,可确保人身安全。该电源屏便于安装调试,便于工厂化流水线生产,便于现场应用。

② 模块标准化。

模块电路标准化,采用标准化接口。电源模块可通过鉴别销加以区别。模块采用合理的结构设计,自然冷却或温控风冷,提高系统的可靠性。

(9) 模块采用带电插拔技术。

采用先进的线簧式连接器件,电源模块、接触器、监测分机等可实现带电插拔、在线更换,提高产品易用性和易维护性,缩短故障维护时间,提高供电可靠性。

(10) 高频开关电源。

采用有源功率因数校正技术、脉宽调制技术、续流技术等成熟的电力电子技术,提高供电可靠性。

(11) 电磁兼容。

电磁兼容设计是系统的重要指标之一,自主开发的高频开关电源,满足电磁兼容技术指标的要求。

(12) 元器件选用。

采用国内外知名厂家元器件,断路器选用西门子产品;接触器采用中国铁路总公司公布的带"铁路专用"的西门子产品;采用耐高温、阻燃绝缘导线;接线端子为 WAGO 产品;确保产品质量。

3) 30 kV·A 驼峰信号智能电源屏系统

(1) 概述。

DSTF-30/K 型驼峰信号电源系统为 30 kV·A 电空型驼峰电源系统,是 DS 系列智能电源屏中的一种网络型驼峰信号智能电源系统。一套电源系统由 A、B、C、D 四面屏构成。

A屏完成两路电源转换、交流集中稳压,供出4路轨道电路电源。B屏供出4路轨道电路电源,供出继电器电源、2路站间联系电源、微机驱动继电器电源、电空转辙机电源和稳压备用电源。C屏供出2路信号点灯电源、雷达电源和控制电源。D屏供出计算机电源、表示电源、减速器电源、减速器表示电源。

电源系统分为供电系统和监测系统。

① 供电系统由交流模块、直流模块、电池模块、闭塞电源模块及监测系统模块等组成。交流电源采用"1+1"冗余电路结构,直流电源采用并联冗余电路结构,能满足现场各种负荷种类及容量的需要。当任一电源模块出现故障时,可实现自动退出并自动转换至冗余电源模块工作,保证供电系统正常工作。

② 监测系统采用集散式监控方案,可实现对系统实时在线监测、远程数据传输、在线帮助故障历史记录查询等。系统通过串行接口与微机监测系统连接,将系统运行状态传输至运行管理中心(工区或电务段),实现"状态修"和信号电源智能化管理。

系统设置双套测量和报警电路,正常时通过监测系统查询各供电参数及历史记录,电源故障时通过监测主机通知值班人员,且当监测系统故障时不影响供电系统正常工作,并会通过电源系统声光报警电路提示电源状态。

系统采用多级防雷设计,可有效抑制雷击、过电压对电源及信号设备的危害,提高系统安全性、可靠性。

(2) 工作原理。

① 供电方式。

引入系统的两路电源,采用主备工作制,可实现Ⅰ、Ⅱ路电源对等切换。也就是当工作中的任一路电源故障(断电或断相)时,可自动转换至另一路电源供电,且转换时间小于0.15 s。

② 通信联络。

采用国际标准化通信接口RS-485或RS-232。

③ 电路原理。

DSTF-30/K型驼峰信号智能电源系统由各类交流模块、直流模块、电池模块、闭塞模块、UPS电源模块等组成。各供电模块采用"1+1(或$n+m$)"冗余方式设计,当主用模块发生故障时能自动退出,冗余模块自动投入运行。

(ⅰ) 两路电源转换。

引入A屏的两路电源可自动或手动转换,由接触器1LC、2LC等实现。正常时,Ⅰ路电源、Ⅱ路电源互为备用,当其中供电电源(设为Ⅰ路供电)断电或断相时,可自动转换至备用电源(Ⅱ路电源)供电。操作人员也可通过按钮进行两路电源手动转换,转换时间不大于0.15 s。当电源任一相失电或断相时,断相保护电路将切断该路主接触器励磁电路。

(ⅱ) 交流集中稳压。

系统采用数字补偿式集中稳压电源。该稳压电源具有功率因数高、体积小、效率高、低温升、响应时间快、无噪声、稳压范围宽、稳压精度高、负载适应能力强、对电网无污染的特点。

A屏内设置3个数字补偿式集中稳压电源(每相1个),正常时,"稳压"供电。当稳压器出现故障时,自动转成电网"直供"输出,维修人员可以手动切换实现稳压器断电维修。

(ⅲ) 电源模块冗余。

供给轨道电路、信号点灯、雷达电源、控制电源、表示电源等用电的交流电源模块采用"1+1"冗余技术。正常工作时,由主用模块承担负载,当主用模块出现故障时,可自动转换至备用模块工作。

供给继电器、微机驱动继电器、电空转辙机等用电的直流电源模块采用并联均流冗余方式,正常工作时模块均分负载,当模块出现故障时,自动退出,冗余模块自动承担全部负载。

(ⅳ) 不间断供电及续流。

供给车辆减速器用电的电源模块采用 UPS 双机热备份冗余技术,可保证该回路电源不间断供电。

供给电空转辙机用电的 DC 24 V 电源采用蓄电池储能续流原理,正常时由直流模块(B 屏)并联均流,一方面给负载供电,另一方面通过 B 屏给电池模块(DSDC-20 型)浮充电。在两路输入电源同时失电的情况下,电池模块可保证动作的转辙机继续转换到底。

(ⅴ) 雷电防护。

两路电源引入,轨道电路电源、信号点灯电源、雷达电源、减速器电源、减速器表示电源输出到室外的电源回路均设防雷保护,采用模块化防雷器及多级防雷设计,可有效降低雷电冲击对设备的影响。防雷模块具有劣化指示功能。

(ⅵ) 接点条件。

系统提供两路电源控制台表示条件、轨道电路停电监督条件、电源总报警条件。

(ⅶ) 电源监测。

监测模块可实时显示电源系统各项运行参数的运行状态、报警状态,定时记录正常工作参数并存储,实时记录故障参数并存储,可通过友好的人机界面查询历史数据。

(ⅷ) 报警及显示。

A 屏设置故障报警灯(GHD)、蜂鸣器(FMQ),可对任何故障进行报警。当出现故障时,FMQ 鸣响,GHD 红灯亮,可操作"音响解除"开关停止音响;当故障排除后,FMQ 鸣响,GHD 红灯不亮,操作"音响解除"开关停止音响。

设置两路电源有电、供电指示、输出电源供电表示灯。

模块设置正常(故障)显示灯表明模块的工作状态;设置电源电压、电流测量仪表。

8.3　UPS

8.3.1　UPS 基本概念

不间断供电系统(uninterruptible power supply, UPS),又称为不间断电源或不停电电源,是一种现代化电源设备。它是一种含有储能装置,以逆变器为主要组成部分的恒压恒频的不间断电源。

一般电源屏在两路电源转换过程中至少要中断供电几十毫秒,这对一般的继电设备没有严重影响,但对于计算机系统及计算机控制的负载影响巨大。因为它们对供电的质量和可靠性有着更严格的要求,不允许有 3~5 ms 的中断供电,否则,计算机正在处理的信息便会丢失或发生错误。此外,供电电压、频率、波形的变化,也会使计算机造成错码、漏码而无法正常工作。因此,铁路信号系统中应用计算机的各系统,必须配备 UPS,以保证不间断供电,使系统正常工作。

8.3.2　UPS 功能

UPS 的主要功能有两路电源无间断切换、隔离干扰、电压变换、频率变换和后备功能。

(1) 两路电源可通过 UPS 实现无间断切换。

(2) 在 UPS 中,交流输入电源经整流后由逆变器对负载供电,可将电网电压的瞬时间断、谐波、电压波动、频率波动、噪声等各种干扰与负载隔离,使电网的干扰不影响负载,而且负载也不干扰电网。

(3) 通过 UPS,可以将输入电源的电压、频率变换成所需要的电压、频率。

(4) UPS 中的蓄电池储存有一定能量,市电间断时蓄电池通过逆变器继续供电。

8.3.3　UPS 分类

(1) 按工作原理不同,UPS 分为离线式(后备式 UPS、互动式 UPS)和在线式 UPS。

(2) 按供电体系不同,UPS 分为单进单出 UPS、三进单出 UPS、三进三出 UPS。

(3) 按输出功率不同,UPS 分为微型(<6 kV·A);小型($6\sim20$ kV·A);中型($20\sim100$ kV·A);大型(>100 kV·A)。

(4) 按电池位置不同,UPS 分为电池内置式 UPS(标准机型)和电池外置式 UPS(长延时机型)。

(5) 按多机运行方式不同,UPS 分为串联热备份 UPS(用于中小功率机器)、交替串联热备份 UPS(中小 UPS)、直接并联 UPS(用于中大功率机器)。

(6) 按变压器特点不同,UPS 分为高频 UPS(高频机)、工频 UPS(工频机)。

(7) 按输出波形不同,UPS 分为方波输出 UPS、阶梯波(准正弦波)输出 UPS、正弦波输出 UPS。

8.3.4　后备式 UPS

后备式 UPS 的优点是电路简单、价格较低。但由于存在转换时间,输出电压易受电网波动的影响,供电质量不够高。

1. 后备式 UPS 的工作原理

后备式 UPS 的工作原理如图 8-7 所示。它与在线式 UPS 相比,没有输入整流滤波器,逆变器只由蓄电池供电。

市电正常时,UPS 工作于市电旁路状态,转换开关切换到市电输入端,输入市电经转换开关接至输出变压器,给负载供电。此时,逆变器不工作。市电变化时,通过继电器改变输出变压器的抽头来稳定输出电压。

市电中断或电压过高过低时,UPS 工作于后备状态。检测控制电路检测到市电故障后,启动逆变器并将转换开关切换到逆变器端,由蓄电池经逆变器给负载供电。负载变化

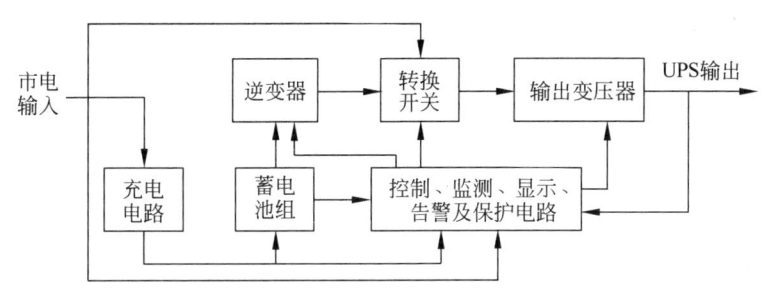

时,通过改变输出方波宽度实现稳压。

在后备式 UPS 中,市电正常时逆变器不工作,只有市电出现故障时,逆变器才启动。由于转换开关需要一定的动作过程,一般转换时间为 3~10 ms。

2. 后备式 UPS 的组成

1) 充电电路

为简化电路、降低成本,后备式 UPS 常采用恒压充电电路。该电路由降压变压器、整流桥、集成稳压电路组成,通过接于集成稳压电路中的可调电阻可改变充电电路的输出电压。充电电压应合理调整,过高易损坏蓄电池,过低则造成充电不足。

2) 逆变器电路

后备式 UPS 采用推换式逆变器,由直流电源、输出变压器和晶体管组成,如图 8-8 所示。

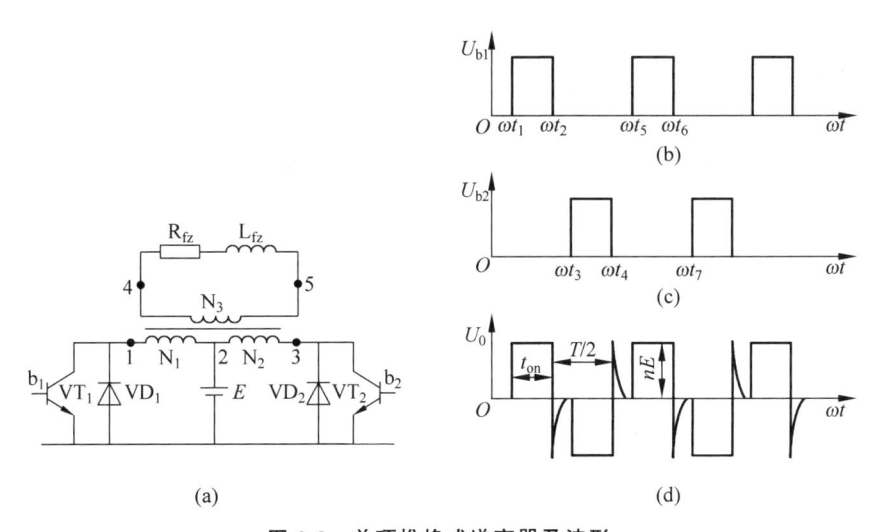

图 8-8 单项推换式逆变器及波形

晶体管 VT_1、VT_2 的基极加上矩形脉冲电压,如图 8-8(b)、(c)所示。在 $\omega t_1 \sim \omega t_2$ 期间,VT_1 导通,VT_2 截止。变压器初级电流 i,由电源正端经变压器的 N_1、VT_1 回到负端,在变压器次级感应出电压。在 $\omega t_2 \sim \omega t_3$ 期间,VT_1、VT_2 截止,变压器初、次级电流均减小,电感产生反电势,为尖脉冲电压。在 $\omega t_3 \sim \omega t_4$ 期间,VT_1 截止,VT_2 导通,在变压器次级感应出电压,其极性与 $\omega t_1 \sim \omega t_2$ 期间相反。$\omega t_4 \sim \omega t_5$ 期间分析与 $\omega t_2 \sim \omega t_3$ 期间相同。

逆变器输出的波形如图 8-8(d)所示,存在尖脉冲电压,所以在实际的逆变电路中一般都有尖峰脉冲消除电路,消除尖脉冲,使输出为正、负方波。

3) 交流稳压电路

后备式 UPS 的交流稳压电路采用由 3 个运算放大器组成的电压比较器来控制 3 个继电器,通过继电器接点接通输出变压器的不同抽头输出来实现交流稳压。

4) 控制电路

后备式 UPS 控制电路的主要功能是:向脉宽调制控制回路送出市电供电与逆变器供电转换信号;市电电压过高或过低时启动逆变器,由其向负载供电;控制相应转换开关接通或断开;提供多种保护。

前三项功能由控制电路完成,以保证市电经负载供电,保证市电对蓄电池充电。

保护电路完成蓄电池电压过低自动保护、逆变器输出过载或短路自动保护、逆变器延迟启动、逆变器过压自动保护、市电输出电压过高保护等。

3. 后备式 UPS 的特点

后备式 UPS 采用了抗干扰式分级调压技术,市电在 180～250 V 变化时,输出电压均可稳定在 (220 ± 11) V。但仅在蓄电池供电的很短时间里,才能提供高质量的正弦波交流电压。

后备式 UPS 波形失真系数小于 5%,一般在负载较轻时波形失真系数要增大,故负载应在额定值的 30% 以上。

后备式 UPS 采用 50 Hz 市电同步技术,基本上实现了市电供电-逆变器供电的同步转换,目前转换时间约为 4 ms。

市电正常时市电直接通过抗干扰滤波器加至负载,所以噪声较小。当逆变器供电时,由于脉宽调制频率一般为 8 kHz 左右,所以噪声偏大。

8.3.5 在线式 UPS

1. 在线式 UPS 的工作原理

在线式 UPS 由整流滤波电路,逆变器,输出变压器及滤波器,静态开关,充电电路,蓄电池组,控制、监测、显示、告警及保护电路组成,如图 8-9 所示。

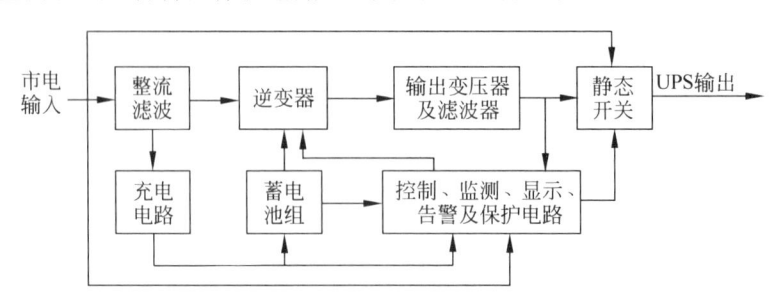

图 8-9 在线式 UPS 工作原理

在线式 UPS 的输出电压通常为正弦波。市电正常时,交流输入电源经整流滤波后转换为平滑直流电,然后分为两路,一路通过充电电路给蓄电池组浮充电;另一路供给逆变器,逆变器又将直流电转换为 220 V、50 Hz 的交流电,再经输出变压器及滤波器、静态开关后给负载供电。

市电故障(断电,电压过高或过低)时,逆变器将蓄电池的直流电变换成交流电,并通过静态开关输出至负载。

市电正常而逆变器故障或输出过载时,静态开关切换至市电端,由市电直接给负载供电。如果逆变器发生故障,则 UPS 将发出报警。如果出现过载,则过载消失后,静态开关重新切换至逆变器端。

控制、监测、显示、告警及保护电路提供逆变、充电、静态开关转换所需控制信号,并显示各自的状态。UPS 出现过压、过流、短路、过热时,会及时报警并提供相应保护。例如,负载短路时,保护电路及时关断逆变器,使其得到保护,此时静态开关也不转换至市电端,而且待短路消失后,重新启动逆变器。

在线式 UPS,无论市电是否正常,均由逆变器供电,所以市电发生故障时,UPS 的输出不间断。

2. 在线式 UPS 的组成

1)输入整流滤波电路

UPS 中,整流电路有单相不可控整流电路、单相可控整流电路、三相不可控整流电路、三相可控整流电路。滤波电路通常采用 LC 滤波器。

2)功率因数校正电路

UPS 中,市电经整流后均采用 LC 滤波,整流电路输出端还并有蓄电池组。在电容器或蓄电池充电时将形成脉冲电流,该电流峰值高,且产生高次谐波,为此需设功率因数校正电路,使电网输入电流变为与输入电压同相位的正弦波,以提高功率因数。

3)蓄电池组

市电正常时蓄电池充电以储存能量,市电中断时蓄电池放电以维持逆变器的工作。目前中小型 UPS 中多使用阀控铅蓄电池。

4)充电电路

UPS 中,充电电路一般独立工作,即使不用逆变器,只要接通交流电源,充电电路就开始工作。

在线式 UPS 一般采用分级充电电路。充电初期采用恒流充电,当蓄电池端电压达到浮充电压后,立即转为恒压充电,直到蓄电池被充足电。因此充电电路有电流反馈和电压反馈两个反馈回路。

采用电流型脉宽调制(PWM)集成控制器控制由场效应管、电感、二极管和电容器组成的升压变换器,构成一个具有限流稳压功能的开关电源。只要正确设定额定电压、浮充电压、恒流充电电流,就能使蓄电池沿理想的充电曲线充电,从而延长蓄电池的寿命。

5)逆变器

逆变器的作用是将市电整流后的直流电压或蓄电池电压变换为交流电压。在线式 UPS 均采用正弦脉宽调制技术,来控制逆变器的工作。

在线式 UPS 采用的单相桥式逆变电路,由直流电源 E、输出变压器 T、场效应管 $VT_1 \sim VT_4$ 组成,如图 8-10 所示。逆变电路由正弦脉宽调制电路控制。

单相桥式逆变电路按工作方式分为同频逆变电路和倍频逆变电路,现以同频逆变电路

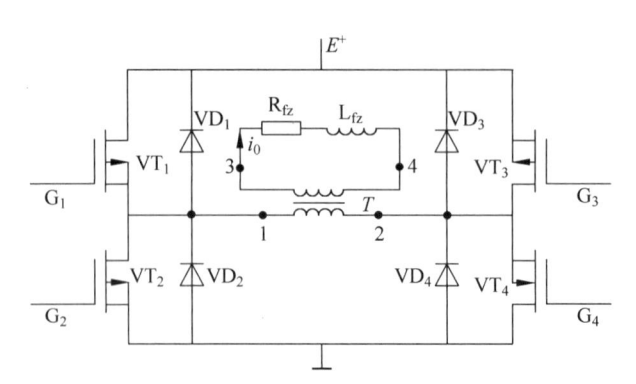

图 8-10 单相桥式逆变电路

为例介绍其工作原理。

在同频逆变电路中,场效应管 VT_1、VT_2、VT_3、VT_4 的栅极 G_1、G_2、G_3、G_4 分别加上正弦脉宽触发信号,如图 8-11 所示。

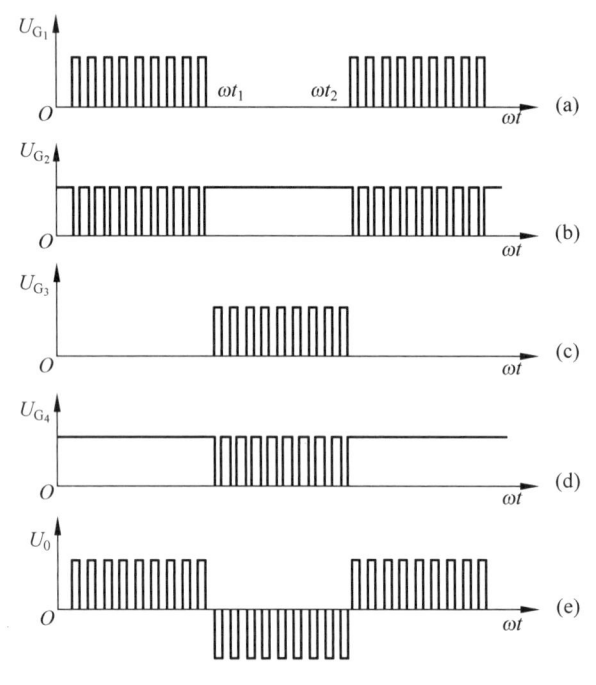

图 8-11 同频逆变电路波形

在 $0\sim\omega t_1$ 期间,U_{G_1} 与 U_{G_2} 为一组相位相反的脉冲,U_{G_3} 为 0,U_{G_4} 高电位;在 $\omega t_1\sim\omega t_2$ 期间,U_{G_3} 与 U_{G_4} 为一组相位相反的脉冲,U_{G_1} 为 0,U_{G_2} 高电位。

VT_1 栅极出现第一个脉冲时,VT_2 栅极第一个脉冲消失,VT_1、VT_4 导通,VT_2、VT_3 截止,输出变压器初级有电流流动,在变压器次级产生感应电压。

VT_1 栅极第一个脉冲消失,VT_2 出现第二个脉冲,VT_1 截止,此时 VT_2 在正向电压作用下导通,由于 VT_4 导通,于是变压器初级被短路,次级没有感应电压。

以上过程反复出现,在逆变器输出端即产生脉宽调制电压,其波形如图 8-11(e)所示。

它的脉冲频率与驱动信号($U_{G_1} \sim U_{G_4}$)脉冲频率相同,故称为同频逆变电路。

6)静态开关电路

静态开关的作用是保护 UPS 和负载,实现市电旁路供电和逆变器供电的转换。UPS 过载时,为保护逆变器,只要市电正常 UPS 就通过静态开关将输出转换至市电;逆变器故障时,为保证负载不断电,UPS 也通过静态开关将输出切换至市电。

由于 UPS 内部有同步锁相电路,同时静态开关转换时间很短,所以在转换过程中不会中断供电。

UPS 若采用快速继电器作为转换开关,则存在转换时间,即继电器的动作时间。UPS 供电的不间断,在很大程度上依赖于静态开关的切换性能。

静态开关的主电路由 2 个晶闸管反向并联组成,分别用来通过交流电的正、负半周电流。静态开关分为转换型和并机型两类。

单相转换型静态开关如图 8-12 所示。用 4 个晶闸管,逆变器输入端接 2 个,备用电源输入端接 2 个,组成两组静态开关。静态开关的作用相当于一个单极双投开关。这种静态开关,只允许给两个静态开关中的一个加触发脉冲。为使主电源和备用电源之间能通过静态开关互相切换,两电源必须同步。否则,切换时将出现波形异常,对负载来说实际上产生供电中断。

并机型静态开关如图 8-13 所示。晶闸管 SCR_1 和 SCR_2 反向并联组成静态开关 K_1,SCR_3 和 SCR_4 反向并联组成静态开关 K_2。市电和逆变器输出电压的频率、相位和幅度相同。在两电压正半周内,SCR_1、SCR_3 承受正向电压,触发脉冲加入后它们即导通,两电压通过这 2 个晶闸管加至负载两端。在两电压负半周内,SCR_2、SCR_4 导通,两电压通过它们加至负载两端。当任一晶闸管出现故障时,接在该电源中的静态开关自动关闭,因此两电源不会产生环流。如果两交流电源不同步,则可能产生环流(如图中的 i),会损坏晶闸管。因此要求两电源在同步情况下才能切换。

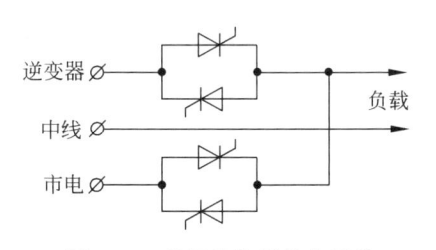

图 8-12 单相转换型静态开关

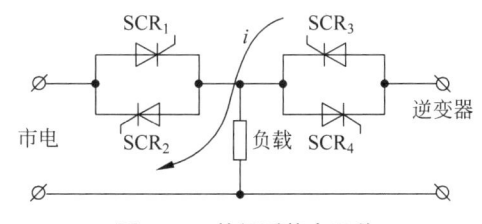

图 8-13 并机型静态开关

7)控制、监测、显示及保护电路

控制电路主要有正弦脉宽调制(SPWM)产生电路、闭环调压电路、同步锁相电路等,可以控制 UPS 输出电压的精度、波形失真度及工作可靠性。

(1)闭环控制电路。

为提高逆变器的精度,改善输出电压波形,UPS 常采用闭环电压控制电路和闭环波形控制电路。闭环电压控制电路由直流电压检测电路、给定电压、误差放大器组成,将由直流电压检测电路检测到的电压与给定电压进行比较,获得误差电压,由误差放大器放大后去控制 PWM 控制器,控制输出电压。

闭环波形控制电路由交流电压检测电路、给定电压、误差放大器组成，其使 UPS 检出电压的波形与给定电压波形相同，都为高质量的正弦波。

（2）同步锁相电路。

在线式 UPS 的同步锁相电路由晶体振荡器、分频器、同步信号选择器、同步跟踪电路等组成，石英晶体振荡器作为稳定度很高的频率源，由分频器分频信号得到内振方波，上、下限频率脉冲信号。同步信号选择器用以选择同步信号，当市电频率在 49.5～50.5 Hz 时，以市电方波作为同步信号；频率不在 49.5～50.5 Hz 时，以 50 Hz 内振方式作为同步信号。同步跟踪电路使压控振荡信号与输入信号同频率、同相位。

为使 UPS 可靠工作，还应具有完善的保护电路，一般的 UPS 中都有蓄电池电压过低保护电路、逆变器输出过载或短路保护电路、逆变器过压自动保护电路、市电电压过高自动保护电路、UPS 延迟启动保护电路等。

为掌握和了解 UPS 的工作状态和运行情况，还设有监测电路、显示电路及报警电路。

习题

1. 铁路信号设备对供电的基本要求是什么？
2. 什么是信号智能电源屏？它有哪些技术特征？
3. 信号电源屏按用途可分为哪几种？
4. 智能型电源屏如何分类？试比较它们的异同。
5. 智能型电源屏采用了哪些电力电子技术？
6. PNX 系列智能型电源屏分几类？各有什么特点？
7. 简述 PNX_2 智能型电源屏的组成。
8. PNX_2 智能型电源屏有哪些主要模块？各有什么作用？
9. PNX_2 智能型电源屏采用哪些模块冗余方式？
10. PNX_2 智能型电源屏采用哪些标准电路？简述它们的电路原理。
11. 简述 PNX_2 智能型电源屏监测系统的工作原理。
12. 简述 PNX_2 智能型电源屏的组成和特点。
13. 简述 PDZ 型智能电源屏的结构和特点。
14. 简述 DSTF-30/K 驼峰信号智能电源屏的组成和工作原理。
15. 什么是 UPS？
16. UPS 有哪些功能？如何分类？
17. 简述后备式 UPS 的组成和工作原理。
18. 简述在线式 UPS 各部件的组成和特点。
19. 简述逆变器的工作原理。
20. 简述静态开关的工作原理。
21. 在线式 UPS 是如何做到锁相同步的？
22. 信号智能电源屏和 UPS 如何协调工作？

第9章 防雷和接地装置

铁路信号设备易遭雷电袭击,造成设备的损坏或误动,影响铁路运输生产。因此,信号设备必须做好防护,并且设置接地装置。

9.1 信号设备防雷

信号设备往往是与电线路或钢轨连接在一起的,雷电通过电线路、钢轨袭击信号设备,因此必须对设备进行防护,防止和减少雷害,进一步提高设备的可靠性。目前信号设备越来越普遍地采用电子器件,它们承受雷害的能力更小,更必须有完善的防雷措施。

9.1.1 雷害及防雷

1. 雷害

雷电是一种自然现象,由于它的能量极大,极易对设备和人体造成严重损伤。

雷电有直接雷和感应雷两种。直接雷是直接侵入设备或与设备相关联的传输线上的雷电,其雷电压可高达几十万伏,但袭击信号设备的概率很小。

感应雷是由于电磁感应作用,在电气设备上感应出的雷电压,在设备中流过感应电流。感应雷又分为纵向感应雷和横向感应雷。纵向感应雷是感应到设备两侧(如钢轨)上的极性相同、大小相等的感应电压,如图 9-1(a)所示。横向感应雷是感应到信号设备两侧的极性不同的感应电压,如图 9-1(b)所示。

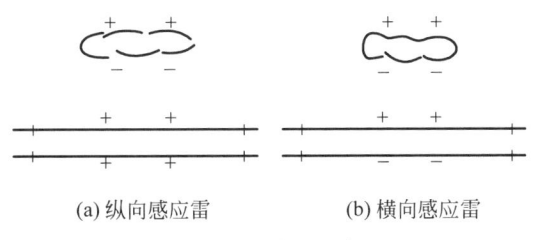

(a) 纵向感应雷　　(b) 横向感应雷

图 9-1　感应雷示意图

感应雷雷害的发生概率高,袭击信号设备相当频繁。因为信号设备点多面广,设备本身属于低压电气设备或电子设备,绝缘耐压程度较低,易受雷害破坏。从技术经济角度出发,对信号设备的防护主要是预防感应雷。

2. 雷电侵入信号设备的主要途径

雷电侵入信号设备的主要途径是通过交流电源线、轨道电路、电缆等。

1) 由交流电源侵入

雷电冲击波侵入高压电线路传至高压变压器,若该变压器未装避雷器或避雷器失效,雷电波幅值又较大,就会击穿变压器初、次级绕组间的绝缘。这样,数十万伏的雷电压就会直接侵入交流低压电源,严重破坏低压侧的信号设备。

若雷电冲击波电压幅度不高,不足以引发高压避雷器工作,或不足以击穿变压器绝缘侵入低压回路,则雷电冲击波会通过绕组间分布电容耦合的方式,侵入信号低压回路。

低压电源线和信号设备相连接,相比雷电压,可认为它们的电位为零。因此,电容的耦合作用可如图9-2(a)所示的回路表示,其等效电路如图9-2(b)所示。图中 C_0 为高压导线和绕组对大地的电容,C_1 为高压绕组对铁芯和外壳的电容,C_2 为低压绕组对铁芯和外壳的电容。

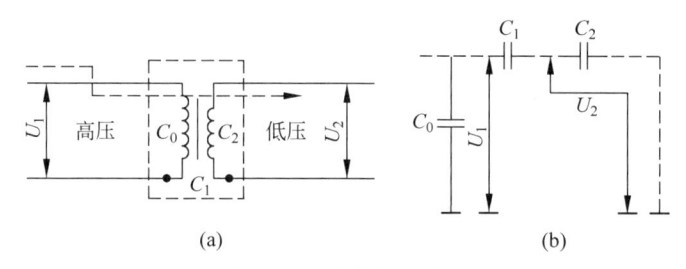

图 9-2 电容的耦合作用

当高压侧出现高压 U_1 时,低压侧将出现相应的电压 U_2,$U_2 = \frac{C_1}{C_1+C_2} \times U_1$。假设 $U_1 = 35 \text{ kV}$,$C_2/C_1 = 20$,则 $U_2 = 1.67 \text{ kV}$。如此高的电压,对低压回路中的信号设备是危险的。当 C_2 与 C_1 的比值较小或者 U_1 较大时,对信号设备的危险更大。

如果高电压线路的雷电冲击波电压不对称,或者两条线路上避雷器的放电电压或残压值不一致,则变压器高压绕组两端就可能出现电压 ΔU_1,在低压绕组中将感应出电压 ΔU_2。假设 $U_1 = 35 \text{ kV}$,初、次级变压比为50,则 ΔU_2 为 0.7 kV。这么高的电压,加到信号设备上也有一定的危险性。

2) 由轨道电路侵入

轨道电路用钢轨作为传输线,它一般高出地面,有的铁路旁有高山、树木,有的是大桥,也容易遭雷击。

轨道电路虽然安装在轨枕上,但由于轨道电路较长,又有泄漏和电容,并且均匀分布,钢轨本身又有一定的电阻,当雷电袭击时不能立即泄放掉,雷电波将传送一段距离。雷击侵入轨道后,易对轨道电路器材造成损坏。

3) 由电缆侵入

铁路信号的室内外设备通过电缆连接起来。雷电从电缆侵入,并传输至室内设备。电缆附近的大地遭受雷击时,电缆护套可能被击穿,雷电流直接侵入芯线或雷电流沿电缆铠装流动,使芯线产生较高的感应电压。同时,当一根电缆的一根芯线有过电压侵入时,其他芯线也将产生感应电压。

此外,当雷击点距信号设备较近时,造成雷击点大地电位上升并波及信号设备,使之产生闪络(沿固体表面发生的破坏性放电,通常只引起绝缘介质强度的暂时丧失)或击穿(贯穿固体发生的破坏性放电,导致绝缘介质强度的永久性破坏)。

3. 纵向电压和横向电压

电线路一旦遭受雷电过电压的侵袭,则该电压波由侵袭地点沿线路向两端传播,形成纵向电压和横向电压。

纵向电压指导线或设备对地的电压,每条导线上的折射电压或反射电压均为纵向电压。

横向电压指两导线间的电位差。由于每条导线感应过电压的不平衡、线路阻抗的不一致、防雷元件冲击点火电压的离散性、被保护设备阻抗及接地电阻的影响,都会产生横向电压。

纵向过电压及横向过电压,对人身安全和信号设备的正常运行都会带来极大的危害。纵向过电压将使设备的绝缘闪络、击穿,甚至起火。横向过电压会击穿、烧毁信号设备,尤其是电子器件。

4. 信号设备的防雷

在有雷电活动的地区,与外线连接的信号设备应安装防雷元器件进行防护。

对安装电子设备(计算机联锁、信号集中监测、TDCS/CTC、CTCS、ZPW-2000等)的机房应进行有效的室内电磁屏蔽。

1) 信号设备雷电防护的原则

(1) 按照分区、分级、分设备防护原则,采用纵向、横向或纵横向防护方式。

不同雷电活动的地区,应采用相应的防雷措施。不同雷电活动是指有雷暴的时间多少。按年均雷暴日(N)的多少,雷电活动地区可分为少雷区($N \leqslant 15$)、中雷区($15 < N \leqslant 40$)、多雷区($40 < N \leqslant 90$)、强雷区($N > 90$)。

采用多级防护时,各级防护元件应配置合理。要保证各级防雷设备按顺序工作,以有效抑制雷电压。一般情况下,各级防雷元件不宜直接并联,避免动作电压低、时间快的防雷元件先动作,使其他元件不起作用。所以各级间应有延迟措施,使防雷元件逐级启动。通常,前级或前几级防雷元件采用通流容量大、启动快的元件,使大部分雷电能由防雷元件泄入大地。

(2) 采取屏蔽、等电位连接、良好的接地及合理布线等措施,改善信号设备电磁兼容环境。

(3) 信号设备、器材须具有符合规定的耐受过电压、过电流的能力,满足电磁脉冲抗扰度的要求。

(4) 防雷元器件应与被防护设备匹配设置,保证雷电感应电磁脉冲过电压限制到被防护设备的冲击耐压水平以下。

匹配设置是指在冲击电压作用下,防雷设备的放电特性和被保护设备耐压水平之间的匹配,要求防雷设备伏-秒特性曲线始终在被保护设备的伏-秒特性曲线之下,并留有一定裕度,如图9-3所示。这样,可使设备得到可靠的防雷保护。

被保护设备为电气设备时,保护设备的保护电压应低于被保护设备的绝缘耐压;如果被保护设备为电子设备,则防护设备的保护电压应低于电子设备的工作电压和击穿电压。

(5) 防雷装置的设置、动作和故障状态,不得改变被保护系统的电气性能,不得影响被保护设备的正常工作,并应满足故障导向安全的原则。

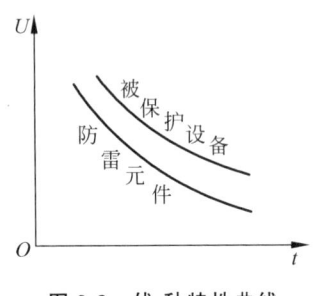

图 9-3 伏-秒特性曲线

信号设备的防雷不同于其他设备的防雷,不仅要考虑不致因雷击而损坏设备或使设备错误动作,而且要尽量做到设备不间断使用,以确保正常运用。因此,在选用防雷元件时,要特别注意不用易造成短路的防雷元件。当被保护设备接入防雷设备后,对被保护设备的输出功率、接收灵敏度或频率特性不应产生不良的影响。

2) 信号设备防雷的要求

(1) 浪涌保护器的连接线应尽可能短,防雷电路的配线与其他配线应分开,不允许其他设备借用并联型防雷设备的端子。

(2) 防雷元器件的安装应牢固,标志清晰,并便于检查。

(3) 避雷带、避雷网、引下线、避雷针都应无腐蚀及机械损伤,锈蚀部位不得超过截面的1/3。

(4) 进出信号机械室的信号传输线路不得与电力线路靠近和并排敷设。不得已时电力线路和信号传输线路的间距应满足:电力电缆与信号缆线平行敷设时,不小于 600 mm;采用接地的金属线槽或钢管防护的,不小于 300 mm。条件受限时应采用屏蔽电缆布放,电缆金属护套和电缆屏蔽层应做接地处理。

5. 机房电磁环境防护

为抗御直击雷和降低雷电电磁干扰,信号机房的建筑物应采用法拉第笼进行电磁屏蔽。信号机房建筑物屋顶不允许设置避雷针。

1) 法拉第笼

法拉第笼由屋顶避雷网、避雷带和引下线、机房屏蔽和接地系统构成。

(1) 避雷网。

避雷网由不大于 3 m×3 m 的方形网格构成,每隔 3 m 与避雷带焊接连通。网格由 40 mm×4 mm 的热镀锌扁钢交叉焊接构成。热镀锌钢材的镀层厚度为 20~60 μm。

(2) 避雷带。

避雷带应采用不小于 φ8 mm 热镀锌圆钢沿屋顶周边设置一圈,距墙体高度 0.15 m,并用热镀锌圆钢均匀设置避雷带支撑柱,支撑柱间距不大于 1 m。

(3) 引下线。

引下线是避雷带与接地装置的连接线,沿机房建筑物外墙均匀垂直敷设 4~6 根,安装应平直,并与其他电气线路距离大于 1 m。引下线的固定卡钉布置应均匀牢固,间距宜小于 2 m。

引下线宜采用 40 mm×4 mm 热镀锌扁钢或不小于 $\phi 8$ mm 热镀锌圆钢,上端与避雷带焊接连通,焊接处不得出现急弯(弯角 R 不小于 90°),下端与地网焊接。

引下线与分线盘(柜)的间距应不小于 5 m。

为节省投资和合理利用资源,法拉第笼也可利用建筑物的钢筋混凝土结构或框架结构建筑物,实现引下线和大空间屏蔽网的作用。引下线利用建筑物内主钢筋时,主钢筋应与接地装置(地网)、避雷带焊接。

2) 安装电子设备的机房的法拉第笼屏蔽

安装电子设备的机房宜采用更完善的室内法拉第笼屏蔽,应符合以下标准:

(1) 屏蔽层应选用铁板或铝板等电磁屏蔽材料,板材厚度应不小于 0.6 mm。

(2) 门窗屏蔽应采用截面积不小于 3 mm^2、网孔小于 80 mm×80 mm 的铝合金网,并用不小于 16 mm 的软铜线与地网或屏蔽层可靠连接。

(3) 金属板间每间隔 500 mm 必须焊接或用不小于 2 mm^2 的软铜线可靠连接。

(4) 屏蔽层必须在引下线与地网连接处用不小于 25 mm^2 的软铜线可靠连接。

(5) 机房已经预留钢筋接地端子板的屏蔽层还应与钢筋接地端子板拴接。

(6) 机房地面宜采用防静电地板,其金属支架间应互相可靠连接,或在金属支架底部采用 0.1 mm×20 mm 铜箔带构成与支架一致的网格,铜箔带交叉处用锡焊接。

(7) 互相连接的金属支架或网格铜箔带应采用 10 mm^2 的铜带(扁平铜网编织带)应与地网或屏蔽层连接,至少 4 处,铜带一端加线鼻后与地网或屏蔽层拴接,另一端用锡焊接。

9.1.2 信号设备综合防雷

信号设备雷电电磁脉冲防护应根据防护需要,采取等电位连接、屏蔽、接地、合理布线,并安装防雷元器件(浪涌保护器、防雷变压器等)等措施进行综合防护(简称综合防雷)。

1. 避雷针的设置

雷害严重的车站(场)或电子设备集中的区域,可在距电子设备和机房 15~30 m 的地点安装一支或多支独立避雷针。避雷针不应设置在信号设备建筑物屋顶。

2. 引入信号机械室的电力线的防雷

引入信号机械室的电力线应采用多级雷电防护,单独设置电源防雷箱。电源防雷箱设置地点应符合防火要求,连接线应采用阻燃塑料外护套多股铜线。第Ⅰ级(电源配电盘)电源防雷箱应有故障声光报警、雷电计数和状态显示,连接线截面积不小于 10 mm^2;第Ⅱ级设在电源屏电源引入侧,连接线截面积不小于 6 mm^2;第Ⅲ级设在微电子设备(指计算机终端电源稳压器或 UPS 前),连接线截面积不小于 2.5 mm^2。

3. 室外引入信号机械室的信号线缆、通信等其他线缆的防雷

室外引入信号机械室的信号线缆、通信等其他线缆应设置浪涌保护器。浪涌保护器应集中设置在室内防雷柜或分线柜上。

浪涌保护器的连接线应采用阻燃塑料外护套多股铜线,截面积不小于 1.5 mm^2,并联连接方式时长度不大于 0.5 m(条件不允许时可适当延长,但不得大于 1.5 m),大于 1.5 m 时必须采用凯文接线法;浪涌保护器接地线长度应不大于 1 m。

4. 进/出信号机械室的信号电缆的屏蔽

进/出信号机械室的信号电缆应进行屏蔽连接,并与机械室环形接地装置连接。设置贯通地线时,室外通过箱、盒的干线电缆金属护套和钢带相互间顺次连接(拧、焊,并与金属材料箱盒及大地绝缘)或分别接向箱、盒接地汇集端子后连接贯通地线;未设贯通地线时,室外通过箱、盒的干线电缆金属护套和钢带相互间顺次连接(并与金属材料箱盒及大地绝缘)或分别接向箱、盒接地汇集端子,并在区间信号机(含分割点)、车站两端等电缆始/终端处连接屏蔽地线。电气化区段或接地系统有较大干扰时,可只在机械室界面一端接地。半自动闭塞区段设置的贯通地线,室外始(终)端应设置良好的接地装置。

5. 进/出机械室的其他金属设施

应与建筑物环形接地装置连接,并在建筑物界面做等电位连接。

6. 进入雷电综合防护的机房

严禁同时直接接触墙体(含屏蔽层、金属门窗、水暖管线等)与信号设备。需要接触信号设备时,必须采取穿绝缘鞋或在地面铺垫绝缘胶垫等措施。

9.1.3 防雷元器件

目前使用的防雷元器件主要有金属陶瓷气体放电管(GDT)、金属氧化物压敏电阻器(MOV)、瞬变电压抑制器[瞬态电压抑制(TVS)二极管]和防雷变压器等。随着信号设备的发展,阀式避雷器和硒片已不再作为主要防雷元件。

1. 金属陶瓷放电管

金属陶瓷放电管具有通流容量大、残压较低、雷击后使回路处于断路状态等优点,但响应时间慢,因此一般用于信号设备的防雷电路粗保护环节,主要起导线间和导线对大地间的隔离作用。金属陶瓷放电管按电极数量分为二极放电管和三极放电管。

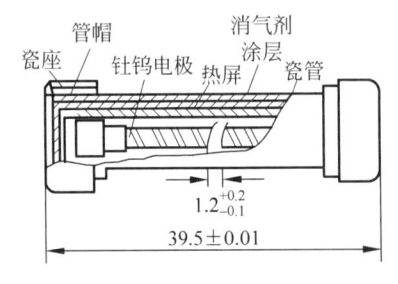

1)金属陶瓷二极放电管

金属陶瓷二极放电管(简称二极放电管)是一种充气管。以 R-250TA 为例,其结构如图 9-4 所示,由管帽、瓷管、热屏、瓷座、钍钨电极等组成。电极由纯铁制成,上面绕有钨丝,以提高电极的耐热性和导热性。陶瓷管内衬有一铁质圆管,叫热屏,用来将电极间产生的电弧热量均匀地散发出去。陶瓷管内充以一定压力的氖气。管的两端用铁镍合金与内部电极进行金属陶瓷封接。

图 9-4 金属陶瓷二极放电管

管表面涂有耐高温的优质绝缘漆,以提高瓷管表面绝缘电阻,防止放电管的点火电压受光照影响。金属陶瓷管能通过很大的电流而不损坏。

放电管具有在正常情况下不导电,出现过电压时电极间很快被击穿,过电压消失后立即恢复的特性。利用放电管的这一特性,将其安装在线路与大地之间,在线路上出现过电压时,放电管被击穿,大部分雷电流对地泄放,降低了线路地位,设备得到了保护。

二极放电管本身在防护性能上存在着缺陷,即当用两个二极放电管构成的防雷电路进行防雷时,如果它们的放电时间不一致,则将在线路上产生横向冲击电压,并加到设备上。为克服二极放电管的缺陷,用一个金属陶瓷三极放电管来代替两个二极放电管。

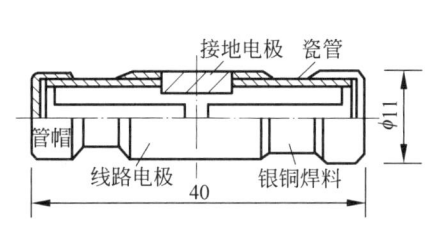

2) 金属陶瓷三极放电管

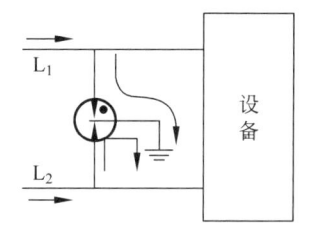

金属陶瓷三极放电管(简称三极放电管)的结构如图9-5所示。它有两个线路电极和一个接地电极。在三极放电管中,如果有一个电极放电,在管子中就产生并充满了离子和电子,从而诱发其他电极也放电,大大减小了各电极间的放电时间差,最大限度地抑制了两线间冲击电压的产生,提高了防护效果。三极放电管构成的防雷电路如图9-6所示。

图 9-5　金属陶瓷三极放电管结构　　图 9-6　三极放电管构成的防雷电路

三极放电管除对称性能好外,还具有冲击放电电压低、通流容量大、遮光性能好、极间电容小、绝缘电阻高等优点。

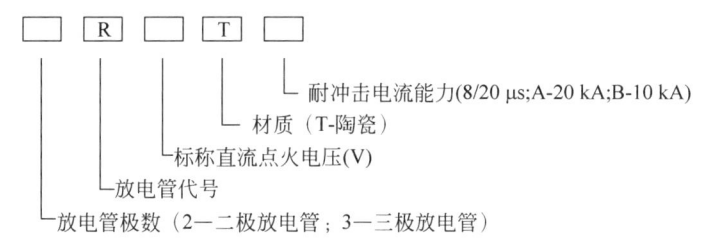

3) 放电管的型号命名

国产放电管的型号命名含义如图9-7所示。

图 9-7　放电管的型号命名含义

4) 续流及其切断

放电管通过大电流冲击后,管内氖气得到充分游离而进入弧光放电状态,在线路电压和电流能满足弧光放电条件的情况下,如果放电介质得不到恢复,则线路电流一直流过放电管,该电流称为续流。如不能及时切断续流,不仅会烧坏放电管,而且将影响设备的正常工作。所以在使用中要充分考虑这一问题,如果线路电阻不能可靠切断续流,则应串联电阻或压敏电阻器。

金属陶瓷放电管在运用中不可避免地逐渐老化或性能下降,为此必须定期进行测试。凡达不到指标的放电管,应及时予以更换。

2. 氧化锌压敏电阻器

氧化锌压敏电阻器包括一般的氧化锌压敏电阻器和劣化指示氧化锌压敏电阻器。

1) 一般的氧化锌压敏电阻器

一般的氧化锌压敏电阻器(简称压敏电阻器)是以氧化锌为主,添加氧化铋、氧化钴、氧化锰和氧化锑等金属氧化物经过充分混合后造粒成型,再经烧结而成的,其结构如图 9-8 所示。氧化锌颗粒直径一般为 $10\sim50~\mu m$,被 $1~\mu m$ 以下的晶体层包围。氧化锌压敏电阻器的非线性特性主要是由晶体层所形成的。在低电场强度下,其电阻率很高,而当电场强度达 $10^6\sim10^7~V/m$ 时,其电阻率骤然下降进入低电阻状态,即压敏电阻器的电阻值随所加电压而改变。在正常工作电压下,压敏电阻器呈高阻,只有微安级漏泄电流流过。侵入过电压时,压敏电阻变为低阻,过电压被抑制,设备就得到了保护。

压敏电阻器具有通流容量大、非线性特性好、残压较低、响应时间快及抑制过电压能力强等特点,作为电子设备的防雷器件较为理想,也可作为电磁系统的防雷器件。其最大的缺点是可能出现短路故障,为解决这一问题,研制了劣化指示氧化锌压敏电阻器。

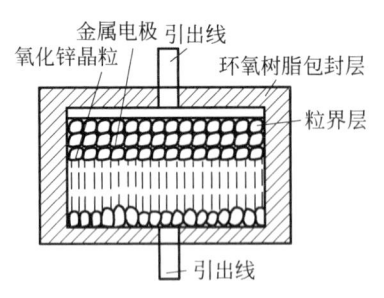

图 9-8 压敏电阻器的结构

2) 劣化指示氧化锌压敏电阻器

劣化指示氧化锌压敏电阻器(简称劣化指示压敏电阻器)除具有压敏电阻器的性能外,它的通流容量更大(最大可达 40 kA),并具有热熔断器、大电流熔断器和报警装置,使其在失效时能自动脱离使用线路,给出明显指示,进行报警告示。而且采用标准化模块结构设计,在使用过程中免予测试,使安装维护更为方便。

劣化指示压敏电阻在正常工作电压下,始终处于高阻状态,其各项特性参数均未劣化,热熔断器及大电流熔断器均不会脱扣,机械装置不动作,保护模块窗口显示绿色,表示工作在正常状态,如图 9-9(a)所示。

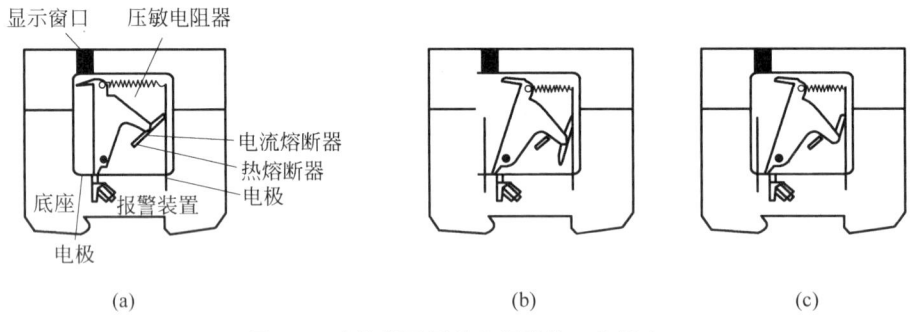

图 9-9 劣化指示压敏电阻器的工作状态

劣化指示压敏电阻器在遭受过电压侵袭时,处于导通状态,限制过电压,保护所防护的设备。当它长期遭受过电压时,特性有所劣化,表现为漏电流增大。当漏电流继续增大时,压敏电阻器功耗不断增大,自身发热,当所发热量大于热熔断器熔化所需热量时,热熔断器因受热而脱开,使压敏电阻器脱离所使用线路,防止发生火灾。同时机械装置动作,防护模块显示窗口由绿色变为红色,表示发生故障,如图 9-9(b)所示。

劣化指示压敏电阻器在遭受超出其能承受的额定电流脉冲侵袭时,大电流熔断器断开,使压敏电阻器脱离所使用的线路。同时机械装置动作,防护模块显示窗口由绿色变为红色,表示出现故障,如图 9-9(c)所示。

近来有采用碳化硅压敏电阻器的,这种压敏电阻器的优点是不存在漏电和击穿不恢复的问题。

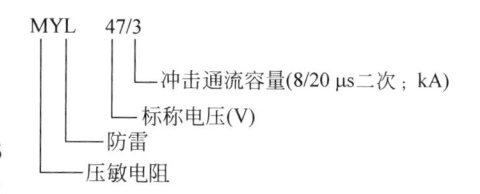

3) 压敏电阻器的型号命名

压敏电阻器的型号命名含义如图9-10所示。

```
MYL  47/3
 │    │ └── 冲击通流容量(8/20 μs二次;kA)
 │    └──── 标称电压(V)
 │ └─────── 防雷
 └───────── 压敏电阻
```

图 9-10　压敏电阻器的型号命名含义

3. 瞬变电压抑制器

瞬变电压抑制器又称瞬态电压抑制器,TVS二极管是瞬态电压抑制器的简称。它是一种齐纳二极管,与普通稳压管相比,瞬态功率更大,响应速度特别快(为ns级),漏电流低,无损坏极限,体积小。但通流容量小,耐浪涌冲击能力较放电管和压敏电阻差,只能作为雷电细保护,适宜于电子设备的防雷。

TVS二极管在线路板上与被保护线路并联,当工作电压低于瞬变电压抑制器的击穿电压时,呈现高阻,对跨接的电路没有影响。当雷电侵入出现过电压时,TVS二极管便发生"雪崩",能以10^{-12}s量级的速度,将其两极间的高阻抗变为低阻抗,给瞬时电流提供一个超低电阻通路,将过电压限制到一定水平,保护了被保护的设备。当瞬时脉冲结束以后,TVS二极管自动恢复高阻状态,整个回路进入正常电压。承受多次冲击后,其参数及性能会发生退化,而只要工作在限定范围内,TVS二极管将不会发生损坏或退化。

瞬态电压抑制器在运用中不可避免地逐渐老化或性能下降,必须定期进行测试。凡达不到指标的元件应及时予以更换。

4. 防雷变压器

普通变压器在初、次级绕组间存在级间电容。级间电容由三部分组成,即初级和铁芯间的电容C_1,次级和铁芯间的电容C_2,初级与次级间的电容C_{12}。普通变压器的C_{12}为几十皮法,电压转换系数在1/5左右。因此,初级绕组的纵向电压可通过电容耦合到次级。当雷电波侵入初级时,次级可感应出相当高的电压。

防雷变压器在设计、取材和工艺上均采用特殊结构,最重要的是静电屏蔽接地,即在初、次级间串入面积足够大的金属板作屏蔽体,如图9-11所示。这使C_{12}大大降低。电压转移系数$T_k = \dfrac{C_{12}}{C_2 + C_{12}}$,当$C_{12}$很小时,$T_k$必然很小。$U_2 = T_k U_1$,这样,由初级侵入的纵向雷电过电压,只有极少部分耦合到次级。

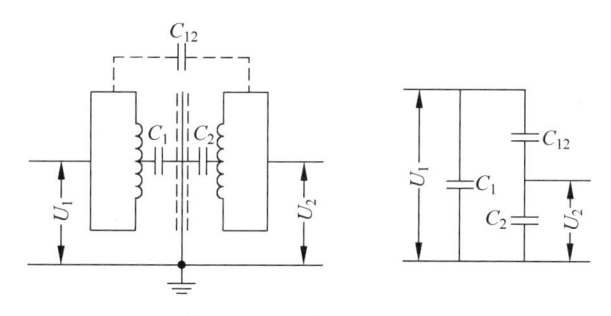

图 9-11　防雷变压器原理图

9.1.4 信号设备浪涌保护器

信号设备浪涌保护器(SPD)用于电源引入处和室内/外信号传输线,对信号设备进行雷电防护。

1. 浪涌保护器的结构

浪涌保护器采用密封结构,由防雷元器件组成,如轨道电路所用 FL-GD-1 型浪涌保护器的原理如图 9-12 所示,由压敏电阻器和金属陶瓷二极放电管串联而成,可以频繁动作,寿命长。浪涌保护器 L_1、L_2 端子并联在被保护设备输入线路两端,CS 是测试端子。浪涌保护器具有劣化指示和报警功能,可安装在室外变压器箱内。

FL-GD-1 型浪涌保护器的冲击通流容量(8~20 μs)≥10 kA,限制电压 1 kV(10/700 μs)≤700 V。

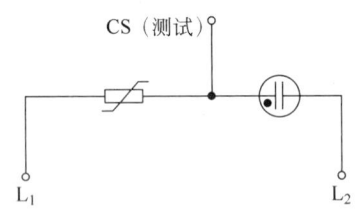

图 9-12 FL-GD-1 型浪涌保护器原理图

2. 对信号设备浪涌保护器的要求

(1) 信号设备浪涌保护器必须取得 CRCC(中国铁路产品认证中心)认证后方可上道使用。

(2) 有劣化指示和报警功能的浪涌保护器,当劣化指示由正常色转为失效色或报警后应及时更换。接触不良、漏电流过大、发热、绝缘不良的不得继续使用。

(3) 当浪涌保护器处于劣化或损坏状态时,须立即自动脱离电路且不得影响设备正常工作。

(4) 浪涌保护器并联使用时,在任何情况下不得成为短路状态;串联使用时,在任何情况下不得成为开路状态。

(5) 浪涌保护器对地有连接的,除了放电状态,其他时间不得构成导通状态;否则必须辅以接地检测报警装置。

(6) 用于电源电路的浪涌保护器,应单独设置,应具有阻断续流的性能,工作电压在 110 V 以上的应有劣化指示。

(7) 室外的电子设备应在缆线终端入口处设置浪涌保护器或防雷变压器。

(8) 室内数据传输线浪涌保护器的设置应根据雷害严重程度确定。

3. 电源浪涌保护器

外电网引入机房建筑物应采用多级雷电防护。第Ⅰ级电源防雷应有故障声光报警、雷电计数和状态显示(三相电源每一相线均应有状态显示)等功能。

1) 信号电源防雷箱

电源防雷应采用信号电源防雷箱方式,电源防雷箱一般固定在室内低压配电箱旁;信号防雷箱设置地点应符合防火要求。

信号设备机房的电源应采用 TN-S 系统。三相电源供电的机房,应采用 L(相线)—L、L—PE(保护地线)和 N(中性线)—PE 全模防护的并联三相电源防雷箱;单相电源供电的机房,应采用 L—N、L—PE 和 N—PE 的单相电源防雷箱。

信号电源防雷箱一般由浪涌保护器、空气开关、雷电计数器、等电位接地端子、防雷地线引接线等组成。例如 FDX-380(Q)电源防雷箱的电路原理如图 9-13 所示。

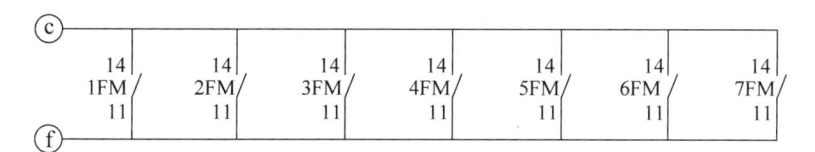

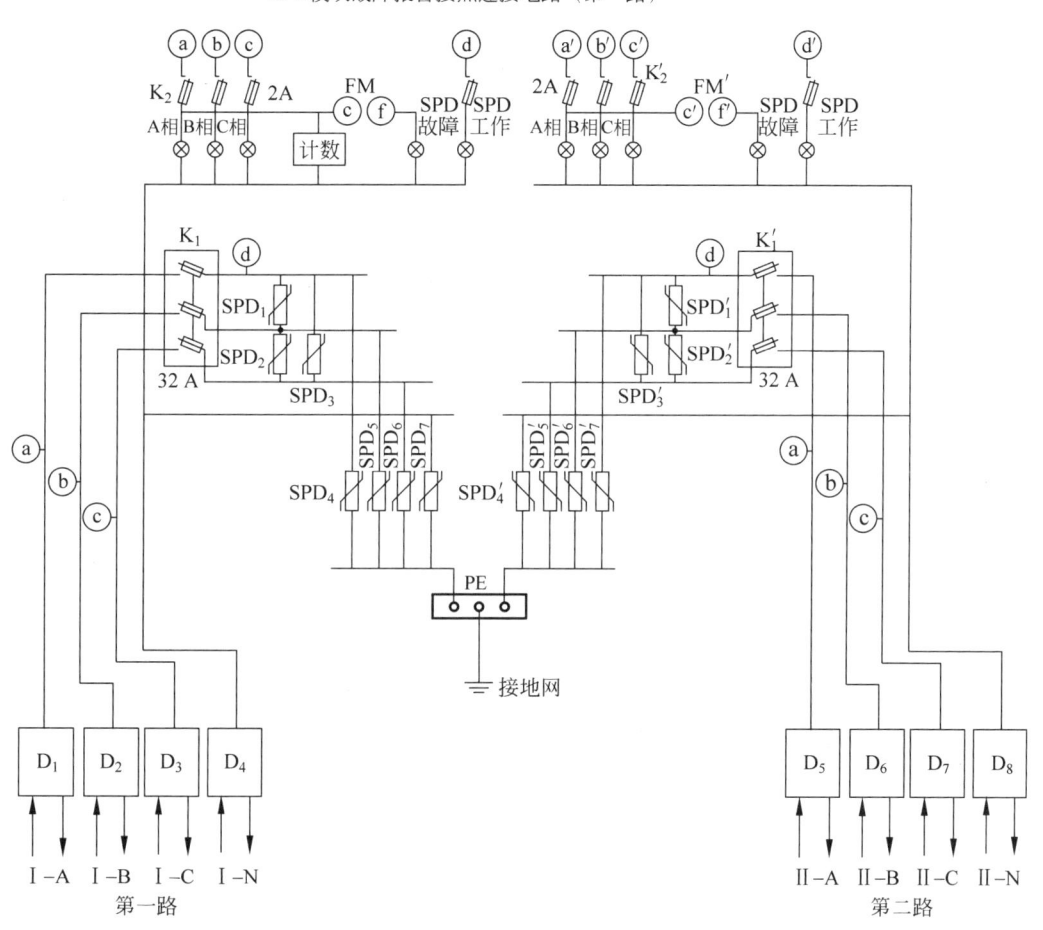

图 9-13　FDX-380(Q)电源防雷箱的电路原理图

图 9-13 中，K_1、K_1' 为三路空气开关；K_2、K_2' 为单路空气开关；$SPD_1 \sim SPD_4$、$SPD_1' \sim SPD_4'$ 为浪涌保护器；雷电计数器，每次冲击电压大于或等于 1 kV 时计数一次。

两路 380 V 交流电源输入配线采用凯文接线方式，即室内低压配电箱输出端接至防雷箱的分线器，再由该分线器端子引至用电设备的输入端。

浪涌保护器采用了全保护模式，即相线—相线(L—L)间，相线—保护地线(L—PE)间，和中性线—保护地线(N—PE)间的全模防护。

电源引入线与浪涌保护器之间串接断路器，以防长时间过电流损坏浪涌保护器。

具有雷击浪涌计数和防雷故障指示灯、供电状态指示灯。

2) 电源浪涌保护器

用于电源电路的浪涌保护器,应单独设置;必须具有阻断续流的性能;工作电压在 110 V 以上的,应有劣化指示。室内电源浪涌保护器应按表 9-1 选取冲击通流容量和限制电压。

表 9-1 室内电源浪涌保护器冲击通流容量和限制电压

技 术 指 标		交流电源浪涌保护器			并联型直流电源浪涌保护器
		输入电源防雷(Ⅰ)	电源屏前(Ⅱ)	微电子设备电源前(Ⅲ)	
冲击通流容量		≥40 kA	≥20 kA	≥10 kA	≥10 kA
3 kA 时的限制电压(测试波形 8/20 μs)	并联型单相	≤1000 V	≤1000 V	≤1000 V	注1
	串联型单相防雷箱	—	≤700 V	≤700 V	
	并联型三相(相线—相线间)	≤1500 V	—	—	

注:1. 直流电源浪涌保护器的选取(测试波形 10/700 μs,幅值 5 kV):工作电压 24 V 时,限制电压≤450 V;工作电压 48 V 时,限制电压≤500 V;工作电压 110V 时,限制电压≤600 V;工作电压 220 V 时,限制电压≤800 V。
2. 微电子设备电源引入前安装的并联型交流电源防雷箱限制电压达不到要求时,应采用带滤波器的串联型电源防雷箱。
3. 电源防雷箱的功率应大于被保护设备总用电量的1.2倍。

室外交流电源浪涌保护器,冲击通流容量不小于 20 kA,限制电压不大于 1000 V。

4. 信号传输线浪涌保护器

信号传输线的浪涌保护器应实现即插即用。

1) 室内信号传输线浪涌保护器

室内信号传输线长度为 50～100 m 时,可在一端设备接口处设置浪涌保护器;大于 100 m 时,宜在两端设备接口处设置浪涌保护器。按照分区、分级的原则,信号传输线的浪涌保护器应集中设置在分线柜处。

室内信号传输线浪涌保护器的选用应符合以下要求:

(1) 采集、驱动信号传输线浪涌保护器冲击通流容量不小于 1.5 kA,工作电压不大于 24 V,限制电压不大于 60 V。

(2) 视频信号传输线浪涌保护器冲击通流容量不小于 1.5 kA,工作电压不大于 5 V,限制电压不大于 10 V。

(3) RS-232、RS-422、RJ45、G.703/V.35 等通信接口信号传输线浪涌保护器冲击通流容量不小于 1.5 kA,工作电压 10 V,限制电压不大于 40 V。

(4) 其他室内信号传输线浪涌保护器冲击通流容量不小于 5(10) kA,限制电压按表 9-2 选取。

2) 室外信号传输线浪涌保护器

室外信号传输线宜在两端设置浪涌保护器。安装于室外的电子设备宜在电缆线入口处设置浪涌保护器或防雷变压器。与室外传输线相连的各种信号变压器应采用防雷型变压器。

浪涌保护器可安装在室外变压器箱内。

室外信号传输线浪涌保护器冲击通流容量不小于 10 kA,限制电压按表 9-3 选取。

表 9-2　室内信号传输线浪涌保护器限制电压

序号	信号设备名称(工作电压)	限制电压(测试波形 10/700 μs、幅值 5 kV)/V			
		交流模块		直流模块	
		并联	串联	并联	串联
1	轨道电路发送和接收端(24 V)	—	—	≤500	≤60
2	轨道电路发送和接收端(36 V)	—	—	≤500	≤80
3	轨道电路发送和接收端(48 V)	≤600	≤110	≤500	≤100
4	轨道电路发送和接收端(60 V)	—	—	≤500	≤100
5	轨道电路发送和接收端(110 V)	≤650	≤220	≤550	≤220
6	轨道电路发送和接收端(220 V)	≤1000	≤500	≤800	≤500
7	电码化轨道区段(≥220 V)	≤1500	—	≤1200	—

表 9-3　室外信号传输线浪涌保护器限制电压

序号	信号设备名称(工作电压)	限制电压(测试波形 10/700 μs、幅值 5 kV)/V			
		交流模块		直流模块	
		并联	串联	并联	串联
1	信号点灯、道岔表示、道岔启动(220 V 时)	≤1000	≤500	≤800	≤500
2	道岔启动(380 V 时)	≤1500	—	≤1200	—
3	其他 220 V 回路	≤1000	≤500	≤800	≤500
4	其他 110 V 回路	≤650	≤220	≤550	≤220
5	其他 48 V 回路	≤600	≤110	≤500	≤100
6	其他 24 V 以下回路	—	—	≤500	≤60

注：并联型交流 SPD 的标称放电电流(测试波形 8/20 μs)分别为 20 kA、10 kA 和 5 kA。并联型直流 SPD 标称放电电流(测试波形 8/20 μs)分别为 10 kA 和 5 kA。

9.2　信号设备接地装置

9.2.1　地线

信号设备应设防雷地线、安全地线和屏蔽地线。信号设备的防雷装置应设防雷地线。信号机械室内的组合柜、计算机联锁机柜、闭塞设备机柜、电源屏、控制台,以及电气化区段的信号机梯子等应设安全地线,电气化区段的电缆金属护套应设屏蔽地线。

安装防静电地板的机房应设防静电地线,微电子设备需要时可设置逻辑地线。上述地线均由共用接地系统的地网引出。

室内外信号设备设置的综合接地装置、安全地线、屏蔽地线(包括信号计算机和微电子系统保护地线)和防雷地线的接地电阻值应符合的要求是：综合接地装置(建筑物接地体、贯通地线、地网、其他共用接地体等),其接地电阻值应小于 1 Ω。

未设贯通地线的区段,室内外信号设备可采用分散接地的方式,接地电阻值参照表 9-4 确定。任意两种地线间隔距离应在 20 m 以上。两个接地系统之间不得互相连通。因条件限制以上两组接地不能分开时可共用一组接地体,接地电阻应小于 1 Ω。

表 9-4 信号设备地线接地电阻值

序号	接地装置使用处所	土壤分类	黑土、泥炭土	黄土、砂质黏土	土加砂	砂土	土加石
		土壤电阻率/(Ω·m)	50 以下	50~100	101~300	301~500	501 以上
		设备引入回线数	接地装置接地电阻值最大值/Ω				
1	防雷地线	—	10	10	10	20	20
2	安全地线	—	10	10	10	20	20
3	屏蔽地线	—	10	10	10	20	20
4	微电子计算机保护地线	—	4	4	4	4	4

室内信号设备的接地装置应构成网状(地网)。

接地导线上严禁设置开关、熔断器或断路器。

9.2.2 地网

地网应由建筑物四周的环形接地装置、建筑物基础钢筋构成的接地体相互连接构成。对既有建筑物进行地网改造时,应了解建筑物结构、原有防直击雷装置、原有接地和接地体的分布等。

接地体应设置永久性明显标志。

1. 基础接地网

新建建筑物混凝土基础的钢筋必须焊接成基础接地网,网格宽度不大于 3 m;既有建筑物为钢筋混凝土基础的,可利用混凝土基础钢筋作为基础接地网。

2. 环形接地装置

环形接地装置由水平接地体和垂直接地体组成,应环绕建筑物外墙闭合成环,受条件限制时,可不完全环周敷设,但应尽可能沿建筑物周围设置,以便与地网连接的各种引线就近连接。水平接地体距建筑物外墙间距不小于 1 m,埋深不小于 0.7 m。垂直接地体可采用石墨接地体、铜包钢、铜材、热镀锌钢材(钢管、圆钢、角钢、扁钢)或其他新型接地材料,电气化区段应采用石墨接地体。

环形接地装置必须与建筑物四角的主钢筋焊接,并应在地下每隔 5~10 m 就近与机房建筑物基础接地网钢筋连接。

环形接地装置的标志应清晰明了,应在地面上竖立标桩或在墙面上设置铭牌。

建筑物内所有不带电的金属物体,如自来水管、暖气管道等,都必须与环形接地装置(或与建筑物钢筋、机房屏蔽层)做等电位连接。

3. 接地体

接地体分为水平接地体和垂直接地体。

1)水平接地体

水平接地体距建筑物外墙间距不小于 1 m,埋深不小于 0.7 m。

水平接地体可采用以下材料：

（1）40 mm×4 mm 热镀锌扁钢。

（2）镀层厚度大于 250 μm、直径大于 14 mm 的镀铜圆钢。

（3）不小于 50 mm² 铜带或缠绕的电缆。

（4）与贯通地线材质相同。

难以避开污水排放和土壤腐蚀性强的地点时，水平接地体应选用耐腐蚀性材料，采用热镀锌扁钢时，镀层宜不小于 60 μm。

2）垂直接地体

在避雷带引下线处应设垂直接地体，垂直接地体必须与水平接地体可靠焊接。接地电阻不满足要求时，可增设垂直接地体，其间距宜不小于其长度的 2 倍并均匀布置。

垂直接地体可采用石墨电极、铜包钢、铜材、热镀锌钢材（钢管、圆钢、角钢、扁钢）或其他新型接地材料，电力牵引区段宜采用石墨接地体。

（1）采用热镀锌钢管时，钢管壁厚不小于 3.5 mm。

（2）采用热镀锌角钢时，角钢不小于 50 mm×50 mm×5 mm。

（3）采用热镀锌扁钢时，扁钢不小于 40 mm×4 mm。

（4）采用热镀锌圆钢时，圆钢直径不小于 8 mm。

难以避开污水排放和土壤腐蚀性强的地点时，垂直接地体应采用石墨接地体。

4．降低接地电阻的措施

要求接地电阻不得大于 1 Ω。当接地电阻难以达到要求时，可采取深埋接地体、设置外延接地体、换土、在接地体周围添加经环保部门认可的降阻剂或其他新技术、新材料等措施。

9.2.3 贯通地线

1．贯通地线的作用

电气化区段、繁忙干线、铁路枢纽、编组站、强雷区和埋设地线困难地区及微电子设备集中的区段，应设置贯通地线。

设置贯通地线的区段，铁路沿线及站内的各种室外信号设备的各种地线均应就近与贯通地线连接。

贯通地线任一点的接地电阻不得大于 1 Ω，以便各种信号设备的各种地线可靠接地。

2．贯通地线的材料

贯通地线应采用截面积不小于铜当量 35 mm²、耐腐蚀并符合环保要求的材料。

引接线（贯通地线与设备接地端子的连接线）采用 25 mm² 的多股裸铜缆焊接或压接，焊接时焊接长度不小于 100 mm，并套 150 mm 长热熔热缩带防护。

3．贯通地线的设置

贯通地线与信号电缆同沟埋设于电缆（槽）下方土壤中，距电缆（槽）底小于 300 mm。隧道、桥梁应两侧敷设贯通地线；与桥梁墩台接地装置的接地连接线应设置成无维修方式。上、下行线路分线时，应分别敷设贯通地线。

贯通地线在信号机房建筑物一侧，采用 50 mm² 裸铜线与环形接地装置连接，信号楼两端各连接两次。

9.2.4 接地汇集线

1. 接地汇集线的设置

控制台室、继电器室、防雷分线室（或分线柜）、计算机室和电源室（电源引入处）应设置接地汇集线。

电源室电源防雷箱处、防雷分线室（或分线柜）处的接地汇集线应单独设置，与环形接地装置单点冗余连接。

信号机房面积较大时，可设置与环形接地装置单点冗余连接的总接地汇集线。信号机房分布在几个楼层时，各楼层可分别设置总接地汇集线。

2. 接地汇集线的材质和连接

（1）控制台室等处的接地汇集线应采用大于宽 30 mm、厚 3 mm 的紫铜排，环形设置时不得构成闭合回路。铜排相互连接应采用双螺杆进行固定，接触部分长度不少于 60 mm。接地汇集线之间的连接线应与墙体及屏蔽层绝缘。引入信号机械室的各种线缆的屏蔽护套应与接地汇集线可靠连接。

（2）电源室等处的接地汇集线应单独设置，与环形接地装置单点冗余连接。其余接地汇集线可采用 2 根截面积不小于 25 mm² 有绝缘外护套的多股铜线或紫铜排相互连接后，再与环形接地装置单点冗余连接。

（3）室内走线架、组合柜、电源屏、控制台、机柜等所有室内设备必须与墙体绝缘，其安全地线、防雷地线、屏蔽地线等必须以最短距离就近分别与接地汇集线连接。

（4）走线架应连接良好，不得构成环形闭合回路，已构成闭合回路应加装绝缘。室内同一排的金属机柜之间采用截面积大于 10 mm² 多股铜线连接后，再用 2 根不小于 25 mm² 有绝缘外护套的多股铜线或紫铜排与接地汇集线连接。

（5）因信号机房面积较大而设总接地汇集线时，控制台室、继电器室、计算机房等安装电子系统设备的机房接地汇集线可分别与总接地汇集线连接，也可相互连接后，用 2 根不小于 25 mm² 有绝缘外护套的多股铜线或紫铜排与总接地汇集线连接。

（6）各楼层可分别设置总接地汇集线时，总接地汇集线间应采用 2 根不小于 25 mm² 的有绝缘外护套的多股铜线或紫铜排进行连接。

（7）接地汇集线与环形接地装置的连接线，应采用 2 根不小于 25 mm² 的有绝缘护套多股铜线单点冗余连接。电源室电源防雷箱处（电源引入处）、分线柜处、其余等接地汇集线在环形接地装置上的连接点相互间距应不小于 5 m。

引下线在环形接地装置上的连接点，与以上三种接地汇集线在环形接地装置的连接点的相互间距也不应小于 5 m。在信号楼周长太小限制的特殊情况下，其相互间距最近处不得小于 3 m。

（8）无线天线的接地装置应单独设置，并距环形接地装置 15 m 以上，特殊情况下不应小于 5 m；确因条件限制，间距达不到要求时，与接地汇集线在环形接地装置上的连接点之间的距离不小于 5 m；无线天线设在屋顶的，其接地线可与避雷网焊接。

（9）建筑物内所有不带电的自来水管、暖气管道等金属物体，都必须与环形接地装置（或与建筑物钢筋、计算机室屏蔽层）做等电位连接。

9.2.5 ZPW-2000 系列自动闭塞的接地

1. ZPW-2000 系列自动闭塞的接地设置

ZPW-2000 系列自动闭塞的室外箱盒及信号机等所有相关的金属设备外壳的安全地线、防雷地线及屏蔽地线应用 25 mm² 铜缆与贯通地线可靠连接（图 9-14(a)）；也可将各地线用 7 mm² 铜缆环接后接到方向盒地线端子，然后用 25 mm² 铜缆连接到贯通地线上（图 9-14(b)）；未设置贯通地线的接地应用 25 mm² 铜缆与接地体可靠连接，如图 9-14(c)所示。

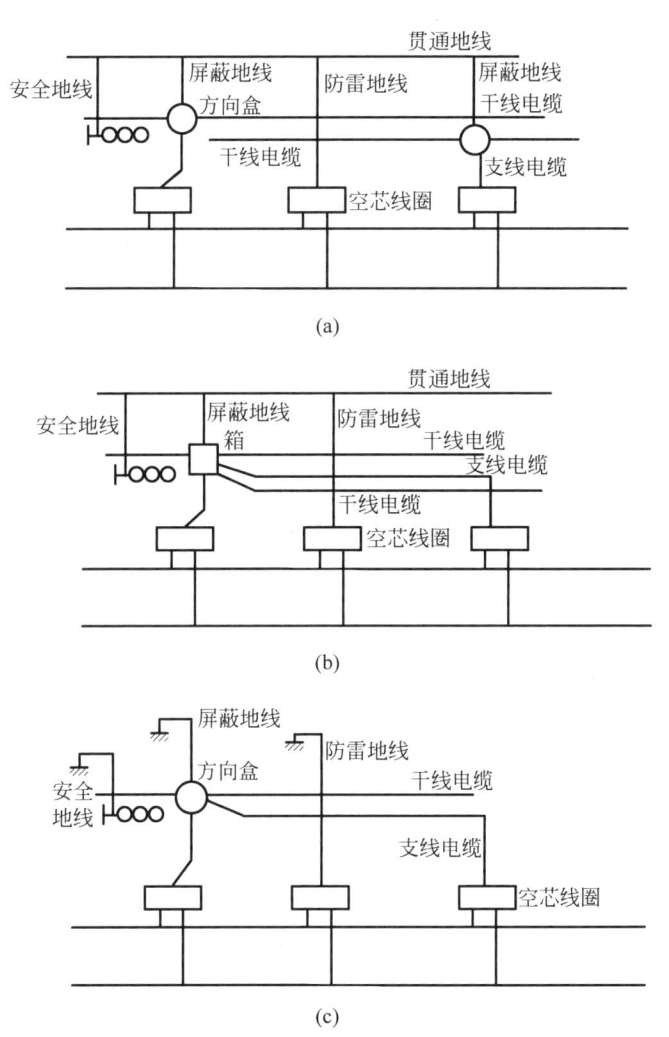

图 9-14 ZPW-2000 系列自动闭塞的接地设置

2. ZPW-2000 系列自动闭塞的地线与贯通接地线的连接

地线与贯通地线进行 T 形压接或焊接，并与贯通地线同深埋设。

完全横向连接处,由构成完全横向连接的扼流或空芯线圈中心点接至贯通地线,如图 9-15(a)所示,空芯线圈或扼流中心点与贯通地线用 25 mm² 铜缆连接,横向连接的中心点之间用 70 mm² 铜线连接。

在有空芯线圈的简单横向连接处,将空芯线圈中心点与防雷单元应用 10 mm² 铜缆连接,防雷单元与贯通地线应用 25 mm² 铜缆连接,横向连接的空芯线圈或扼流中心点之间应用 70 mm² 铜线连接,如图 9-15(b)所示。

没有做横向连接的空芯线圈,中心点应用 10 mm² 铜缆与防雷单元连接,防雷单元与贯通地线连接应用 25 mm² 铜缆,如图 9-15(c)所示。

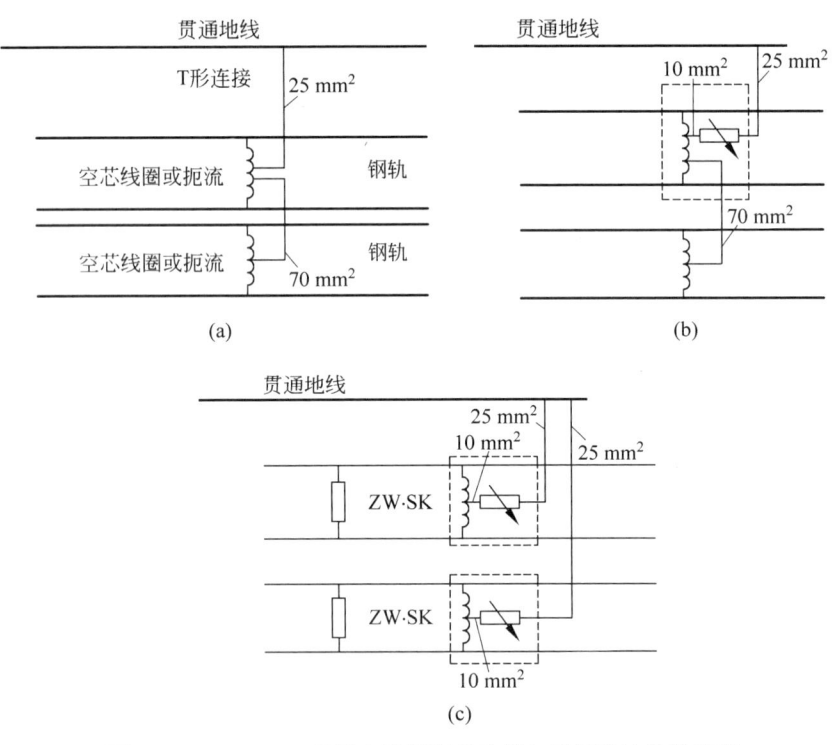

图 9-15 ZPW-2000 系列自动闭塞的地线与贯通接地线的连接

习题

1. 信号设备为什么要防雷?
2. 雷电是从哪些途径侵入信号设备的?什么是横向电压?什么是纵向电压?
3. 信号设备防护有哪些原则?有哪些要求?对机房电磁环境防护有哪些要求?
4. 什么是信号设备综合防雷?包括哪些措施?
5. 简述金属陶瓷放电管的结构和工作原理。二极放电管和三极放电管有何异同?
6. 简述氧化锌压敏电阻器的结构和工作原理。劣化指示压敏电阻器有什么特点?
7. 简述瞬变电压抑制器的工作原理。
8. 防雷变压器与普通变压器有什么区别?如何起到防雷作用?
9. 浪涌保护器如何组成?为什么会具有良好的防雷效果?

10. 电源引入处和信号传输线如何防雷？
11. 哪些情况下要设地线？
12. 什么是地网？对地网的材质和连线有哪些要求？
13. 什么情况下要设贯通地线？对贯通地线有哪些要求？
14. 什么情况下要设接地汇集线？对接地汇集线有哪些要求？
15. ZPW-2000 系列移频自动闭塞如何接地？

参 考 文 献

[1] 林瑜筠.铁路信号基础[M].北京:中国铁道出版社有限公司,2019.
[2] 郭进.铁路信号基础[M].2版.北京:中国铁道出版社,2017.
[3] 郭进,魏艳,刘利芳.铁路信号基础设备[M].成都:西南交通大学出版社,2008.
[4] 刘玉芝,高静巧.铁路信号基础[M].成都:西南交通大学出版社,2018.
[5] 安海君.25 Hz 相敏轨道电路[M].北京:中国铁道出版社,2008.
[6] 中国铁路总公司.ZPW-2000A型无绝缘移频自动闭塞系统[M].北京:中国铁道出版社,2013.
[7] 佟立本.铁道概论[M].7版.北京:中国铁道出版社,2016.
[8] 中国铁路总公司.铁路技术管理规程(普速铁路部分)[M].北京:中国铁道出版社,2014.
[9] 中国铁路总公司.铁路技术管理规程(高速铁路部分)[M].北京:中国铁道出版社,2014.
[10] 董昱.区间信号与列车运行控制系统[M].北京:中国铁道出版社,2008.
[11] 吴芳美.编组站调车自动控制[M].北京:中国铁道出版社,1999.
[12] 李凯.高速铁路列车运行控制技术:CTCS-2级列车运行控制系统[M].北京:中国铁道出版社,2017.
[13] 莫志松,郑升.高速铁路列车运行控制技术:CTCS-3级列车运行控制系统[M].北京:中国铁道出版社,2016.
[14] 李映红.铁路通信信号[M].成都:西南交通大学出版社,2011.
[15] 中国铁路总公司.普速铁路信号维护规则技术标准[M].北京:中国铁道出版社,2015.
[16] 中国铁路总公司.高速铁路信号维护规则技术标准[M].北京:中国铁道出版社,2016.
[17] 刘伯鸿.铁路信号基础[M].北京:中国铁道出版社有限公司,2020.
[18] 贺清.铁路信号基础设备原理及应用[M].北京高等教育出版社,2020.